現代国際刑事法
Contemporary International Criminal Law
――国内刑事法との協働を中心として――

城　祐一郎
Yuichiro Tachi

成文堂

はしがき

　本書は、法科大学院での国際刑事法の講義で用いるために作成されたものである。本書では、国際公法のうちの刑事法に関する部分を取り上げているが、その中でも純粋に国際公法上の刑事分野である国際刑事裁判所などに関する部分については触れる程度にしか載せていない。本書の主眼は、国際法上の刑事に関する部分と国内刑事法とのリンクに置いており、それゆえ、「国内刑事法との協働を中心として」というサブタイトルが付けられている。
　ここでは、国際刑事法の基本的な分野である、刑法の効力の及ぶ範囲の問題、逃亡犯罪人引渡し・国際刑事共助の問題、受刑者移送の問題などの総論的な部分に続いて、国際刑事法と国内刑事法が密接に関わりをもつマネー・ローンダリングの問題、国際組織犯罪防止条約の問題、人身取引の問題、外国公務員に対する贈賄の問題などを取り上げている。なかでも近時、世間で問題となった、パナマ文書に関する問題や国際サッカー協会をめぐる汚職問題などの解説も試みている。
　さらには、国連安全保障理事会決議が対象とする海賊や北朝鮮の問題などについても、国際法的側面と国内刑事法的側面から検討・解説している。
　なお、本書では頁数の関係などから、文献の引用につき代表的なものだけにとどめていることをご容赦願いたい。

　また、本書は、国際刑事事件の捜査に従事する警察官や検察官の使用にも耐えられるように法的根拠を必ず明示した上、参考となる裁判例を数多く掲載したほか、被疑事実や公訴事実の参考になる罪となるべき事実なども多数掲載している。
　さらに、本書には、法科大学院での講義用としての面だけでなく、企業での危機管理などにも役立ててもらいたいとの観点も含まれている。逃亡犯罪人引渡しの問題は、駐在員が赴任先の国や地域で犯罪人として扱われた場合にどのような法的対処がなされるのかを示すことになるし、また、外国公務員に対する贈賄の問題は、駐在員が職務上関わらざるを得ない場面があり得

ることに対し、転ばぬ先の杖にもなるものと考えている。

　本書が刑事法における国際分野に興味を持たれる方々にとって少しでも役立つものとなれば、筆者としては望外の喜びである。

　なお、本書の制作に当たっては、新学期までの発刊に間に合うように尽力していただいた成文堂編集部『刑事法ジャーナル』編集長田中伸治氏に大変お世話になった。深く謝意を表したい。

　平成29年12月

城　祐一郎

目　次

はしがき

凡　例

第 1 章　国際刑事法の基本構造

第 1　はじめに ……………………………………………………………………… 1
第 2　犯罪処罰のための法源 ……………………………………………………… 2
　1　国内法上の法源及び国際法上の法源 ……………………………………… 2
　　⑴　一般原則　2　　⑵　国際刑事裁判所　3
　2　条約等の役割及びその手続 ………………………………………………… 4
　　⑴　条約の定義　5　　⑵　条約の種類　5　　⑶　条約締結の手続　6
　　⑷　条約の形式以外の合意によるもの　8
第 3　法源である国内刑事法の効力の及ぶ範囲
　　　（刑法の場所的、人的適用範囲の問題） ………………………………… 9
　1　刑法上の規定及びその考え方 ……………………………………………… 9
　2　属地主義によるもの ………………………………………………………… 9
　　⑴　刑法 1 条 1 項による基本的な適用範囲　9
　　⑵　刑法 1 条 2 項による基本的な適用範囲　12
　3　属人主義によるもの ………………………………………………………… 13
　4　保護主義によるもの（その 1 ） …………………………………………… 14
　5　保護主義によるもの（その 2 ） …………………………………………… 15
　6　保護主義によるもの（その 3 ） …………………………………………… 16
　7　世界主義によるもの ………………………………………………………… 17
　　⑴　世界主義の概念　17　　⑵　世界主義の適用　18
　　⑶　刑法 4 条の 2 の適用について　19
第 4　この章のおわりに ………………………………………………………… 20

第2章　逃亡犯罪人引渡し及び国際刑事共助

第1　はじめに……………………………………………………………………23
第2　逃亡犯罪人引渡及び国際刑事共助に関して問題となる設例……24
第3　逃亡犯罪人引渡しに関する諸問題………………………………………25
　1　逃亡犯罪人引渡しに関する問題の所在……………………………………25
　2　外国から我が国に対する逃亡犯罪人引渡請求の場合…………………25
　　(1)　我が国における逃亡犯罪人引渡法の基本的な解釈等　25
　　(2)　日本国とアメリカ合衆国との間の犯罪人引渡しに関する条約（以下「日米犯罪人引渡条約」という。）の概要　28
　　(3)　犯罪人引渡しに関する日本国と大韓民国との間の条約（以下「日韓犯罪人引渡条約」という。）の概要　30
　　(4)　引渡法2条9号の自国民不引渡しの原則の適用について　32
　　(5)　引渡法2条3、4及び5号の双罰性について　33
　　(6)　引渡法2条1及び2号の政治犯不引渡しの原則について　40
　　(7)　引渡法2条6号の「引渡犯罪について請求国の有罪の裁判がある場合を除き、逃亡犯罪人がその引渡犯罪に係る行為を行ったことを疑うに足りる相当な理由がないとき」との要件について　42
　　(8)　特定主義について　51　(9)　条約前置主義及び相互主義について　52
　　(10)　我が国に対する逃亡犯罪人引渡請求の手続について　53
　3　我が国から外国に対する逃亡犯罪人引渡請求の場合…………………54
　　(1)　我が国からの引渡請求についての法的根拠　54
　　(2)　我が国からの逃亡犯罪人引渡請求の手続について　56
　　(3)　我が国からの引渡請求に対して、実際に引渡しがなされた事案　57
　　(4)　退去強制による事実上の逃亡犯罪人引渡しの問題について　59
　　(5)　我が国からの引渡請求の際における死刑問題　60
第4　代理処罰の問題……………………………………………………………61
　1　代理処罰の必要性……………………………………………………………61
　2　代理処罰が問題となった事例………………………………………………62
　　(1)　静岡県湖西市における女児交通事故死亡事件　62

(2)　静岡県焼津市内におけるブラジル人男性による3名殺害事件　63
　　　(3)　茨城県内におけるブラジル人男性による郵便局強盗等事件　63
　　　(4)　群馬県太田市内におけるペルー人による殺人事件　64
　　　(5)　ブラジル人男性による浜松市内のレストラン経営者殺害事件　64
　　　(6)　静岡県浜松市内における女子高校生ひき逃げ死亡事件　64
　　　(7)　ピンク・パンサー事件　65
　　3　代理処罰の際の刑罰の実態 …………………………………………………… 65
　　4　代理処罰における残された問題 ……………………………………………… 66
　第5　国際刑事共助に関する諸問題 ……………………………………………… 66
　　1　国際刑事共助に関する問題の所在 …………………………………………… 66
　　2　外国から我が国に対して捜査共助要請がされた場合 …………………… 68
　　　(1)　我が国における国際捜査共助等に関する法律の基本的な解釈等　68
　　　(2)　設例における捜査共助の可否　69
　　　(3)　我が国内における捜査共助の手続について　70
　　3　我が国から外国に対して捜査共助要請をした場合 ……………………… 71
　　　(1)　法的根拠及び実際上の手続について　71
　　　(2)　我が国からの捜査共助要請求の際における死刑問題　72
　　4　刑事共助条約について ………………………………………………………… 74
　　　(1)　刑事に関する共助に関する日本国とアメリカ合衆国との間の条約について　74
　　　(2)　その他の我が国との間の刑事共助条約について　77
　　　(3)　その他の条約における刑事共助に関する動き　81
　　5　国際刑事警察機構（ICPO・インターポール）への協力 ……………… 81
　第6　刑事共助により得られた証拠、特に供述調書等の証拠能力 …… 83
　　1　問題の所在 ……………………………………………………………………… 83
　　2　米国でなされた証言調書等の証拠能力 …………………………………… 84
　　　(1)　東京高判昭和58・10・28判時1107号42頁の事案　84
　　　(2)　最大判平成7・2・22刑集49巻2号1頁の事案　85
　　　(3)　最（二小）決平成12・10・31刑集54巻8号735頁の事案　89
　　　(4)　東京地判平成19・10・25判時1990号158頁の事案　90
　　3　韓国で録取された証言調書等の証拠能力 ………………………………… 92

4 中国で録取された供述調書等の証拠能力 …………………………………… 93
  (1) いわゆる「福岡一家殺害事件」の概要　93
  (2) 福岡地判平成17・5・19判時1903号3頁　94
  (3) 福岡高判平成19・3・8高刑速（平19年）443頁　97
  (4) 最（一小）判平成23・10・20刑集65巻7号999頁　97
  (5) 中国の法制上留意すべきこと　98
第7 この章のおわりに──国際刑事共助に関して残された問題── ……………………………………………………………………………… 98

第3章　欧州連合域内における逃亡犯罪人引渡し及び刑事共助

第1 はじめに ……………………………………………………………………… 101
第2 EUの概要 …………………………………………………………………… 101
  1 EUの誕生 ………………………………………………………………… 101
  2 EUの機関及び権限等 …………………………………………………… 102
  3 EU政策の3本柱構造 …………………………………………………… 103
  4 アムステルダム条約の発効 ……………………………………………… 104
第3 EU域内での人の移動の自由等にからむ国際犯罪とその対策 ………………………………………………………………………………… 104
  1 シェンゲン協定に付随して生じた問題 ………………………………… 104
  2 EU域内における犯罪の国際化への対応 ……………………………… 105
第4 ダイレクト・コンタクト制度等について ………………………………… 106
  1 新たな協定の締結 ………………………………………………………… 106
  2 ダイレクト・コンタクト制度の必要性 ………………………………… 106
  3 ダイレクト・コンタクト制度のメリット及びデメリット …………… 107
  4 共同捜査チームについて ………………………………………………… 108
第5 相互承認原則（The Principle of Mutual Recognition）について ……………………………………………………………………………… 109
  1 相互承認原則とは ………………………………………………………… 109
  2 相互承認原則の必要性 …………………………………………………… 110

3　相互承認原則の導入 ……………………………………………………… 110
　　4　欧州逮捕令状の手続について …………………………………………… 112
　　　(1)　欧州逮捕令状の執行の実情　112　　(2)　双罰性の要件の緩和と問題点　113
　　　(3)　自国民不引渡しの原則との兼合い　115
　　　(4)　引渡対象者の人権保障について　116
　　5　欧州逮捕令状以外の相互承認原則に基づく枠組決定について ……… 117
　　　(1)　資産及び証拠の凍結命令における執行に関する枠組決定について　117
　　　(2)　罰金刑の相互承認原則適用に関する枠組決定について　118
　　　(3)　没収命令への相互承認原則適用に関する枠組決定について　118
　　　(4)　問　題　点　118
第6　欧州捜索令状（European Evidence Warrant）について ……… 119
第7　刑事共助促進のためのシステム ……………………………………… 120
　　1　欧州司法ネットワーク（European Judicial Network） ……………… 121
　　2　ユーロジャストによる我が国の刑事事件に対する貢献事案 ………… 122
　　　(1)　事案の概要　122　　(2)　ユーロジャストによる捜査協力　122
第8　リスボン条約の発効 …………………………………………………… 123
第9　欧州捜査命令（European Investigation Order）の採択 ……… 124
第10　この章のおわりに ……………………………………………………… 125

第4章　来日外国人犯罪者処遇の問題
——特に受刑者移送について——

第1　はじめに ………………………………………………………………… 127
第2　来日外国人犯罪者処遇の現状 ………………………………………… 127
第3　受刑者移送条約について ……………………………………………… 128
　　1　受刑者移送の概念 ………………………………………………………… 128
　　2　受刑者移送条約の成立過程 ……………………………………………… 128
　　3　我が国の受刑者移送条約への加入 ……………………………………… 129
　　4　受刑者移送条約の拡大
　　　　——タイ王国との間での受刑者移送条約の締結—— ………………… 129

5 受刑者移送条約の拡大
   ——ブラジル及びイランとの間での受刑者移送条約の締結—— ……………131
 6 受入移送と送出移送について …………………………………………………131
 7 受刑者移送の法的性質 …………………………………………………………132
第4 この章のおわりに ………………………………………………………………133

第5章 マネー・ローンダリングをめぐる国際法上の諸問題

第1 はじめに …………………………………………………………………………135
第2 マネー・ローンダリング罪の発生の由来 ……………………………………137
第3 マネー・ローンダリング罪の誕生 ……………………………………………139
第4 国際社会及び日本におけるマネー・ローンダリング規制の
    発展の経緯 ……………………………………………………………………141
 1 マネー・ローンダリング対策において国際協調が求められる理由
    ……………………………………………………………………………………141
 2 マネー・ローンダリング対策としての麻薬新条約の成立及び
    我が国の対応 …………………………………………………………………143
 3 マネー・ローンダリング対策としてのFATFの設立 ………………………143
 4 FATFによる「40の勧告」に関する活動及び日本の対応 ………………144
 5 国際組織犯罪防止条約の成立及び日本の対応 ……………………………146
 6 米国同時多発テロ直後のFATFの活動状況及び日本の対応 ……………146
 7 その後のFATFの活動状況及び日本の対応 ………………………………148
 8 FATFによる第3次対日相互審査及び日本の対応 …………………………150
 9 本人確認等に関する犯罪収益移転防止法の改正 …………………………152
 10 日本の迅速な対応を促すFATF声明及び
    それに対応するための法改正 ………………………………………………153
  (1) FATFの声明　153
  (2) 疑わしい届出等に関する犯罪収益移転防止法の改正　153
  (3) テロ資金供与処罰法の改正　156
 11 最近のFATFの活動としての新しい勧告 …………………………………156

(1) 新しい40の勧告の策定　156
　　(2) リスク・ベースド・アプローチ（Risk Based Approach）の採用　157
　　(3) 法人・信託、電信送金システムに関する透明性の向上等　158
　　(4) 新たな脅威への対応　159
　12　第4次相互審査の開始 ………………………………………………… 160
　13　FATF 以外のマネー・ローンダリング規制のための国際的な
　　　枠組みや国際機関 ……………………………………………………… 161

第5　我が国におけるマネー・ローンダリング対策
　　　　――麻薬特例法及び組織的犯罪処罰法の適用による刑事処分―― ……………………………………………………………………………… 161

　1　我が国におけるマネー・ローンダリング罪に関する法体系 ………… 161
　2　犯罪収益等に関する各概念 ……………………………………………… 163
　　(1) 犯罪収益（Proceeds of Crime）とは　163
　　(2) 「財産上の不正な利益を得る目的」とは　163
　　(3) 前提犯罪（Predicate Offence）とは　163
　　(4) 犯罪収益の対象となる財産とは　166
　　(5) 国外での行為についての前提犯罪の該当性について　167

第6　不法収益等による法人等の事業経営の支配を目的とする行為の罪（不法収益等による事業経営支配罪・組織的犯罪処罰法第9条違反） ……………………………………………………………… 167

　1　不法収益等による事業経営支配罪の解釈等 …………………………… 167
　2　不法収益等による法人等の事業経営の支配を目的とする行為の罪
　　　（組織的犯罪処罰法9条違反）として処理された事案 ……………… 168
　　(1) 事案の概要　168　　(2) 判決の内容　168

第7　犯罪収益等の仮装・隠匿の罪（組織的犯罪処罰法10条違反） ……………………………………………………………………………… 169

　1　総　　説 ………………………………………………………………… 169
　2　犯罪収益等の仮装・隠匿の罪の類型等 ………………………………… 169
　　(1) 犯罪収益等の取につき事実を仮装する行為について　169
　　(2) 犯罪収益等の処分につき事実を仮装する行為について　170

(3)　犯罪収益等を隠匿する行為について　170

　　(4)　犯罪収益等を隠匿する行為及び犯罪収益の発生の原因につき事実を仮装する行為について　170

　3　犯罪収益等の仮装・隠匿の罪のうち、犯罪収益等の取得につき事実を仮装した罪として処理された事案 ………………………………171

　4　犯罪収益等の仮装・隠匿の罪のうち、犯罪収益等の処分につき事実を仮装した罪として処理された事案 ………………………………171

　5　犯罪収益等の仮装・隠匿の罪のうち、犯罪収益等を隠匿した罪として処理された事案 ……………………………………………………171

第8　犯罪収益等を収受する罪（組織的犯罪処罰法11条違反）………172

　1　総　　説 …………………………………………………………………172

　2　犯罪収益等収受罪において禁じられる行為 …………………………172

　　(1)　禁止対象とされる行為　172　　(2)　除外規定　173

　3　犯罪収益等を収受する罪として処理された事案 ……………………174

第9　この章のおわりに ………………………………………………………174

第6章　パナマ文書をめぐる国際法上の諸問題

第1　はじめに …………………………………………………………………177

第2　タックス・ヘイブンに関する基本概念 ………………………………178

　1　タックス・ヘイブンとは何か …………………………………………178

　2　オフショアとは、オフショア・バンクとは …………………………179

　3　タックス・ヘイブンの役割 ……………………………………………179

　4　我が国からケイマン諸島へ投資 ………………………………………180

第3　タックス・ヘイブンがもたらす租税回避に関する問題及びその対策 ………………………………………………………………………180

　1　タックス・ヘイブンによる租税回避の方法 …………………………180

　　(1)　タックス・ヘイブンに本店を設立する方法　180　　(2)　ファイザー事件　181

　2　我が国におけるタックス・ヘイブンによる租税回避対策 …………182

　　(1)　法人税法における基本的な規制　182

(2) 法人税法におけるタックス・ヘイブン対策税制　182
　3　タックス・ヘイブンにおける租税回避に関する問題が深刻である
　　理由 ··· 184
　4　租税条約の活用 ··· 185
第4　タックス・ヘイブンがもたらすマネー・ローンダリング等に
　　関する問題及びその対策 ·· 187
　1　タックス・ヘイブンがもたらす深刻な問題 ··· 187
　2　タックス・ヘイブンに対するFATFの役割 ·· 188
　3　真の受益者に関する問題 ·· 189
　　(1) FATFの対日審査の状況　190
　　(2) タックス・ヘイブンにおける金融機関の対応状況　190
　4　G20財務大臣・中央銀行総裁会議での対策 ··· 191
第5　パナマ文書が我が国にもたらしたものは何であったのか ······················· 192
第6　この章のおわりに ·· 194

第7章　国際組織犯罪防止条約とテロ等準備罪

第1　はじめに ·· 195
第2　国際組織犯罪防止条約の成立の経緯及び我が国の対応 ··························· 195
　1　国際組織犯罪防止条約の成立 ·· 195
　2　我が国の対応 ·· 196
第3　国際組織犯罪防止条約の内容 ·· 196
　1　本条約1及び2条について ··· 196
　2　本条約5条について ·· 197
　3　本条約6及び7条について ··· 198
　4　本条約8乃至12、16、18乃至20条について ··· 199
　5　本条約23条について ··· 200
　6　本条約26条について ··· 201
　7　附属議定書について ·· 201
第4　我が国が国際組織犯罪防止条約を締結する必要性 ································· 201

第5 テロ等準備罪等の内容等 …………………………………………… 202
1 テロ等準備罪について ……………………………………………… 202
(1) 総　　説　202
(2) 条文の具体的な解釈——組織的犯罪処罰法6条の2第1項について——　204
(3) 条文の具体的な解釈——組織的犯罪処罰法6条の2第2項について——　217
(4) 法定刑について　219
(5) 計画をした犯罪のための資金として使用する目的で取得した財産の犯罪収益性について　220
2 証人等買収罪について ……………………………………………… 221
(1) 本罪が新設された趣旨　221　(2) 本条1項の罪が成立する場合　222
(3) 本条1項の条文の解釈　222　(4) 本条2項の趣旨　224
3 国外犯の規定の整備 ………………………………………………… 225
(1) 制度の趣旨　225　(2) 本法における国外犯処罰規定の整備の内容　226
(3) 刑法の贈賄罪の国外犯　226
第6 国際組織犯罪防止条約締結による具体的な効果等 ……………… 227
第7 この章のおわりに ………………………………………………… 228

第8章　国際的な人身取引に関する諸問題

第1 はじめに ……………………………………………………………… 229
第2 人身取引の国際的及び国内的実情 ………………………………… 230
1 人身取引の送出国及び受入国の状況 …………………………………… 230
2 人身取引であるかどうかの判断基準 …………………………………… 230
3 我が国における人身取引の保護状況 …………………………………… 231
4 人身取引事犯の検挙状況等 ……………………………………………… 232
5 我が国への不正入国手段 ………………………………………………… 232
第3 人身取引に対する国際的取組み …………………………………… 234
1 人身取引議定書の採択 …………………………………………………… 234
2 本件議定書の内容等 ……………………………………………………… 234
3 本件議定書の締約状況 …………………………………………………… 236

| 第4 | 本件議定書に関しての我が国の取組み | 236 |

1　本件議定書に関する我が国の対応 …………………………………… 236
2　我が国における人身取引対策 ………………………………………… 237
　(1)　「人身取引対策に関する関係省庁連絡会議」の設置　237
　(2)　「人身取引対策行動計画2009」の策定　237
3　出入国管理及び難民認定法の改正 …………………………………… 238
4　我が国の人身取引対策に対する批判 ………………………………… 239

第5　本件議定書による人身売買の犯罪化について ……………………… 239
1　新規立法の必要性 ……………………………………………………… 239
2　改正法の内容等 ………………………………………………………… 240
　(1)　「手段」について　240　　(2)　「行為」について　244
　(3)　「搾取の目的」について　246

第6　人身売買罪において支配性の有無が問題となった事例 …………… 247
第7　人身取引に関する規定の適用事例 …………………………………… 249
第8　これまでの我が国の対策に対する評価及び更なる新しい対応策
　　　について …………………………………………………………………… 250
1　米国国務省作成に係る2017年版人身取引報告書 …………………… 250
2　「人身取引対策行動計画2014」の策定 ……………………………… 251
第9　この章のおわりに ……………………………………………………… 252

第9章　汚職をめぐる国際法上の諸問題
——外国公務員等に対する贈賄罪を中心として——

第1　はじめに ………………………………………………………………… 253
第2　外国公務員贈賄防止条約の成立の経緯等 …………………………… 253
1　本条約に関する米国及びOECDの取組み …………………………… 253
2　本条約に関する我が国の取組み ……………………………………… 255
3　現在の締約国（平成27年（2015年）10月現在） …………………… 255
4　本条約の主な内容 ……………………………………………………… 255
第3　国連腐敗防止条約の成立の経緯等 …………………………………… 256

1　本条約に関する国連の取組み ……………………………………… 256
2　本条約に関する日本の取組み ……………………………………… 257
3　現在の締約国 ………………………………………………………… 257
4　本条約の主な内容 …………………………………………………… 258

第4　外国公務員贈賄防止条約を受けて改正された不正競争防止法の規定についての解釈等 ………………………………………………… 259

1　総　　説 ……………………………………………………………… 259
2　贈賄罪の主体 ………………………………………………………… 260
3　贈賄罪の客体 ………………………………………………………… 261
　(1)　客体としての要件　261
　(2)　18条2項1号に該当する外国公務員について　262
　(3)　18条2項2号に該当する外国公務員について　262
　(4)　18条2項3号に該当する外国公務員について　263
　(5)　18条2項4号に該当する外国公務員について　264
　(6)　18条2項5号に該当する外国公務員について　264
4　その他の構成要件 …………………………………………………… 265
　(1)　①「国際的な商取引に関して」の要件について　265
　(2)　②「営業上の不正の利益を得るために」の要件について　266
　(3)　③「その職務に関する行為をさせ若しくはさせないこと」の要件について　267
　(4)　④「その地位を利用して他の外国公務員等にその職務に関する行為をさせ若しくはさせないようにあっせんをさせること」の要件について　267
　(5)　⑤「目的として」の要件について　268
　(6)　⑥「金銭その他の利益」の要件について　269
　(7)　⑦「供与し、又はその申込み若しくは約束をしてはならない。」との要件について　269
　(8)　刑罰の内容　269
5　外国公務員に対する賄賂が組織的犯罪処罰法における犯罪収益になることについて …………………………………………………… 270

第5　外国公務員贈賄防止条約の履行に関する相互審査の状況（その1） ……………………………………………………………… 271

1　相互審査の機能 …………………………………………………………… 271
　　2　第一段階のチェックについて …………………………………………… 271
　　3　第二段階のチェックについて …………………………………………… 272
　　4　再度の相互審査 …………………………………………………………… 273
第6　外国公務員に対する贈賄事件の実例 …………………………………… 273
　　1　福岡簡略平成19・3・16公刊物等未登載の事案 …………………… 274
　　2　東京地判平成21・1・29判時2046号159頁の事案 ………………… 274
　　　(1)　事案の概要　274　　(2)　罪となるべき事実　274　　(3)　量刑の理由　275
　　　(4)　収賄した外国公務員の刑責　276
　　3　名古屋簡略平成25・10・3公刊物等未登載の事案 ………………… 277
　　　(1)　事案の概要及び公訴事実の概要　277　　(2)　背景事情　277
　　　(3)　処罰内容　278
　　4　東京地判平成27・2・4公刊物等未登載の事案 ……………………… 278
　　　(1)　事案の概要　278　　(2)　罪となるべき事実　278　　(3)　量刑の理由　282
第7　外国公務員贈賄防止条約の履行に関する相互審査の状況
　　（その2） ……………………………………………………………………… 283
第8　米国における外国公務員に対する贈賄罪の規定内容及び執行
　　状況等 ………………………………………………………………………… 284
　　1　概　　　要 ………………………………………………………………… 284
　　2　本法の解釈の指針 ………………………………………………………… 286
　　　(1)　目的について　286　　(2)　対象者について　287
　　　(3)　故意の内容について　287　　(4)　賄賂の内容について　287
　　3　取締りの実情 ……………………………………………………………… 287
　　4　量刑の実情 ………………………………………………………………… 288
第9　この章の終わりに ………………………………………………………… 288

第10章　国際サッカー連盟役員らによる
　　　　　大規模汚職事件に関する問題

第1　はじめに …………………………………………………………………… 291

第2　FIFA 不正事件の概要　291
1　起　訴　状　291
2　FIFA の組織概要　292
3　被　告　人　292
(1) Jeffrey Webb（ジェフリー・ウェブ）　292

(2) Eugenio Figueredo（エウヘニオ・フィゲレド）　292

(3) Jack Warner（ジャック・ワーナー）　293

(4) Nicolas Leoz（ニコラス・レオス）　293　　(5) その他の被告人　293

4　不正取引共謀と汚職の罪として起訴された犯行全体の概要　294
(1) 汚職原因としてのスポーツ・メディア・マーケットの拡大　294

(2) ジャック・ワーナーらによる権力の濫用　294

(3) スポーツ・ビジネスの過熱　294

(4) ホセ・マルグリエスによるマネー・ローンダリング　295

(5) ジャック・ワーナーらの汚職の発覚　295

(6) ジェフリー・ウェブによる権力の濫用　295

(7) エウヘニオ・フィゲレドによる権力の濫用　296

(8) 贈収賄スキーム　296

5　2010年（平成22年）ワールドカップ投票汚職の概要　296
(1) ジャック・ワーナーと南アフリカとのつながり　296

(2) ジャック・ワーナーとモロッコとのつながり　298

(3) 南アフリカからジャック・ワーナーへの1,000万ドルの支払約束　298

(4) 2010年ワールドカップ開催国の選定　298

(5) ジャック・ワーナーへの1,000万ドルの支払　298

(6) ジャック・ワーナーによる収賄金の使途先及びその過程でのマネー・ローンダリングの状況　299

(7) 共犯者 A に対する賄賂金の分配　299

6　本件起訴状における訴追対象とされた行為について　300
(1) 概　　要　300　　(2) Title 18, United States Code, について　300

(3) Section 1962 (c) について　301　　(4) 処罰の対象　302

第3　本件における国際法上の問題　302

	1	犯行場所について ……………………………………………………… 302
	2	被告人らの引渡状況 …………………………………………………… 303

　　(1) ジェフリー・ウェブについて　303　　(2) ジャック・ワーナーについて　303

　　(3) アレハンドロ・ブルサコについて　303

　　(4) ニコラス・レオスについて　304

	3	米国との間の引渡条約の締結状況 …………………………………… 304
	4	我が国における引渡しの可否（その１）……………………………… 304
	5	我が国における引渡しの可否（その２）……………………………… 305
	6	我が国における引渡しの可否（その３）……………………………… 306

第4　この章のおわりに ……………………………………………………… 307

第11章　アラビア海におけるソマリア沖海賊によるグアナバラ号襲撃事件に関する国際法上及び国内法上の諸問題

第1　はじめに ………………………………………………………………… 309
第2　アラビア海等における海賊事件に関する背景事情 ………………… 310
第3　アラビア海等における海賊の実態及び被害状況 …………………… 312
第4　海賊事件に対する国際社会の取組み ………………………………… 315

　1　海洋法に関する国際連合条約（the United Nations Convention of the Law of the Sea、以下「国連海洋法条約」という。）の締結及び発効 …… 315

　　(1) 海賊行為取締り等に関する管轄権について　315

　　(2) 海賊行為（Piracy）の定義について　319

　2　海洋航行の安全に対する不法行為の防止に関する条約（Convention for the Suppression of Unlawful Acts Against the Safety of Maritime Navigation、以下「海洋航行不法行為防止条約」又は「SUA条約」という。）の締結及び発効 ……………………………………………………… 323

　　(1) 本条約制定の契機　323　　(2) 海洋航行不法行為防止条約の内容等　324

　3　安保理による取組み ………………………………………………… 325

　　(1) ソマリアに対する安保理の関与　325　　(2) 安保理決議1816の採択　326

　　(3) 安保理決議1838、1844及び1846の採択　328

(4)　安保理決議1851の採択　329　　(5)　安保理決議1897の採択　332
　　　(6)　安保理決議1918の採択　333　　(7)　国連事務総長報告書について　333
　4　国際海事機関（IMO）による取組み……………………………………334
　5　周辺国であるケニアによる取組み………………………………………336
　6　ソマリア沖海賊対策に関するコンタクト・グループによる取組み
　　　………………………………………………………………………………337
第5　海賊事件に対する日本の取組み……………………………………………337
　1　ソマリア沖海賊に関する我が国の法制上の問題点及び対策…………337
　2　我が国による経済支援……………………………………………………338
第6　海賊行為の処罰及び海賊行為への対処に関する法律（以下「海賊対処法」という。）の成立の経緯……………………………………339
　1　海洋基本法の制定及び海洋基本計画の策定……………………………339
　2　海賊行為に対する刑法による処罰の可否………………………………340
　3　海賊行為に対する司法警察権行使上の問題点…………………………342
　4　海賊対処法の成立及び施行………………………………………………343
第7　海賊対処法の概要……………………………………………………………343
　1　海賊対処法の目的…………………………………………………………343
　2　海賊対処法における海賊の定義及び海賊行為の構成要件……………344
　　　(1)　海賊行為の主体、目的及び場所について　344
　　　(2)　海賊行為の具体的態様（2条1号の行為）　345
　　　(3)　海賊行為の具体的態様（2条2号の行為）　346
　　　(4)　海賊行為の具体的態様（2条3号の行為）　346
　　　(5)　海賊行為の具体的態様（2条4号の行為）　347
　　　(6)　海賊行為の具体的態様（2条5号の行為）　347
　　　(7)　海賊行為の具体的態様（2条6号の行為）　348
　　　(8)　海賊行為の具体的態様（2条7号の行為）　349
　3　前記の海賊行為に対する刑罰……………………………………………349
　　　(1)　2条1号ないし4号の海賊行為に対する刑罰　349
　　　(2)　2条5号ないし7号の海賊行為に対する刑罰　349
　4　海上保安庁等による海賊行為への対処…………………………………350

(1) 基本的な対処行為　350　　(2) 武器使用が許容される場合　350
　　5　自衛隊による海賊対処行動 ……………………………………………… 351
第8　ソマリア沖海賊によるグアナバラ号襲撃事件の事案の概要等
　　　　……………………………………………………………………………… 352
　　1　公訴事実の要旨 ………………………………………………………… 352
　　2　判決結果等 ……………………………………………………………… 352
　　3　被害船舶グアナバラ号の概要 ………………………………………… 353
　　　(1) グアナバラ号の船籍等　353　　(2) グアナバラ号の海賊対策　353
　　4　犯行状況等 ……………………………………………………………… 353
　　5　被告人らの制圧状況及び逮捕状況等 ………………………………… 355
　　　(1) 制 圧 状 況　355　　(2) 逮捕状況等　355
第9　本件海賊事件における捜査上の問題点 ………………………………… 355
　　1　外国に裁判を委ねるか否か …………………………………………… 355
　　2　刑事訴訟法上の身柄拘束に掛かる時間制限 ………………………… 356
　　3　証拠収集上の問題 ……………………………………………………… 356
　　4　通訳の問題 ……………………………………………………………… 357
　　5　被告人らの人定の問題 ………………………………………………… 357
第10　本件海賊事件における法律適用上の問題点 …………………………… 358
第11　本件海賊事件における公判上の問題点 ………………………………… 359
　　1　被告人らの主張 ………………………………………………………… 359
　　2　海賊対処法の合憲性について ………………………………………… 359
　　3　刑事裁判管轄権の有無について ……………………………………… 360
　　4　被告人らを引き受けた行為等の違法性 ……………………………… 362
第12　他国での海賊処罰事例 …………………………………………………… 364
第13　ソマリア沖海賊対策における最近の立法状況 ………………………… 364
第14　この章のおわりに ………………………………………………………… 365

第12章 反捕鯨団体シー・シェパード構成員らによる捕鯨調査船妨害事件等

- 第1 はじめに ……………………………………………………………… 367
- 第2 反捕鯨団体シー・シェパードの概要 ……………………………… 367
- 第3 上記判決により認定された犯行に至る経緯及び犯行状況 ……… 368
  - 1 事案全体の犯行の概要 ……………………………………………… 368
  - 2 威力業務妨害及び傷害の犯行に至る経緯 ………………………… 368
  - 3 威力業務妨害及び傷害に関して認定された罪となるべき事実 … 369
  - 4 器物損壊、艦船侵入及び銃刀法違反の犯行に至る経緯 ………… 370
  - 5 器物損壊、艦船侵入及び銃刀法違反に関して認定された罪となるべき事実 ……………………………………………………………… 370
- 第4 刑法の場所的適用範囲についての検討 …………………………… 370
- 第5 その他の事実認定上の問題について ……………………………… 371
  - 1 弁護人の主張 ………………………………………………………… 371
  - 2 傷害が上記発射行為によって生じたもので因果関係が存するか否か ……………………………………………………………………… 371
  - 3 本件発射行為が暴行に該当するか否か …………………………… 372
  - 4 被告人に暴行及び傷害の故意があったか否か …………………… 373
  - 5 傷害の程度として全治約1週間もの傷害を負わせたのか否か … 374
  - 6 結論 …………………………………………………………………… 374
- 第6 シー・シェパードをめぐるその他の問題 ………………………… 375
- 第7 この章のおわりに …………………………………………………… 375

第13章 北朝鮮に対する国連安保理決議とその履行としての日本政府の制裁措置及び国内法による刑事処罰等について

- 第1 はじめに ……………………………………………………………… 377
- 第2 北朝鮮による対外的挑発活動及び安保理の対応 ………………… 377
  - 1 安保理決議825の採択 ……………………………………………… 377

目次 xxi

- 2 安保理議長によるプレス声明 ……………………………………… 378
- 3 安保理決議1695の採択 …………………………………………… 379
- 4 安保理決議1718の採択 …………………………………………… 380
- 5 安保理議長による議長声明の採択 ………………………………… 382
- 6 安保理決議1874の採択 …………………………………………… 383
- 7 安保理議長による議長声明の採択 ………………………………… 385
- 8 安保理決議2087の採択 …………………………………………… 386
- 9 安保理決議2094の採択 …………………………………………… 387
- 10 上記各決議等採択後の状況 ………………………………………… 389
- 11 安保理決議2270の採択 …………………………………………… 390
- 12 安保理決議2321の採択 …………………………………………… 391
- 13 安保理決議2356号の採択 ………………………………………… 392
- 14 安保理決議2371号の採択 ………………………………………… 392
- 15 安保理決議2375の採択 …………………………………………… 393

第3 日本政府による対北朝鮮制裁措置 …………………………………… 394
- 1 法改正及び新規立法による対処 …………………………………… 394
- 2 2006年（平成18年）7月5日の弾道ミサイル発射への制裁措置 …… 394
- 3 最初の核実験への制裁措置 ………………………………………… 395
- 4 2009年（平成21年）4月5日の弾道ミサイルの発射への制裁措置
  ……………………………………………………………………… 396
- 5 二度目の核実験への制裁措置 ……………………………………… 398
- 6 北朝鮮による韓国哨戒艦沈没事件への制裁措置 ………………… 399
- 7 三回目の核実験への制裁措置 ……………………………………… 400
- 8 制裁措置の一部解除 ………………………………………………… 400
- 9 四回目の核実験への制裁措置 ……………………………………… 400
- 10 五回目の核実験への制裁措置 ……………………………………… 401
- 11 近時における制裁措置 ……………………………………………… 401

第4 対北朝鮮制裁措置に関する法改正及び新規立法の概要等 ……… 402
- 1 外為法の改正 ………………………………………………………… 402
  - (1) これまでの外為法による規制　402

(2)　経済制裁をする上での外為法改正の必要性　402
　(3)　国会によるコントロール　405
2　特定船舶入港禁止法の制定 …………………………………………… 406
　(1)　本法の目的について　406　　(2)　特定船舶の入港禁止の手続　406
　(3)　入港禁止措置及び罰則　406
3　船舶の貨物検査をめぐる法律上の問題 ……………………………… 407
　(1)　船舶検査活動法による船舶の積荷に検査について　407
　(2)　海上保安庁法による船舶の立入検査について　408　　(3)　立法の必要性　408
4　貨物検査等特別措置法の制定 ………………………………………… 409
　(1)　本法の目的について　409
　(2)　貨物検査行為について──海上保安庁と税関──　409
　(3)　検査妨害について　411　　(4)　検査対象貨物について　411
　(5)　提出命令について　412　　(6)　回航命令について　412
　(7)　国際法上の問題点　412

第5　対北朝鮮制裁措置に関連した刑事処分の実施状況 ………… 414
1　刑事処分の実施状況の概要 …………………………………………… 414
2　北朝鮮に対する不正送金事案 ………………………………………… 414
3　北朝鮮に対する無許可輸出事案 ……………………………………… 415
　(1)　国際的な平和及び安全の維持を妨げることとなると認められるものの無許可輸出について　415
　(2)　横浜地判平成16・5・10公刊物等未登載　417
　(3)　東京地判平成21・7・16公刊物等未登載　417
4　安保理決議に基づく対北朝鮮制裁措置に係る未承認輸入事案 …… 419
　(1)　北朝鮮からの輸入に関する法規制　419　　(2)　未承認輸入事案について　421
5　安保理決議に基づく対北朝鮮制裁措置に係る未承認輸出事案 …… 425
　(1)　北朝鮮への輸出に関する法規制　425　　(2)　未承認輸出事案　428

第6　この章のおわりに ……………………………………………………… 430

資料

【資料】日本国とアメリカ合衆国との間の犯罪人引渡しに関する条約 ……………………………………………………………………… 431
【資料】犯罪人引渡しに関する日本国と大韓民国との間の条約 ……… 435
【資料】刑事に関する共助に関する日本国とアメリカ合衆国との間の条約 ……………………………………………………………… 440
【資料】刑を言い渡された者の移送に関する条約 ……………………… 446
【資料】FATF勧告（仮訳） ……………………………………………… 452
【資料】国際的な組織犯罪の防止に関する国際連合条約 ……………… 465
【資料】国際的な組織犯罪の防止に関する国際連合条約を補足する人（特に女性及び児童）の取引を防止し、抑止及び処罰するための議定書 ……………………………………………………………………… 485
【資料】国際商取引における外国公務員に対する贈賄の防止に関する条約 ……………………………………………………………… 491

事項索引 ……………………………………………………………………… 495
判例索引 ……………………………………………………………………… 499

#　凡　例

1　法　令

　法令名の略語、通称は、各年版の六法全書（有斐閣、三省堂）又は大方の慣用に従う。

2　判　例

　判例集・判例収録誌の略称は、次の例によるほか、一般の慣例に従う。
　　例）最（一小）判平成24・2・13刑集66巻4号482頁：最高裁判所第一小法廷判決平成24年2月13日最高裁判所刑事判例集第66巻第4号482頁以下

最大判	最高裁判所大法廷判決
最（一小）判（決）	最高裁判所第一小法廷判決（決定）
最（二小）判（決）	最高裁判所第二小法廷判決（決定）
最（三小）判（決）	最高裁判所第三小法廷判決（決定）
高判	高等裁判所判決
地判	地方裁判所判決
刑集	最高裁判所刑事判例集
民集	最高裁判所民事判例集
裁判集刑	最高裁判所裁判集刑事
刑月	刑事裁判月報
東高刑時報	東京高等裁判所判決時報
判時	判例時報
判タ	判例タイムズ

3　雑　誌

　刑ジャ：刑事法ジャーナル
　警論：警察学論集

ジュリ：ジュリスト
曹時：法曹時報
判評：判例評論
法教：法学教室

4　概　説　書

山本：山本草二『国際法［新版］』（1994年、有斐閣）

田畑：田畑茂二郎『国際法講義 上［改訂版］』（1972年、有信堂高文社）

森下：森下忠『国際刑法の基本問題』（1996年、成文堂）

5　注釈書、判例解説

大コンメ刑法［3版］(1)～(13)：大塚仁＝河上和雄＝中山善房＝古田佑紀編編『大コンメンタール刑法［第3版］第1巻～第13巻』（2013年～2016年、青林書院）

大コンメ刑訴法［2版］(1)～(11)：河上和雄＝中山善房＝古田佑紀＝原田國男＝河村博＝渡辺咲子編『大コンメンタール刑事訴訟法［第2版］第1巻～第11巻』（2010年～2017年、青林書院）

最判解刑昭和（平成）○年度：最高裁判所調査官室編『最高裁判所判例解説 刑事篇 昭和29年度～』（1955年～、法曹会）

昭和（平成）○年度重判解：『昭和（平成）○年度 重要判例解説』〔ジュリスト臨時増刊〕（1968年～、有斐閣）

6　そ　の　他

川端古稀（下）：井田良＝只木誠＝中空壽雅＝高橋則夫＝山口厚編『川端博先生古稀記念論文集 下巻』（2014年、成文堂）

第1章

国際刑事法の基本構造

第1 はじめに

　国家は、主権を持ち、その主権の及ぶ範囲内においては、治安、秩序維持等のために強制力を用いることが国際的に容認されている。しかしながら、その範囲は、基本的には自国の領土内、領海内及び領空内に限られるのであって、それを超えて権力の行使をすることはできない（刑法の場所的、人的適用範囲の問題）。

　しかしながら、グローバル化が高度に進み、国境を越えた人の往来も日常的なこととなった現代社会においては、自国内で発生する犯罪に対処するにしても、これまでの国内的な対策だけでは十分なものとはいえなくなった。犯罪者は容易に国境を越えて逃亡し、また、国外で犯罪の準備をした上で自国内に来訪する犯罪者も後を絶たない状況にある（逃亡犯罪人引渡し、刑事共助の問題（特に、EU内での刑事共助について）、来日外国人犯罪の問題）。

　また、国際的な犯罪組織も誕生しており、その対策は、世界各国と協力して臨む必要があるほか（国際組織犯罪防止条約の問題）、具体的な対策として、それら犯罪組織に対し経済的側面からの打撃を与えるためにマネー・ローンダリング罪を用いた国際的な対処措置（マネー・ローンダリングをめぐる問題）や、組織的に敢行されている人身取引の撲滅のための措置（人身取引の問題）なども重要な課題となっている。

　一方、汚職の問題は、世界各国が依然として深刻な問題として抱えているものである上、適正な国際商取引や公正な社会を実現するためには、外国公務員等に対する贈賄の撲滅を図る必要もある（外国公務員に対する贈賄罪の問

題・国際サッカー連盟における汚職事件)。

また、国際的な租税回避も深刻な問題となっている(パナマ文書の問題)。

そして、そのような国際協力による犯罪者の処罰等については、条約等に基づいて国内法を整備して対処する場合のほか、国際連合安全保障理事会(以下「国連安保理」という。)による決議等による場合もあろう(ソマリア沖海賊の問題、北朝鮮の問題)。

本書では、以上の各問題についてどのように対処すべきか検討し、さらに、国際協力の下、国内刑事法を適用して犯罪者の検挙、起訴、有罪宣告後の処遇(受刑者移送の問題)等の一連の刑事処罰などを有効、適切に行うためには、どのようなことが求められているのかなどについて検討することとしたい。

第2 犯罪処罰のための法源

1　国内法上の法源及び国際法上の法源

(1)　一 般 原 則

犯罪者の処罰は、治安、秩序の維持等が求められる近代国家の責務の一つである。ただ、そのためには、罪刑法定主義で示されるように、事前に法律によって刑罰の内容を明らかにするなど、個人の自由を不当に制限するようなことがあってはならない。したがって、犯罪者の処罰のためには、国内法としての刑事法を制定することにより、それが可能となるのであって、これが法源となることは当然である。

一方、国際法は、各国が相手国の主権と対決しながらも相互の合意により、お互いの国内体制・イデオロギー・文化の相違を克服して主張できるような、客観的な内容を備えてはじめて、国際関係で適用可能なものになるという、特殊な役割をもった法であるといわれる[1]。その具体化されたものが国際慣習や条約等の国家間の合意等である。そこでの成立形式を基準とすれば、国際法規は条約法たる国際法規と、慣習法たる国際法規とに区別され

---

(1)　山本3頁。

る[2]。

　ただ、このような国際法規が認められる場合において、それは抽象的な法源とはいえても、実際上、それら法規に違反した者を逮捕、処罰することのできる執行力を持つ具体的な法源とはならない。条約等で処罰を求める場合においては、国内法での立法化を求めるのが通常であることからしても、これを国内法における刑罰規定として整えて、初めて犯罪者の処罰が可能になるからである。安保理の決議についても同様に考えられよう。

　もっとも、海賊行為については、古くから「人類一般の敵」とされ、慣習法上、国際法に対する犯罪としていかなる国も海賊個人を処罰し得るものと解されている。しかしながら、これについても、実際の刑事処罰に当たっては、自国の刑事法上の規定に従った形での処罰をするのであって、慣習法に則って処罰をするというわけではない。

(2) **国際刑事裁判所**

　これに対し、個人が国際法上の刑事責任を直接的に問われるものとして、国際刑事裁判所の存在がある。古くは、第一次世界大戦後のヴェルサイユ平和条約において、ドイツのウィルヘルム２世を国際裁判所によって、不正な戦争を開始、遂行した責任を問うこととしたり（実際には亡命により実施されなかった。）、その後、第二次世界大戦後、ニュルンベルグ国際軍事裁判所及び極東国際軍事裁判所において、平和に対する罪等の戦争犯罪について、国家機関の地位にある個人に対する責任追及をしたが、これらは正に国際慣習と条約を法源としたものであった[3]。

　そして、2002年（平成14年）7月には、「国際刑事裁判所に係るローマ規程」（The Rome Statute of the International Criminal Court、以下「ICC規程」という。）が所要の60か国を超える国の批准を受けて発効し、超国家的刑罰権を持つ常設の国際刑事裁判所（International Criminal Court、以下「ICC」という。）が誕生した。このICCの執行する刑罰の法源は、上記条約であり、各国家がその主権により有する刑罰権を超えるものである。すなわち、ICCは、国

---

(2) 田畑27頁。
(3) 森下6頁。

際法廷において、国際法を直接適用することによって、個人を処罰する制度であり、この制度を初めて確立した点で国際法の新たな発展をもたらすものであり、画期的な意義をもつといわれている[4]。ただ、そうはいっても、このICCは、各国の国内刑事司法制度を補完するものであり、関係国に被疑者の捜査・訴追を真に行う能力や意思がない場合にのみ、ICCの管轄権が認められるとされている[5]。

具体的には、国際社会全体の関心事である最も重大な犯罪（集団殺害犯罪、人道に対する犯罪、戦争犯罪、侵略犯罪）を犯した個人を、国際法に基づいて訴追・処罰することとしている[6]。

ちなみに、我が国は、2007年（平成19年）7月17日、ICC規程加入書を寄託し、同年10月1日、我が国についてICC規程が発効している。

2　条約等の役割及びその手続

国際的な犯罪について、国内刑事法により犯罪者を処罰するにしても、その立法化の由来が条約等に基づく場合は非常に多い。そこで、条約というものがどういうもので、それが特定の国に対して効力を持つということがどう

---

(4) 伊藤哲朗「国際刑事裁判所の設立とその意義」レファレンス平成15年5月号17頁、フィリップ・オステン「国際刑法の新たな処罰規定──『侵略犯罪』の意義と課題──」刑ジャ27号（2010年）10頁等。
(5) 外務省ウェブサイト。それゆえ、ICCが管轄権を行使する場合は、被疑者の国籍国又は犯罪の実行地国が締結国であるか、同意している場合であるか、あるいは、国連安保理が付託する場合でなければならない。
　　もっとも、この点については、「犯罪地国か被疑者国籍国のいずれかの受諾がなければ非加盟国に対する管轄権が生じないことや、国連安保理の政治的な関与を許すいくつかの制度が設けられていることも軽視できない。これらは、妥協的性格をもたざるを得ない国際条約の限界、また、精密な立証が困難な国際刑事裁判の限界を示したものであるとも言える。」とし、ただ、このような補完性の原則が採られたことについては、「ローマ規程の起案過程では、ICCに普遍的ないし優越的管轄権を与えるべきだとの主張もみられたが、これを認めなかったことは、国際刑事裁判の現実に即した賢明な選択として評価できる。」（髙山佳奈子「国際社会における（EU・国連）における刑事法」ジュリ1348号〈2008年〉183頁）とされている。
(6) これまでに、ICCでは、コンゴ民主共和国、ウガンダ、スーダン・ダルフール、中央アフリカ共和国、ケニア、リビア、コートジボワールといった国々で発生した戦争犯罪、人道に対する犯罪等について捜査、公判等を行っている。

いう意味を持つのかなどについて、まず説明しておくこととする。

(1) 条約の定義

　そもそも、「条約」の定義については、「広義においては、国家間においてなされる合意であって、法的拘束力のあるものをいうが、狭義においては、前者の中、とくに条約という名称でよばれるものを意味する[7]。」とされている。

　ちなみに、1969年（昭和44年）5月に国連総会において採択された「条約法に関するウィーン条約」（Vienna Convention on the Law of Treaties. 以下「条約法条約」という。）によれば、同条約2条1項(a)において、

> 「条約」とは、国の間において文書の形式により締結され、国際法によって規律される国際的な合意（単一の文書によるものであるか関連する2以上の文書によるものであるかを問わず、また、名称のいかんを問わない。）をいう。

とされている。ただ、この定義では、「国の間」とされていることから、「国家と国際機関との間で行われる合意」や、「国際機関同士の間の合意」は、この条約法条約でいう「条約」の定義には含まれないが、それらは「国と国際機関との間又は国際機関相互の間の条約についての法に関するウィーン条約（国際機関条約法条約）」で「条約」とされていることから、結局のところ、当事者が国家であるか、国際機関であるかにかかわらず、それらとの間の合意は「条約」となる。

(2) 条約の種類

　次に、「条約」と訳されるにしても、その元の表現は、「Treaty」というものと「Convention」というものがある。「Treaty」は、政治的にも重要なステータスの重い条約に用いられることが多いが（例えば、Security Treaty（安全保障条約）など）、「Convention」は、多数国間条約に用いられることが多く、包括的な内容を有するものに多く使われる（例えば、Convention on Mutual Administrative Assistance in Tax Matters（租税に関する相互行政支援に関する条約）など）といわれている[8]。

---

(7)　田畑262頁。
(8)　国立国会図書館・調査及び立法考査局「わが国が未批准の国際条約一覧」2頁。

また、「協定」と訳されるものは、「Agreement」である。これは上記の「Treaty」や「Convention」と比べると、やや実施細目的な技術的事項を扱う場合に通常使われる（例えば、Agreement on the Privileges and Immunities of the International Criminal Court（国際刑事裁判所の特権及び免除に関する協定）など）。

また、「議定書」と訳されるものは、「Protocol」である。これは単一の条約の表題として用いられることは通常はなく、例えば、国際協力の大きな枠組みを定める本体の条約に関連して具体的な協力や規制の内容を定める場合などに使われる（たとえば、Additional Protocol to the Convention on the Transfer of Sentenced Persons（刑を言い渡された者の移送に関する条約のための追加議定書）など）。

さらに、「規程」と訳されるものは、「Statute」である（例えば、Amendment to article 8 of the Rome Statute of the International Criminal Court（国際刑事裁判所に関するローマ規程第8条の改正）など）。これは、国際機関や国際裁判所の設立等に係る条約に用いられることが多い。

ただ、どのような呼ばれ方をするものであっても、国家の合意たる限り、その効力には区別がない[9]。

(3) **条約締結の手続**

そして、そのような条約を締結するに当たり、どのような方法でその意思を表明するかについては、上記の条約法条約11条において、

　　条約に拘束されることについての国の同意は、署名、条約を構成する文書の交換、批准、受諾、承認若しくは加入により又は合意がある場合には他の方法により表明することができる

とされている。ここで挙げられた同意表明の方法のうち相互の違いが分かりにくいものとして、「批准」（ratification）、「受諾」（acceptance）、「承認」（approval）及び「加入」（accession）について説明することとする。

ア　まず、「批准」であるが、当事国の国家代表が作成し署名した条約の内容に対して、当該国家において、憲法上条約締結権限を与えられたものが

---

(9)　田畑262頁。

再検討を行い、最終的に同意の意思を確定することをいう[10]。署名が行われた後に、国家の名において条約を確定的に受け入れ誠実に履行する旨の同意を与えるための最も厳格な方式であり、通常、国家元首その他、憲法上条約締結権限をもつ国の最高機関が行う[11]。

そして、国民主権・議会民主制をとる国では、条約締結権が憲法上行政府と議会に分属した結果、全権代表が署名した条約の国内実施の可否について、改めて議会の審査に付し、その承認を得た上で、国家元首または行政府の首長による批准が行われることになった。したがって、批准は、署名とは別個のもので、時間的にも相当の余裕を置いた行為であり、条約の締結行為を完了させ、その法的拘束性を発生させるものである。

日本においても、日本国憲法73条において内閣の権限を定めているところ、2号において

　　　外交関係を処理すること

と規定され、また、3号において、

　　　条約を締結すること。但し、事前に、時宜によって事後に、国会の承認を経ることを必要とする。

と規定されていることから、内閣の権限として、条約の締結等に向けた外交交渉をした後、条約の締結をする際には、国会の承認が憲法上必要とされている。

その上で、天皇の国事行為として、憲法7条8号において、

　　　批准書及び法律の定めるその他の外交文書を認証すること。

と規定されているように、批准書を認証することが規定され、さらに、同条1号において

　　　憲法改正、法律、政令及び条約を公布すること。

と規定されているように、当該条約を公布することで、国内法的には、その手続が終了する。ただ、国際法的には、当該批准書を交換ないし寄託することが必要で、批准書等を条約の寄託者に寄託するなどによって手続が完了す

---

(10)　田畑275頁。
(11)　山本596頁。

る。

　もっとも、当該条約が多数国間条約の場合、これが国際的に効力を持つかどうかは、当該条約の効力の発効のために一定数の締約国の批准等を条件としていることもあることから、それらの条件が満たされた段階で国際的に発効することとなる。

　イ　次に、「受諾」・「承認」であるが、これは、条約の当事国となるための新しい方式として第二次世界大戦後に発達した条約慣行であり、国際的には批准と実質的に同じ効果を持つものである[12]。

　そして、「受諾」と「承認」の違いは、承認の方が受諾よりもさらに新しく導入された同意方法であるものの、実際上の扱いにはほとんど違いがない。

　この受諾・承認には、署名を行うことなく条約に拘束されることへの同意を表明する場合（後に説明する「加入」に類似した場合）と、拘束的性格を有しない署名の後に行われる最終的な同意の表明の方法（前述した「批准」に類似した場合）の両方が想定されている。

　なお、近時の我が国での取扱いでは、「批准」は重要度が相当に高いものでしか使われず、多くの条約がこの「受諾」の方法で同意の表明がなされている。

　ウ　最後に「加入」であるが、署名を先に行わないでも、条約に拘束されることへの同意を表明する方法である。

(4)　条約の形式以外の合意によるもの

　上述したものは、我が国の国内法においても手続が法定されている「条約」についてであるが、そのような条約でなくとも、国際機関等との合意により、国内での担保法を制定するなどして、義務を履行する場合もある（マネー・ローンダリングの章で詳述するFATFの勧告など。）。

　ただ、その場合でも犯罪処罰の法源となるものは、条約の場合と同様に、国内の刑事法である。

---

[12]　山本597頁

第3 法源である国内刑事法の効力の及ぶ範囲（刑法の場所的、人的適用範囲の問題）

1 刑法上の規定及びその考え方

　刑法は、1条件から4条の2までにおいて、場所的及び人的要素に関する刑法の適用関係について規定している。

　この刑法の適用に当たっては、属地主義、属人主義、保護主義、世界主義といった様々な考え方に基づいて、規定が設けられている。以下、それらの考え方を示す各条文にしたがって説明することとする。

2 属地主義によるもの

(1) 刑法1条1項による基本的な適用範囲

　まず、属地主義に基づくものとして、刑法1条1項は、

　　この法律は、日本国内において罪を犯したすべての者に適用する。

と規定し、日本国内、すなわち、日本国の領域である領土内、領海内及び領空内においては、何人に対しても刑法を適用すると定めており、属地主義の原則を明らかにしている[13]。

　ア　この点に関連した問題として、外交官等は、日本国内での犯罪行為について処罰されないこともあるが、それは、外交関係に関するウィーン条約

---

(13) 排他的経済水域又は大陸棚における人工島、施設及び構築物上で行われた犯罪については、日本の刑法は適用されるのであろうか。
　　これについては、排他的経済水域及び大陸棚に関する法律3条1項は、
　　　次に掲げる事項については、我が国の法令（罰則を含む。以下同じ。）を適用する。
　　一　排他的経済水域又は大陸棚における天然資源の探査、開発、保存及び管理、人工島、施設及び構築物の設置、建設、運用及び利用、海洋環境の保護及び保全並びに海洋の科学的調査（後略）
と規定し、また同条2項において、
　　　前項に定めるもののほか、同項第1号の人工島、施設及び構築物については国内に在るものとみなして、我が国の法令を適用する。
と規定していることから、これらについては、国内にあるものとみなして、我が国の法令が適用されることになる。

により、訴訟条件が欠けているからであって[14]、刑法が適用されないというわけではない。もしそのように考えなければ、そのような外交官等が日本国内において誰かに対して急迫不正の侵害に及んだ場合、これに対する正当防衛などが成立しないこととなり、その結論が不当であることは明らかだからである。したがって、そのような立場の者がその身分を失った後は、当然に訴追が可能となる。

また、外交官が使用する公館である大使館の敷地内についても、それが日本国内にある以上、刑法の効力は及ぶとみるべきである。ただ、日本国内にある各国の大使館の敷地内の犯罪行為については、上記外交関係に関するウィーン条約22条1項において、

　　使節団の公館は、不可侵とする。接受国の官吏は、使節団の長が同意した場合を除くほか、公館に立ち入ることができない。

と規定されていることから、その限りにおいて、我が国の法令の適用が制限されているのである。したがって、派遣国が同条約による保護を放棄すれば、その大使館内に立ち入って捜査をすることもできるし、被疑者となる外交官を逮捕、起訴することも可能となる。

それゆえ、この点は、外国にある日本の大使館等についても同様であり、上記条約により保護されているにしても、当該接受国の刑事法の効力が及んでいないわけではないし、それら大使館内で日本の外交官が刑法等に違反する行為に及んだ場合は、後述する国外犯の規定に該当すれば日本で処罰できることとなる[15]。

　イ　また、属地主義に関する問題としては、犯罪の行為地が我が国の領域

---

(14)　外交関係に関するウィーン条約29条によれば、
　　　外交官の身体は、不可侵とする。外交官は、いかなる方法によっても抑留又は拘禁することができない。
　　とされていることから、基本的には接受国側で刑事処罰をすることができないこととなっている。
(15)　**東京地判平成26・12・11公刊物等未登載**の事案は、コンゴ民主共和国にある日本大使館において、業務上預かっていた現金を着服し、その発覚を免れるために同大使館に放火したというものであったところ、その処罰は、刑法3条の国外犯規定を用いて処罰されている。

内であるかどうかという判断に関して問題となる場合がある。

　これについては、行為説、結果説、偏在説などがあるが、実務的には、構成要件の一部をなす行為が日本国内で行われ、又は、構成要件の一部である結果が日本国内で発生していれば、犯罪地は国内であると考えられている[16]。したがって、郵送する行為が日本国内で行われた場合（結果発生は国外であったとしても）や、自らは国外にいて犯行に及ぶものの、共犯者と通謀して犯行に及ぶ場合において、共犯者が国内にいたような場合おいて共謀が国内でなされたもの認められる場合には、国内犯として考えられている[17]。

　ウ　特に、最（三小）決平成26・11・25刑集68巻9号1053頁では、その解釈が明確にされた。

　この事案は、日本在住の被告人が、日本及び米国在住の共犯者らととも

---

(16) 大阪地判平成11・3・19判タ1034号283頁によれば、日本国内から外国にあるサーバーにわいせつ画像を送信して、日本国内からこれを閲覧できるようにしたというわいせつ図画公然陳列事件において、国内犯とされている。この判決では、「一般に、我が国の刑法の場所的適用範囲については、犯罪構成要件の実行行為の一部が日本国内で行われ、あるいは犯罪構成要件の一部である結果が日本国内で発生した場合には、我が国の刑法典を適用しうると解すべきところ、インターネット通信においては、誰でもダウンロードすることを可能とするデータを伴うホームページの開肢か自己のパソコンからそのダウンロード用のデータをプロバイダーにあてて送信すれば、たとえそれが海外のプロバイダーに対して向けられたものであっても、瞬時にそのプロバイダーのサーバーコンピューターに記憶、蔵置され、その時点からは、日本国内からでも、右データに容易にアクセスしてダウンロードすることが可能となるものであ」るということを理由として、国内犯であるとの認定に至っている。

(17) 仙台地判平成3・7・25判タ789号275頁は、この趣旨を認めたものと解される。すなわち、同判決では、「日本人が日本国籍を有する船舶内で実行した偽造証憑行使行為（筆者注：刑法104条）については、刑法1条2項により日本国刑法が適用されるのに対し、日本人が日本国籍を有する船舶又は航空機の外にある外国領土内で実行した偽造証憑行使行為について日本国刑法を適用する規定は存在しない。しかし、偽造証憑行使行為の一部が日本国籍を有する船舶内で実行された場合には、その行為の全体について日本国刑法が適用されると解する。被告人は、日本国籍を有する船舶第八富山丸の外の外国領土に属するフランス共和国領タヒチ島パペーテにおいて、偽造した証憑を写真電送して行使したものであるが、この送信行為は、Aと共謀のうえなされたものである。したがって、犯罪行為の一部である共謀が第八富山丸の船内でなされたのである以上、その行為の全体について、日本国刑法の適用があり、本件については、偽造証憑行使証憑湮滅罪が成立する。」と判示している。

に、日本国内で作成したわいせつな動画等のデータファイルを米国在住の共犯者らの下に送り、同人らにおいて同国内に設置されたサーバコンピュータに同データファイルを記録、保存し、日本人を中心とした不特定かつ多数の顧客にインターネットを介した操作をさせて同データファイルをダウンロードさせる方法によって有料配信する日本語のウェブサイトを運営していたところ、平成23年7月及び同年12月、日本国内の顧客が同配信サイトを利用してわいせつな動画等のデータファイルをダウンロードして同国内に設置されたパーソナルコンピュータに記録、保存するなどしたというものであった。そして、本件最高裁決定は、この事案において、それがわいせつ文書の「頒布」に該当するとした上で、「日本国内において犯した者に当たることも（中略）明らかである」とした。

 (2) **刑法1条2項による基本的な適用範囲**

　刑法1条2項は、
　　　日本国外にある日本船舶又は日本航空機内において罪を犯した者についても、前項と同様とする。

と規定して、「日本船舶」内又は「日本航空機」内は、我が国の領域内と同様に考えて刑法の適用があるとしている。このように船舶等の旗国に管轄権を与えて旗国の法を適用し、その内部的安全と秩序を保つ必要があるという考え方を旗国主義という。

　ア　そして、「日本船舶」とは、船舶法1条において、
　　　左ノ船舶ヲ以テ日本船舶トス
　　　　一　日本ノ官庁又ハ公署ノ所有ニ属スル船舶
　　　　二　日本国民ノ所有ニ属スル船舶
　　　　三　日本ノ法令ニ依リ設立シタル会社ニシテ其代表者ノ全員及ビ業務ヲ執行スル役員ノ三分ノ二以上ガ日本国民ナルモノノ所有ニ属スル船舶
　　　　四　前号ニ掲ゲタル法人以外ノ法人ニシテ日本ノ法令ニ依リ設立シ其代表者ノ全員ガ日本国民ナルモノノ所有ニ属スル船舶

と規定しているところ、ここで規定されている「日本船舶」をもって刑法1条2項の「日本船舶」をいうものと解されている。

かつては、日本船籍を有する船舶と解されていたこともあったが、そのように解した場合、無動力船等については船舶の登録義務がなく、日本船籍として登録されていないことに照らし、それらの船に対して刑法1条2項の適用ができなくなるという不都合があるからと考えられている[18]。
　この点に関して、公海上で、日本船舶の乗組員が同船舶の船底弁を引き抜き、海水を船内に浸入させて人の現在する船舶を覆没させたという行為について、最（一小）決昭和58・10・26刑集37巻8号1228頁は、「本件船舶につき、本件覆没行為の当時船舶法1条3号の要件を備えていたものと認め、これを刑法1条2項にいう『日本船舶』にあたるとした原判断は相当である。また、本件のように、公海上で、日本船舶の乗組員が同船舶の船底弁を引き抜き海水を船内に浸入させて人の現在する船舶を覆没させたという行為については、刑法1条2項により同法126条2項の規定の適用があると解すべきであるから、これと同旨の原判断は相当である。」としたものである（なお、同じく日本船舶内の事件として、シー・シェパードによる傷害等事件があるが、これについては、後に改めて説明する。）。
　イ　また、「日本航空機」とは、航空法により登録され日本国籍を取得しているものをいう。そして、ここでいう「航空機」とは、航空法2条1項において、
　　　この法律において「航空機」とは、人が乗って航空の用に供することができる飛行機、回転翼航空機、滑空機及び飛行船その他政令で定める航空の用に供することができる機器をいう。
と定義されている航空機をいうとされている。

3　属人主義によるもの

　属人主義に基づくものとして、刑法3条は、
　　　この法律は、日本国外において次に掲げる罪を犯した日本国民に適用する。
と規定して、現住建造物等放火、強制わいせつ、強姦、殺人、傷害・傷害致

---

(18)　古田佑紀・渡辺咲子・大コンメ刑法［3版］(1)88頁。

死、逮捕・監禁、略取・誘拐、窃盗、強盗・強盗致死等の刑罰の重い罪について、「日本国外」で、「日本国民」が犯した場合に刑法を適用することとしている。なお、平成29年6月15日、第193回国会において、組織的な犯罪の処罰及び犯罪収益の規制等に関する法律等の一部を改正する法律が成立し、これにより、刑法3条6号に同法198条の贈賄罪が追加された。

　ここでいう「日本国外」とは、先に述べた「日本国内」の反対であって、我が国の領域の外をいい、「日本国民」とは、日本国籍を有する者である。

　そして、ここでいう「日本国民」である時期は、行為時を標準とするのが有力であるが、手続時を標準とすべきであるとの見解もある[19]。後者の見解は、犯罪が発覚しないまま日本国民となった者につき、処罰を免れさせるのは不当であるとの考え方に基づくものである。

　国際的な人の移動が活発化し、婚姻や長期間の滞在を経るなどして帰化などにより日本国籍を取得する場合も少なくないことに鑑みれば、後者の考え方も十分に理解できるところである。しかしながら、少なくとも犯罪時に日本国民でなく、後述するような保護主義、世界主義などに従って処罰すべき場合に該当しないのであれば、犯罪行為時に処罰要件を備えていない以上、不処罰でもやむを得ないのではないかと思われる。

4　保護主義によるもの（その1）

　保護主義に基づくものとして、刑法3条の2は、
　　この法律は、日本国外において日本国民に対して次に掲げる罪を犯した日本国民以外の者に適用する。
と規定して、強制わいせつ、強姦、殺人、傷害・傷害致死、逮捕・監禁、略取・誘拐、強盗・強盗致死等の罪については、日本国外において、日本国民に対して、それらの罪を犯した日本国民以外の者に刑法を適用するとしている。

　これは、国際的な人の移動が日常化し、日本国民が日本国外において犯罪の被害に遭う機会は飛躍的に増加しており、生命・身体等に重大な侵害をも

---

[19]　古田＝渡辺・大コンメ刑法［3版］(1)95頁。

たらすような犯罪の被害を受けた場合においても、我が国の刑法を適用できないとすることは、国外にいる日本国民の保護の見地から妥当でないことから、平成15年の刑法改正において新たに加えられたものである。

もっとも、在外邦人を被害者とする犯罪を処罰する規定は戦前に存在したものの、昭和22年（1947年）に戦後新憲法下の国際協調の精神から犯罪地に処罰を委ねるべきという理由でいったん削除されていた。しかし、平成14年（2002年）に起こったタジマ号事件を一つの契機として、規定の必要性が議論され、対象犯罪を日本国民に対する人身関連犯罪に絞って規定を復活させたものである[20]。

ちなみに、タジマ号事件は、公海上において、日本企業の便宜置籍船（税制等の理由からその船の事実上の船主の所在国とは異なる国に船籍を置く船舶であり、タジマ号の船籍はパナマにあった）内で、フィリピン人が日本国民を殺害した（その後、同船は日本に入港した）という事件である。しかしながら、当時、旗国のパナマ以外に犯人を処罰する規定や権限をもつ国はなかった上、パナマの対応も鈍く、事件処理が難航したという経緯があった。このように、被害者が日本国民であり、かつ日本の捜査機関による捜査が可能であるにもかかわらず、旗国等の要請がない限り日本は介入できないという不都合を解消し、海外で活躍する日本国民が増えるにつれ、その必要性が高まったことから、上記のように改正されたものである。

そして、ここで定められた罪は、日本国民が日本国外で犯しても処罰されない罪を対象とするのは相当でないことから、3条に規定する罪の範囲内のものとなっている。したがって、ここで規定されている罪を日本国外で日本国民が犯した場合には、その被害者が日本国民であっても、それ以外の外国人であっても、3条によって処罰されることになる。

5　保護主義によるもの（その2）

同様に保護主義に基づくものとして、刑法4条は、

　　この法律は、日本国外において次に掲げる罪を犯した日本国の公務員

---

[20]　鶴田順編『海賊対処法の研究』（2016年、有信堂高文社）47頁〔北川佳世子〕。

に適用する。

と規定して、看守者等による逃走援助、虚偽公文書作成等、公務員職権濫用、特別公務員暴行陵虐、収賄、受託収賄及び事前収賄、第三者供賄、加重収賄及び事後収賄、あっせん収賄、特別公務員職権濫用等致死傷等については、日本国外において、日本国の公務員が犯した場合に、刑法を適用することとしている。

　これは、日本国の公務の適正、廉潔性を保護しようとする趣旨から規定されたものであるから、属人主義の形態をとっているものの、保護主義によるものと理解されている。また、その根拠として、「日本国の公務員」とは、通常は日本国民であろうが、必ずしも日本国民でない場合もあり得ることから（最大判平成17・1・26民集59巻1号128頁）、属人主義になじまないとの考えもあるようである。

　もっとも、この点については、「日本国の公務員」というのは、必ずしも自国民に限定されるわけではなく、属人主義の適用を受ける者の範囲を「何らかの方法で自国に関係をもつ人」と解することにより、この刑法の規定は、広い意味における属人主義のカテゴリーに属する規定であると解する見解もある[21]。

6　保護主義によるもの（その3）

　同様に保護主義に基づくものとして、刑法2条は、
　　この法律は、日本国外において次に掲げる罪を犯したすべての者に適用する。

と規定して、内乱、内乱等幇助、外患誘致、外患援助、通貨偽造及び行使等、詔書偽造等、公文書偽造等、公正証書原本不実記載等、偽造公文書行使等、電磁的記録不正作出及び供用、有価証券偽造等、偽造有価証券行使等、支払用カード電磁的記録不正作出等、御璽偽造及び不正使用等、公印偽造及び不正使用等、公記号偽造及び不正使用等の罪については、日本国外で犯された場合でも、何人に対しても刑法を適用すると定めている。

---

[21]　森下47頁。

これは個人が被害者となる種類の犯罪を対象とするものではなく、我が国の重要な国家的利益、社会的利益を害する犯罪については、何人がどのような場所で犯しても、刑法を適用して処罰しようとするものである。

全ての者の国外犯を処罰するという点で、世界主義と同様の結果をもたらすものであるが、その趣旨が異なるとされている。もっとも、世界主義に基づく刑罰についても、国外犯の適用としては、「刑法第2条の例に従う。」として、この条文が用いられている。

7 世界主義によるもの
(1) 世界主義の概念

最後に世界主義に基づくものとしては、刑法上では国外犯の規定はない。ただ、特別法の中には多数見られ、例えば、航空機の不当な奪取の防止に関する条約の担保法として制定された航空機の強取等の処罰に関する法律（以下「航空機強取等処罰法」という。）では、1条1項において、

> 暴行若しくは脅迫を用い、又はその他の方法により人を抵抗不能の状態に陥れて、航行中の航空機を強取し、又はほしいままにその運航を支配した者は、無期又は7年以上の懲役に処する。

と規定しており、また、その他にもこれに関連する犯罪を規定しているところ、同法5条では、

> 前4条の罪は、刑法第2条の例に従う。

と規定して、世界中のどの場所においても、また、誰が行っても日本国の刑法を適用することができるとして、世界主義を採用している。このように刑法2条が適用されることから、上記の航空機強取処罰法等の「規定が適用される罪は、国際条約に定める裁判権設定義務にもとづいて、行為者の国籍いかんを問わず、国外犯につき内国刑法の適用があるとされているので、世界主義の対象とされている罪と解される。この見地からすれば、刑法2条は、保護主義のみならず、世界主義をも規定したものと解される[22]。」と指摘されていることも参考になろう。

---

(22) 森下55頁。

(2) 世界主義の適用

　ここで中東の過激派組織「イスラム国」(Islamic State。以下「IS」という。)が、2015年（平成27年）1月、日本人のフリージャーナリストらを殺害した事件について、日本刑法の適用の可能性等について検討してみよう。

　この事件では、上記ジャーナリストらを殺害したISの戦闘員は、人質による強要行為等の処罰に関する法律（以下「人質強要行為等処罰法」という。）に違反する。

　すなわち、同法2条では、

> 二人以上共同して、かつ、凶器を示して人を逮捕し、又は監禁した者が、これを人質にして、第三者に対し、義務のない行為をすること又は権利を行わないことを要求したときは、無期又は5年以上の懲役に処する。

と規定されているところ、同法4条では、

> 第2条（中略）の罪を犯した者が、人質にされている者を殺したときは、死刑又は無期懲役に処する。

として、人質殺害の罪について規定されていることから、本件の事件は、この人質強要行為等処罰法4条に違反するものと考えられる。

　そして、同法5条において、

> 第1条の罪は刑法第3条、第3条の2及び第4条の2の例に、前3条の罪は同法第2条の例に従う。

として国外犯の規定が設けられており、同法4条に関しては、刑法2条の例に従うとされている。

　したがって、人質殺害の罪については、世界主義の観点から、誰が誰を殺しても日本の刑法の適用は可能ということになる。もっとも、日本と全く関係のない国籍の者がISに殺害されたとしても、日本国民の税金で働いている日本の警察がその捜査に乗り出すということは、通常はあり得ない。

　しかしながら、本件のように日本人が被害者となった場合には、国民の保護等の観点から、我が国の捜査機関が捜査に着手するということは当然にあり得ることである。ただ、その場合であっても、日本の捜査機関がISの支配地域に赴いて、殺害犯人を逮捕するなどということは、当該地域の本来の

主権を有する国家に対して、その主権を侵害することとなるので、そのような活動を行うことはできない。

結局のところ、米国などの軍事活動を行っている国が上記殺害犯人の身柄を拘束する可能性があり、その場合には、犯罪人の引渡しを求めるという手続により、当該殺害犯人に対して刑法を適用することが可能になるというにとどまるであろう。ただ、人質殺害の罪は、人を死亡させた罪で、その法定刑に死刑があることから、刑訴法250条1項柱書における「人を死亡させた罪であって死刑に当たるもの」に該当することとなり、公訴時効が完成することはない。

(3) 刑法4条の2の適用について

世界主義の思想考えを背景に持つ刑法上の規定として、4条の2項が挙げられる。すなわち、同条は、

> 第2条から前条までに規定するもののほか、この法律は、日本国外において、第2編の罪であって条約により日本国外において犯したときであっても罰すべきものとされているものを犯したすべての者に適用する。

と規定しているところ、これは、刑法各則の罪の構成要件に該当する行為であって、条約により、当該行為が日本国外で行われた場合であっても、我が国が刑事手続を行う義務がある行為について、刑法2条ないし4条の規定によっては刑法が適用できない場合に限り、条約に義務付けられている範囲で刑法を適用し、条約による国外犯処罰義務に一般的に対応しようというものである[23]。

特に、近時、犯罪の防圧につき国際的な協力の必要性が高まり、国外犯処罰を義務付ける条約が増加しているところ、刑法各則の罪で対応可能な部分については、本条の存在により、特別の立法的手当を要しないで直ちに条約を締結することが可能となることから、これらの条約を速やかに締結して国際協力を推進する上でも有用と考えられたものとされている[24]。

---

(23) 古田＝渡辺・大コンメ刑法［3版］(1)103頁。
(24) 米澤慶治『刑法等の一部改正法の解説』(1988年、立花書房) 46頁。

この刑法4条の2が適用されるものの一例として、平成29年6月に改正された組織的な犯罪の処罰及び犯罪収益の規制等に関する法律（以下「組織的犯罪防止法」という。）12条が挙げられる。同条では、

　　　第3条第1項第9号、第11号、第12号及び第15号に掲げる罪に係る同条の罪、第6条第1項第1号に掲げる罪に係る同条の罪並びに第6条の2の罪は刑法第4条の2の例に（中略）従う。

と規定されている。
　ここでは、組織的強要、組織的信用毀損及び組織的業務妨害、組織的威力業務妨害、組織的建造物等損壊（3条1項9号、11号、12号及び15号に掲げる罪に係る同条の罪）、組織的な殺人の予備（6条1項1号に掲げる同条の罪）、テロ等準備罪（6条の2第1項及び2項）（なお、この罪については、第7章において詳述する。）について、刑法4条の2の例に従うとされ、これらの罪が条約による国外犯の対象とされた。
　そして、この場合の対象となる「条約」とは、組織的犯罪処罰法改正法附則4条において、国際組織犯罪防止条約が日本国について効力を生ずる日以後に日本国について効力を生ずる条約である[25]（国際組織犯罪防止条約を含む。なお、この条約は、平成29年（2017年）8月10日、我が国に対して発効した。なお、これらについての解説は第7章において詳述する。）。

第4　この章のおわりに

　犯罪処罰の法源となる国内刑事法について、それが条約等とどのような関係により制定、改正され、どのように適用されているのかなどについて、次章以降において、順次説明することとする。
　具体的には、まず、国外犯や逃亡犯罪人に刑法を適用するにしても、その引渡しや、その前提となる司法・捜査共助等の問題について検討し、その特殊な形態として、EU内部での刑事共助等の実態と問題点について検討する

---

[25]　隄良行＝櫛清隆「組織的な犯罪の処罰及び犯罪収益の規制等に関する法律等の一部を改正する法律について」曹時69巻11号（2017年）144〜145頁。

こととする。

　その後、国際的な色彩の強い犯罪として誕生し、OECDや国連の条約等で国際協力や犯罪者処罰が強く求められているものとして、マネー・ローンダリング罪、国際組織犯罪、人身取引、外国公務員に対する贈賄罪等を検討した後、安保理決議に基づく各国の責務としての海賊処罰や北朝鮮制裁などについて検討し、「国内刑事法との協働を中心とする」国際刑事法を理解してもらえるように努めたいと思っている。

第2章

逃亡犯罪人引渡し及び国際刑事共助

第1　はじめに

　昭和20年代から30年代の頃は、海外に渡航する際には、外貨の割当てがあり、自由な渡航は認められていなかった。その後、同39年に至って、これが自由化され、高度経済成長とともに、日本からの出国も海外からの外国人の入国も飛躍的に増大した。

　特に、近時においては、安価な航空券等による海外旅行の増加、また、「目指せ観光大国」のスローガンの下、官民挙げて外国人観光客の誘致に努めた結果、海外からの入国者数も急激に増大し、平成28年（2016年）には、前年比21.81パーセント増の年間2400万人余に至っている（日本政府観光局発表）。

　このように、日本国民の海外への渡航も外国人の海外からの入国も容易になってきた反面、被疑者が海外に逃亡するのも容易になった。また、そもそも共犯者が海外にいたり、また、犯行計画が海外でなされたり、更には、証拠品や領得された金員等が海外に隠匿されているような場合も、決して珍しい出来事ではなくなってきた。

　このような場合、犯罪の捜査や裁判に関して、逃亡犯罪人の引渡しや、国際刑事共助の問題が生じることになる。そのため、これらの制度のスムーズな運用が極めて重要な課題となってきている。

　そこで、実際にあった事例を題材とし、それに即して、逃亡犯罪人の引渡しや、国際刑事共助の基本的な事項から順に説明することとする。

第2 逃亡犯罪人引渡及び国際刑事共助に関して問題となる設例

　ここでは、設例として、平成15年（2003年）9月、中華人民共和国（以下「中国」という。）の広東省珠海市（じゅかいし）において、日本人が集団買春をしたということで、マスコミを賑わせた事案を取り上げ、これを題材にして逃亡犯罪人引渡しや国際刑事共助の問題を考えてみることにする。

　これは、大阪のある建設会社が社員旅行で中国の珠海市に行き、そこで集団で買春をしたという事案である。ただ、その人数が、報道によれば何百人という単位であったとして、その社員らが日本に帰国した後、大きな騒ぎとなった。そして、報道によれば、この事件での中国側の関係者が14名ほど起訴され、犯行の場となったホテルの責任担当者と売春婦を提供する役割を担った同市内のクラブの経営者の2名については無期懲役が、そして、それ以外の被告人には、それぞれ2年から12年の懲役刑が言い渡されたと報道された事件であった。

　さらに、日本側で買春のあっせんに関したとされる3名については、国際刑事警察機構（International Criminal Police Organization:「ICPO」又はINTERPOL（インターポール）と呼ばれる。）を通じて国際指名手配がされたと伝えられている。

　このような場合、中国側としては、本来であれば、日本に帰国した上記社員の身柄を逮捕して中国側に引き渡してもらいたいと考えるであろうし、仮にそれが無理でもその者の取調べなどを日本で行いたいとか、仮に自らの取調べが無理でも日本側にそれを依頼したいと思うのではないかと推測されるところである。果たしてそのようなことが可能であろうか。このようなことなどが逃亡犯罪人引渡しや国際刑事共助として問題となる。

第3　逃亡犯罪人引渡しに関する諸問題

1　逃亡犯罪人引渡しに関する問題の所在

A国内で犯罪が遂行され、その犯人が国外に逃亡し、B国内に入国していた場合、A国とB国との間において、その者の引渡しに関する法的問題が生ずる。

ここでいう「引渡し」とは、外国の法令を犯した犯罪人の現在する国が、その外国の請求によって、当該犯罪人を訴追又は処罰のためにその外国に引き渡すことをいう[1]。

そして、我が国の逃亡犯罪人引渡制度については、これを①外国から我が国に対する逃亡犯罪人引渡請求の場合と、②我が国から外国に対する逃亡犯罪人引渡請求の場合とに分けて考える必要がある。

2　外国から我が国に対する逃亡犯罪人引渡請求の場合
(1)　我が国における逃亡犯罪人引渡法の基本的な解釈等

我が国では、昭和28年（1962年）7月21日、逃亡犯罪人引渡法（以下「引渡法」という。）が制定され、この法律によって、引渡しの可否、相当性等が判断された上で、引渡しの手続が行われることになっている。

ア　そして、同法において定義等も規定されているところ、まず、ここでいう「逃亡犯罪人」については、同法1条4項において

> この法律において「逃亡犯罪人」とは、引渡犯罪について請求国の刑事に関する手続が行なわれた者をいう。

と規定されている。

そして、その定義に登場する「請求国」とは、同条2項において、

> この法律において「請求国」とは、日本国に対して犯罪人の引渡しを請求した外国をいう。

と規定され、また、「引渡犯罪」とは、同条3項において、

---

(1)　山本189頁、田畑225頁。

この法律において「引渡犯罪」とは、請求国からの犯罪人の引渡しの請求において当該犯罪人が犯したとする犯罪をいう。

と規定されている。

　つまり、引渡法で想定している事態は、外国において特定の犯罪が実行され、その犯人であるとして刑事手続が開始された者について、当該外国が我が国にいる当該犯人の引渡しを求めた場合に、我が国としてどのように対応するかについて規定しているのである。

　ただ、引渡法では、1条1項において「引渡条約」とは、

　日本国と外国との間に締結された犯罪人の引渡しに関する条約をいう。

と規定しながらも、引渡しに応じるために、引渡条約の存在を前提とするという、いわゆる条約前置主義を採用していない。つまり、引渡条約がなくても、相互主義の保証がある限り、逃亡犯罪人の引渡しに応ずるとする立場を採用している（なお、これらの内容については後述する。）。

　イ　そして、引渡法は、引渡しを拒否すべき事由を掲げ、それらに該当しない場合には、基本的には、逃亡犯罪人の引渡しに応じるという立場を採っている。

　そこで、同法2条において、引渡拒否事由を規定しているところ、そこには、まず柱書きにおいて、

　左の各号の一に該当する場合には、逃亡犯罪人を引き渡してはならない。但し、第3号、第4号、第8号又は第9号に該当する場合において、引渡条約に別段の定があるときは、この限りでない。

と規定している。国際法上は、たとえ相手国から請求があっても、逃亡犯罪人を引渡す義務を負うものではないのが原則である。これに応ずるか拒否するかは、原則として各国の広範な裁量に委ねられている[2]。その上で、我が国では、一定の引渡拒否事由を設けるものの、それに該当しなければ、基本的に引渡しに応じるという立場を採っているのである。

　そして、引渡してはならないとされる場合として、同条の以下の各号で

（2）　山本190頁。

は、
　一　引渡犯罪が政治犯罪であるとき。
　二　引渡の請求が、逃亡犯罪人の犯した政治犯罪について審判し、又は刑罰を執行する目的でなされたものと認められるとき。
　三　引渡犯罪が請求国の法令により死刑又は無期若しくは長期3年以上の拘禁刑にあたるものでないとき。
　四　引渡犯罪に係る行為が日本国内において行なわれたとした場合において、当該行為が日本国の法令により死刑又は無期若しくは長期3年以上の懲役若しくは禁錮に処すべき罪にあたるものでないとき。
　五　引渡犯罪に係る行為が日本国内において行われ、又は引渡犯罪に係る裁判が日本国の裁判所において行われたとした場合において、日本国の法令により逃亡犯罪人に刑罰を科し、又はこれを執行することができないと認められるとき。
　六　引渡犯罪について請求国の有罪の裁判がある場合を除き、逃亡犯罪人がその引渡犯罪に係る行為を行ったことを疑うに足りる相当な理由がないとき。
　七　引渡犯罪に係る事件が日本国の裁判所に係属するとき、又はその事件について日本国の裁判所において確定判決を経たとき。
　八　逃亡犯罪人の犯した引渡犯罪以外の罪に係る事件が日本国の裁判所に係属するとき、又はその事件について逃亡犯罪人が日本国の裁判所において刑に処せられ、その執行を終らず、若しくは執行を受けないこととなっていないとき。
　九　逃亡犯罪人が日本国民であるとき
と規定されている。
　ウ　それらの規定は、大まかに区分すると、まず、①1号及び2号は、政治犯罪に関する場合には、引渡しができないとするもの、②3乃至5号は、双罰性の認められない場合には、引渡しができないとするもの、③6号は、引渡犯罪に係る行為を疑うに足りる相当な理由がない場合には、引渡しができないとするもの、④7及び8号は、二重処罰の禁止や、被請求国の裁判権の尊重などによるもので、引渡犯罪が日本での裁判に係属する場合などに

は、引渡しができないとするもの、⑤9号は、「自国民不引渡しの原則」といわれるもので、逃亡犯罪人が自国民である場合には、引渡しができないとするものであって、概ね以上の5つに分けられる。

ただ、それらの中でも、引渡法2条柱書きの但書きによれば、引渡条約を締結すれば、引き渡すことができるものと、たとえ引渡条約を締結しても、引き渡すことはできないとされているものがある。すなわち、上記①の政治犯罪に関するものは、たとえ引渡条約を締結しても引渡しができないとするものであるが、②のうちの、双罰性の要件のうちの一定の軽い罪については除外するという3号及び4号の事由については、引渡条約を締結すれば引渡しができるとされ、また、④のうちの引渡犯罪以外の罪に係る事件が日本国の裁判所に係属するときなどの場合、更には、⑤の引渡対象者が自国民であっても、同じく引渡条約を締結すれば引渡しができるとされている。

そこで、我が国は、米国と韓国との間では、引渡条約を締結しており、上記の各事由についても必ずしも引渡拒否事由とはしていないので、まず、それら条約について説明した上で、引渡法の各拒否事由について説明する。

(2) 日本国とアメリカ合衆国との間の犯罪人引渡しに関する条約（以下「日米犯罪人引渡条約」という。）の概要

我が国は、昭和55年（1980年）3月、米国との間で、日米犯罪人引渡条約を締結した[3]。

まず、同条約1条では、

　　各締約国は、第2条1に規定する犯罪について訴追し、審判し、又は刑罰を執行するために他方の締約国からその引渡しを求められた者であってその領域において発見されたものを、この条約の規定に従い当該他

---

(3) もともと日本と米国との間での犯罪人引渡しに関する条約は、古く明治19年9月29日に批准された「日本国亜米利加合衆国犯罪人引渡条約」が存在していた。その後、戦後に日米平和条約に基づいて上記条約を引き続き有効とする旨米国から通告され、上記条約は有効となっていた。そして、昭和39年に一部修正されたものの、引渡犯罪が殺人、強盗等の伝統的犯罪に限定されていたため、当時の国際犯罪情勢に照らして、更なる国際協力の必要性が高まり、主として、引渡犯罪の罪種の拡大を目的として同条約の改定交渉がなされた結果、昭和53年3月3日、新条約に署名がなされ、同年4月21日、国会で承認されたという経緯をたどったものである。

方の締約国に引き渡すことを約束する。(後略)
と規定して、引渡しの義務を規定している。

　その上で、その対象とされる犯罪については、同条約の「第2条1に規定する犯罪」とされていることから、2条1の

　　　引渡しは、この条約の規定に従い、この条約の不可分の一部をなす付表に掲げる犯罪であって[4]両締約国の法令により死刑又は無期若しくは長期1年を超える拘禁刑に処することとされているものについて並びに付表に掲げる犯罪以外の犯罪であって日本国の法令及び合衆国の連邦法令により死刑又は無期若しくは長期1年を超える拘禁刑に処することとされているものについて行われる。(後略)

と規定されているものが、一般的に引渡しの対象となり得る犯罪とされている。

　ここでは、引渡法2条3号の「長期3年以上の拘禁刑」という規定が、「長期1年を超える拘禁刑」とされて、引渡法より軽くされており、対象とされる犯罪をより広くしたものである[5]。この点において、引渡法2条柱書きの但書きのうちで、3及び4号の規定の適用除外が用いられている。

---

(4) 日米犯罪人引渡条約の付表には、
  1　殺人、傷害致死又は重過失致死(自殺の教唆又はほう助を含む。)
  2　人を殺す意図をもって行われた暴行
  3　悪質な傷害、重過失致傷　又は暴行
  4　堕胎
  5　遺棄致死傷
  6　略取、誘かい又は不法な逮捕若しくは監禁に関する罪
  7　脅迫
  8　強かん、強制わいせつ
  9　いん行勧誘又は売春に関する罪
  など、47の犯罪が規定されている。
(5) なお、この条約では、「長期1年を超える拘禁刑」という規定がされているが、国際的にみると、法定刑の定め方としては、「長期1年以上の拘禁刑」という規定の仕方が一般的である。なぜ、日米犯罪人引渡条約では、そのような規定の仕方がされたのかというと、米国では、同国内法上の重罪(felony)の法定刑が長期1年を超える拘禁刑と定義されていたため、これに合わせたいという要求に応じたためである。そのため、本文にも記載してあるように、韓国との間の「犯罪人引渡しに関する日本国と大韓民国との間の条約」では、同様に対象となる犯罪の法定刑については、「死刑又は無期若しくは長期1年以上の拘禁刑」とされている。

また、同条約5条においては、

> 被請求国は、自国民を引き渡す義務を負わない。ただし、被請求国は、その裁量により自国民を引き渡すことができる。

と規定して、自国民不引渡しの原則を放棄し、これを裁量により引渡しができるとした。この点においても、引渡法2条柱書きのうちで9号の規定の適用除外が用いられている。

さらに、同条約4条3では、

> 被請求国は、引渡しを求められている者が被請求国の領域において引渡しの請求に係る犯罪以外の犯罪について訴追されているか又は刑罰の執行を終えていない場合には、審判が確定するまで又は科されるべき刑罰若しくは科された刑罰の執行が終わるまで、その引渡しを遅らせることができる。

と規定して、引渡法2条柱書き但書きのうちで、8号の規定の適用除外が用いられている。

これは、被請求国において、引渡請求に係る犯罪以外の犯罪について裁判が開始されたときは、被請求国の当該者に対する刑事裁判権の行使を尊重するという趣旨である。ただ、引渡請求に係る犯罪そのものについての刑事裁判ではないので（これであれば、引渡法2条7号に該当し、絶対的引渡拒否事由となる。）、8号の規定に従って当然に引渡しを拒むものとまでするのではなく、刑事手続の終了時まで遅らせることについて被請求国の裁量を認めることとしたものである。

このように、日米犯罪人引渡条約において、日米間の引渡制度の円滑な運用のため、その引渡の対象とする犯罪の範囲を広げ、また、自国民でも引渡しができることなどを規定したのである。

(3) 犯罪人引渡しに関する日本国と大韓民国との間の条約（以下「日韓犯罪人引渡条約」という。）の概要

大韓民国（以下「韓国」という。）との間では、平成14年（2002年）4月、我が国の法務大臣と韓国の法務部長官との間で日韓犯罪人引渡条約の署名が行われ、同年5月に国会承認、同年6月に批准書が交換されて、同月21日、この条約が発効した。

そして、同条約1条では、

　　一方の締約国は、引渡犯罪について訴追し、審判し、又は刑罰を執行するために他方の締約国からその引渡しを求められた者であって当該一方国の領域において発見されたものを、この条約の規定に従い当該他方の締約国に引き渡すことに同意する。

と規定して、日米犯罪人引渡条約と同様の引渡しの義務について規定している。

　その上で、その対象とされる犯罪については、同条約2条1において、

　　この条約の運用上、両締約国の法令における犯罪であって、死刑又は無期若しくは長期1年以上の拘禁刑に処することとされているものを引渡犯罪とする。

と規定して、一般的に引渡しの対象となり得る犯罪を「引渡犯罪」と定義して規定しているが、ここでも、日米犯罪人引渡条約と同じように、引渡法2条3号の「長期3年以上の拘禁刑」という規定が、「長期1年以上の拘禁刑」とより軽くされており、対象とされる犯罪をより広くしたものである。この点において、引渡法2条柱書きの但書きのうちで3及び4号の規定の適用除外が用いられている。

　また、同条約6条1においては、

　　被請求国は、この条約に基づいて自国民を引き渡す義務を負うものではない。もっとも、被請求国は、その裁量により自国民を引き渡すことができる。

と規定して、自国民不引渡しの原則を放棄し、日米犯罪人引渡条約と同様に、これを裁量により引渡しができるとした。この点において、引渡法2条柱書きの但書きのうちで、9号の規定の適用除外が用いられている。

　さらに、同条約5条では、

　　被請求国は、引渡しを求められている者が自国において引渡しの請求に係る犯罪以外の犯罪について訴追されているか又は刑罰の執行を終えていない場合には、審判が確定するまで又は科されるべき刑罰若しくは科された刑罰の執行が終わるまで若しくは執行を受けないこととなるまで、その引渡しを遅らせることができる。

と規定して、日米犯罪人引渡条約と同様に、引渡法2条柱書き但書きのうちで、8号の規定の適用除外が用いられている。その理由とするところについても、先に、日米犯罪人引渡条約に関して述べたところと同様である。

このように、日韓犯罪人引渡条約においても、日韓間の引渡の円滑な運用のために、その引渡の対象とする犯罪の範囲を広げ、また、自国民でも引渡しができることなどを規定したのである。

(4) 引渡法2条9号の自国民不引渡しの原則の適用について

上記の2条約においては、自国民不引渡しの原則を放棄しているが、この原則は、どの国も採用している基本的かつ一般的な国際法上の原則である。

そもそも、この原則が認められた理由は、国家には自国民保護義務があるためであるとか、自国民の引渡しは国家主権の侵害になるとか、他国での裁判に対する不信が根底にあるからであるとか、さまざまな理由がつけられているが、国際法上、一般的な原則であるということは間違いないものである[6]。

したがって、設例の事案において、中国との間で引渡条約がない以上、自国民不引渡しの原則に基づき、中国側としては、その関係した日本人の身柄を引き渡せと日本政府に請求することはできないし、仮に、そのように請求されたとしても、引渡法に基づき、日本政府がこれに応じることはない。

---

(6) もっともこの自国民不引渡しの原則については、その根拠の妥当性について、次のような疑義が呈されているのが参考になる。これは後に説明する欧州逮捕令状に関して書かれたものではあるが、「自国民不引渡の根拠は、主として、母国における属人主義の採、外国の裁判制度に対する不信、国家の都合による引渡の抑制などが挙げられるが、これらの根拠はいずれも説得力が乏しく、学説上は有力な批判も存在してきた。欧州逮捕令状の制度は、非常に古い歴史を持つ自国民不引渡の慣行と、それに対する根強い批判とが、EUという一定の枠内において、司法協力への共通政策と、国家主権との対立という形で現れたものといえるだろう。自国民不引渡の慣行が生まれた時代と今日では、交通事情、君主の絶対性、政治体制、国家間の関係、文化や言語に対する理解や各国司法制度の透明性など、全く異なるものである。EUの枠内で可能となった自国民不引渡原則の排除が、今日どの程度の普遍性をもちうるものであるのかが、今後検討されるべき課題であろう。」（浦川紘子「欧州逮捕令状に関する理事会枠組決定の意義―自国民の扱いを中心として―」熊本法学111号102頁）としており、今後、自国民不引渡しの原則がどの程度の普遍性をもち続けるのか見ておく必要があろう。

また、平成15年（2003年）6月、福岡で一家4人が3人の中国人就学生に殺害され、そのうちの2人が中国に逃げ帰ったという事件があったが、その2人は中国国内で逮捕されたものの、我が国が中国側にその2名の引渡しを求めるようなことはなかった。これも中国側において、自国民不引渡しの原則が存するからである（なお、この事件の証拠法上の問題点については後述する。）。
　なお、以前、ペルーのフジモリ元大統領がペルーから逃亡して来日していた際、ペルー政府から逃亡犯罪人として身柄の引渡しを求められていると報道されたことがあった。しかしながら、報道されていたように、もし同大統領が本当に日本国籍を有していたのであれば、ペルーとの間にも引渡条約はないことから、引渡しに応ずるというのは法的に不可能だったということになる。ただ、実際には、自分で日本から出国し、最終的に、ペルーで長期の拘禁刑の判決を受けて受刑するに至ったという経緯をたどっているのは広く知られているところである。

(5)　引渡法2条3、4及び5号の双罰性について

　ア　この双罰性による引渡制限は、引渡しの対象となるべき犯罪行為が、請求国と被請求国との各法律において、それぞれ犯罪とされており、両国において可罰性を持つことを引渡しの要件とする原則である。
　この双罰性の原則が必要とされた理由としては、「国家刑罰権の発動という国家主権の最重要な局面において、他国では可罰的な行為であっても自国では可罰的でない行為を根拠に自国の国家刑罰権を発動することは、本来的には自国では不可罰であるはずの行為が一定限度で制限され、他国に譲歩を迫られるという点で、自国の主権の根幹をゆるがすおそれがあると懸念されたのである。改めて被請求国が独自に司法判断を行うということからは、請求国の司法制度に対する被請求国の一種の不信感をも看取することができるといえよう。いずれにしても、各国には、双罰性を具備するか否かを自国で審査することによって、請求国で可罰的であるというだけでは、被請求国は請求を拒むことができる、という余地が残されたのである[7]。」というとこ

---

(7)　フイリップ・オステン「ヨーロッパにおける受刑者移送制度の動向――ドイルの状況をてがかりに――」法学研究84巻9号（2011年）132頁。

ろにある。

　そして、双罰性の内容は、引渡請求に係る行為が双方の国の犯罪の構成要件に該当すること、すなわち、抽象的双罰性と、その行為が双方の国の刑罰法規によって具体的な可罰性を有すること、すなわち、具体的双罰性とに分けて考えられている。そして、そのいずれについても、同条5号が定めていると考えられている。

　なお、同条3及び4号については、双罰性についての「思想は現れているが」、この3及び4号の規定を新たに設けた昭和39年の引渡法の改正理由としては、「軽微な犯罪についてまで引渡しを行うものとすることは、人権保護の見地からも好ましくない」ことから「おおむね軽微な犯罪は引渡しの対象から除外」したという趣旨に基づくものである[8]という立法者の意図を理解しておく必要がある。

　もっとも、立法者の意図がそのようなものであっても、前述したように、日米犯罪人引渡条約及び日韓犯罪人引渡条約においては、より軽い罪までその対象とされている。

　イ　このように双罰性の欠如が引渡拒否事由とされていても、実際の適用に当たっては、法制度の違いから、その判断には、かなり難しい事例も生じることになる。

　㋐　例えば、英米法系の国の中には、共謀罪（Conspiracy）を処罰する法制をとっている国がある。これは、基本的には、一定の不法な行為を行う合意のみをもって犯罪の成立を認めるという考え方に基づくものである。ただ、それら法制の中には、一定の外形的行為の発露を要求するものもあるが、その場合には、その発露される行為が直接的には犯罪行為でない場合でも、そこに犯罪行為に及ぶ意図があったと認められる場合には、その共謀罪の成立が認められるとするものである。具体的には、逮捕・監禁を実行しようとするときに、そのための縄や車を用意するような場合がそれに当たるであろう。

　もちろん、日本には、刑法78条の内乱陰謀罪や平成29年に組織的犯罪処罰

（8）　伊藤栄樹「逃亡犯罪人引渡法解説」曹時16巻6号（1964年）24頁。

法の改正により新設されたテロ等準備罪等を除けば、共謀行為それ自体を処罰する規定はないが、例えば、米国から、共謀罪に基づいて、我が国にいる犯人の引渡し請求を受けた場合、双罰性の要件については、どのように考えたらよいのであろうか。

一般的にいえば、このような場合、あまりに厳格に考え過ぎて、厳密な一致まで認められないと双罰性が認められないと考えるのでは、実際上、引渡しのできる場合は極めて限定されてしまい、却って正義に反する結果になるのではないかと思われる。

そして、この点について判断を示した裁判例として、**東京高決平成元・3・30判時1305号150頁**が挙げられる。

この事案では、逃亡犯罪人Aは、米国ニューヨーク東部地区などにおいて、100グラム以上のヘロインを米国に輸入することを共謀したとの罪を犯した者で、我が国にいるAに対し、米国から引渡が求められたというものであった。

そして、同決定は、Aの共謀行為は、米国内では、同国法典の規定に該当し、それが20年以下の拘禁刑等に当たる罪であって、日米犯罪人引渡条約上でも引渡の対象とされている犯罪であることが認められるとした上で、「他方、このヘロインの輸入を共謀するにとどまる行為（Conspiracy）が日本で行われたとした場合には、日本国の法令によれば、犯罪に該当するとはいえない。」として、我が国での刑事法違反にはならないとした。

しかしながら、同決定は、「双罰性を引渡しの要件としている趣旨は、自国で犯罪として処罰されないような場合にまで身柄を拘束して他国に引渡すのは妥当でないと考えられることによるものである。ところで、双罰性を考えるに当っては、犯罪構成要件の規定の仕方は国によって異なる場合か少なくないので、単純に構成要件にあてはめられた事実を比べるのは相当でなく、構成要件的要素を捨象した社会的事実関係に着目して、その事実関係の中に我国の法の下で犯罪行為と評価されるような行為か含まれているか否かを検討すべきであると解される（法2条4号が引渡犯罪に係る『行為』との文言を使用していることに留意）。」（筆者注：下線は筆者による。以下同じ。）として、双罰性を考える上では、国によって構成要件の規定の仕方は違っている場合

か少なくないので、構成要件的要素を捨象した社会的事実関係に着目し、その事実関係の中に我が国の法の下で犯罪行為と評価されるような行為か含まれているか否かを検討すべきであるとした。

これは、法制度の違いを克服しながら、一方で不当に罪を免れるような者を生じさせないためにも、逃亡犯罪人の行為に関する事実関係の中に、我が国での刑事法上の構成要件を満たす行為がないかどうかで判断すべきであるとしたものであって、極めて妥当な理解であるといえよう。

その上で、同決定は、「その見地から、本件を見ると、アメリカ合衆国法典において、一般的に、共謀罪（Conspiracy）については、共謀行為の外に『明白な行為』（overt acts）を要するものとされているが、ヘロインの輸入の共謀については、同法典21編963条のもとで『明白な行為』の主張・立証を要しないと解されているため、前記起訴状にはその旨の行為の記載がなく、そのために、具体的な行為として何を指しているのかを起訴状からは窺い知ることができない。しかしながら、アメリカ合衆国からの本件引渡請求についての口上書には、Aは、少なくとも10回にわたり、合衆国から香港に、ヘロインの密売によって得た利益（これがバンコクから合衆国にヘロインを荷送するための資金とされた）5万ドルから30万ドルを、スーツケース等でKの仲間の一人に運んだこと、及びヘロインの荷送に関する問題が話し合われたKの組織の会合にしばしば出席したこと、また、Kとその組織のメンバーとの連絡役を努めた旨の事実がAの行った事実と記載されており、『アメリカ合衆国はAのこの実質的な犯罪に基づいて引渡請求をするものである』と述べられ、また、東京高等検察庁検察官は審問期日において当裁判所の釈明に対し、引渡犯罪に係る行為に該当する具体的行為として、これと同様の事実を上げている。以上の点から窺われる本件請求国であるアメリカ合衆国の意向に鑑みると、前記共謀に基づきなされたこれらアメリカドルの運搬等の事実をも含んだ事実で引渡請求かなされているものと認められる。そして、記録によれば、Aが叙上の事実行為をなしたことを疑うに足りる理由かあるものと認められ、これを、我国の法令に照らすと、ヘロイン輸入の少なくとも幇助犯に該当することは明らかであり、補佐人が申請し当審で取調べられまたは提出された証拠によっても、これを覆すに足りない。そうする

と、これが日本国において行われたとした場合、日本国の法令で上限3年以上の有期懲役に処すべき罪に該当し、右犯罪に係る裁判か日本国の裁判所で行われた場合には、日本国の法令によって刑罰を科し、これを執行するこしができるものであることが認められる。」とした。

つまり、この引渡し請求は、その共謀に基づきなされた米ドルの運搬等の事実をも含んだ事実で引渡し請求がなされているものと認め、それは、我が国においても、少なくともヘロインの密輸入の幇助犯には当たりうるものと認定して双罰性を肯定したのであった。

(イ) また、同様に、米国からの引渡請求において、対応する罪名が存しないことから、双罰性が問題となった事案として、**東京高決昭和59・3・6刑月16巻5～6号511頁**が挙げられる。

これは、逃亡犯罪人Aが、米国において不法領得にかかる「自動車の国外運搬の罪」を犯し、日本国内に逃亡した逃亡犯罪人であるとして、米国から犯罪人引渡請求がなされたものであった。この場合、たしかに日本には、「自動車の国外運搬の罪」などという罪は存しないが、その実態は、横領であると考えられることから、同決定においても、「これが日本国において行われた場合日本国の法令により横領罪として5年以下の懲役に処すべき罪に該当すること」を理由として、双罰性の要件を充足するものと認めた。

(ウ) さらに、双罰性の問題に関しては、時効の問題などもある。

時効制度は、日本でも法改正がされた経緯があったように、どの国でも違いがあるものである。例えば、ある国での犯行が日本の法律では時効が完成していると思われる事案で、逃亡犯罪人の引渡し請求を受けた場合、これに応じることができるのであろうか。

これについては色々な考え方があるが、時効期間をどのように定めるかは、立法政策の差に過ぎず、これにより逃亡犯罪人の引渡しが制約されると解するのは相当ではない。したがって、その基礎となる事実関係において、双罰性が認められていれば、この要件は充足していると考えるべきであろう。

(エ) 上述した双罰性の問題は、いずれも犯罪の成否に関わるものであったが、刑罰の執行に関しても同様に双罰性は求められる。

具体的にこれが問題となったのは、韓国からの逃亡犯罪人の引渡しに関して判断がなされた**東京高決平成26・7・16研修802号15頁**の事案においてである。

　a　この事案では、逃亡犯罪人である韓国籍のAは、平成18年（2006年）10月12日、大韓民国のソウル南部地方法院において、引渡犯罪に係る行為（同国の特定経済犯罪加重処罰等に関する法律3条違反の罪に該当し、我が国の刑法においては業務上横領罪に該当する罪である。以下「本件業務上横領」という。）を含む事実により、懲役3年、執行猶予4年、社会奉仕200時間の有罪判決を受けた。そして、平成19年（2007年）4月27日、同国のソウル高等法院において控訴を棄却され、平成20年（2008年）12月11日、同国の大法院において上告を棄却されて、同日、前記判決が確定した。その後、平成25年（2012年）9月14日、同国G地方法院において、前記執行猶予の宣告を取り消す旨の決定を受け、同年10月25日、G地方法院において抗告を棄却され、同年11月6日、大法院において再抗告を棄却され、同月21日、前記決定が確定し、同国のG地方検察庁検事により刑執行状を発付されていた状況にあった。

　ところが、Aは、それまでに日本に入国していたことから、平成25年（2013年）6月21日、大韓民国から我が国に対し、その引渡請求（引渡請求に係る犯罪事実は、本件業務上横領の罪と大韓民国の証券取引法207条の3第7号の罪（いわゆる自己貸付であり、以下「本件証券取引法違反の罪」という。）である。）がなされ、平成26年（2014年）5月21日、東京高等検察庁検察官から本件業務上横領のみを引渡犯罪として本件審査請求がなされたものであった。

　b　ここでは、日韓犯罪人引渡条約3条が、

　　　この条約に基づく引渡しは、次のいずれかに該当する場合は、行われない。

として引渡拒絶事由を定めているところ、その(e)において、

　　　引渡しの請求に係る犯罪について、被請求国の法令によるならば時効の完成その他の事由によって引渡しを求められている者に対し刑罰を科し又はこれを執行することができないと認められる場合（後略）。

と規定されている。そこで、Aは社会奉仕200時間を命じられ、これを怠ったことにより執行猶予を取り消されているが、我が国には執行猶予期間中の

社会奉仕という制度は存在せず、我が国であれば、Aが社会奉仕を怠ったことにより執行猶予を取り消すことはできない。したがって、Aに対しては、既に執行猶予期間が経過し刑罰を科すことはできないから、本条約3条(e)により引渡しを当然に拒むべきであるとの主張がなされた。

　c　これに対し、本件東京高裁決定では、「確かに我が国には、大韓民国のように執行猶予者に社会奉仕を命じるという制度はなく、したがって、その命令違反の程度が重い場合には執行猶予の宣告を取り消すという執行猶予の言渡し取消事由は規定されていない（中略）。したがって、本条約3条(e)の『被請求国の法令によるならば時効の完成その他の事由によって引渡しを求められている者に対し刑罰を科し又はこれを執行することができないと認められる場合』という規定の趣旨が、執行猶予の宣告が請求国において取り消されているということのみならず、執行猶予の宣告取消事由についてまで厳密に被請求国の法令に適合していなければ、取消の効果を是認できないことをも意味するのであれば、本件については、我が国の法令によるならば、執行猶予の宣告を取り消すことはできないから、執行猶予期間の経過によって刑の言渡しは効力を失い、刑罰を執行することができないと認められる場合に当たることになる。」とした。

　これは、日韓犯罪人引渡条約3条(e)が社会奉仕命令違反による執行猶予の取消事由について、が我が国の法令と適合することまで要求しているとするなら、我が国の法令ではそれに対応していないので引渡しができない場合に該当することになるという趣旨を述べたものである。

　しかしながら、同決定では、これに続けて、「しかしながら、前記規定は、逃亡犯罪人が行ったとされる行為が仮に被請求国で行われ、又は被請求国においてその行為について裁判がされた場合に逃亡犯罪人に刑罰を科し、又はこれを執行することができることを引渡しの要件としたいわゆる双方処罰の原則に関するものであり、公訴時効の完成、違法阻却事由や責任阻却事由の存在等によって被請求国においては有罪の裁判ができない場合や判決確定後の刑の時効の完成等によって刑の執行ができない場合を引渡しの拒絶事由にしたものである。」と本条約3条(e)についての解釈の一般的な指針を示した上で、「本件に即していえば、本件業務上横領につき我が国において有

罪の判決をする上で障害となる事由がなかったことは記録上明らかである。これに対し、有罪とされた場合に具体的にどのような形態の刑を科すかについては、各国の刑事政策が色濃く反映する分野であり、国によって刑罰制度が異なることは当然予定されていることであるから、執行猶予や保護観察（ないしその遵守事項）等の社会内処遇の制度を含めた刑罰制度の在り方についてまで、この規定が請求国と被請求国の法制度の一致を要求しているものと解することはできない。本件についていえば、社会奉仕命令は、大韓民国においては、拘禁刑の代替刑ないし執行猶予の条件の性格を有するものとして規定されているものとうかがわれるが、このような法制度自体が現時点では我が国においては存在しないのであって、懲役刑の執行開始の前提となる執行猶予取消の理由についてまで我が国の法令を当てはめることはもともと無理があり、そのような点に関してまで前記規定が我が国の法令による刑の執行要件の充足を求めているとは考え難い。」として、対応する執行猶予の取消が我が国の法令でなくても、有罪とされた場合における各国の刑罰制度が異なることは当然に予定されているのであって、本件での引渡しは本条約3条(e)の規定に反するものではないとした。

d そもそも本条約3条(e)において「執行することができないとき」と規定している趣旨は、刑罰権が消滅しているような場合等、我が国では執行することが認められないような場合における刑の執行を避けることにあると考えられるのであって、当該刑の執行が可能な状態に至る過程まで考慮する趣旨ではないと考えられる[9]。

その上で、本決定は、刑の多様性を踏まえ、その国での刑の内容が確定し、現に執行可能な状態になっている場合、その状態を前提として双罰性が満たされるか否かを判断すべきものとしたと評価されよう。

(6) 引渡法2条1及び2号の政治犯不引渡しの原則について

ア 引渡法が引渡拒絶事由として規定するものの一つに政治犯不引渡しの原則がある。これも多くの国で採用されている原則で、その沿革は、フランス革命にまで遡るようである。

---

(9) 大原義弘・研修802号（2015年）25〜26頁。

ただ、ここでの問題は、何をもって政治犯罪とするかであり、これは難しい問題である。そのため、立法者は、あえて定義規定を置かず、個々の事案の性質に応じた適切な判断を司法機関に委ねることにしたものと理解されている。

　これについては、講学上、絶対的政治犯罪と相対的政治犯罪という区別がされている。絶対的政治犯罪とは、国の政治体制を変革する等、もっぱら政治的秩序を侵害する犯罪であるとされ、我が国の刑法においては、内乱罪、外患誘致罪等がこれに当たり、他方、相対的政治犯罪は、政治的秩序の侵害に関連して、道義的又は社会的に非難されるべき普通犯罪が行われる場合であり、例えば、政治的目的のために放火や略奪をする場合と説明されている[10]。

　しかしながら、その相対的政治犯罪の場合は、単なる普通犯罪ではないのかということがしばしば問題になる。

　イ　東京高決平成2・4・20刑集44巻3号321頁の事案では、ハイジャックをした中国人が、天安門事件の関係者で政治犯であって、これを中国に引き渡すことは、本件ハイジャック行為が相対的政治犯罪であることから、引渡法2条1号に該当するため許されないと主張された。

　この事案において、同決定は、「相対的政治犯罪（関連的政治犯罪）については、各国の解釈が必ずしも一致していないだけでなく、特定の国においても、その解釈や政治犯罪の認定範囲は、時代と共に揺れ動いている現状にある。したがって、前記法条の解釈にあたっては、事案毎の個別的事情を多角的に検討し、その行為がどの程度に強く政治的性質を帯びているか、それは政治的性質が普通犯的性質をはるかに凌いでいるかを明らかにした上で、健全な常識に従って個別的に判断するほかはない。その判断にあたって比較的重要なメルクマールになると思われるのは、差しあたり、その行為は真に政治目的によるものであったか否か、その行為は客観的に見て政治目的を達成するのに直接的で有用な関連性を持っているか否か、行為の内容、性質、結果の重大性等は、意図された目的と対比して均衡を失っておらず、犯罪が行

---

(10)　田畑227頁等多数。

われたにもかかわらず、なお全体として見れば保護に値するとみられるか否か等の諸点であると考えられる。」として、①当該行為の目的が真に政治的なものであったか否か、②客観的に政治目的達成との関連性があるか否か、③行為の結果の重大性等が目的と均衡を失していないか否か、④全体として保護に値するとみられるか否かというメルクマールを設定し、それらを満たすかどうかを検討がなされ、結局のところ、本件は政治犯罪に当たるものではないと認定され、一般の刑事法犯に過ぎないと判断されたものである。

　ウ　そして、上記決定に対し、被告人から最高裁に特別抗告がなされたところ、**最（一小）決平成2・4・24刑集44巻3号301頁**は、これを棄却した。その理由とするところは、東京高裁の上記決定は、「逃亡犯罪人引渡法に基づき東京高等裁判所が行った特別の決定であって、刑訴法上の決定でないばかりか、逃亡犯罪人引渡法には、これに対し不服申立を認める規定が置かれていないのであるから、右決定に対しては不服申立をすることは許されないと解すべきであり、したがって、本件申立は不適法である。」としたものであった（最（一小）決平成6・7・18裁判集刑263号891頁も同旨である。）。

　つまり、この逃亡犯罪人引渡法に基づく東京高裁の決定については、これが刑訴法上の決定ではなく、不服申立について規定されていない以上、この決定に対しては不服申立ができないと判断したものである。

(7) **引渡法2条6号の「引渡犯罪について請求国の有罪の裁判がある場合を除き、逃亡犯罪人がその引渡犯罪に係る行為を行ったことを疑うに足りる相当な理由がないとき」との要件について**

　これは、逃亡犯罪人の引渡しが当該犯罪人の人権保障に重大な影響を与えるものであることから、請求国の有罪の裁判か、それがなければ、逃亡犯罪人がその引渡犯罪に係る行為を行ったことを疑うに足りる相当な理由を必要としたものである。

　そして、同様の規定は、日米犯罪人引渡条約3条にも設けられており、

　　引渡しは、引渡しを求められている者が被請求国の法令上引渡しの請求に係る犯罪を行ったと疑うに足りる相当な理由があること又はその者が請求国の裁判所により有罪の判決を受けた者であることを証明する十分な証拠がある場合に限り、行われる。

と規定されている。

ここでは、①引渡法2条6号前段の「有罪の裁判」というものは何を指すのかという問題について判断した事案と、②「その引渡犯罪に係る行為を行ったことを疑うに足りる相当な理由」の有無を判断した事案について紹介することとしたい。

ア ①については、**東京高決平成20・3・18判時2001号160頁**の事案が参考になる。

㋐ この事案で問題とされた引渡犯罪は、次のとおりである。

逃亡犯罪人Aは、法人「B」（以下「B社」という。）の社長かつ過半数の持ち分を持つ株主であるが、

第1 1997年（平成9年）12月26日頃、南カリフォルニア地区及びその他の場所において、南カリフォルニア地区連邦破産裁判所に対する破産申請に関し、法人C（B社の唯一の販売先。以下「C社」という。）からB社のC社に対する売掛債権6793・44ドルの小切手による支払を受けてハワイ州ホノルル市のInternational Savings Bank（以下「ISB」という。）の当座預金口座に入金し、B社の債権者と連邦管財人に対して故意かつ不正に隠匿し、

第2 1998年（平成10年）2月6日頃、南カリフォルニア地区及びその他の場所において、南カリフォルニア地区連邦破産裁判所に対する破産申請に関し、C社からB社のC社に対する売掛債権960・23ドルの小切手による支払を受けてハワイ州ホノルル市のISBの当座預金口座に入金し、B社の債権者と連邦管財人に対して故意かつ不正に隠匿し、

第3 1998年（平成10年）1月15日頃、南カリフォルニア地区及びその他の場所において、南カリフォルニア地区連邦破産裁判所に対する破産申請に関し、偽証には罰則があることを承知した上、真実は、B社がISBに当座預金口座を持っているにもかかわらず、B社が当座預金口座、普通預金口座若しくはその他の口座を持っていない旨、かつ、真実は、B社のC社に対する売掛債権は1654・21ドルを大幅に上回るにもかかわらず、同売掛債権を1654・21ドルとする旨を記載した内容虚偽の貸借対照表及び財務報告書を提出し、故意かつ不正に内容虚偽の書面を提出し

たものである。

(イ) Aは、平成11年（1999年）4月8日、米国大陪審によって起訴され、同年12月7日、身柄拘束された。そして、同12年（2000年）3月7日、司法取引合意書に基づく有罪答弁（Guilty Plea）をした。

その後、裁判所から日本への渡航許可を得て日本に帰国した後は、米国裁判所に出頭しなかったため、逮捕令状が発付され、我が国に対して引渡請求がされたものである。

そのため、我が国で身柄が拘束され、その引渡について東京高裁で審査がなされ、その際、Aの補佐人は、「引渡法2条6号の除外事由である『請求国の有罪の裁判所がある場合』における『有罪の裁判』とは、有罪の確定判決を意味するのであり、逃亡犯罪人が有罪答弁を行って受理されたことでは不十分であって、この概念には含まれない」などと主張したことから、米国での有罪答弁が「有罪の裁判」に含まれるのかどうか検討を要することとなった。

(ウ) そこで、まず、引渡法2号は、前段において、「引渡犯罪について請求国の有罪の裁判がある場合を除き」としており、その場合には、後段の「逃亡犯罪人がその引渡犯罪に係る行為を行ったことを疑うに足りる相当な理由[11]」の証明は不要である。つまり、有罪の裁判を受けていない者の引渡請求については、嫌疑を実質的に立証する必要があるのに対し、有罪の裁判を受けた者の引渡請求については、嫌疑の実質的立証は不要であるとされるのである。

その理由としては、引渡法2条6号は、引渡請求をされた者の人権保護の見地から、証拠の十分性について規定しているものであるが、有罪の裁判があった者については、そのような配慮は不要であるからと説明されている[12]。

---

(11) ここでいう「逃亡犯罪人がその引渡犯罪に係る行為を行ったことを疑うに足りる相当な理由」とは、勾留の要件である刑訴法60条1項の「罪を犯したことを疑うに足りる相当な理由」と同じ程度のものと解されている（伊藤・前掲注(8)28頁）。
(12) 菊池浩「逃亡犯罪人引渡法第2条第6号にいう『有罪の裁判』には、米国において有罪答弁を行って受理された場合も含まれるとされた事例」研修720号20頁。

そして、この場合、当該「有罪の裁判」の存在が証拠上認められれば足り、その内容に踏み込んで判断する必要はない。この点について、**東京高決平成9・12・16東高刑時報48巻1〜12号86頁**では、「同条6号に規定する『引渡犯罪について請求国の有罪の裁判がある場合』にあたるかどうかは、請求国が、引渡し請求に当たり、同国の法令に基づく有効かつ適式な有罪の裁判がある旨の公式の資料を提出すれば足り、当手続内で、それ以上に、請求国の法制度一般や手続規定の解釈がいかなるものかなどについて、主張立証を行わせる必要はなく、また、そのようなことまで踏み込んで審査することは、右にみたような当手続の枠を越えるものである。」旨判示しているところである。

(エ) そこで、有罪答弁受理が「有罪の裁判」といえるような法的性格を有するものであるかどうかを検討しなければならない。

この有罪答弁の手続及び効果については、連邦刑事訴訟規則（Federal Rule of Criminal Procedure）11条などに定められており、これによれば、裁判所は、有罪答弁を受理（accept）するに当たり、被告人が無罪を主張する権利があること（the right to plead not guilty）、陪審の裁判を受ける権利があること（the right to a jury trial）、弁護人を選任できる権利があること（the right to be represented by counsel）、証言を行い、証拠を提出し、証人出廷を要求し、反対尋問を行う権利があること（the right at trial to confront and cross-examine adverse witnesses, to testify and present evidence）などを告げなければならず、さらに、裁判所が有罪答弁を受理すればこれらの被告人の権利が放棄されること（the defendant's waiver of these trial rights if the court accepts a pleas of guilty）や、科され得る最高刑の内容を告知し（any maximum possible penalty, including imprisonment, fine, and term of supervised release）、被告人がこれらを理解していることを確認する必要があるとされている。

そして、裁判所は、それらの手続後、被告人の有罪答弁を受理するかどうか決定するが、裁判所が受理する前であれば、理由を問わず撤回できるが（A defendant may withdraw a plea of guilty before the court accepts the plea for any reason or no reason.）、裁判所が受理した後は、正当理由を示した場合でなければ撤回できない（After the court accepts the plea, but before it imposes sentence if the defendant can show a fair and just reason for requesting the withdrawal.）こととなっている。そして、実際上、この正当理由が認められることはほとんどないとのことである[13]。

また、米国連邦最高裁判所の判断が示された Kercheval v. United States 274 U. S. 220 (1927) では、「A plea of guilty differs in purpose and effect from a mere admission or an extrajudicial confession; it is itself a conviction. Like a verdict of a jury, it is conclusive. More is not requested; the court has nothing to do but give judgment and sentence.」（有罪答弁は、その目的及び効果の点で、単なる不利益事実の承認や、法廷外の自白とは異なる。有罪答弁は、それ自体が有罪の宣告なのであり、陪審の評決と同様に終局的なものである。そして、その他には何も要求されないし、裁判所は、判決を宣告して刑を定めればよく、他に何もすることはない。）として、有罪答弁の法的価値が有罪判決と等しいものであると判示されていることに照らせば、有罪答弁の受理は、正に「有罪の裁判」に該当するものといえよう。

(オ)　そして、本件東京高裁決定では、「引渡法は、日本国と請求国との法制が異なることを前提に、国際協力を図るものであるところ、アメリカ合衆国の刑事手続においては、量刑手続の前段階として裁判官による裁判のほか、陪審員による評決や本件のような有罪答弁の制度があり、この有罪答弁は、それ自体が有罪の宣告であり、陪審評決同様に終局的なものと解されている。そして、引渡法2条7号には『確定判決』という用語が使われていることとの対比において、これと異なる2条6号の『有罪の裁判』は確定判決に限定されているとはいい難い。また、2条6号が『有罪の裁判がある場合』には『引渡犯罪に係る行為を行ったことを疑うに足りる相当な理由』は不要としていることにかんがみると、ここにいう『有罪の裁判』には本件のような有罪答弁を行って受理された場合も含まれると考えられる。」と判示した。

先に述べた有罪答弁の法的性格に加えて、引渡法2条7号との規定ぶりの違いに照らしても、同決定の判示するところは正当であるといえよう[14]。

---

(13)　菊池・前掲注(12)22頁。

イ　②については、**東京高決平成16・3・29判時1854号35頁**の事案が参考になる。

(ア)　この事案は、アルツハイマー病の研究試料を研究所から持ち出したとして、日本人研究者Ａが米国で経済スパイ法違反などの罪で起訴されたもので、遺伝子スパイ事件と呼ばれている。この事件に関して、米国から、日本に帰国していた当該研究者Ａの身柄の引渡しを求められたところ、法務省は、その研究者の行為は日本国内で同様のことが犯された場合、窃盗罪等に該当すると考え、これを米国に引き渡す手続を行った。そのため、平成16年（2004年）2月2日、研究者Ａは、東京高検により身柄を拘束され、その後、東京高検の審査請求を受けて、東京高裁がその審査をしたというものである。

(イ)　この事案における引渡犯罪とされた事実の要旨は次のとおりである。

Ａは、米国オハイオ州クリーブランド市所在のクリーブランド・クリニック財団（以下「CCF」という。）のL研究所に勤務していたものであるが、

第1（共謀罪）　1998年（平成10年）1月から1999年（平成11年）7月頃にかけて、

1　下記第2及び第3記載の経済スパイ罪に該当する違法行為を行うことをＢらと共謀し、

2　下記第4記載の盗品州外輸送罪に該当する違法行為を行うことをＢらと共謀し、

第2（経済スパイ罪）　Ｂらと共謀の上、1999年（平成11年）7月頃、日本国埼玉県に所在する特殊法人Ｒ研究所の利益に資することを意図し、又は知りながら、L研究所の第164号研究室において、CCFの研究者により開発された同財団の財産である実験用ガラス容器入りの10種類のDNAと細胞系の試薬等を窃取し、もって、外国機関の利益に資することを意図し、又は知りながら営業秘密を窃取等し、

第3（経済スパイ罪）　Ｂらと共謀の上、Ｒ研究所の利益に資することを意

---

(14)　「有罪答弁など日本で認められていない制度の法律効果をある程度受け入れる必要がある。」（髙山佳奈子「国際社会における（EU・国連）における刑事法」ジュリ1348号〈2008年〉89頁）との見解も参考になろう。

図し、又は知りながら、その頃、同所において、CCFの研究者により開発された同財団の財産である実験用ガラス容器入りの20種類のDNAと細胞系の試薬等を損壊し、もって、外国機関の利益に資することを意図し、又は知りながら営業秘密等を破壊し、

第4（盗品州外輸送罪）　Bらと共謀の上、1999年（平成11年）7月頃、窃取されたものであることの情を知りながら、CCFの研究者により開発された実験用ガラス容器入りのDNAと細胞系の試薬を米国カンザス州カンザスシティ所在のB方に送付し、もって、窃取されたものであることの情を知りながら、5000ドル以上の物品を州外に輸送した。

(ウ)　ここで問題とされたのは、引渡法2条6号の「逃亡犯罪人がその引渡犯罪に係る行為を行ったことを疑うに足りる相当な理由がないとき」は拒絶しなければならないとされていることと、日米犯罪人引渡条約3条の「引渡しは、引渡しを求められている者が被請求国の法令上引渡しの請求に係る犯罪を行ったと疑うに足りる相当な理由があること（中略）を証明する十分な証拠がある場合に限り、行われる。」とされていることに関して、その「疑うに足りる相当な理由」の有無については、請求国の法令に基づく引渡犯罪の嫌疑が認められなければならないのか、それとも、被請求国の法令に基づく引渡犯罪の嫌疑が認められなければならないのかという点であった。

a　この点について、本件東京高裁決定は、

①　逃亡犯罪人引渡しの手続において、請求国の側に一定の罪責立証を要求するか否かについては、各国の法制は一様ではなく、立法論的には議論の余地もあり得るところと思われるが、これを要求する制度を採る以上、その趣旨は、人権保障の見地から、引き渡される者が請求国の裁判で有罪とされる見込みがあるかどうかを被請求国において審査することにあると解するのが自然である。

②　条約3条は「引渡しの請求に係る犯罪を行ったと疑うに足りる相当な理由があること」を「請求国の裁判所により有罪の判決を受けた者であること」と並べて規定しており、法2条6号もこれと同趣旨であるが、これらの規定は上記のような解釈になじむものである。

③　また、条約8条2項(c)は、引渡しの請求に際して「引渡しの請求に

係る犯罪の構成要件及び罪名を定める法令の条文」を添付資料とする旨を規定しており、ここにいう「引渡しの請求に係る犯罪」が請求国の法令に基づく引渡犯罪を意味することは明らかである。

④　さらに、逃亡犯罪人引渡法による審査等の手続に関する規則（以下「規則」という。）5条2項3号は、審査請求書に「引渡犯罪にかかる行為に適用すべき請求国の罰条及び日本国の相当罰条」を記載することを義務付けており、ここにいう「引渡犯罪にかかる行為」が請求国の法令に基づく引渡犯罪及び被請求国の法令に基づく犯罪の双方を念頭に置いたものであることは明らかである。

などの理由から、以上によれば、条約にいう「引渡しの請求に係る犯罪」と、法にいう「引渡犯罪に係る行為」とは、本来は請求国の法令に基づく引渡犯罪ないしこれに該当する行為を意味すると考えられ、場合によって、被請求国の法令に基づく犯罪ないしこれに該当する行為を含んで用いられることがあると解することができるとして、請求国の法令に基づく引渡犯罪の嫌疑が認められなければ、条約3条及び法2条6号が要求する犯罪の嫌疑が認められないとした。

　b　しなしながら、この結論についてはかなり疑問である。そもそも条文の規定の仕方から、上記のような判断は無理ではないかと思われる。

　たしかに引渡法では、「逃亡犯罪人がその引渡犯罪に係る行為を行ったことを疑うに足りる相当な理由がないとき」としているだけで、その嫌疑についての判断をするための準拠法は特には示されていないが、日米犯罪人引渡条約3条では、「引渡しは、引渡しを求められている者が『被請求国の法令上』引渡しの請求に係る犯罪を行ったと疑うに足りる相当な理由があること」としているように、その嫌疑の判断をするのは、あくまで「被請求国の法令上」であると明示されているのであるから、これはその文言をそのまま素直に読めば、被請求国において、当該逃亡犯罪人を引き渡すように求められる犯罪とされるものについて、被請求国の法令に照らして検討した場合において、そのような犯罪を行っていると疑うに足りる相当な理由がある場合でなければ、引渡しをすることができないと読むのが普通であると思われる。この場合に、請求国の法令に基づいて引渡の請求に係る犯罪を行ったと

疑うに足りる相当な理由が必要であると解釈するとすれば、「被請求国の法令上」という文言はどういう意味を持つのか不明であるし、不要なものを規定の中に入れていることにもなりかねない。

そこで、条約の英文を見てみると、この3条は、

"Extradition shall be granted only if there is sufficient evidence to prove either that there is probable cause to suspect, according to the law of the requested Party, that the person sought has committed the offence for which extradition is requested or that the person sought is the person convicted by a court of the requesting Party."

とされているところ、やはり、「according to the law of the requested Party」という部分は、その前の「probable cause to suspect」という部分に掛かるのであるから、疑うに足る相当な理由は、被請求国の法によるものと読めるのではないかと思われる。そうであるなら、この疑うに足る相当な理由は、被請求国の法令に基づいて判断されることとなるのではないかと思われる。

また、そのように解さないと、被請求国において当該逃亡犯罪人の引渡しの可否を判断する立場の者は、被請求国の法令や手続には通じていても、請求国の法令等に通じているわけでない。要件審査を担当する裁判官は、日本の法令の適用を求められている立場の法律家であるはずである。

そのような立場の者に、請求国の法令に基づいて、当該逃亡犯罪人が引渡しの有罪の見込みを判断させるのは、本来、請求国の裁判で判断されるべきことを、引渡請求の要件審査の段階でさせることになり、被請求国における引渡要件の審査という本来の職分を超えるものを要求することになるのではないかと思われる。

さらに、本件東京高裁決定の理由とする②については、確定判決の場合と並べてあるからといって、それが嫌疑についても請求国の法令に基づく判断を求めていることにはならないし、③及び④の理由は、いずれも手続上の規定からして当然のことが書かれているだけで、そこから嫌疑についての判断のための準拠法を推測できるものではない。

したがって、本件東京高裁決定の解釈は、相当に無理があるものと考えら

れる。

　(エ)　その上で、本件東京高裁決定では、請求国である米国の法令に基づいて、引渡請求に係る上記各犯罪事実について、Ａがこれを行ったと疑うに足りる相当な理由があったかどうか判断するとし、提出されていた証拠を検討して、その理由がないと判断したものである。

　(オ)　上記東京高裁決定は、引渡要件の充足を認めなかった事例であるが、ほとんどの事例では、引渡要件が存すると認められているのが実態である（東京高決昭和55・12・15判時987号26頁、東京高決昭和60・2・6東高刑時報36巻1～2号6頁）、東京高決昭和63・12・1判時1298号151頁、東京高決平成14・8・15東高刑時報53巻1～12号81頁等）。

(8) 特定主義について

　上記の法文の規定上には現れていないが、国際法上認められた原則として、特定主義と呼ばれる考え方がある。

　これは、請求国において、一旦逃亡犯罪人の引渡しを受けた後、自由に同人を訴追や処罰等をすることができるとすると、被請求国が引渡しの可否を判断するに当たって、制限事由該当性について種々検討したことが全く無意味となってしまうことになる。また、裁量で引渡しをした場合においても、同様にその裁量権行使の判断を誤らせることとなる。

　したがって、そのような制限事由の潜脱をさせないためや、裁量権行使を適切に行うためにも、引渡しの理由となった犯罪以外の犯罪について引き渡された犯罪人を訴追し、処罰することはできないとする考え方、これを特定主義と呼ぶのであるが、国際法上、一般的な原則として認められている。もちろん、我が国においても、この特定主義の適用は当然にあるものと考えられている。

　そのため、日米犯罪人引渡条約7条1項本文、日韓犯罪人引渡条約8条1項本文に、その旨の規定が設けられている。具体的には、日米犯罪人引渡条約7条1項本文では、

　　　請求国は、次のいずれかに該当する場合を除くほか、この条約の規定に従って引き渡された者を、引渡しの理由となった犯罪以外の犯罪について拘禁し、訴追し、審判し、若しくはその者に対し刑罰を執行しない

ものとし、又はその者を第三国に引き渡さない。(後略)
と規定しており、日韓犯罪人引渡条約においてもほぼ同様の文言で規定されている。

　そこで、先に挙げた(5)イ(エ)の事案において、韓国から引渡しの請求をうけた韓国籍Ａについては、本件証券取引法違反の罪をも含めた引渡請求がなされていたところ、同罪については我が国では何らの犯罪も構成しないことから、東京高検も東京高裁に対する審査請求に本件証券取引法違反の罪を含めていなかった。

　そのため、我が国としては、本件業務上横領についてのみ引渡しを行うということにならざるを得ないが、韓国においては、本件業務上横領及び本件証券取引法違反の罪により一つの判決がなされていることから、特定主義の観点からすれば、韓国において刑の執行が不可能になりかねないという問題があった。

　しかしながら、日韓犯罪人引渡条約8条1項(c)において
　　被請求国が、引き渡された者をその引渡しの理由となった犯罪以外の犯罪について拘禁し、訴追し、審判し、若しくはその者に対し刑罰を執行すること又はその者を第三国に引き渡すことに同意した場合。(後略)
と規定して、被請求国の同意を特定主義の例外としていることから、本件東京高裁決定においても、「我が国の法務大臣が、本件業務上横領についてＡの引渡しを命ずる場合は、本件証券取引法違反について、本条約8条1項(c)に基づき同人に対する刑罰の執行により同意する予定であることが認められる。」と認定し、法務大臣の同意により、この特定主義の問題をクリアしたものである。

(9) 条約前置主義及び相互主義について

　前述したように、我が国は、逃亡犯罪人の引渡しに当たり、条約の存在を必要としていない。これに対し、条約の存在を必要とするという立場を条約前置主義という（なお、条約の存在を必要としないという立場について説明するときは、それを「非条約前置主義」と呼ぶ。）。

　世界の各国の中には、条約前置主義を採る国も多数あり、この立場では、請求国と被請求国との間の権利と義務の関係を明確にし、併せて引渡しの請

求を受けた者の人権を保障する点で長所を持っている。しかし、条約を締結していない国との間では、引渡しが行われない結果、犯罪防止のための国際協力をなし得ないこととなり、同時に、それは自国にとっても不都合を招来することになる。例えば、自国内で罪を犯罪した者が、非締約国に逃亡した時、その犯人の引渡しを請求することができないからである[15]。

そして、非条約前置主義の立場は、この長所と短所が逆になって現れることになる。

日本は、非条約前置主義の立場であるが、逃亡犯罪人の引渡しに当たっては、相互主義に立脚してこれを実施している。引渡法3条2号は、この相互主義を明らかにしており、

> 外務大臣は、逃亡犯罪人の引渡しの請求があったときは、次の各号の一に該当する場合を除き、引渡請求書又は外務大臣の作成した引渡しの請求があったことを証明する書面に関係書類を添付し、これを法務大臣に送付しなければならない。（中略）
> 二　請求が引渡条約に基づかないで行なわれたものである場合において、請求国から日本国が行なう同種の請求に応ずべき旨の保証がなされないとき。

と規定されているように、相互に同種の請求に応ずると保証することで、引渡しを実施するものである。

我が国では、米国と韓国以外とは犯罪人引渡条約を締結してこなかったが、この相互主義によって、相手国による同種の行為の保証がなされれば、引渡しに応じることに問題はなく、そのため、引渡条約締結の具体的な必要性を感じなかったからであろう。もっとも、後述するように、引渡しの件数は、今日に至るまで決して多いとはいえない状況にある。

(10)　我が国に対する逃亡犯罪人引渡請求の手続について

この引渡請求の手続については、外交ルートを経由してなされる必要があり、その窓口となるのは、外務大臣である。そして、外務大臣がその請求を受けた場合、引渡条約に適合するか、若しくは、相互主義の保証があるかを

---

(15)　森下104頁。

確認のうえ、請求書を法務大臣に送付する（引渡法3条）。

　その上、引渡法は、外国からの引渡請求が同法の要件を満たすか否かにつき、単に行政府限りの判断とはせずに、司法機関の審査を受けるべきものとしている（同法4条）。その際、東京高裁が犯罪人を引渡すことができる場合に該当する否かについて審査を行う（同法9及び10条）。

　そして、東京高裁において、これができる場合である旨の決定をした場合に限り、法務大臣がその犯罪人の引渡しをすることができるが、その場合でも引渡しについて最終的な決定を行うのは、法務大臣であって、引渡しを行うのが相当か否かを判断し、相当と認められる場合に、初めて引渡しが行われることになる（同法14条）。

　その後、その執行については、法務大臣の命令により、検察官がこれを行うこととなる（同法14、16条）。

　なお、これらの手続を図示すると図1のとおりである。

　そこで、その実態であるが、外国に引き渡した逃亡犯罪人の数としては、決して多くはなく、近時では、平成23年（2011年）から同27年（2015年）まで毎年1人となっている[16]。

3　我が国から外国に対する逃亡犯罪人引渡請求の場合
(1)　我が国からの引渡請求についての法的根拠

　我が国が外国に対して引渡請求を行う手続については、特に法律上規定が

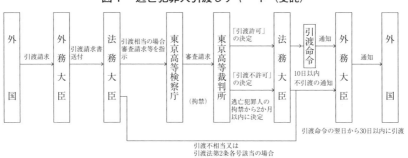

図1　逃亡犯罪人引渡しチャート（受託）

---

(16)　『平成28年版 犯罪白書』90頁。

あるわけではなく、刑訴法197条1項の

> 捜査については、その目的を達するため必要な取調をすることができる。

との規定を根拠に、外国に対して引渡請求を行うことができると解されている。前述したように、引渡しの請求を受ける場合には、法律で厳格な規定が定められているが、こちら側から請求をする場合には、特に法律を作るようなことはしていない。引渡しに応じるかどうかは、相手国の裁量であり、そのことに関して我が国で特に定めを設けなければならないということはないからである。

　ただ、米国と韓国との間では、引渡条約を締結していることから、その引渡しの要件を満たすものについては、両国には引渡義務が存するのであるから、それに応じて我が国に対して引渡しを実施しなければならない。

　ただ、厳格にこの義務が履行されているか問題となり得るケースもある。

　まず、米国との関係では、シーシェパードの代表であるポール・ワトソン容疑者の身柄を引き渡さなかった可能性がある（同容疑者の日本法令に対する違反行為等については、改めて詳述する。）。マスコミ報道等からうかがえる事実関係として、同被疑者は、コスタリカ当局の要請により、2012年（平成24年）5月、ドイツ当局によって身柄を拘束されたものの、保釈金を支払って釈放され、その後、同国から逃亡した。

　そのため、2012年（平成24年）9月、我が国の海上保安庁の要請などから、国際刑事警察機構が国際手配していた。

　ところが、その後、同容疑者は、日本鯨類研究所がシーシェパードに対して、調査捕鯨妨害の差し止めを求めて起こした民事訴訟において出廷するため、米国に入国したようで、2013年（平成25年）11月6日、シアトルの連邦高等裁判所で証言台に立って証言したと報道されている（同日付けMSN産経ニュース）。

　そして、その後、2015年（平成27年）2月14日、逃亡先のフランスで結婚式を挙げたと報道されており（同月15日付け上記ニュース）、この一連の同容疑者の動きを見る限り、米国は、日本に対して同容疑者の引渡しを行わなかったのではないかと推測される。

ただ、平成27年（2015年）4月20日付け産経新聞の報道によれば、日本政府は、フランスに対して、同容疑者の引渡請求をしたようであるがフランス政府はこれに応じなかった。その後、平成28年（2016年）8月31日付けの産経新聞の報道によれば、同容疑者は、米国に入国したようであるが、これが事実であるとしたのであれば、米国は現在に至るも引渡しに応じていないことになる。

次に、韓国との関係では、平成23年（2011年）12月26日午前3時56分頃、東京都千代田区内の靖国神社神門前において、同神門中央門南柱にガソリン様の液体を撒いた上、所携のライターを用いて火を付け、同神門の一部を焼損させたという犯行に及んだ中国人に対し、日本からの犯罪人引渡し請求に対し、政治犯であるという理由で日本に引き渡さず、中国への出国を認めた。

その理由とするところは、マスコミ報道等によれば、放火の対象が靖国神社であったことなどから、一般犯罪としての性格より、その政治的性格がより主であって相対的政治犯であるという理由付けによるものと思われるが、果たしてその認定が妥当なものであるかどうかは、その判決をみる限り、多大な疑問がある。

(2) **我が国からの逃亡犯罪人引渡請求の手続について**

引渡請求を行ための手続としては、検察庁の場合は、法務大臣を経由して、また、都道府県警察の場合は、警察庁を経由して、いずれも外務省に外国への逃亡犯罪人の引渡請求を行うように依頼し、外務省を窓口として、外国との交渉等の具体的な引渡しの手続きを行っている。

なお、この手続を図示すれば、図2のとおりである。

我が国から逃亡犯罪人の引渡しを求める場合にも、前述した特定主義は問題となり得ることがあるので注意が必要である。例えば、X国籍の人物Aが我が国において、不法残留中に、日本人被害者vから金銭を奪取する目的で同人を殺害した上その死体を遺棄し、奪った被害者のクレジットカードを使って欲しい物品を手に入れた後、V名義で申請したことにより得たパスポートでY国に逃亡した場合、Y国からどのような犯罪事実でAの引渡しを求めるのかという場合に問題が生ずる。

第3　逃亡犯罪人引渡しに関する諸問題　57

図2　逃亡犯罪人引渡しチャート（嘱託）

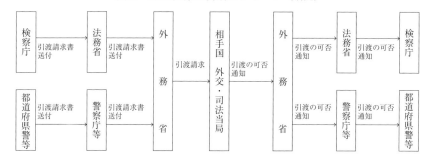

　この場合には、強盗殺人以外に、死体遺棄、V名義のパスポートを取得して使用したことに関する有印私文書偽造・同行使、旅券法違反、Vのクレジットカードを勝手に使用して財物の交付を得た有印私文書偽造・同行使、詐欺、さらに、不法残留による出入国管理及び難民認定法違反の各犯罪事実が存することになる。
　このような場合には、通常、強盗殺人の立証が最も困難であり、同様に、引渡しに当たっても、この犯罪事実を引渡犯罪とした場合には、被請求国での審査が長期化若しくは難航することが予想される。しかしながら、前述したように、特定主義の観点からいえば、この強盗殺人を外して引渡しを受けてしまったような場合には、その事実での処罰をすることを被請求国が別に同意すればともかく、そのような同意が得られなかった場合には、かえって強盗殺人での処罰を不可能にしてしまうことになることに留意すべきである。
　この手続きにより、外国から引渡しを受けた逃亡犯罪人は、近時において、平成20年（2008年）は5人、同21年（2009年）は3人、同22年（2010年）は3人、同23年（2011年）は1人、同24年（2012年）はゼロ、同25年（2013年）は3人、同26年（2014年）は2人となっているが、同27年（2015年）はゼロである[17]。

(3)　**我が国からの引渡請求に対して、実際に引渡しがなされた事案**
　ア　これは、東京地判平成23・9・28公刊物等未登載の事案で、いわゆ

---

(17)　『平成28年版 犯罪白書』90頁。

るピンク・パンサー事件と呼ばれるものである。この判決認定された罪となるべき事実は、次のとおりである。

　被告人Ｒは、金品を強取する目的で、共犯者Ｖと共謀の上、平成19年（2007年）６月14日午後５時２分頃、東京都中央区丸の△△東京本店（看守者は店長Ｂ）に客を装って侵入し、同店従業員であるＣ（当時29歳）及びＤ（当時31歳）らに対し、あらかじめ用意していた催涙スプレーを吹き付ける暴行を加えて同人らの反抗を抑圧し、同店ショーケースに展示されていたＢ管理のティアラ１基及びネックレス１本（販売価格合計２億8,400万円）を強取した。

　イ　この事案は、モンテネグロ国籍の被告人Ｒの共犯者Ｖとが国際的窃盗団の一員として、日本国内で強盗を敢行したものであり、その犯行手口が映画「ピンク・パンサー」の手口と似ていたため、ピンク・パンサー事件と呼ばれるようになったものである。

　このグループは、ヨーロッパの旧ユーゴスラビア地域の出身者からなる宝石強盗団であって、200人以上のメンバーがいるといわれている[18]。

　そして、上記アの日時場所において、ダイアモンドのティアラが強奪されたのであるが、我が国の警察の捜査によって、２人のチェコ旅券を所持していた外国人による犯行であることが判明した。しかしながら、チェコ警察に照会したところ、当該旅券が偽造であったことが分かり、この段階で、被疑者の特定につながる手がかりが切れてしまった。

　ウ　ところが、我が国の警察は、ピンク・パンサー・グループについて捜査しているヨーロッパ諸国の警察であれば、何か知っていることがあるかもしれないということで、我が国からICPOを通じて、この一連の事件を追っているヨーロッパ諸国の警察に照会したところ、偽造旅券に貼付された写真や、被疑者らが日本に残した指紋などから、モンテネグロ人Ｒ及びＶを割り出すことができた。

　その上で、ICPOやスペイン警察が保管していたＲ及びＶの顔写真を入

---

[18]　河合信之「警察幹部のための国際捜査協力入門」警論65巻10号（2012年）102頁以下。

手し、それらと犯行現場の防犯ビデオに残された犯人の容貌とを比較し、その同一性を鑑定したところ、同一人物である蓋然性が極めて高いと鑑定されたことから、R及びVによる犯行であることが十分に疑われた。

その後、ICPOを通じて身柄確保の要請を出し、その結果、Rがキプロスにいることが分かり、その身柄が別の事件でRを手配していたスペインに移送されたものの、同国の裁判官が証拠不十分ということで釈放されることとなった。

そのため、直ちに、我が国から引渡しのための仮拘禁を要請し、その後、何ヶ月にもわたるスペイン司法当局の審査を経て、平成22年（2010年）8月14日、Rの身柄が日本に移送されたのである。

エ　Rは、公判において、犯人性を争い、無罪を主張したが、防犯ビデオの画像鑑定や、Rが被害品のティアラを所持していたことを窺わせる間接事実などを総合して、Rが犯人であると認定され、平成23年（2011年）9月28日、東京地裁において、懲役10年の実刑判決が言い渡された。その後、Rの控訴、上告がいずれも棄却され、平成25年（2013年）4月4日確定した。

オ　一方、共犯者Vについては、引渡しがなされず、後述するように、代理処罰に委ねられることになった。

(4) 退去強制による事実上の逃亡犯罪人引渡しの問題について

これまで述べたような被請求国の正式な引渡しの手続によらず、簡易に引渡しを受ける場合として、次のような場合が挙げられる。

すなわち、被請求国から当該逃亡犯罪人に対し、国外退去命令を出し、当該逃亡犯罪人が航空機に乗って被請求国を出て、その後、請求国の領空内に入った段階で、同航空機に予め乗っていた請求国の捜査官が逮捕することにより、事実上、引渡しを行うという場合である。

この場合、引渡請求国内では、逮捕状が発付されていることから、そこでは司法チェックが行われているので手続的な問題はないと思われるものの、その後、逮捕に至るまでの被請求国内での手続きが適法かどうかは別問題である。その手続として、上記の国外退去手続が適法になされたかどうかは、被請求国の法律によることとなるので、この手続の適法・違法の判断は極めて困難であると思われる。

このような便法も有用ではあると思われるが、これには実は色々な問題が生じるおそれもあり、例えば、逮捕に至る経緯において違法に拘束しているのではないかとの問題などには、よく注意しておく必要があると考えられる。

(5) **我が国からの引渡請求の際における死刑問題**

我が国が逃亡犯罪人の引渡しを求める際において、近時、最も問題となるのは、多くの国が死刑廃止国となり、死刑存置国である我が国に対しては、当該逃亡犯罪人が死刑になるおそれがあるとして引渡しを拒むケースである。

森下博士は、死刑の存置を理由として引渡しを拒む法制の例[19]として、イタリア刑訴法698条2項は、

> 引渡の請求に係る犯罪行為につき外国法により死刑が科せられている場合には、その外国が死刑を科さず、又はすでに死刑が科せられているときはその刑を執行しないことにつき、司法大臣によって十分と認められる保証をしたときに限り、引渡しを許すことができる。

と規定していること、また、ドイツ共助法8条は、

> その行為が請求国法により死刑にあたるときは、引渡は、死刑が科せられず、又は執行されないことを請求国が保証するときに限り、許される。

と規定していること、さらに、オーストリア共助法20条1項は、

> 請求国の法令により死刑にあたる可罰的行為を理由とする訴追のための犯罪人引渡しは、死刑が言い渡されないことが保証されるときに限り、許される。

と規定していることなどを紹介されており、それらの国から、例えば、殺人など死刑が法定刑に含まれている犯罪については、逃亡犯罪人の引渡しを受けることができないことなどについて説明されている[20]。

---

(19) 森下69～74頁。
(20) 森下73頁では、例えば設例として、「日本人乙が日本で日本人を殺し、オーストリアに逃亡したとする。この場合、日本刑法の適用はあるが（刑法1条）、日本政府は、オーストリアに対して犯人乙の引渡しの請求をしない。というのは、日本から

たしかに、それら死刑廃止を行った国々に対して、殺人や現住建造物放火などのように法定刑が死刑に含まれているような場合の犯人の引渡しについては、実際のところ、その交渉は極めて困難である。

しかしながら、法定刑に死刑があるといっても、実際には死刑が適用されるような重大な犯行ではないケースもしばしば見られ、そのような場合には、実務当局者は知恵をしぼり、通常であれば死刑の宣告が予想される場合ではないなどと説明して説得することなどにより、この問題を解決できるように努めているのが実情であろうと思われる。

第4　代理処罰の問題

1　代理処罰の必要性

これまで逃亡犯罪人引渡しの問題について説明してきたが、実際のところ、我が国からの引渡請求に応じてもらえない場合もしばしばである。前述したように、自国民不引渡しの原則などによる場合もそうであるし、死刑問題の場合などには、引渡しを求めた逃亡犯罪人が被請求国にとっては他国民であっても同様である（なお、以下は、説明の便宜のため、主として自国民不引渡しによる引渡拒絶の場合を想定して述べる。）。

自国民が外国で罪を犯してきたことが分かりながら、それを当該外国に引き渡せないという場合、当該被請求国においては、代理処罰の問題が生ずる。被害者のいる外国（以下「代理処罰要請国」という。）側から、その犯人の引渡しができないのなら、代わって当該国自身（以下「代理処罰国」という。）において処罰するよう要請があり得るからである。このような場合、自国民の犯罪者を処罰せずに放置することが、国際社会の中において許容されるの

オーストリア（死刑廃止国）に乙の引渡しの請求をしても、死刑問題を理由として請求を拒絶されることは明らかだからである。」というのは、おそらく実態とは異なった間違った認識であると思われる。その設例のような事案が発生した場合、我が国の捜査当局は、オーストリア政府と交渉を尽くし、引渡請求を認めてもらえるよう手を尽くすものと考えられ、最終的に引渡しが成功するかどうかはともかくとして、「拒絶されることが明らかだから」引渡請求をしないなどということは誤った認識に基づくものである。

か国家の姿勢が問われることになる。

　しかしながら、このような処罰を行うかどうかは、結局のところ、代理処罰国が刑罰権の発動をしようと決するかどうかにかかっているのであり、処罰するかしないか、また、処罰するにしてもどの程度の刑罰を科すかなどについては、結局のところ、代理処罰要請国側からは何もできないというのが実情である。

　さらに、その代理処罰国の法律において、当該処罰を求める事実について、それが国外犯として処罰の対象とされているかどうかも問題となる。そもそも国外犯として処罰の対象とされていなければ、いくら要請があったとしても、代理処罰国としては、罪刑法定主義の下、処罰はできないとするしかないであろう。

　そのような問題を踏まえた上で、代理処罰国が刑罰権の発動をするというのであれば、その段階で、代理処罰要請国側から、捜査共助として、同国内で収集された証拠の送付がなされることになる。

　そして、代理処罰国では、その証拠を検討した上で、起訴するかしないか、また、どのような罪名として起訴するかなどを決することとなろう。

2　代理処罰が問題となった事例

　それでは、これまでに我が国と外国との間で、代理処罰が問題となった事例を挙げ、その処罰状況等について、これまでの報道等で明らかになった範囲で紹介することとする。

(1)　静岡県湖西市における女児交通事故死亡事件

　平成17年（2005年）10月17日、静岡県湖西市内の交差点において、赤色信号で進入した乗用車が、被害女性の運転する車両に衝突し、同車に同乗していた当時2歳の女児が死亡するという交通事故が発生した。この事故において、上記乗用車を運転していた日系ブラジル人女性について、当時の刑法の業務上過失致死罪の成否が問題となったところ、同女は、その事故直後にブラジルに帰国したため、日本国内での処罰は不可能となった。

　そのため、日本政府は、ブラジルに対し、被疑者女性の代理処罰を求めた。

そして、ブラジルにおいて、同国の検察当局は、2010年（平成22年）11月、当該被疑者女性を過失致死罪により起訴した。その後、同国サンパウロ州地裁支部は、2013年（平成25年）8月、禁錮2年2月（その刑罰の中身は、実際には1年間の社会奉仕と報道されている。）の有罪判決を言い渡した。

しかし、その後、2014年（平成26年）4月、同州高裁は、その刑を禁錮2年に減刑した上で、禁錮2年以下に相当する罪の時効である4年が経過しているとして、時効成立として、不可罰であると判断した。

ただ、この控訴審判決に対しては、検察が上告し、2014年（平成26年）12月、ブラジルの連邦高裁が上告を受理し、その後、2015年（平成27年）9月、控訴審判決を破棄して、禁錮2年2月を認めた第一審判決を支持する決定を下した。これに対し、被告人は無罪を主張して異議を申し立てたが、2016年（平成28年）2月10日、同高裁は、これを棄却した。その後、同年3月15日、ブラジル最高裁は、上記高裁の決定に対して被告人側が異議を申し立てなかったので、上記第一審判決が確定したと発表した。

(2) 静岡県焼津市内におけるブラジル人男性による3名殺害事件

平成18年（2006年）12月、静岡県焼津市内で、ブラジル人男性が、その交際相手であったブラジル人女性と、その子供2を殺害したという殺人事件が発生した。

この事件においても、被疑者のブラジル人男性は、事件後ブラジルに帰国したため、日本政府は、ブラジルに代理処罰を要請した。

そして、これを受けてブラジルの検察当局は、被疑者のブラジル人男性を起訴し、その公判は、2008年（平成20年）2月、サンパウロ州裁判所で開始されたものの、同被告人は、身柄拘束が解かれた後、逃走したことから、一旦中断したものの、2013年（平成25年）8月に至って再び拘束された。その後、2014年（平成26年）10月に公判が再開され、2015年（平成27年）2月、同裁判所は、陪審裁判の開始を決定し、2016年（平成28年）9月9日、被告人に対し、56年9月10日の禁錮刑が言い渡されたとのことである。

(3) 茨城県内におけるブラジル人男性による郵便局強盗等事件

平成15年（2003年）、茨城県内の郵便局が強盗の被害に遭い、現金190万円を奪われる強盗事件が発生した。また、そのころ、当時79歳の被害女性を自

動車で轢いて死亡させた上逃走したという業務上過失致死及び道交法違反（ひき逃げ）事件が発生した。

　それらいずれの事件の犯人であると疑われる30代のブラジル人男性が、事件後ブラジルに帰国していたため、日本政府は、ブラジルに代理処罰を要請した。

　そのため、ブラジルの検察当局は、2011年（平成23年）3、4月、同被疑者を、パラー州裁判所に過失致死及び強盗で起訴したものの、2014年（平成26年）3月、何者かにより射殺されたことから、同年8月27日、公訴棄却の判決により裁判は終了した。

(4)　群馬県太田市内におけるペルー人による殺人事件

　平成13年（2001年）10月、群馬県太田市内の公園において、男性作業員がその背中などを刃物で刺されるなどして殺害されたという殺人事件が発生した。その後、犯人と疑われる人物がペルーに帰国していたことから、日本政府は、平成19年（2007年）、ペルーに代理処罰を要請した。

　ペルー政府は、これを受けて、2010年（平成22年）7月、同被疑者の身柄を確保し、ペルー検察当局が起訴したところ、同年10月、リマ高裁は、禁錮8年及び罰金3万ソル（約90万円）の判決を言い渡し、この判決が確定した。

(5)　ブラジル人男性による浜松市内のレストラン経営者殺害事件

　平成17年（2005年）11月、静岡県浜松市内のレストランにおいて、同店経営者が殺害された上、現金約4万円余りが奪われるという強盗殺人事件が発生した。被疑者のブラジル人男性は、逃走後、ブラジルに帰国したことから、日本政府は、ブラジルに代理処罰を要請した。

　そして、ブラジルの検察当局による訴追を受けて、2010年（平成22年）6月、現地の裁判所により、禁錮34年5月の判決が確定した。

(6)　静岡県浜松市内における女子高校生ひき逃げ死亡事件

　平成11年（1999年）7月、静岡県浜松市内の国道で、女子高校生が乗用車にはねられて死亡し、当該乗用車が走り去ったという業務上過失致死及び道交法違反（ひき逃げ）事件が発生した。その直後、被疑者のブラジル人男性は、ブラジルに帰国した。

　その後、日本政府は、ブラジルに代理処罰を要請した。

そして、2007年（平成19年）1月、サンパウロ州検察庁は、ブラジルの交通法におけるひき逃げの罪により起訴した。

その後、2009年（平成21年）9月、同州の地方裁判所は、禁錮4年の判決を言い渡した。

⑺　ピンク・パンサー事件

前述したように、被疑者2名のうち、Rについては、日本に引渡しがされ実刑判決を受けたものの、共犯者Vについては、その後、モンテネグロ国内にいるのを、同国の警察が発見し逮捕した。

しかしながら、同国は、自国民不引渡の原則を維持しており、日本への引渡しが期待できなかったことから、代理処罰を要請した。

そのため、Vも同国内で起訴され、2014年（平成26年）7月7日、禁錮7年3月の有罪判決が下された。

3　代理処罰の際の刑罰の実態

もっとも代理処罰の場合、その刑罰の差は相当なものがあることに留意しておく必要がある。例えば、刑の執行方法について、「ブラジルでは、初犯で禁錮8年以下であれば、刑務所に収監されずに執行される。ひき逃げの場合、日本なら5年以下の懲役、50万円以下の罰金であるが（筆者注：現在では法改正により、「人の死傷が当該運転者の運転に起因する」場合には、10年以下の懲役又は100万円以下の罰金となっている。）、ブラジルではひき逃げ（致死・救護義務違反）は2年8ケ月から6年の禁錮であるから、初犯であれば、刑務所に収監されずに、農場や工場での労働に従事したり、通常の労働や勉学に勤しみながら夜間や週末を監視のない自律的施設で過ごす形で執行されたり、あるいは自宅で日常生活を送りながら宣告刑1日あたり1時間の社会奉仕を公的施設で行うことで、実刑に代替することがなされる[21]。」とされており、実際に収監されて刑罰の執行を受ける日本の刑罰とは大きな隔たりがある。このような刑罰の執行状況では、被害者である遺族らが納得できるのかどう

---

[21]　佐藤美由紀「ブラジル憲法『犯罪人引き渡し禁止規定』の理解のために」(社)日本ブラジル中央協会発行「ブラジル特報」2007年3月号。

か問題も多いであろう。

4 代理処罰における残された問題

上記のようにいくつかの代理処罰事例を挙げることはできるものの、実際のところ、大多数の海外逃亡犯人は、そのような処罰を受けずに逃げ得を許す結果となっているのではないかと思われる。

具体的には、平成27年末現在における国外逃亡被疑者等の人員は、総数で740人（内訳として、外国人621人、日本人119人）であり、その推定逃亡先の国・地域別に見ると、主立ったところでは、中国（台湾及び香港を除く。）43.5パーセント、ブラジル13.8パーセン、韓国・朝鮮9.2パーセントなどとなっている[22]。

第5 国際刑事共助に関する諸問題

1 国際刑事共助に関する問題の所在

B国人である犯人によって、A国内で犯罪が遂行され、その犯人はA国内で逮捕されたものの、その関係者CがB国内におり、また、事件に関係する証拠物等もB国内にあった場合、A国とB国との間で、その犯人に対する犯罪捜査に関し、Cの証言や証拠物の提供等について、国際刑事共助に関する法的問題が生ずることになる。

ここでいう「国際刑事共助」には、「捜査共助」と「司法共助」が含まれ、前者は、刑事事件の捜査に必要な証拠の提供を意味しており、後者は、裁判所の嘱託に基づいて、裁判関係書類の送達や証拠調べに関して協力することを意味している。その両者では、件数においても業務量においても、捜査共助が圧倒的に多いことから、以下は、捜査共助を中心に説明し、必要がある場合には司法共助に言及することとする。

そもそも犯罪捜査は、国家権力による刑事事件の証拠収集活動であることから、他の国において勝手にこれを行うことは、直接的にその国の国家主権

---

[22] 『平成28年版 犯罪白書』89頁。

に抵触することになる。基本的には、ある国の捜査機関は、自国の主権が及ぶ範囲内でしか捜査をすることができず、他の国内で捜査活動をすることはできない[23]。

　我が国を含め一般的には、外国の捜査官が自国内で捜査活動を行うことは国家主権に抵触するものと考えて、これを許容していないし、同様に、自国の捜査官に外国で直接的な捜査活動はさせないという方針を取っている。したがって、設例においても、そもそも中国の捜査官が日本国内で取調べ等の捜査活動をすることは一切認められないし、逆に、日本の捜査官が中国で犯罪捜査をすることもあり得ない。

　そこで、そのように外国での証拠収集が必要である場合は、その国に捜査を要請することになり、それゆえ、外国にある証拠を入手するためには、外国の政府に依頼し、外国の捜査機関に証拠収集を行ってもらった上、これを自国に送付してもらうしかないことになる。また、逆に、外国から同様の要請が我が国にあった場合に、我が国の捜査当局が証拠を収集し、外国へ提供する。こうした刑事事件の捜査・訴追・裁判のための証拠の取得等に関する国際協力を国際捜査共助と呼んでいる。

　この国際捜査共助においても、①外国から我が国に対して捜査共助要請がされた場合と、②我が国から外国に対して捜査共助要請をした場合とで分けて考える必要がある。

---

[23]　ただ、特定の国との間で相互に相手国の捜査官が自国内で捜査活動を行うことを許容するのであれば、これは許されることになる。例えば、米国では、任意の事情聴取等については、事前の通知を条件としてこれを許容する場合がある。例えば、「外国に居住する日本人から事情を聴く場面を想定した場合に、当該外国捜査機関がつ、通訳を介して事情聴取を行い、日本語でなされた上述を当該外国に翻訳して供述調書を作成して我が国に提供し、我が国では、さらにこの供述調書を和訳し直すことの不合理性は明らかである。特に、英米法系の国は、大陸法系の国に比べ、外国捜査機関の自国での活動を認めやすいことが指摘されている。」との理解も参考になろう（山内由光「国外にある証拠の収集に関する諸問題（上）」捜査研究783号〈2016年〉14頁）。

2 外国から我が国に対して捜査共助要請がされた場合

(1) 我が国における国際捜査共助等に関する法律の基本的な解釈等

ア ①の外国から我が国に対して捜査共助要請がされた場合については、国際捜査共助等に関する法律（以下「国際捜査共助法」という。）がその要件や手続を規定している。

ちなみに、「共助」とは、同法1条1号に定義規定が設けられており、

> 外国の要請により、当該外国の刑事事件の捜査に必要な証拠の提供（受刑者証人移送を含む。）をすることをいう。

と規定されている。また、この共助に関するものとして、「共助犯罪」という用語もよく使われるが、これは、同条3号に定義規定があり、

> 要請国からの共助の要請において捜査の対象とされている犯罪をいう。

と規定されている。なお、ここで登場する「要請国」とは、同条2号により

> 日本国に対して共助の要請をした外国をいう。

と規定されている。

イ この捜査共助の場合においても考慮しておかなければならないのは、逃亡犯罪人引渡しの場合と同じく、相互主義が保証されているかどうかである。

要請国の要請を受けて捜査に協力するのであるから、こちらが要請をした場合に、これを受けて同様に捜査をしてくれるとの保証があれば、以下に述べる特段の共助制限事由に当たらない限り、捜査共助をすることは可能である。しかしながら、逆に、そのような保証がない場合は、我が国としても、捜査共助要請に応じることはできないという結果になる。

その制限事由というのも、先の逃亡犯罪人引渡しの場合と、ほぼ同様であり、国際捜査共助法2条において共助に応じることができない場合を規定している。

すなわち、

> 次の各号のいずれかに該当する場合には、共助をすることはできない。

と規定して、

一　共助犯罪が政治犯罪であるとき、又は共助の要請が政治犯罪について捜査する目的で行われたものと認められるとき。
　二　条約に別段の定めがある場合を除き、共助犯罪に係る行為が日本国内において行われたとした場合において、その行為が日本国の法令によれば罪に当たるものでないとき。
　三　証人尋問又は証拠物の提供に係る要請については、条約に別段の定めがある場合を除き、その証拠が捜査に欠くことのできないものであることを明らかにした要請国の書面がないとき。

と規定されている。
　まず、1号において、政治犯罪の場合について規定されているが、引渡法での規定と同様の趣旨で設けられたものである。
　次に、2号において、双罰性の要件を定めているが、これも引渡法での規定と同様の趣旨で設けられたものである。
　さらに、3号において、当該証拠が必要不可欠性なものであり、それを書面で明らかにすることを求めているが、捜査共助をする以上、それが捜査の上で、必要不可欠なものであることを求めるのも、また当然のことであろう。

(2)　設例における捜査共助の可否
　設例において、中国からの捜査共助要請は認められるのであろうか。
　ここで検討しなければならないのは、上記の制限事由のうちの2号の双罰性の要件についてである。
　同号では、「共助犯罪に係る行為が日本国内のおいて行われたとした場合において、その行為が日本国の法令によれば罪に当たるものでないとき」には、捜査共助を受けることはできないとされているところ、前記会社員の行為は、我が国の法令によれば罪に当たるといえるのであろうか。
　前記会社員が中国でした行為は売春であり、これが児童買春に当たるような場合でない限りは、その行為は我が国では不可罰である。また、一部の者が世話役になって、仮に、その社員が中国側と売春の交渉をしていた場合には、たしかにそれは売春の周旋を依頼したものとも認められる行為であり、外形的には周旋罪の教唆のようにも見えないこともない。しかしながら、売

春防止法が売春の相手方となる行為を処罰しないとしている趣旨からして、当該世話役も売春の相手方になるのであるから、これを周旋罪の教唆として処罰することは許されないと考えるべきであろう。そうなると、結局、前記会社員は、我が国において売春防止法違反として処罰されることはないという結論になる。

そうであれば、この国際捜査共助法上の禁止規定に基づき、我が国ではこの事件に関しての共助を受けることはできないこととなる。実際に警察がどのようなことをしたのか、また何もしなかったのかは知るところではないが、法律上は、中国からどのような要請が来ても捜査をすることは許されないという結論になるはずである（なお、後述するように、中国との間で後に捜査共助条約が締結されるが、同条約3条1(5)においても、捜査共助法の双罰性の要件と同様の要件が設けられているため、同条約の締結によっても、上記結論は左右されない。）。

(3) 我が国内における捜査共助の手続について

この捜査共助の手続きは、まず、外国から捜査共助要請が行われることから始まるが、これは外交ルートによって行われるもので、外務大臣がその要請の受理をする（国際捜査共助法3条）。

そして、外務大臣は、日本国が行う同種の要請に応ずる旨の要請国の保証があるかどうかを審査し、その保証がある場合は、共助要請書を法務大臣に送付する（同法4条）。

その上で、法務大臣は、先述した共助制限事由があるかどうかなどの審査を行い、共助が相当であると認めるときは、必要な証拠の収集を命ずることになる。そして、相当と認める地方検察庁の検事正に対し、関係書類を送付して、共助に必要な証拠の収集を命じ（同法5条）、又は国家公安委員会に捜査要請書類を送付し、同委員会を通じて、相当と認める都道府県警察に対して証拠の収集を指示する（同法6条）。

その内容として、具体的には、同法8条や10条等に規定されており、関係人（被疑者、参考人）の取調べ、鑑定嘱託、実況見分、物の提出要求、公務所等への照会（同法8条1項）、差押え、捜索、検証（同法8条2項）、証人尋問（同法10条）、裁判所、検察官又は司法警察員の保管する訴訟関係書類の提供

（同法 5 条 2 項）などである。

　そして、捜査共助の要請を受けた件数としては、近時では、平成20年（2008年）は28件数、同21年（2009年）は26件、同22年（2010年）は40件、同23年（2011年）は55件、同24年（2012年）は98件、同25年（2013年）は76件、同26年（2014年）は62件、同27年（2015年）は70件となっている[24]。

　また、平成27年（2015年）に、外国の裁判所から我が国の裁判所に対して嘱託された司法共助は、書類送達が11件、証拠調べが 2 件であった[25]。

3　我が国から外国に対して捜査共助要請をした場合
(1)　法的根拠及び実際上の手続について

　このような場合の共助要請については、国際捜査共助法の対象にはなっておらず、逃亡犯罪人引渡しの場合と同じく、これに関して特段の定めを規定した法律はない。これについても、逃亡犯罪人引渡しの場合と同様で、刑事訴訟法197条 1 項の規定により、当然に行いうるものと考えられている。

　この場合、共助の要請は、警察からでも検察からでも行われ得る。

　その手続きについては、警察からの要請の場合であれば、当該事件の捜査を行っている都道府県警察から、警察庁及び外務省を経由して、外国政府に依頼し、その外国政府の指示で同国内での捜査及び証拠の収集が行われ、その証拠は逆のルートをたどって都道府県警察に届けられる。

　検察からの要請は、当該事件の捜査を行っている地方検察庁から、法務省及び外務省を経由して、外国政府に依頼し、その外国政府の指示で同国内での捜査及び証拠の収集が行われ、その証拠は逆のルートをたどって上記地方検察庁に届けられる。

　そして、そのような捜査共助によって得られた証拠については、我が国の刑事訴訟法の規定に従って証拠能力が判断されるが、問題となる場合もあることから、この点については後述する。

　我が国から外国に捜査共助を要請した件数としては、近時において増加傾

---

(24)　『平成28年版 犯罪白書』91頁。
(25)　『平成28年版 犯罪白書』91頁。

向にあり、平成20年（2008年）は50件、同21年（2009年）は45件、同22年（2010年）は69件、同23年（2011年）は56件、同24年（2012年）は79件、同25年（2013年）は155件、同26年（2014年）は95件、同27年（2015年）は66件となっている[26]。

また、平成27年に、我が国の裁判所が外国の裁判所に嘱託した司法共助は書類の送達2件であった[27]。

(2) 我が国からの捜査共助要請求の際における死刑問題

この死刑に関する問題は、前述した引渡しの場合だけでなく、捜査共助の場合にも同様に障害となっている。

ここでは実際にあった事例を題材にして架空の設例を作り、この問題にどのように対処すべきか検討することとする。

ア　被疑者甲は、日本国籍であり、A国に滞在し、同国内で不動産投資をするため不動産の購入手続を進めるなどしていた。

被害者乙も、日本国籍であり、被疑者甲と交友関係があったことからA国内で行動を共にしていた。

被疑者甲は、その所持金等に窮したことから、被害者乙を殺害して、同人が所持していた現金等を奪うこととし、同国内のマンション内において、被害者乙の腹部を刃物で突き刺して殺害し、その際、同人が所持していた現金約200万円を奪い取った。

その後、被疑者甲は、被害者乙の死体を上記マンション内に放置したまま、我が国に帰国した。

一方、被害者乙の親族は、被害者乙と連絡が取れなくなったことから、A国に渡航して、A国の捜査当局に被害者乙の所在の捜索を依頼し、その後の捜査の結果、上記親族と共に赴いた上記マンション内から被害者乙の死体が発見された。

そのため、現場の鑑識活動や死体の司法解剖などは、全てA国の捜査当局によって行われ、被害者乙の着衣等の証拠品なども同捜査当局が押収して

---

[26]　『平成28年版 犯罪白書』91頁。
[27]　『平成28年版 犯罪白書』91頁。

いた。さらに、A国内での被害者乙や被疑者甲の行動状況の裏付けとなる参考人の供述調書等についても、同捜査当局が保管していた。

　我が国の捜査当局は、被疑者甲を強盗殺人罪により逮捕、起訴しなければならないが、その証拠のほとんどはA国内にあり、A国との捜査共助がなければそれら証拠を入手することができず、被疑者甲の犯行を立証することは不可能であった。

　しかしながら、A国は死刑制度を廃止しており、同国の国際捜査共助法には、「捜査共助の要請国において、死刑に処せられる可能性があるときには、その要請を拒否しなければならない。ただし、要請国が死刑判決又は執行をしないことを保証している事情があるときは、共助をすることができる。」と規定していた。

　さて、日本の捜査当局はいかにすべきか。

　イ　我が国の刑法上、強盗殺人罪には死刑が含まれていることから、形式的には、A国の捜査共助拒否事由に該当する。

　ただ、上記の事案であれば、これまでの裁判例における量刑の傾向からして、死刑が宣告される可能性は非常に低い事案であるといえよう。そうであるなら、（実際の事案ではどのような手立てが取られたのかは知るところではないが）これまでの類似の強盗殺人の量刑の状況を説明して、A国の国際捜査共助法にいう「保証」とまではいかなくても、死刑が適用される可能性はほとんどないとして説得するなどすべきであろう。

　しかしながら、例えば、この設例で被害者が2名であったとしたならば、被疑者甲は死刑になる可能性があることから、この手法を使うことはできない。そうであれば、強盗殺人罪の証拠を保有しているA国が代理処罰をしない限り、被疑者甲は処罰されないし、仮に、A国が代理処罰をするとしても、被疑者甲は、日本人であるため、犯罪人引渡条約のないA国に、自国民である被疑者甲を引き渡すことはできない。結局、そうなると、被疑者甲は、死刑に相当する罪を犯しながら、全く刑事処罰を受けないというおそれが出てくることになろう。

4 刑事共助条約について

(1) 刑事に関する共助に関する日本国とアメリカ合衆国との間の条約について

ア 以前、我が国は、どの国との間でも捜査共助に関する条約を締結していなかった。我が国としては、共助要請をしてきた国との捜査共助に関しては、相互主義の保証さえあれば、国際捜査共助法により証拠の提供をする上で不都合はなかったし、また、外国に捜査共助を求めるに際しても、特段の条約などなくても、相手国が共助の要請を受け容れてくれていたからであった。

しかしながら、共助の条約があれば、共助に応じるための要件や手続きが双方の国にとって明確になり、共助を円滑に実施することができることになる。そこで、共助の要請をする上でも、共助の要請を受ける上でも、いずれについても最も多い国である米国との間では、特に共助条約の必要性が認識されており、条約締結に向けての交渉が進められてきた。

そして、平成15年（2003年）8月5日、「刑事に関する共助に関する日本国とアメリカ合衆国との間の条約」（以下「日米刑事共助条約」という。）が両国の間で署名に至り、同18年（2006年）6月に批准書が交換され、同年7月に発効した。

イ この条約では、まず、1条1において、

　　各締約国は、他方の締約国の請求に基づき、捜査、訴追その他の刑事手続についてこの条約の規定に従って共助を実施する。

と規定して、共助の実施が条約上の義務であることを冒頭に宣言している。

その条文の英文でも

　　Each Contracting Party shall, upon request by other Contracting Party, provide mutual legal assistance in connection with investigations, prosecutions and other proceedings in criminal matters in accordance with the provisions of this Treaty.

と規定され、共助の実施が義務づけられており、この条約により、迅速で効果的な共助の実施が期待されている。

ウ また、同条約1条4では、

被請求国は、この条約に別段の定めがある場合を除くほか、請求国における捜査、訴追その他の手続の対象となる行為が自国の法令によれば犯罪を構成するか否かにかかわらず、共助を実施する。

と規定して、国際捜査共助法で求められていた双罰性の要件について変更が加えられている。

近時、国際刑事共助における双罰性の要件については、これを原則として要求すべきではないとする国際的な傾向が強まったことなどを背景に、我が国としても、双罰性の欠如を一律に共助制限事由とすることを見直す必要を感じており、そのため、平成16年の国際捜査共助法の改正の際には、同法2条2号に「条約に別段の定めがある場合を除き」として、双罰性の欠如を絶対的な共助制限事由とならないようにした[28]。

そこで、その「条約に別段の定めがある場合」として、本条約1条4が該当するのであるが、日本と米国の間では、この条約により、双罰性が欠如する場合であっても、原則として、上記条約文のとおり、共助を実施しなければならないこととされた。具体的には、任意処分による共助については、これを実施するものとされ、共助が強制処分を行う場合であっても、被請求国の裁量で共助の実施を可能とすることにした。

すなわち、同条約3条1では、

---

[28] もっとも、このような双罰性の緩和に対しては、次のような反対意見があることも意識しておく必要がある。すなわち、「確かに、国内法制が類似している諸国家間における協力では双方可罰性の要件をことさら主張することは現実的に意義が薄いかも知れない。しかし、国内法制が異なる国家間の協力においてはいまだに双方可罰性の要件が保護する一定の利益が認められるのではないだろうか。今日でもほとんどの論者が、国内法制度の相違を意識しており、それは同質性がしばしば指摘されるヨーロッパにおいてもそうである。双方可罰性の認定という作業を経ることによって、逮捕地では犯罪とされない行為について容疑者を引き渡したり、関連する刑事裁判に関与しないということは、請求に係る容疑者の人権保護にも一定の役割を担っている。さらに、自国の法に照らせばなんらの違法も生じていない段階で、関係当事者（私人）に協力に応じるように説得することが困難であることは想像に難くない。そうだとすれば、実際の協力の実効性を高めるという観点からも、双方可罰性が充たされる状況（自国でも法令違反が生じ得る）の必要性は高いはずである。」(洪恵子「国際協力における双方可罰性の現代的意義について（二）完」三重大学法経論叢18巻2号〈2001年〉57頁)との指摘も参考になろう。

被請求国の中央当局は、次のいずれかの場合には、共助を拒否することができる。

と規定し、そのように裁量での共助の拒否を認める場合として、その(4)において、

　　被請求国が、請求国における捜査、訴追その他の手続の対象となる行為が自国の法令によれば犯罪を構成しないと認める場合であって、請求された共助の実施に当たり自国の法令に従って裁判所若しくは裁判所官が発する令状に基づく強制措置又は自国の法令に基づくその他の強制措置が必要であると認めるとき。

と規定して、双罰性の欠如する場合における強制処分については、裁量的拒否事由としている。

　エ　さらに、この条約で特筆すべきことは、中央当局制度と呼ばれる制度の導入を図ったことである。

　同条約2条では、
　1　各締約国は、この条約に規定する任務を行う中央当局を指定する。
　　(1)　アメリカ合衆国については、中央当局は、司法長官又は同長官が指定する者とする。
　　(2)　日本国については、中央当局は、法務大臣若しくは国家公安委員会又はこれらがそれぞれ指定する者とする。
　2　この条約に基づく共助の請求は、請求国の中央当局から被請求国の中央当局に対して行われる。
　3　両締約国の中央当局は、この条約の実施に当たって、相互に直接連絡する。

と規定して、中央当局同士で直接に連絡を取り合って共助請求ができるとされた。

　従来は、外国に捜査共助を求める場合には、いわゆる外交ルートと呼ばれるものを用いなければならず、我が国の外務省や米国の国務省が窓口となって政府間で行っていたものを、捜査司法当局が自国の中央捜査当局として、外務省等を通すことなく直接に共助要請をすることができるようにしたものである。

その中央捜査当局は、我が国では、法務大臣及び国家公安委員会又はこれらがそれぞれ指定する者で、米国では、司法長官又は同長官が指定する者となっている。したがって、この条約が発効した後は、検察官が行う米国に対する共助要請は、法務省から直接に米国の司法省に送付され、その捜査結果も司法省から直接に法務省に提供されることになり、共助の迅速化が図られている。

　オ　なお、本条約では、国際捜査共助法で共助制限事由とされていた不可欠性については、特に要件とされておらず、そのような証拠でなくても、捜査共助を行うことになっている。

(2)　その他の我が国との間の刑事共助条約について

　ア　先の日米刑事共助条約と同様の内容の刑事共助条約が相次いで締結されている。

　①平成19年（2007年）1月には、我が国と韓国との間で、「刑事に関する共助に関する日本国と大韓民国との間の条約」が発効した。

　②平成20（2008年）11月には、我が国と中華人民共和国との間で、「刑事に関する共助に関する日本国と中華人民共和国との間の条約」が発効した。

　③平成21年（2009年）9月には、我が国と香港との間で、「刑事に関する共助に関する日本国と中華人民共和国香港特別行政区との間の協定」が発効した。

　④平成23年（2011年）1月には、我が国と欧州連合（EU）との間で、「刑事に関する共助に関する日本国と欧州連合との間の協定」が発効した[29]。

---

(29)　この欧州連合との間の条約にだけは、死刑問題にからんだ特殊な規定が設けられているので、若干の説明を加えておくこととする。同条約は、11条のその共助の拒否事由を掲げているところ、1項(b)において、
　　　被請求国が、請求された共助の実施により自国の主権、安全、公共の秩序その他の重要な利益が害されるおそれがある場合。
としているところ、この規定自体は、他の国等の共助条約にも見られるものであるが、この条約だけは、それに続けて、
　　　この(b)の規定の適用上、請求国の法令の下で死刑を科し得る犯罪又は、日本国と附属書Ⅳに掲げる一の加盟国との関係においては、請求国の法令の下で無期の拘禁刑を科し得る犯罪に関する共助の実施については、そのための条件に関し被請求国と請求国との間で合意がある場合を除くほか、被請求国は、

そして、⑤平成23年（2011年）2月には、我が国とロシアとの間で、「刑事に関する共助に関する日本国とロシア連邦との間の条約」が発効した。
　これらの刑事共助条約により、合計32の国又は地域との間で、刑事共助の実施が可能となっている。
　イ　このように刑事共助条約又は協定の締結は、捜査共助の実施を原則義務付けることにより、その実効性が担保されるとともに、外交ルートを経由することなく、中央当局間でやり取りを行うことにより、より効率的かつ迅速にその実施が確保されることが期待されている。具体的には、以下のような例が考えられよう。
　例えば、日米刑事共助条約において、米国に所在する者から事情聴取をしてもらうことは当然に予定されており、同条約9条1項では、

　　　被請求国は、証言、供述又は物件を取得する。（後略）

と規定されていることから、供述の獲得という共助要請をすることができるが、その際、同条2項において、

　　　被請求国は、証言、供述又は物件の取得に係る共助の請求に示された特定の者が当該共助の実施の間立ち会うことを可能とするよう、及び当該者が証言、供述又は物件の提出を求められる者に対して質問することを認めるよう、最善の努力を払う。当該共助の請求に示された特定の者は、直接質問することが認められない場合には、当該証言、供述又は物件の提出を求められる者に対して発せられるべき質問を提出することが認められる。

と規定されているように、我が国の捜査官が米国に赴き、自らが直接に事情聴取を行うのではないものの、米国捜査機関が我が国のために事情聴取を行ってくれる現場に立ち会うことは、条約上、これを可能とするために「最善の努力を払う」こととされたのである。

　　　当該実施により自国の重要な利益が害されるおそれがあると認めることができる。
　と規定されていることから（ちなみに、附属書Ⅳに掲げる一の加盟国はポルトガル共和国である。）、前述した死刑問題が条約上、明示された形で捜査共助拒否事由とされているのである。

もちろん、被要請国である米国の裁量に委ねられてはいるが、「最善の努力を払う」とされている以上、この方向に沿った措置が取られることが十分に期待できることとなったのである。
　また、この条約上、我が国の捜査官が直接対象者に対して質問することについても「最善の努力を払う」こととされたので、特に、米国に所在している者が日本人である場合などは、この規定が功を奏することになると思われる。このように我が国の捜査官が直接に質問をしても、米国側が了解している以上、主権侵害の問題は生じないのである。
　なお、これと同様の規定は、我が国が締結した他の刑事共助条約においても同様に設けられている。
　そして、このような我が国の捜査官の立会は、当該捜査官が我が国の刑事手続において、その状況を証言することができることになり、当該被要請国の手続の信用性を立証することが可能になる。具体的には、刑事訴訟法321条1項3号該当書面として取調べを請求する際の特信情況の立証に役立てることができることになる（この点についての詳細は後述する。）。
　ウ　また、捜査共助のやり方として、ビデオ会議システムを用いて事情聴取をすることも可能とされてきている。最も新しい刑事共助条約である日EU刑事共助協定では、16条に、「ビデオ会議を通じた聴取」という表題の下、以下のとおりの規定を設けている。
　まず、同条1項では、
　　請求国の権限のある当局が被請求国に所在する者を証人又は鑑定人として聴取する必要がある場合であって、その聴取が請求国の手続において必要であるときは、被請求国は、当該権限のある当局がビデオ会議を通じて当該者から証言又は供述を取得することを可能とすることができる。請求国及び被請求国会は、必要な場合には、請求された共助の実施において生ずる法的、技術的又は事務的な問題の解決を促進するために協議を行う。
と規定した上で、同条2項において、
　　請求国と被請求国との間に別段の合意がある場合を除くほか、ビデオ会議を通じた聴取について、次の規定を適用する。

(a) 被請求国の当局は、共助の請求に示された聴取されるべき者を特定し、及び当該者の出頭を促進するため当該者を招請する。
(b) 聴取は、請求国の法令及び被請求国の法の基本原則に従い、請求国の権限のある当局により直接に又は当該当局の指示の下で行われる。
(c) 被請求国の当局は、必要な場合には通訳の援助を受けて、聴取の間立ち会い、及び当該聴取を観察する。被請求国の当局が当該聴取の間に自国の法の基本原則が侵害されていると認める場合には、当該当局は、聴取が当該基本原則に従って継続することを確保するため必要な措置を直ちにとる。
(d) 被請求国は、必要に応じ、請求国又は聴取される者の要請により、当該者が通訳の援助を受けることを確保する。
(e) 聴取される者は、請求国又は被請求国のいずれかの法令の下で当該者に与えられる証言を行わない権利を主張することができる。また、請求国及び被請求国の当局の間で合意される当該者の保護のために必要なその他の措置がとられる。

と規定されており、ビデオ会議システムによる捜査共助が有効な共助手法となることが期待されている。

ただ、このような明示の規定がない他の刑事共助条約においても、ビデオ会議システムによる事情聴取が否定されているわけではないと解されている[30]。

もっとも、そのビデオ会議システムによる聴取の模様を録画した上で証拠として用いるに当たっては、「事情聴取の結果をどのように証拠化できるのかについては、検討の余地があり、今後の取組を待つほかない。ビデオ会議による聴取の模様を録画することが考えられるが、供述調書とは違って、録音・録画した記録媒体については、刑事訴訟法のどの条項によって証拠能力が認められ得るのかは必ずしも明確ではないという問題がある一方で、近年、取調べを録音・録画した記録媒体が証拠として採用された実例もある。

---

[30] 山内由光「国外にある証拠の収集に関する諸問題（下）」捜査研究784号（2016年）30頁。

いずれにしても、コスト削減や省力化のためには、外国に所在する者の聴取方法としてのビデオ会議システムの活用を考えていくべきであろう[31]。」との見解が参考になろう

(3) **その他の条約における刑事共助に関する動き**

刑事共助に関する規定は、国際組織犯罪防止条約や、国連腐敗防止条約（これらについては後に詳述する。）等、他の条約などにも置かれているが、特筆すべきこととして、「人の身柄ではなく、証拠のやりとりをするにすぎない共助、特に強制捜査を要しない共助については、双罰性の要件を緩和しようとする傾向がある[32]。」とされており、国際組織犯罪防止条約は、その18条9項において、双罰性が満たされない場合に共助要請を拒否できるという原則はあるものの、適当と認めるときは、裁量により共助を提供できるとしており、また、国連腐敗防止条約では、更に進んで、その46条9項(b)において、双罰性が認められない場合であっても、自国の法制の基本的な概念に反するものでない場合等、一定の要件の下で、強制的な措置を伴わない援助を与えるものとされている。

5 国際刑事警察機構（ICPO・インターポール）への協力

ア 国際捜査共助法18条1項は、
　国家公安委員会は、国際刑事警察機構から外国の刑事事件の捜査について協力の要請を受けたときは、次の各号のいずれかの措置を採ることができる。
　一　相当と認める都道府県警察に必要な調査を指示すること。（後略）
など規定として、ICPOに協力することを法律で定めている。
　このICPOは、各国の警察機関を構成員とする国際機関であり、刑事警察間における最大限の相互協力の確保・推進及び犯罪の予防・鎮圧に効果的な制度の確立と発展を目的として様々な活動を行っている。平成27年（2015年）末現在190か国（地域も含む）が加盟している[33]。

---

(31) 山内・前掲注(31)30頁。
(32) 千田恵介「刑事に関する国際条約をめぐる諸問題」刑ジャ27号（2011年）36頁。
(33) 『平成28年版 犯罪白書』92頁。

ただ、ここで規定されている ICPO は、いわゆる政府間機関ではなく、国家に準ずる主体でもないので、これまで述べてきた刑事共助と同列には扱えないものである。しかしながら、上述したように、ICPO 加盟国は多数に上っている上、国際的には一定の地位が認められており、その情報交換は国際間の捜査協力の一環として重要な役割を果たしている[34]。具体的には、専用通信網である ICPO 通信網に加入し、それを利用することで相互に情報等の交換を行っている。

　なお、ICPO との協力関係については、情報交換にとどまるものであり、それを超えて証拠の収集を目的とするものではないことについて、「我が国が ICPO のために行える措置は、いずれも任意の措置に限られ、証人尋問や捜索・差押え等の強制処分を行うことができないことに照らしても、ICPO ルートは、本来証拠の収集を目的とするものではなく、情報資料の収集を目的とするものであると解されている。例えば、署名入り調書の原本や証拠物の提供を求めることはできないし、入手できる資料は写しであって、刑事裁判の場で文書の真正を立証できるものではない。そこで、公判に提出する予定がない資料の入手については、ICPO の活用をまず考えるべきであるが、刑事裁判の証拠として利用されるのが確実である場合には、最初から捜査共助を要請するのが結果的に早い場合もあり得ようし、取り急ぎ ICPO ルートで捜査情報を入手し、その内容如何によっては、捜査共助を要請して、公判にそのまま提出できる書類を入手するという方法もあり得よう。いずれにしても、情報・証拠の用途を見極めた上で ICPO と捜査共助を使い分けることが必要である[35]。」とされていることが参考になろう。

　イ　また、ICPO の重要な役割として、国際手配書の発行がある。これは犯人の逮捕及び身柄の引渡しを求める国際逮捕手配書（いわゆる「赤手配」と呼ばれるもの）や犯人等の所在や身元・前歴等の情報を求める国際情報照会手配書（いわゆる「青手配」と呼ばれるもの）、更には、国際常習犯罪者の動向を加盟国に知らせる国際防犯手配書（いわゆる「緑手配」と呼ばれるもの）など

---

(34)　田辺泰弘・大コンメ刑訴法［2版］(11)763頁以下。
(35)　山内由光「国外にある証拠の収集に関する諸問題（上）」捜査研究783号（2016年）21～22頁

がある。

　この中で特に問題となるのは、赤手配と呼ばれるものである。これは、平成27年（2015年）9月末において、3万件以上に上っている。これは一種の国際逮捕状ともいえるものであるが、これだけに基づき、実際に身柄拘束ができるかどうかは各国の法制度によることとなる。しかしながら、我が国では、それはなし得ないと考えられている。というのは、裁判官ではないICPOが発した赤手配書だけで逮捕することは、裁判官の発した令状によらなければ身柄拘束を行えないとする憲法33条に反することになるからである。

　そのため、これまでは我が国から赤手配を依頼することはなかったが、近時においては、傷害致死事件において、海外に逃亡した首謀者の身柄拘束のために赤手配を依頼したという事案がある。

第6　刑事共助により得られた証拠、特に供述調書等の証拠能力

1　問題の所在

　上述したような正規の捜査共助等により得られた証拠については、我が国の刑訴法の規定に則って証拠能力の有無が判断されることになる。証拠物であれば、外国の捜査機関等による入手方法等に違法な点などがなければ、原則的に証拠能力が認められるであろうが、供述調書の場合には、様々な制約がかかる。

　そもそも、供述調書の場合は、弁護人が刑訴法326条の同意をしない場合には、外国の裁判官、検察官は、刑訴法321条1項1号、2号の「裁判官」や「検察官」に含まれないと解されることから、刑訴法321条1項3号により証拠能力が認められるかどうか問題となる。

　その際、違法収集証拠ではないかどうか、証拠としての許容性はどうか、刑訴法321条1項3号にいう特信性があるかどうかなどが検討されなければならない。

　そこで、これらの点が問題となった裁判例を基にして、どのような検討が

なされたのかなどを明らかにしたい。

2　米国でなされた証言調書等の証拠能力

　いわゆるロッキード事件などに関連して捜査共助がなされ、それに応じて米国での証言調書などが提供され、我が国の法廷でその証拠能力が争われた。

(1)　東京高判昭和58・10・28判時1107号42頁の事案

　これは、いわゆるロッキード事件の一連の判決のうちの一部であるが、米国内にいる参考人が来日して証言することができないとしたことから、米国内で証言した内容を記録した証言調書を証拠として用いるに当たり、これが刑訴法321条1項3号の書面に該当するか争われた事案である。

　この事案において、同判決は、次のとおり判示した。すなわち、「公判期日等における供述不能の要件については、検察官提出の疎明資料によると、参考人Aは米国に在住しており、本件の証人として来日する意思はない旨表明していることが認められるから、当裁判所が証人喚問をしても出頭しないことは確実とみられる。そうであれば、まさしく供述者が国外にいるため、公判準備または公判期日において供述することができない場合に該当するというべきである。

　次に不可欠性の要件については、本件審理の経過に照らし、ロスアンゼルス国際空港における20万ドル授受の有無については、Kの嘱託証人尋問調書におけるこれを認める供述と、これを否定する被告人及びこれに同行した被告人側の証人らの供述とが鋭く対立し、右Kの供述の信用性の有無が事実認定上の最重要問題となっているところ、Kの供述によれば、参考人Aは、前記20万ドルの授受に際しKと同行し、当該授受の場面に立ち会ったというのであり、また、本件証言調書によると、参考人Aも右授受について供述していることが認められ、かような状況からすると、参考人Aは本件授受の有無に関する直接の関与者で最良の証人的立場にあるといえるのであり、本件証言調書はその意味において、またKの供述の信用性の判断の資料としても、まさに不可欠の証拠というに妨げない。よって、その供述が犯罪事実の存否の証明に欠くことができない場合に該当するということがで

きる。

　特信性の要件については、本件証言調書の形式及び記載内容等によると、参考人Aは1977年（昭和52年）1月18日、米連邦コロンビア特別区地方裁判所に設置された大陪審において、ロッキード・エアクラフト社及びその子会社等を被疑者とする連邦法典18編1341条等違反の嫌疑について、召喚令状により証人として召喚され、陪審員の面前において宣誓したうえ、虚偽の陳述をすれば偽証の制裁があることを知悉しつつ、また法廷外に自己の弁護人が待機していて、相談したいときはいつでもこれと相談できることを許された状況のもとで、連邦司法省刑事局検事の行った尋問に対し本件証言をしたものであり、尋問と証言は一問一答式ですべて公認速記者により正確に録取されたものであることが認められるほか、本件20万ドルの授受に関連する同額の小切手請求書及び小切手の写し等、関係証拠物を示されて記憶を喚起しつつ証言した経過も窺われるのであって、かような証人尋問手続の状況からすると、一般的に虚偽の供述がなされる危険性は極めて少なく、誠実な証言を期待できる外部的一般的状況が確保されていたということができ、かかる状況のもとに行われた証人尋問手続における本件証言調書の供述（本件証言調書は右証人尋問調書の関係部分の真正な抄本であることは、添付されたB検事の証明書により明らかである。）は、その供述が特に信用すべき状況の下にされたもの」に該当するということができる。また、右状況下においては、供述の任意性は十分に担保されていたと認めることができる。

　以上の理由により、本件証言調書は刑訴法321条1項3号書面としての要件を備えているものと判断する。」としたものである。

　この判決では、捜査共助により入手された米国内での証言調書につき、その証言の過程なども詳しく認定した上で、十分な特信性を認めることができるとしたものであって、証人が外国にいるため反対尋問ができない供述証拠であっても、証拠能力が認められるとしたものである。

(2)　**最大判平成7・2・22刑集49巻2号1頁の事案**

　ア　この事案は、いわゆるロッキード事件の核心部分となるものであり、検事総長や東京地検検事正の不起訴宣明書や、最高裁による同様の趣旨の不起訴の確約等が本件の嘱託証人尋問調書の証拠能力にどのような影響を与え

るか問題となったものである。

　その前提となる事実関係は、次のとおりである。

　東京地方検察庁検察官は、東京地方裁判所裁判官に対し、被告人らに対する贈賄及び氏名不詳者数名に対する収賄等を被疑事実として、刑訴法226条に基づき、当時米国に在住した参考人Ａ、参考人Ｂらに対する証人尋問を、国際司法共助として同国の管轄司法機関に嘱託してされたい旨請求した。

　右請求に際して、検事総長は、本件証人の証言内容等に仮に日本国法規に抵触するものがあるとしても、証言した事項について右証人らを刑訴法248条により起訴を猶予するよう東京地方検察庁検事正に指示した旨の宣明書を、また、東京地方検察庁検事正は、右指示内容と同じく証人らを同条により起訴を猶予する旨の宣明書を発しており、東京地方裁判所裁判官は、米国の管轄司法機関に対し、右宣明の趣旨を参考人Ａらに告げて証人尋問されたいとの検察官の要請を付記して、参考人Ａらに対する証人尋問を嘱託した。

　これを受けた同国の管轄司法機関であるカリフォルニア州中央地区連邦地方裁判所は、本件証人尋問を主宰する執行官（コミッショナー）を任命した。そして、まず、参考人Ａに対する証人尋問が開始されたが、その際、参考人Ａが日本国において刑事訴追を受けるおそれがあることを理由に証言を拒否し、参考人Ｂらも同様の意向を表明し、前記検事総長及びその指示に基づく東京地方検察庁検事正の各宣明によって日本国の法規上適法に刑事免責が付与されたか否かが争われた。そこで、右連邦地方裁判所Ｆ判事が、参考人Ａらに対する証人尋問を命じるとともに、日本国において公訴を提起されることがない旨を明確にした最高裁判所のオーダー又はルールが提出されるまで本件嘱託に基づく証人尋問調書の伝達をしてはならない旨裁定した。

　そのため、検事総長は、改めて参考人Ａらに対しては将来にわたり公訴を提起しないことを確約する旨の宣明をし、最高裁判所は検事総長の右確約が将来にわたり我が国の検察官によって遵守される旨の宣明をし、これらが右連邦地方裁判所に伝達された。これによって、以後参考人Ａらに対する

証人尋問が行われ、既に作成されていたものを含め、同人らの証人尋問調書が順次我が国に送付されたという流れであった。

このような事実関係を前提にして、本件最高裁判決は、次のように判示した。すなわち、「右のような経緯にかんがみると、前記の検事総長及び東京地方検察庁検事正の各宣明は、参考人Ａらの証言を法律上強制する目的の下に、同人らに対し、我が国において、その証言内容等に関し、将来にわたり公訴を提起しない旨を確約したものであって、これによって、いわゆる刑事免責が付与されたものとして、参考人Ａらの証言が得られ、本件嘱託証人尋問調書が作成、送付されるに至ったものと解される。

そこで考察するに、『事実の認定は、証拠による』（刑訴法317条）とされているところ、その証拠は、刑訴法の証拠能力に関する諸規定のほか、『刑事事件につき、公共の福祉の維持と個人の基本的人権の保障とを全うしつつ、事案の真相を明らかにし、刑罰法令を適正且つ迅速に適用実現することを目的とする』（同法1条）刑訴法全体の精神に照らし、事実認定の証拠とすることが許容されるものでなければならない。本件嘱託証人尋問調書についても、右の観点から検討する必要がある。

1(1) 刑事免責の制度は、自己負罪拒否特権に基づく証言拒否権の行使により犯罪事実の立証に必要な供述を獲得することができないという事態に対処するため、共犯等の関係にある者のうちの一部の者に対して刑事免責を付与することによって自己負罪拒否特権を失わせて供述を強制し、その供述を他の者の有罪を立証する証拠としようとする制度であって、本件証人尋問が嘱託された米国においては、一定の許容範囲、手続要件の下に採用され、制定法上確立した制度として機能しているものである。

(2) 我が国の憲法が、その刑事手続等に関する諸規定に照らし、このような制度の導入を否定しているものとまでは解されないが、刑訴法は、この制度に関する規定を置いていない。この制度は、前記のような合目的的な制度として機能する反面、犯罪に関係のある者の利害に直接関係し、刑事手続上重要な事項に影響を及ぼす制度であるところからすれば、これを採用するかどうかは、これを必要とする事情の有無、公正な刑事手続の観点からの当否、国民の法感情からみて公正感に合致するかどうかなどの事情を慎重に考

慮して決定されるべきものであり、これを採用するのであれば、その対象範囲、手続要件、効果等を明文をもって規定すべきものと解される。しかし、我が国の刑訴法は、この制度に関する規定を置いていないのであるから、結局、この制度を採用していないものというべきであり、刑事免責を付与して得られた供述を事実認定の証拠とすることは、許容されないものといわざるを得ない。

(3) このことは、本件のように国際司法共助の過程で右制度を利用して獲得された証拠についても、全く同様であって、これを別異に解すべき理由はない。けだし、国際司法共助によって獲得された証拠であっても、それが我が国の刑事裁判上事実認定の証拠とすることができるかどうかは、我が国の刑訴法等の関係法令にのっとって決せられるべきものであって、我が国の刑訴法が刑事免責制度を採用していない前示のような趣旨にかんがみると、国際司法共助によって獲得された証拠であるからといって、これを事実認定の証拠とすることは許容されないものといわざるを得ないからである。

2 以上を要するに、我が国の刑訴法は、刑事免責の制度を採用しておらず、刑事免責を付与して獲得された供述を事実認定の証拠とすることを許容していないものと解すべきである以上、本件嘱託証人尋問調書については、その証拠能力を否定すべきものと解するのが相当である。」とした。

このように、刑事免責制度を未だ採用していない状況下においては、刑事免責を付与して獲得された供述を証拠とすることは許容されていないとし、捜査共助により得られた本件嘱託証人尋問調書の証拠能力を否定したのであった。

イ しかしながら、この最高裁の判断に対しては、以下のような傾聴すべき批判がある。すなわち、「最高裁が、当該証人尋問がアメリカ合衆国の法令のもとで適法に行われたか否かとは切り離して、わが国の刑事訴訟法に照らして、その尋問調書が証拠能力を認められるか否かという判断枠組みをとったこと自体は正しかったと考えられる。ただ、本判決のいうように、わが国の刑事訴訟法が刑事免責の制度を採用していないとしても、そこから直ちに、それによって獲得された供述を証拠とすることをも許容していないとするのは、やはり、論理として強引な感を否めない。

もっとも、学説の中には、同判決を、必要とされる立法的手当を欠いたまま、刑事訴訟法の拡張的解釈運用によってあたかも刑事免責制度を採用したのと同じ結果をもたらすことが、そのこと自体、刑事手続の公正さに欠けるという理由から、事実認定の証拠とすることを否定したものである、と理解して、それを支持する見解もある。しかし、仮にそうであるならば、特定の証拠獲得行為について、予め、立法によってその要件や手続が明確に定められている場合、それに反して得られた証拠を許容することは、なおさら刑事手続の公正さに欠けるということになるはずである。しかし、周知のとおり、最高裁は、証拠が違法な手続により搜得されたというだけでその証拠能力を否定するという立場はとっておらず、そうである以上、右のような理解が成り立つかは疑問が大きい。

　それゆえ、国際司法共助によって得られた証拠の証拠能力を、わが国でその獲得手続に対応する立法がないというだけの理由で否定することはできないと考えられる。従って、最高裁としては、わが国の刑事訴訟法が刑事免責の制度を採用していない実質的な理由を挙げたうえで、刑事免責を付与することによって獲得された供述を証拠とすることが、それに照らしてなぜ許されないのかを具体的に示す必要があったといえよう[36]。」とするものであるが、貴重な指摘であるといえよう。

(3) 最（二小）決平成12・10・31刑集54巻8号735頁の事案

　これは大手出版社の社長であった被告人が、共犯者とコカインを密輸しようとした麻薬及び向精神薬取締法違反等の事案である。そして、米国に在住する日本人のＡが、コカインを入手して被告人の共犯者に渡したことや、これまでも同様のことでコカイン等の代金の送金を受けていたことなどを供述した書面の証拠能力が問題とされたものである。

　前提となる事実関係は次のとおりである。

　本件のＡの供述書は、日本政府から米国への捜査共助の要請に基づき、米国の法典に従って作成されたものであった。すなわち、日本の検察官が、

---

(36) 川出敏裕「犯罪の国際化と刑事法」『岩波講座　現代の法(6)現代社会と刑事法』〈1998年、岩波書店〉13頁）

上記共助要請の執行に立ち会うため、ロサンゼルスに赴き、ロサンゼルス郡検事局に上記Aを呼び出し、出頭したAに対し、捜査官2名の立会いに下に、事情聴取を行った。その事情聴取に際しては、米国の捜査官がAに対して黙秘権を告げたほか、虚偽の供述をすれば偽証罪に問われるおそれがあることも告げたが、刑事免責は与えられていなかった。事情聴取は、我が国の検察官が主として質問し、米国の捜査官らも補充的に質問する形で行われ、検察官がその聴取内容を聞き取って日本文で記載した上、Aにその内容を確認させ、Aの申し出によりいくつかの訂正を経て、内容が確定された。その後、公証人が加わり、公証人の面前で、検察官がその内容を朗読し、Aが書面の内容を確認した上、末尾に『私は、嘘を言えば虚偽罪で処罰されることを承知の上で、上記が真実であることと正しいことを宣明します。』と自ら記載し、署名指印し、また、立会人である米国の捜査官2名と公証人も署名したという経緯で作成されたものであった。

　このような事実関係を前提に、本件最高裁決定は、次のとおり判示した。すなわち、「原判決の認定によれば、Aの宣誓供述書は、日本国政府から米国政府に対する捜査共助の要請に基づいて作成されたものであり、米国に在住するAが、黙秘権の告知を受け、同国の捜査官及び日本の検察官の質問に対して任意に供述し、公証人の面前において、偽証罪の制裁の下で、記載された供述内容が真実であることを言明する旨を記載して署名したものである。このようにして作成された右供述書が刑訴法321条1項3号にいう特に信用すべき情況の下にされた供述に当たるとした原判断は、正当として是認することができる。」としたものである。

(4)　**東京地判平成19・10・25判時1990号158頁の事案**

　この判決の事案は、被告人が、昭和63年4月12日午前7時ころ（現地時間）、米国ニュージャージー州バーゲン郡所在のハイウェー「ニュージャージー・ターンパイク」ヴィンス・ロンバルデイ・サービスエリア内において、同所で警ら中の同州警察官Bに対し、「C」を運転資格者とし、写真欄に被告人の顔写真が貼付され、東京都公安委員会の公印を模した印影が表出された偽造に係る同公安委員会作成名義の国際運転免許証一通を真正に成立したもののように装って提示して行使したというものであった。

この事案において問題とされたのは、米国で作成された上記警察官Bの宣誓供述書の証拠能力であった[37]。

そして、この点について、本件東京地裁判決は、Bの宣誓供述書を刑訴法321条1項3号により証拠として採用したが、その要件の充足性については、以下のとおり判示した。

まず、供述不能の要件については、「本件宣誓供述書の作成を依頼した捜査共助要請に携わり、本件宣誓供述書の作成に立ち会った警視庁警察官であるDの公判供述によれば、Bはアメリカ合衆国に在住し現在も警察官の職にある者であるが、Dによる我が国における公判への出頭の可否についての照会に対し、Bは、『本件宣誓供述書の内容が本件犯行当時に自分が被告人を取り扱ったすべてであるから日本の裁判に出頭する意思がない。また、現在多忙のために出頭することが不可能である。』旨回答したことが認められる。したがって、Bが本件公判に出頭しないことは確実とみられる。そうすると、供述者が国外にいるために公判期日等において供述することができない場合に当たる。」とした。

次に、不可欠性の要件については、「Bの供述は、同人に対し被告人が本件偽造国際運転免許証を提示して行使した状況に関するものであるから、その供述が偽造国際運転免許証の行使という本件実行行為の証明に欠くことができないものに当たることは明らかである。」とし、さらに、特信性の要件については、「Dの公判供述及び本件宣誓供述書の形式、記載内容によれば、本件宣誓供述書は警視庁からの捜査共助要請に基づきアメリカ合衆国連邦検事補Eによって作成されたこと、BはEから偽証罪の制裁の告知を受け、正直かつ任意に供述する旨宣誓した上で、Eからあらかじめ作成された尋問事項に沿って一問一答形式で尋問されたこと、作成された供述書の内容をEが口頭でBに読み聞かせ、さらに同人が自ら閲読して内容に間違いがないことを確認した上で署名したこと、一連の本件宣誓供述書作成の過程に

---

(37) 米国の宣誓供述書（affidavit）とは、対象者に公証人等の面前で宣誓させた上で行われた供述記載され（一般的には一問一答形式）、当該対象者たる供述者及び公証人等が署名して作成される供述書のことである（山内由光「国外にある証拠の収集に関する諸問題（下）」捜査研究784号〈2016年〉27頁）。

我が国の検察官及びＤが立会い、上記の手続が適正かつ正確に行われたことを通訳人を介して確認したことが認められる。このような条約に依拠して我が国の捜査共助要請に基づいてなされた尋問手続の状況等に照らせば、Ｂの供述は特に信用すべき情況の下でされたものといえる。」と判示したものであった。

この事案においても、宣誓供述書の作成に立ち会った我が国の警察官が、その作成過程を公判廷で証言したことが特信情況の立証に大いに役立ったものである。

3　韓国で録取された証言調書等の証拠能力

ここで紹介するのは、最（一小）決平成15・11・26刑集57巻10号1057頁の事案である。

これは、海運業を営んでいた朝鮮系中国人の被告人が、我が国の暴力団員らと共謀して、覚せい剤をシジミ入りの麻袋に隠匿させるなどし、これを貨物船に積載して我が国に密輸入したという事案である。

被告人は、この密輸の実行行為に及んだ際、現行犯逮捕されたことから、被告人の犯行自体は明白であったものの、共犯者らとの謀議の内容や密輸資金の流れなどについての証拠は、韓国のソウル地方法院で裁判を受けた韓国人海産物貿易業者Ａの公判調書しかなかったことから、これが刑訴法321条1項3号により証拠能力を有するかどうかが問題となったものである。

そして、本件最高裁決定では、「なお、ソウル地方法院に起訴されたＡの同法院の公判廷における供述を記載した本件公判調書の証拠能力について職権で判断する。」とした上で、「第1審判決及び原判決の認定並びに記録によれば、本件公判調書は、日本国外にいるため公判準備又は公判期日において供述することができないＡの供述を録取したものであり、かつ、本件覚せい剤密輸の謀議の内容等を証明するのに不可欠な証拠であるところ、同人の上記供述は、自らの意思で任意に供述できるよう手続的保障がされている大韓民国の法令にのっとり、同国の裁判官、検察官及び弁護人が在廷する公開の法廷において、質問に対し陳述を拒否することができる旨告げられた上でされたというものである。

このようにして作成された本件公判調書は、特に信用すべき情況の下にされた供述を録取したものであることが優に認められるから、刑訴法321条1項3号により本件公判調書の証拠能力を認めた原判決の判断は正当として是認することができる。」とした。

このように、「大韓民国における被告人尋問の手続は、被告人に供述を強要したり、答弁を誘導したり、威圧的・屈辱的尋問をしてはならないとされ、各個の尋問に対して供述拒否権を行使することができるなど、当該被告人の意思で任意に供述できるよう手続的な保障が与えられているから、一般的に自白の強要等による虚偽の供述がなされる危険性は少なく、誠実な供述を期待できる外部的一般的情況が確保されていたということができる[38]」ことからしても、特信性を認めてよいものと思われる[39]。

4 中国で録取された供述調書等の証拠能力
(1) いわゆる「福岡一家殺害事件」の概要

これは前述したように、中国国籍の被告人が、共犯者（A及びB）らと共謀の上、福岡市内の居宅に押し入り、一家4名を殺害して金品を強取し、その死体を海中に投棄するなどした強盗殺人等の事案である。

---

(38) 山田耕司・最判解刑平成15年度571頁。
(39) なお、本件最高裁決定は、基本的に上記2(3)の平成12年の最高裁決定と類似の事案を扱ったものであるが、問題の供述が、たとえ外国のものであれ、「裁判官」の面前で録取されたものであるという点に特色がある。
　　そこで、この点につき、外国の「捜査官」の場合と異なり、「裁判官」の面前における供述を録取した書面については、「その国の法規に従い裁判官の面前で供述がされたことが立証されたときは、特段の事情がないかぎり、特信情況があるものと考えてよい」（堀籠幸男「国際化と刑事手続」三井誠ほか編・『刑事手続（下）』〈1988年、筑摩書房〉639頁）との見解もある。
　　しかし、当該供述録取書が「裁判官」の面前において作成されたという事情は、その手続を支える制度的・文化的な背景がわが国とは基本的に異なる可能性ある以上、それだけで一般的に特信性を「推認」するための根拠となるわけではないとする批判がある（松田岳士「大韓民国の公判調書の証拠能力」平成15年度重判解201頁）。
　　なお、更に本件最高裁決定に対しては、「質問に対し陳述を拒否することができる旨告げられた上でなされた」との事情がそれほど重視できるものか疑問視する見解もある（松田・同上、川出敏裕「判例批評」ジュリ1225号〈2002年〉100頁）。

しかしながら、共犯者2名は、事件後中国に帰国しており、被告人との共謀関係や、被告人が直接関わっていない犯行の部分についての犯行状況などは、それら共犯者の供述によるしかない状況であった。

ただ、それら共犯者2名に対しては、中国で捜査公判が行われたことから、共犯者2名の供述に係る証拠は、国際捜査共助に基づき、中国の捜査機関が作成した供述調書等しかなく、これが刑訴法321条1項3号により証拠能力を有するかどうかが問題となったものである。

特に、中国の刑訴法では、被疑者、被告人には黙秘権の保障がなく、事件に関係する事項については真実を供述する義務を負うとされており（事件と関係のない質問に対しては回答を拒否できるとされているだけである。）、また、証人についても、捜査段階でも公判段階でも、真実をありのままに供述する義務を負っており、虚偽の供述をした場合には、偽証罪や罪証隠滅罪に問われることとされていることが問題となった。

(2) 福岡地判平成17・5・19判時1903号3頁

まず、第一審の平成17年5月19日福岡地裁判決では、本件供述調書等に関する証拠の許容性について検討した上、本件供述調書等が刑訴法321条1項3号により証拠能力を有するかどうか検討している。

ア　まず、証拠の許容性であるが、本件判決は、まず、国際捜査共助で得られた証拠が日本国内で使用できるかどうかの判断の基準について、「国際捜査共助に基づき、外国の捜査機関がその国の法令に従って適法に証拠収集を行ったとしても、その結果得られた証拠は日本の刑事裁判所において使用されることからすれば、その証拠収集手続が日本の法令に照らして違法であると見られる場合には、証拠能力に関する諸規定のほか、刑訴法全体の精神に照らし、その証拠を事実認定の証拠とすることが許容されるかどうかについても検討する必要があると解するのが相当である（最高裁平成7年2月22日大法廷判決参照）。そして、元来、国際捜査共助は、外国における証拠収集のための要件や手続が日本におけるそれと異なっていることを当然の前提として成り立つ制度であることを考えると、国際捜査共助によって得られた証拠を日本の刑事裁判所において使用することが許容されなくなるのは、外国の捜査機関による証拠収集手続が、刑訴法全体の基本理念に実質的に反してい

ると認められる場合に限られると解するのが相当である。」として、外国の捜査機関による証拠収集手続が、刑訴法全体の基本理念に実質的に反していると認められない限り、日本の刑事裁判において証拠として使用することは許容されるとした。

その上で、具体的に、中国の刑事訴訟制度の下で作成された本件供述調書の証拠としての許容性をどのように考えるべきか、特に黙秘権の保障がないことなどについてどう判断すべきかなどについて、「ところで、この点に関し、弁護人は、中国の刑事訴訟制度においては被疑者の黙秘権が保障されていないことを指摘するところ、確かに、中国刑事訴訟法93条は、被疑者に真実供述義務を課しており、被疑者の黙秘権を認めていないことが明らかである。しかし、そのことから直ちに本件調書等について証拠の許容性を否定すべきであると解することはできない。なぜなら、被疑者の黙秘権が制度的に保障されていなかったとしても、被疑者の取調べが実質的に供述の自由を保障した上で行われたと認められるのであれば、その取調べを刑訴法の基本理念に実質的に反していると評価するまでの必要はないと解されるからである。したがって、本件調書等について証拠の許容性を判断するに当たっては、本件取調べにおいて、A及びBに対し実質的に供述の自由が保障されていたと評価することができるかどうかについてさらに検討する必要があるところ、本件取調べは、日本国から中国に対する国際捜査供述に基づいて実施されたものであり、実際の取調べの時も日本の捜査官が立ち会っていたこと、また、取調官は、A及びBに対する取調べを開始するに当たっては、取調べに立ち会った日本の捜査官の要請に基づき、A及びBに供述拒否権を告知していること、しかも、A及びBに対する質問内容はあらかじめ日本の捜査官が作成した質問事項に基づいて行われ、A及びBに本件調書等に対する署名及び指印を求めるに当たっても、その内容の正確性についてあらかじめ日本の捜査官が確認していること、そして、A及びBが署名及び指印した本件調書等の原本は、その後中国から日本国に送付されてきたことにかんがみると、本件取調べは、中国の捜査機関がA及びBを中国の刑法に従って処罰するために行ったものでないことは明らかである。また、本件取調べの態様をみても、A及びBに対し、肉体的強制が加えられていない

ことは明らかである。加えて、本件取調べの開始前にA及びBに対して供述拒否権が告げられていたことのほか、本件調書等はいずれも一問一答の問答形式の体裁で記載されていて、A及びBの言い分がそのまま記載されていると認めることができる上、A及びBが取調官から厳しく追及されたことを窺わせる事情は一切存在せず、本件取調べにおいてA及びBが供述拒否権を奪われるような精神的強制を加えられた形跡も認められない。そうすると、中国刑訴法が制度として被疑者に真実供述義務を課し、黙秘権を否定しているとしても、本件取調べにおいては、A及びBが供述の自由を侵害されたと見るべき事情はないと言うことができるから、本件調書等を作成するための証拠収集手続が刑訴法の基本理念に実質的に反しているとみることはできない。」として、A及びBの供述は、任意になされたものであって、その結果録取された本件供述調書の証拠としての許容性を認めた。

 イ その上で、刑訴法321条1項3号の該当性について検討し、まず、その供述不能の要件について、「A及びBは、中国において、身柄を拘束された上、中国刑法における故意殺人罪、強盗罪及び窃盗罪で遼陽省遼陽市中級人民法院に公訴を提起され、その審理を経た上で、平成17年1月24日、Aに対しては故意殺人罪及び強盗罪について無期懲役刑等の、Bに対しては故意殺人罪及び強盗罪について死刑等の各判決が言い渡されていることからすれば、A及びBを当裁判所の証人として召喚することは事実上不可能であるから、本件調書等は、『供述者が』『国外にいるため公判準備又は公判期日において供述することができ』ないときという供述不能の要件を満たすことが明らかである。」とした。

 そして、不可欠性の要件については、「判示第5の住居侵入、強盗殺人、死体遺棄の事実のうち、R子が殺害された態様やその時の状況、Oが帰宅した直後に受けた暴行の態様、被告人らが強取した金品の種類や被害額については、本件調書等によらなければその内容を具体的に認定することができないこと、他方、本件調書等に記載されている、それ以外の事実に関するA及びBの供述内容も、判示第5の事実に関する限り、その全体を一体のものとしてみるべきであることからすれば、本件調書等は、その全体が刑訴法321条1項3号の不可欠性の要件を満たすということができる。」として、こ

の要件も充足するとした。

　さらに、特信性の要件については、「次に、本件調書等の特信状況についてみると、本件取調べは、取調官が、Ａ及びＢに対して供述拒否権を告げた上で、日本の捜査官があらかじめ作成した質問事項に基づいて行ったもので、特に追及的な質問や誘導的な質問はなかったと認められることからすれば、本件取調べにおいてＡ及びＢは、供述の自由を保障された状況の下で任意に取調べに応じ、供述したと認めることができる。また、本件調書等は、すべて一問一答の問答形式の体裁で作成されている上、本件取調べ後、Ａ及びＢは、本件調書等を閲読してその内容が間違いないことを確認した上で、『私が話したことと同じ内容です』と述べて各頁に署名及び指印をしていることなどからして、本件調書等にはＡ及びＢの言い分がそのまま記載されていると認めることができる。加えて、本件取調べには、複数の日本の捜査官が立ち会い、Ａ及びＢに対する本件取調べ及び本件調書等の作成がいずれも適正かつ正確に行われたことを確認していることが認められる。このような事情に加え、本件調書等において、Ａ及びＢは、被告人と共に判示第5の犯行に及んだことを認めるとともに、犯行に至った経過や犯行状況等について、具体的かつ詳細に述べていることをも併せ考えると、本件調書等は、『その供述が特に信用すべき状況の下に作成されたものである』と認めるのが相当である。」として、本件供述調書等は、いずれも刑訴法321条1項3号の要件を満たすことは明らかであるとしたものである。

(3)　福岡高判平成19・3・8高刑速（平19年）443頁

　次に、その控訴審である平成19年3月8日福岡高裁判決でも同様の点が問題とされた。

　この判決でも、上記第一審判決と概ね同様の理由により、本件供述調書等の証拠能力を認めている。

(4)　最（一小）判平成23・10・20刑集65巻7号999頁

　上告審である本件最高裁判決でも同様の判断が示された。すなわち、本件強盗殺人等の事案について、「中国の捜査官が同国において身柄を拘束されていた共犯者であるＡ及びＢを取調べ、その供述を録取した両名の供述調書等が被告人の第一審公判において採用されているが、所論は、上記供述調

書等について、その取調べは供述の自由が保障された状態でなされたものではないなどとして、証拠能力ないし証拠としての許容性がないという。そこで検討するに、上記供述調書等は、国際捜査共助に基づいて作成されたものであり、(中略)犯罪事実の証明に欠くことができないものといえるところ、日本の捜査機関から中国の捜査機関に対し両名の取調べの方法等に関する要請があり、取調べに際しては、両名に対し黙秘権が実質的に告知され、また、取調べの間、両名に対して肉体的、精神的強制が加えられた形跡はないなどの原判決及びその是認する第一審判決の認定する本件の具体的事実関係を前提とすれば、上記供述調書等を刑訴法321条1項3号により採用した第一審の措置を是認した原判断に誤りはない。」としたものである。

(5) **中国の法制上留意すべきこと**

そもそも中国では、伝聞法則の規定が存しないことから、参考人の供述調書は、原則として証拠採用され、証人尋問が実施されることはほとんどないようである。したがって、法廷で証拠とされた参考人の供述調書を捜査共助により取得する場合には、この点に関する注意が必要となる。

第7 この章のおわりに——国際刑事共助に関して残された問題——

これまで述べてきたように、条約や協定、更にはそれらを受けた法制度の整備等によって、国際捜査共助等が有効に働く素地は作られてきているが、捜査の現場では、未だにそれらが機能的、効果的に活用されているとはいいがたい現状もまま見られる。

というのは、そのような捜査共助等を求めても、必ずしもこれに応じない国もあるほか、たとえ応じてくれるにしても、非常に時間がかかり、我が国の捜査における勾留期間等の時間的制約に照らして、実際上、証拠として用いることができない、もしくはできると見込めないという事態がしばしば見られるからである。

具体的にいえば、中央当局を介さないものであれば、捜査共助の要請書を外務省に提出してから、早いものでも2か月、長いものでは半年の期間を経

なければ共助要請をした証拠等が送付されることはないのである。
　これは要請を受ける側の事情にもいろいろなものがあり、単に遅いから問題であるなどと簡単にいえるものではないが、それでも被疑者の人権保障の観点からすれば、捜査には時間的な制約があるということを各国が共通の認識として持たなければ解決できない問題であろうかと思われる。

第3章

欧州連合域内における逃亡犯罪人引渡し及び刑事共助

第1 はじめに

　これまで説明したように、逃亡犯罪人引渡しや国際刑事共助が現代の国際社会にとって必要不可欠なものとなるにもかかわらず、現実的には十分に機能しない場面も多々見られるという問題が生じている。

　そこで、逃亡犯罪人引渡しや国際刑事共助が最も機能しやすい土俵にある欧州連合（European Union、以下「EU」という。）域内における逃亡犯罪人引渡し及び刑事共助のシステムとその実際の運用をみることで、今後の逃亡犯罪人引渡しや国際刑事共助の在り方を考える参考としたい[1]。

第2 EUの概要

1 EUの誕生

　EUは、もともと経済的な統合を中心に発展してきた欧州共同体を基礎に、1992年（平成4年）2月7日、当時の加盟12か国[2]によって、オランダ南東部にあるマーストリヒトで署名された後、各国の批准により、翌1993年

---

(1) なお、本章の記述は、神渡史仁検事、土屋美奈江検事らの研究結果等による教示に大きく依拠しているものであることを予め申し上げておく。
(2) 欧州連合条約発効以前の当初の加盟国は、フランス、ドイツ、イタリア、オランダ、ベルギー、ルクセンブルグ、英国、アイルランド、デンマーク、ギリシャ、スペイン及びポルトガルの12か国である。

（平成5年）11月1日に発効した欧州連合条約（The Treaty on European Union、「EU条約」又は署名した地に基づいて「マーストリヒト条約」とも呼ばれる。）に基づいて、経済通貨統合、共通外交・安全保障政策、警察・刑事司法協力等の幅広い分野での協力を進めている政治・経済統合体である。

その後、オーストリア、スウェーデン等が加盟し、2013年には、クロアチアが加盟したことなどによって、現在は、28か国が加盟している[3]。

ただ、EUは、あくまで国家の統合体にすぎず、国家そのものではないものの、経済通貨統合等の目的達成のために、加盟各国から主権の一部を委譲されており、その分野においては、EU自身があたかも一つの国家のように意思決定をし、その意思決定については加盟国に対して拘束力を持つという枠組みを有しているものである。

2　EUの機関及び権限等

EUの機関、権限、意思決定手続等を定めるのは、上記EU条約と、欧州連合の機能に関する条約（Treaty on the Function of the European Union）の2つの条約であった（なお、アムステルダム条約やリスボン条約等による改正については後述する。）。

まず、EUの意思決定に関する主要な機関としては、加盟国の首脳により構成され、EUの政策の方向性等を決定する欧州理事会（European Council）を頂点とし、加盟国の閣僚により構成され、立法・政策立案等の権限を行使するEU理事会（Council）、選挙により選ばれた議員で構成され、立法等の権限を行使する欧州議会（European Parliament）、行政・執行機関である欧州委員会（European Commission）がある。

これらの機関は、加盟国から主権が委譲された分野については、法規範の策定が可能であり、そのような場合には、原則として、欧州委員会が法案を

---

(3)　現在の28の加盟国は、上記の12か国以外では、オーストリア、スウェーデン、フィンランド、チェコ、エストニア、キプロス、ラトビア、リトアニア、マルタ、ポーランド、スロベニア、スロバキア、ハンガリー、ブルガリア、ルーマニア、クロアチアの16か国である。なお、英国については、2016年（平成28年）6月の国民投票によりEUから離脱することが決まっており、現在その協議中である。

提出し、欧州議会及びEU理事会での採決を経て成立する。

また、司法の分野として、欧州司法裁判所（Court of Justice of the European Communities）があり、EU法体系の解釈を行うEUの最高裁としての役割等を担っている。

3　EU政策の3本柱構造

EUでは、マーストリヒト条約が成立した当初、基本政策として、その中心的目的である域内市場政策を第1の柱に据え（経済分野）、そして、EU域内の市場政策をより実効的なものとするために、EU域内の対外的安全を確保するための共通安全保障を第2の柱とし（外交安全保障政策分野）、さらに、EU域内の内部的安全保障を確保するための司法内務分野（司法内務協力分野）を第3の柱とした。

このような基本的な政策を立てて統合を進めたが、第1の柱に属する事項については、欧州議会とEU理事会が立法機関として、一部の加盟国が反対しても、それら機関で定められた意思決定プロセスにより、各加盟国に対して拘束力をもつ意思決定をすることが可能であった。

しかしながら、第2及び第3の柱に属する事項については、いずれも国家の独立性や安全と極めて密接にかかわる問題であったことから、原則としてEU理事会の全会一致で意思決定がなされていたほか、欧州議会は意思決定に関与することができないとされていた。

そして、この第2及び第3の分野における立法は、「枠組決定（Framework Decision）」と呼ばれる穏やかな方式によるものでしかなかった。つまり、この「枠組決定」は、加盟各国の国内法としての効力を有せず、その実施のためには、加盟各国で改めて国内法を制定する必要があったのである。

そのため、EUにおいて合意し、枠組決定を成立させても、国内法制定の過程において、各別の解釈に基づいたばらばらの国内法が制定されて、相互に齟齬が生じることがあったばかりでなく、その国内法の制定に失敗してこれが存在しないという事態も起きていた。

4 アムステルダム条約の発効

 EU は、上記3本の柱をより強化し、その統合をより深化させるため、マーストリヒト条約を改正することとし、そのためのアムステルダム条約が1999年（平成11年）5月1日に発効した。

 この条約においては、域内での自由移動、難民保護、入国管理等といった第3の柱の司法内務協力事項としていたものを、第1の柱に移行することとし、EU が主体として管理することとして、第3の柱を刑事・司法協力分野として特化した。また、そのほかにも、既にドイツ、フランス及びベネルクス3国を中心とする一部の EU 加盟国において締結されていたシェンゲン協定を EU 条約の中に取り込むこととした。

 このシェンゲン協定は、加盟国間の国境審査を撤廃し、人の自由移動を強化することを主たる内容とするものであり、このシェンゲン実施協定が EU 条約の中に組み込まれたことで、人、物、資本、サービスの移動が自由化された巨大なマーケットが誕生した[4]。

第3 EU 域内での人の移動の自由等にからむ国際犯罪とその対策

1 シェンゲン協定に付随して生じた問題

 シェンゲン協定による国境管理の撤廃は、同時に、不法移民の増加のみならず、薬物や武器等の禁制品の往来を招き、また、犯罪組織の広域化、活性化を促す結果となった。

 にもかかわらず、犯罪者の処罰に関する司法権の行使は、各加盟国の主権

---

(4) もっとも当時の加盟国のうち、英国やアイルランドなどは陸続きでないことなどもあって、このシェンゲン領域には参加していない。その後、加盟した国のうちでも、ルーマニア、ブルガリア、クロアチア、キプロスは、全面的にはシェンゲン領域に参加していないので、これらの国との往来には従来どおり国境管理が行われることになる。
　一方、ノルウェー、アイスランド、スイス及びリヒテンシュタインは、EU には加盟していないものの、シェンゲン領域に参加していることからこのシェンゲン領域内の国境では、国境管理は行われていない。

の範囲内にあったことから、国境の撤廃により生じた犯罪の国際化により、犯罪捜査や司法権の円滑な行使に著しい支障が生じた。

そもそも、犯罪の国際化に対し、EU加盟各国における刑事共助としては、従前から、1959年（昭和34年）の欧州刑事司法共助協定及びその追加議定書によってなされていた。

しかしながら、加盟国それぞれに異なる刑事法制を有し、また、それぞれの国内法で許容される捜査手法やその範囲も異なるため、そのような刑事法制等の相違により、要請国において必要とされる共助が得られなかったり、たとえそれが得られたとしても、被要請国における共助要請の実施に至るまでには相当長期間を要していた。このような旧来の刑事共助の在り方は、「21世紀型犯罪に対して、19世紀の司法手法で臨んでいるに等しい。」などと批判されていた。

2　EU域内における犯罪の国際化への対応

上記のような事態の発生を受けて、EU加盟国は、1999年（平成11年）フィンランドのタンペレで開かれた特別欧州理事会において、①外交ルートを介しない関係司法当局者の直接のやり取りによる共助等の実現（以下、「ダイレクト・コンタクト制度等」という。）、②各加盟国間の相互の信頼に基づき、ある加盟国の司法判断について、その執行を要請された他の加盟国において、当該司法判断を当然に容認して執行する枠組みの整備（以下「相互承認原則」という。）、③重大組織犯罪対策を強化し、同捜査に関する適切な連携や捜査支援を図る各加盟国の司法官等からなる検察協力機構（Eurojust：以下「ユーロジャスト」という。）を設立し、加盟国間の刑事共助を促進しバックアップする体制の構築などを内容とする刑事司法・警察協力の強化方針を打ち出した。

以下、上記①ないし③の順に、①ダイレクト・コンタクト制度等、②相互承認原則、③刑事共助促進のためのシステムとして、欧州司法ネットワーク及びユーロジャストについて説明することとする。

第4 ダイレクト・コンタクト制度等について

1 新たな協定の締結

　上記の方針に従って、EU 加盟国は、2000年（平成12年）5月29日、EU 刑事司法共助協定（Convention of 29 May 200 on mutual assistance in criminal matters between the Member States、以下「2000年協定」という。）を締結した[5]。
　そして、この2000年協定により、司法当局者同士が直接的に共助要請のやり取りを行って迅速に共助を進めることができるダイレクト・コンタクト制度が導入されたほか、共同捜査チーム制度など革新的な共助手段が導入された。

2 ダイレクト・コンタクト制度の必要性

　これまでも述べたように、本来、国際刑事共助の手続としては、外交ルート、すなわち、要請国の捜査機関から自国の外交ルートを経て要請が出され、被要請国の外交ルートを経て被要請国の捜査機関に届くという流れが予定されているが、これでは手間も日数もかかり犯罪捜査としては極めて迂遠かつ非効率な方法である。そこで、これを改善するために、刑事共助条約を締結し、中央当局制度を設けて、外交ルートを経由することなく刑事共助をできるようにしていることも、これまでに述べたとおりである。
　しかしながら、それでも中央当局を通さなければならないのでは時間的にもロスがあり、それゆえ、より迅速かつ簡便に刑事共助がなされるようにしたのがダイレクト・コンタクト制度である。
　すなわち、2001年協定6条1項前段第2文では、

　　Such requests shall be made directly between judicial authorities with territorial competence for initiating and executing them, and shall be returned through the same channels unless otherwise

---

（5） 2000年協定のほかにも、銀行口座等のモニタリングを含めた情報交換等の枠組みを定めた2001年の同議定書（Protocol of 16 October 2001 to the Convention of 29 May 2000）にもダイレクト・コンタクトの根拠は求められる。

specified in this Article.

と規定され、つまり、共助要請は、別段の定めがない限り、その要請の送付や執行について地理的管轄を有する司法当局の間で直接行われるものとし、同じ経路で返されるものとすると定められていることから、これによりダイレクト・コンタクトが可能になったのである（もっとも、英国とアイルランドについては、同条3項により、送付先は中央当局とするとされている。）。

したがって、EU域内で他の加盟国に共助を要請する際には、その要請について土地管轄を持つ検察官や裁判官等の司法当局から、その要請の執行について地理的に管轄を持つ検察官や裁判官等の司法当局に対して、直接送付され、また、要請の執行後も、同様に司法当局から司法当局に直接に執行の結果が送られることになったのである。

3　ダイレクト・コンタクト制度のメリット及びデメリット

もっともこのように直接に共助の要請を行うことになると、今度は、これまでのように要請国内での中央当局などの決まったところに送付するということができず、どこの誰に要請をしたらよいのか分からないという事態が発生する。

このような事態に対処できるようにするため、後述する欧州司法ネットワーク等により要請する相手方を調べることができるシステムが構築されている。

そして、このダイレクト・コンタクトが実現したことによって、EU域内での刑事共助は、要請側と被要請側とが直接に接触して交渉できるようになり、自分の要請が相手方に届いているか、それを正しく理解して、こちらの希望どおりに執行してくれているかなど、正確に把握することができるようになった。これができる以前は、要請書を送付してから数ヶ月待ち、連絡がなければ更に数ヶ月待ち、それでも返事がなければようやく督促がてら要請書が届いたかどうか連絡するという状態であったのであるから、格段に違いのある迅速かつ確実な共助の実現につながったのである。

4 共同捜査チームについて

また、2000年協定は、ダイレクト・コンタクトのほかにも革新的な刑事共助の手法を導入した。

その一つとして挙げられるのが、共同捜査チーム（Joint investigation teams）である。2000年協定13条1項では、

> By mutual agreement, the competent authorities of two or more Member States may set up a joint investigation team for a specific purpose and a limited period, which may be extended by mutual consent, to carry out criminal investigations in one or more of the Member States setting up the team. The composition of the team shall be set out in the agreement.

と規定されており、相互の同意により、2以上の加盟国の権限当局は、特定の目的の下、特定の期間を限って（これは合意によって延ばすことは可能である。）、共同捜査チームを立ち上げることができ、そのチームを立ち上げた一つ又はそれ以上の国内で犯罪捜査ができることなどを定めている。

本来であれば、加盟各国は、自国の領土内のみでしか捜査を行うことはできない。また、多くの加盟国では、刑事手続上、他国で収集された証拠は、正式な共助要請を経たものでない限りは、法廷で証拠として使うことはできないとされている（ただ、前述したように、そのような証拠の入手は時間がかかる。）。

しかし、これでは容易に国境を越えることができる犯罪者に対して十分な対応ができないことから、その対策の一つとして、この共同捜査チーム制度が設けられたのである。これは、特定の刑事事件の捜査のために、複数の加盟国によって設立される捜査チームのことであるが、そのメリットとしては次のようなものが挙げられる。

まず、共同捜査チームが設立されると、当該チームに所属する捜査員は、一定の条件下ではあるが、当該チームに参加している他国の領土内でも捜査ができるようになるし、また、自国以外で収集された証拠を正式な共助要請なしに入手し、自国で入手したものと同様に法廷で証拠として用いることができるようになる。

もっとも、共同捜査チームに所属する捜査員が、いくら共同捜査チームであるとはいえ、他国の領土内で捜査活動を行うことは、当該他国の主権侵害に当たるのではないかとの問題がある。

　しかしながら、①共同捜査チームは、特定の被疑者の特定の事件の捜査という限られた目的で、期間限定で活動するものであり、活動範囲は極めて限定されていること、②共同捜査チームは、参加国の当局が合意して初めて成立するのであり、参加国の意思に反して他の参加国の捜査員が領土内で活動することはないこと、さらには、③捜査員が他国で活動する場合には、当該他国の捜査リーダーの指揮の下で、当該他国の法律に従って捜査活動に従事するため、当該他国の法令に違反したり、人権侵害等を招く事態は想定しがたいことなどに照らし、許容されているものと考えられよう。

　この共同捜査チーム制度についても、年々その捜査実例が積み重ねられ、件数においても、関与国数においても増加し、また、内容的な深化についても、めざましい向上がみられるようである。

第5　相互承認原則（The Principle of Mutual Recognition）について

1　相互承認原則とは

　これは、上述したように、ある加盟国が特定の司法判断を行った場合、その司法判断の執行を要請された他の加盟国において、加盟国相互の信頼に基づき、当該司法判断を当然に承認して執行する枠組みのことである。これについては、「1999年（平成11年）10月にフィンランドのタンペレで開催されたEU特別理事会で採用された相互承認の原則である。この原則は、相互の信頼に基づいて、『ある加盟国において適正な手続に基づいて出された裁判による決定を、その他の加盟国においても自国の適正な手続に従って出された有効な決定として相互に受け入れる』ということを主眼にしている[6]。」とされている。

---

(6)　フイリップ・オステン「ヨーロッパにおける受刑者移送制度の動向——ドイツの状況をてがかりに——」法学研究84巻9号（2011年）139頁。

具体的には、A国の裁判所で発付された令状の効力を、B国内でも同様に認め、A国の捜査官から執行要請を受けたB国の捜査官が、B国の裁判官が発付した令状と同様に扱い、新たな司法判断を経ることなく、当該令状を執行するこという。

2 相互承認原則の必要性

逮捕状を例にとって説明するが、本来であれば、A国で発付された逮捕状は、B国内ではその効力を有しない。A国の司法判断はA国内にしか及ばず、B国は自国の主権に基づいて司法判断をするからである。

そのため、従来は、A国内で逮捕状の発付がされている事実を含めて必要事項を、外交ルートを経由するなどしてB国に通知し、犯人の逮捕及びその身柄の引渡しをB国に要請していた。

そして、B国においても、捜査当局は、外交ルートを経るなどしてから当該要請を受け、その後、当該犯人を逮捕できるかどうかの司法判断を求めなければならなかった。

さらに、B国が当該犯人を引き渡すかどうかの判断は、最終的には、B国の行政当局の判断によるところ、その過程での手続は煩雑であり、政治的判断などがされることもあって、長時間かかることも多く（引渡しまでに1年以上かかったケースもまれではない。）、また、最終的にB国から拒否されるということも決して珍しくはなかった。

その上、加盟国の中には、逃亡犯罪人が自国民である場合には、引渡しに応じないと憲法で定めていた国もあり（ドイツ、ポーランド等）、外交ルートを通じた引渡要請は実効性がないことも多かった。

しかしながら、このような状態は、ある国で犯罪を実行しても、直ちに他の国に逃げ込めば時間が稼げるし、また、自国に逃げ込めば引渡しを免れることができるという状況を作り出すことになった。

3 相互承認原則の導入

上記のような状況が好ましくないというのは加盟各国の共通認識ではあったものの、相互承認原則の導入に至るには、EU域内では、全ての加盟国が

第 5　相互承認原則（The Principle of Mutual Recognition）について　　111

基本的人権の尊重等一定の価値観を共有し、また、全ての加盟国の司法水準が一定程度に達している必要があった。そうでなければ、相互に高度の信頼を与えることができないからである。

　しかるに、全ての加盟国は、法の支配を明記する欧州連合条約を批准していた上、2000年（平成12年）には、基本権憲章（Charter of Fundamental Rights of the European Union）が採択され、その中で、公平な裁判を受ける権利等（47条：Rights to an effective remedy and to a fair trial）、無罪の推定等（48条：Presumption of innocence and right of defence）、さらには、一事不再理の原則（50条：Right not to be tried or punished twice in criminal proceedings for the same criminal offence）などが定められるなどしたことなどもあって、2002年（平成14年）6月、加盟国間における欧州逮捕令状及び引渡手続に関する枠組決定（Council Framework Decision of 13 June 2002 on the European arrest warrant and the surrender procedures between Member States：以下「欧州逮捕令状枠組決定」という。）が採択され、実質的に相互承認原則が導入された。

　ここでは、その前文中に、

　　The European arrest warrant provided for in this Framework Decision is the first concrete measures in the field of criminal law implementing the principle of mutual recognition which the European Council referred to as the 'cornerstone' of judicial cooperation.

と規定されているように、この枠組決定で提供される欧州逮捕令状は、刑事法執行分野において、欧州理事会が司法協力の「柱石」として言及している相互承認原則が執行される最初の具体的な手法であるとされているのである。

　このように欧州逮捕令状の制定により、相互承認原則が初めてこの分野に導入された。

　ちなみに、この欧州逮捕令状制度とは、より具体的にいえば、ある加盟国（発付国）が逃亡犯罪人（被疑者又は被告人等）に対する刑事訴追又は自由刑若しくは拘禁命令の執行の決定を行った場合、同決定の執行の要請を受けた他の加盟国（執行国）は、同国における新たな実質的司法審査に基づく新たな令状の発付等の手続を執ることなく、執行国において、当該逃亡犯罪人を拘

束した上で、発付国に引き渡す制度というものである。

4 欧州逮捕令状の手続について
(1) 欧州逮捕令状の執行の実情

この手続は、欧州逮捕令状枠組決定9条以下に規定されており、まず、9条1項で、

> When the location of the requested person is known, the issuing judicial authority may transmit the European arrest warrant directly to the executing judicial authority.

と規定されているように、逃亡している犯人の居場所が判明したなら、要請国（Issuing State）の司法当局は、欧州逮捕令状を直接に被要請国（Executing State）の執行担当の司法当局に送付することとしている。

このように、従来であれば、外交ルートを経由するなどして依頼していた犯人の逮捕等が、要請国の裁判官が発付した後、それを「直接に」被要請国の執行担当に送付して逮捕を依頼できるとしたのであるから、その迅速さはおよそ比較できるものではないであろう。

そして、執行担当の司法当局は、当該欧州逮捕令状について、必要的記載事項が書かれているかどうかや、絶対的引渡拒否事由に該当しないか[7]など、形式的に審査するだけで、実質的な審査は行わない。これが欧州逮捕令状に取り入れられた相互承認原則の重要なポイントである。

その上で、15条1項で、

> The executing judicial authority shall decide, within the time-limits and under conditions defined in this Framework Decision, whether the person is to be surrendered.

と規定されているように、執行した司法当局は、この枠組決定で定められている条件や期限内に、当該対象者を引き渡すかどうか判断しなければならな

---

(7) 絶対的拒否事由としては、同枠組決定3条に規定されており、①当該対象犯罪につき執行国において恩赦されている場合、②当該逃亡犯罪人が同一の犯罪について、他のEU加盟国において確定判決を受けている場合、③逃亡犯罪人が執行国において刑事未成年である場合の3つである。

いとされている。その期限は、当該対象者が引渡しに応じた場合は、同意後10日以内に、同意しなかった場合には、逮捕後60日以内に最終的な決定を出さなければならない（17条）となっている。

そして、実際に要した日数であるが、当該対象者が同意した場合には、概ね2週間程度で引渡がされており、また、同意しなかった場合でも、概ね40～50日で引渡しがなされている（2009年（平成21年）当時）。同意がない場合は、やや時間がかかるが、それでもこの制度が導入される以前は、何ヶ月もかかるのが通常であったことに比べれば、格段の進歩といえよう。現場の司法当局としても、この欧州逮捕令状制度は非常に高く評価しているようである。

この欧州逮捕令状枠組決定を受けて、英国では、2003年に逃亡犯罪人引渡法[8]を制定して欧州逮捕令状を同国内で執行できるようにしたのを皮切りに、全ての加盟国がこれに関する国内法を整備しており、EU加盟国内における逃亡犯罪人引渡しの手続は、ほぼ例外なくこの欧州逮捕令状によって行われている。

(2) 双罰性の要件の緩和と問題点

上記のような迅速な執行ができることが欧州逮捕令状の最も大きな特徴であるが、その他にも、これによる逃亡犯罪人の引渡しについては、これまでに説明した引渡しの際の双罰性の要件が大幅に緩和されているということも同様に特徴の一つである。

同枠組決定2条2項では、そこに掲げられている32の犯罪[9]については、

---

(8) この犯罪人引渡法では、欧州逮捕令状に関する規定だけでなく、犯罪人引渡しに関する一般的な規定も設けられている。同法によれば、その相手国を①EU加盟国、②引渡条約締結国、③その他の国の3類型に分類し、③の国に対しても、当該引渡限定の特別合意を交わせば引渡が可能とされている（同法194条）。そして、同法によれば、自国民（英国民）の引渡も可能とされているが、死刑の可能性がある場合には、死刑を科さない、又は執行しない旨の保証書がなければ引渡しには応じないこととされている。

(9) ここで規定されている32の犯罪は、「犯罪組織への参加行為」、「テロリズム」、「人身取引」、「児童の性的搾取及び児童ポルノ」、「麻薬及び向精神薬の不正取引」、「武器、弾薬及び爆発物の不正取引」、「汚職」、「欧州共同体の財政的利益を侵害する行為等の虚偽又は不正に基づく財産侵害」、「犯罪収益の洗浄」、「ユーロ等の通貨偽

双罰性の確認をすることなく欧州逮捕令状に従って引渡しをすることが求められている[10]。

ただ、この双罰性の排除については、欧州司法裁判所でその有効性が争われたことがあった。ベルギーの法律家グループは、この2条2項が規定する32種の犯罪について双罰性の要件を廃止したことは、罪刑法定主義に違反し、また、それら以外の犯罪については双罰性を要求するのは、罪種により扱いが異なることから法の下の平等に反するとして、同枠組決定の無効を主張した。

しかしながら、2007年（平成19年）5月3日、欧州司法裁判所判決(Judgment of the Court of Justice in Case C-303/05) は、主文で、

> The Framework Decision on the European arrest warrant and the surrender procedures between Member States in valid.

として、欧州逮捕令状枠組決定は法的に有効であることを示し、さらに、

> The removal of verification of double criminality complies with the principle of legality and with the principle of equality and non-discrimination.

として、双罰性の確認を要しないとしたことは、罪刑法定主義と法の下の平等に反するものではないとしたのである。

その理由とするところは、まず、罪刑法定主義の関係では、同枠組決定は、令状発出国の法に従って犯罪内容を定義化することを予定しており、そ

造」、「コンピュータ関連犯罪」、「絶滅の危機に瀕する動植物等の不正取引を含む環境犯罪」、「不法入国、不法滞在の助長」、「殺人及び重傷害」、「臓器の不正取引」、「誘拐、略取及び不法監禁」、「人種差別や外国人差別」、「組織的強盗又は武器を使用した強盗」、「骨董品、絵画等の文化財の違法取引」、「詐欺」、「脅迫及び恐喝」、「贋作の製造や著作権侵害」、「行政文書の偽造その交付及び行使」、「支払手段の偽造」、「ホルモン物質その他成長促進剤の不正取引」、「核物質や放射性物質の不正取引」、「盗難車両の取引」、「強姦」、「放火」、「国際刑事裁判所が裁判権を有する犯罪」、「航空機や船舶の不正奪取」、「スパイ行為等による破壊活動」である。

(10) もっとも、このような双罰性の排除については、「双方可罰性を欠く場合にまで外国刑罰法規の『相互承認』を広く認めることとなっているEUの現状は行きすぎの感がある。」（髙山佳奈子「国際刑事証拠法」川端博ほか編『理論刑法学の探求③』〈2010年、成文堂〉171頁）との批判もある。

の際には、基本的人権及び法原則を尊重するとしていることから、明確性に欠けるところはなく、罪刑法定主義に反することはないとした。

次に、法の下の平等に反するとの主張に対しては、32種の犯罪は、当該犯罪の種類及び長期3年以上の拘禁刑という法定刑に着目して類型化され、これらの類型の犯罪は、公共の秩序及び安全に深刻な影響を与えることから、双罰性の要件を廃する合理的な理由が認められるのであって、そのような取扱いの差異は不合理なものではないとして、上記法律家グループの主張を排斥したのである。

この判決により、欧州逮捕令状における双罰性の廃止を導き出す相互承認原則の有効性が承認されたものであり、非常に意味深い判決であったと評価されている。

それゆえ、このような欧州司法裁判所の判断をも踏まえて、これらの犯罪に該当しさえすれば、双罰性の要件を検討する必要がなくなり、この欠缺を理由とする執行拒否がなくなって、迅速かつ確実な執行が確保されるようになった。

ただ、そうはいっても加盟各国の法制度の違いや、当該罪名の翻訳に当たってのニュアンスの違いなどから、双罰性を排除される罪に当たるのかどうか問題となることもある。例えば、「殺人及び重傷害」は、murder, grievous bodily injury を日本語に訳したものであるが、ここに妊娠中絶や安楽死が含まれるのかということが問題となる。加盟各国の中には、それらを不可罰とする国もあることから、この解釈の違いが争点となることもあり得るのである。しかしながら、この点は、刑罰権の行使が各国の主権の重要な一部であることに変わりはないことから、解決の難しい問題となって今日に至っている。

(3) 自国民不引渡しの原則との兼合い

さらに、同枠組決定では、自国民であることを引渡拒否事由としなかったことから、自国民であっても、欧州逮捕令状により逮捕を執行し、要請国に引き渡す義務が生ずることとなった。この点も逃亡犯罪人のスムーズな引渡しと処罰という観点から非常に大きな進展であるといえよう。

ただ、上述したように、自国の憲法で自国民の引渡しをしないと定めてい

る加盟各国は、その対応が問題となった。

　ここでは、それが顕著に問題となったドイツの例を挙げることとしたい。

　2005年（平成17年）7月18日、ドイツ憲法裁判所は、ドイツ国民を他のEU加盟国に引き渡すとする欧州逮捕令状施行法が、ドイツ基本法16条2項が定める自国民不引渡しの原則に違反し、違憲無効であると判決した[11]。その結果、ドイツでは、ドイツ国民の引渡しを内容とする欧州逮捕令状の執行を見合わせることとなった。ただ、注意しておかなければならない事項として、「ドイツ憲法裁判所は、当該事案の欧州逮捕令状に基づく自国民の引渡しを違憲とするが、違憲といえども、それは欧州逮捕令状枠組決定を履行するための国内法が違憲であると判示したものであり、欧州逮捕令状に基づく自国民の引渡しそれ自体が違憲としたわけではない[12]。」ということである。

　そして、ほぼ同時期の2005年（平成17年）6月16日、欧州司法裁判所が、EU立法は、EU加盟国の憲法や国内法を拘束するものであるとの判断を示したことから、事実上、加盟各国ともこの判断に従って、刑事司法・警察協力分野に関する枠組決定に反する国内法につき、改正作業に着手することとなった。

　そのため、ドイツにおいても、2006年（平成18年）7月20日、それまでの欧州逮捕令状施行法を改正し、ドイツ国民又はドイツ国内で適法に外国人登録を受けて生活している外国人の引渡しについては、欧州逮捕令状の承認当局の審査を経て引き渡されることになり、同手続に対しては、抗告の対象とする旨規定した欧州逮捕令状施行法を成立させ、同年8月2日から施行した。そのため、その後は、ドイツ国民であっても欧州逮捕令状による引渡しに応ずることとなっている。

(4)　引渡対象者の人権保障について

　同枠組決定11条2項では、

---

(11)　このドイツ憲法裁判所の判決やその解説は、髙山佳奈子「ドイツの欧州共通逮捕状法に関する違憲判決について」法学論叢160巻1号（2006年）1頁以下に詳しい。

(12)　浦川紘子「欧州逮捕令状に関する理事会枠組決定の意義——自国民の扱いを中心として——」熊本法学111号（2007年）101頁。

第5　相互承認原則（The Principle of Mutual Recognition）について　　117

 A requested person who is arrested for the purpose of the execution of a European arrest warrant shall have a right to be assisted by a legal counsel and by an interpreter in accordance with the national law of the executing Member States.

と規定され、欧州逮捕令状の執行のために逮捕された対象者は、執行国の法律に従って、弁護人と通訳人による補佐を受けることができる権利があるとされている。

　この規定をも含めて、全ての加盟国は、当該対象者の人権を尊重するという立場にあるものの、その保障の程度は、加盟各国によってばらつきがあるというのが実情である。

　例えば、上記のように弁護人を付ける権利があるとするものの、ある国ではそれが無料であるものの、他の国ではそれが有料でしか受けられないという違いがあるなどという問題があった。

　そこで、それらの問題を解消するため、欧州委員会では、被疑者・被告人の権利強化のための方策を検討し、国選弁護人制度などに関する立法作業が進められ、その改善が図られてきているところである。

5　欧州逮捕令状以外の相互承認原則に基づく枠組決定について

　欧州逮捕令状以外でも、同様に相互承認原則に基づくものとして、①資産及び証拠の凍結命令における執行に関する枠組決定（Council Framework Decision 2003/577/JHA of 22 July 2003 on the execution in the EU of orders freezing property or evidence）、②罰金刑の相互承認原則適用に関する枠組決定（Council Framework Decision 2005/214/JHA of 24 February 2005 on the application of the principle of mutual recognition to financial penalties）、③没収命令への相互承認原則適用に関する枠組決定（Council Framework Decision 2006/783/JHA of 6 October 2006 on the application of the principle of mutual recognition to confiscation orders）などがある。

　それらの枠組決定の内容について簡単に説明する。

(1)　資産及び証拠の凍結命令における執行に関する枠組決定について

　これは、ある加盟国（発付国）が将来の没収の実効性を確保するために、

資産又は証拠を保全する目的で、定められた書式に基づいて資産凍結命令を発付した場合、当該命令の執行の要請を受けた他の加盟国（執行国）は、その有効性を承認し、当該令状の要請に基づいて自国の刑事手続において資産等の凍結を執行する制度である。

(2) **罰金刑の相互承認原則適用に関する枠組決定について**

これは、ある加盟国（発付国）が罰金刑等の判決を下した場合、当該罰金刑等の執行の要請を受けた他の加盟国（執行国）は、その有効性を承認し、新たに命令の発付等の手続を経ることなく、これを執行する制度である。

この制度では、欧州逮捕令状制度と同様に、罰金刑等の根拠となった行為が一定の対象犯罪に該当する場合には双罰性の要件が排除されている点、自国民に関する適用除外の余地がほとんどない点及び加盟国が原則として実施義務を負っている点などでは、相互承認原則を体現する共通の特徴がみられる[13]。

(3) **没収命令への相互承認原則適用に関する枠組決定について**

これは、ある加盟国（発付国）が犯罪収益等についての没収命令を発付した場合、当該没収命令の執行の要請を受けた他の加盟国（執行国）は、その有効性を承認し、新たに命令の発付等の手続を経ることなく、これを執行する制度である。

なお、この制度に関しては、その後も追加していくつかの関連する枠組決定がなされており、没収命令に関しての相互承認原則の深化を図り、その執行の推進が意図されている。

(4) **問　題　点**

以上のような枠組決定はなされたものの、上記いずれについても、立法上の整備が遅れていたり、立法化されてもその手続が煩雑に過ぎたり、利便性に難点があったりして、欧州逮捕令状ほどには利用されていないのが実情のようである。

---

(13)　オステン・前掲注(6)158頁。

第6　欧州捜索令状（European Evidence Warrant）について

　2008年（平成20年）12月18日、EU 理事会枠組決定により、欧州押収令状の制度が導入された（Counsel Framework Decision 2008/978/JHA of 18 December 2008 on the European evidence warrant for the purpose of obtaining objects, documents, and data for use in proceedings in criminal matters）。そして、2009年（平成21年）2月20日に発効した。

　この枠組決定の準備作業は、2003年（平成15年）に欧州委員会の提案で開始され、その主眼は、欧州逮捕令状と同様に、加盟国司法機関の発付する令状について、他の加盟国における直接効力を認め、手続の迅速化と令状主義を保障するところにある。

　この内容として注目されるのは、次の諸点である[14]。

　第1に、押収の対象（4条）は、特定の物件（object）、書面（document）及びデータ（data）である。32の犯罪（欧州逮捕令状の対象犯罪と同一のもの）であって、発付国で法定刑に長期3年以上の自由刑を含む行為については、双罰性を要しない。供述の録取、身体検査・人の身体からの組織や指紋の直接採取、通信傍受、すでにある物件の鑑定処分、公的電子通信サービス・通信ネットワークのプロバイダが保管する通信データの獲得などは対象に含まれない。物の押収に伴う供述を採ることはできるが、方法は執行国法に従わなければならない。

　第2に、令状の条件（7条）は、(a)刑事手続（行政・司法機関の処分が先行する場合も含む。）を遂行するための必要性とその目的に照らした比例性、及び(b)対象物件がもし発付国に存在したとすれば押収可能なことである。いずれも発付国法の基準により判断される。令状の執行は、執行国側が自国法に基づいて行う。

　第3に、任意的拒否事由（13条）となるのは、(a)一事不再理に反するお

---

(14)　髙山・前掲注(10)151〜152頁。

それのあるとき、(b)14条に掲げる32の特定犯罪以外については双罰性を欠くとき、(c)自国法上可能な押収手続がないとき、(d)特権・免除により執行不可能なとき、(e)発付国司法機関による確認が必要な場合にそれが欠けるとき、(f)(i)自国が犯罪地であるとき（この場合には、主たる犯罪地がどちらであるか、執行国側で可能性があるか、強制処分が必要かを考慮して裁判所又は検察官が判断しなければならないとされ、また、いずれかの国が訴追すべきかについてユーロジャストの助言を求め、ユーロジャストの違憲に反する決定を下す場合には理由を付して、EU理事会に報告することとされる。）(f)(ii)発付国にとり国外犯処罰となる場合であって、執行国の国外犯処罰となる場合であって、執行国の国外犯処罰の対象でない犯罪に係るとき（相互主義）、(g)令状が国家の安全の侵害・情報源の危険化又は国家機密の使用にわたるとき、(h)令状が形式的要件を満たさないときである。

第4に、双罰性の例外（14条）として、全ての犯罪について、捜索・差押え処分を含まない限り、双罰性を確認しないで押収を行わなければならない（強制処分については、発付国で長期3年以上の刑が法定される罪に該当すれば、強制処分についても双罰性なく令状を執行しなければならないこと（それより軽い罪のときは、他の犯罪と同様となることが、13錠3項に確認的に規定されている。）が定められている。つまり、犯罪の種類によって、双罰性の扱いは異なってくるのである。

第7　刑事共助促進のためのシステム

上記のようなEU域内での独自の刑事共助システムが導入されても、実際の使い手たる捜査官等の実務家と他国の実務家との間には、言葉や文化の壁があり、また、法制度やその手続等の差異など、多くの障害が存している。特に、ダイレクト・コンタクトにより、現場の実務家同士が直接にやりとりをする機会が増えただけに、上記の軋轢はより現実的な問題となってこよう。

そこで、EUでは、そのような障害を乗り越えるための支援システムを用意していることから、ここでは、そのうちの主だったものを紹介することと

したい。

1　欧州司法ネットワーク（European Judicial Network）

これは、EU加盟各国間の刑事共助を促進するために設立された刑事司法実務家のネットワークである。その仕組みは、加盟各国において、刑事共助の相談窓口として、刑事司法実務家をコンタクトポイントとして指定し、コンタクトポイントに指定された担当者を窓口として、刑事共助に必要な情報を相互に融通し合うことによって、より迅速で効率的な刑事共助を可能にしようとするものである。

そして、このコンタクトポイントと連絡を取ることにより、刑事共助要請のために連絡をとるべき担当者に関する情報はもちろんのこと、被要請国の刑事法制、手続の実情、実務運用等に関する情報等を入手することができるようになっている。

ただ、このコンタクトポイントの役割は、実際に捜査に従事したり、これを指揮したりするものではなく、あくまで情報支援システムの一環という役割である。

そして、この欧州司法ネットワークは、今日までに非常に良好な成果を挙げており、EU域内での刑事共助になくてはならない役割を演ずるまでに至っている。

そのため、その成功をみたことから、他の地域でも類似のネットワークが作られるようになっている。例えば、2003年（平成15年）には、南東欧の検察諮問グループ（Southern European Prosecutors Advisory Group）のネットワークが、2004年（平成16年）には、イベリア半島と中南米のスペイン語又はポルトガル語を公用語とする国における国際司法協力のネットワークとして、Red Iberoamericana de Cooperacion Judica Internacionalが、2007年（平成19年）には、英国と英国の旧植民地間のコンタクトポイントのネットワークとして、Commonwealth Network of Contact Personsが、それぞれ立ち上げられている。

そして、それらのネットワークと欧州司法ネットワークとの間の協力関係の構築が進められてきている。

2 ユーロジャストによる我が国の刑事事件に対する貢献事案

我が国の覚せい剤密輸事件において、このユーロジャストが多大の貢献をした事案が存するので、ここで紹介する。

(1) 事案の概要

これは、**千葉地判平成24・9・14公刊物等未登載**の事案であり、この判決で認定された罪となるべき事実は、次のとおりである。

被告人は、氏名不詳者らと共謀の上、営利の目的で、平成23年（2011年）4月11日（現地時間）、英国所在のヒースロー空港において、粘着テープ等で包まれた覚醒剤1208.3グラムを隠し入れたスーツケースを持って同空港発成田国際空港行きの航空機に搭乗し、同月12日、成田国際空港内の駐機場において、同空港に到着した同航空機から降り立って前記覚醒剤を本邦内に持ち込み、もって覚醒剤取締法が禁止する覚醒剤の本邦への輸入を行うとともに、同日、同空港内の東京税関成田税関支署第一旅客ターミナルビル南棟旅具検査場において、同支署税関職員の検査を受けた際、関税法が輸入してはならない貨物とする前記覚醒剤を携帯しているにもかかわらず、その事実を申告しないまま同検査場を通過して輸入しようとしたが、同職員に前記覚醒剤を発見されたため、これを遂げることができなかったものである。

(2) ユーロジャストによる捜査協力

この事案は、ユーロジャストからの情報提供により必要な証拠収集が可能となったものである。

被告人は、覚醒剤を所持していたことの認識を否認していたが、ベルギーなどの複数のEU加盟国の捜査機関は、被告人が所属する覚醒剤密輸組織に対して継続的に捜査を実施していた。そして、同組織の主要な密輸先が我が国であったところ、ベルギーでは、同組織の構成員らに対して通信傍受を実施しており、その中に、本件被告人による会話を傍受された記録が残されていた。そこには、被告人が運ぶものが、コカインではなくて、覚醒剤であるとのやりとりや、それを運ぶことが刑務所に行くことになるなどというやりとりが明確に残されていた。

そこで、ユーロジャストからの情報提供により、我が国は、ベルギーに対して、当該通信傍受記録を提供するよう捜査共助要請を行った。そして、ベ

ルギーはこれに応じて同記録を我が国に提供した。

そして、その内容を捜査報告書にして証拠請求をしたところ、弁護人も同意したため（弁護人はそのようなやりとり自体は認めたものの、それでも覚醒剤の認識には欠けると主張したものである。）、これが証拠として採用され、有罪の認定の一つの根拠とされたものである。

このように、ユーロジャストの情報収集能力や、そこで得られた証拠の利用価値などには極めて有用なものがあるといえよう。

第8　リスボン条約の発効

これは、上述した EU 条約等を改正したもので、2007年（平成19年）12月、ポルトガルのリスボンで署名会議が行われ、2009年（平成21年）12月、全加盟国の批准完了を受けて、リスボン条約として発効した。

これにより、上述した3本柱構造は解体され、従来の3本柱に属する権限は、すべて EU の権限とされた。つまり、それまでは3本柱の一角として、警察協力・刑事司法協力の分野は、政府間協力の枠組みによる緩やかな統合にとどまっていたところ、これも従来の第1の柱の経済分野と同様の扱いを受けることとなった。

そのため、これまで述べてきたような枠組決定という制度はなくなり、原則として、欧州委員会の提案に基づき、欧州議会と EU 理事会の両者が共同で立法権限を行使することによる採択に従うこととなった。なお、それには「規則（regulation）」、「指令（directive）」、「決定（decision）[15]」と呼ばれる各採択の方式がある。

そして、これに加えて、欧州司法裁判所の管轄権の強化が図られた。同裁判所は、加盟国の国内裁判所を拘束する「先決裁定」という EU 法解釈につ

---

(15) それらの違いは、次のとおりである。「規則」は、加盟国の国内法と同様に一般的かつ直接に適用されるものであり、「指令」は、枠組決定とほぼ同様であり、直接的に適用される効果はなく、達成すべき結果について加盟国を拘束するものの、その方式・手段については加盟国に委ねるものであり、「決定」は、規則と同様に直接的に適用される効果を有するが、必ずしも一般には適用されず、名宛人を指定することができるものである。

いての裁定権限を有しているところ、リスボン条約発効前は、加盟国自身が欧州司法裁判所の管轄権を受け入れない限り、警察協力・刑事司法協力に関する枠組決定の解釈に関して、欧州司法裁判所が「先決裁定」を行うことができなかったのに対し、同条約発行後は、同裁判所の管轄に制限はなくなり、同裁判所の「先決裁定」は全ての加盟国の国内裁判所を拘束することとなった。

このリスボン条約発効後における警察協力・刑事司法協力の分野における具体的な動きの例として、人身取引対策指令の立法が挙げられる。

EU では、加盟国が共同で対応すべき重大犯罪の一つとして人身取引対策を重視しているところ、2011年（平成23年）に、人身取引の処罰や被害者保護等に関する EU の最低基準を確立するために、人身取引対策指令（2011/36/EU）という EU 法を採択した。これが警察協力・刑事司法協力分野における新しい立法手続により採択された最初の EU 法となった。

第9 欧州捜査命令（European Investigation Order）の採択

2014年（平成26年）3月14日、EU 理事会は、欧州捜査命令に関する指令を採択した。この欧州捜査命令は、EU 理事会のプレス・リリースによると、

> The goal of the directive is to allow member states to carry out investigative measures at the request of another member state on the basis of mutual recognition. The investigative measures would, for example, include interviewing witnesses, obtaining of information or evidence already in the possession of the executing authority, and (with additional safeguards) interception of telecommunications, and information on and monitoring of bank accounts.

とされており、この指令の目指すものは、加盟各国が相互承認原則に基づいて、他の加盟国からの要請により、種々の捜査手法を実行することを許容することにあるとし、その捜査手法としては、例えば、証人の取調べ、執行国の当局が既に入手した情報や証拠の獲得、（更なるセイフガードによるものとし

ても）通信傍受、そして、銀行預金口座の動きの監視などを含むものであるとするものである。

このように、EUとしては、欧州逮捕令状で導入された相互承認原則に基づき、捜査のより広い範囲で、他の加盟国での特段の手続を経ることなく、捜査が実施できるようにしようと考えている。具体的には、要請国の裁判官が発した通信傍受令状により、被要請国の捜査当局が通信傍受をすることなども想定されているものと思われる。

ただ、この指令は、未だ加盟各国での承認が未了であって、発効してはいない。

第10　この章のおわりに

EUは上述したように、一つの国家ではないものの、それに類似するような機能や権限を有するもので、その域内での刑事共助は、他の一般的なつながりの薄い国家間のそれより強固なものとなり得るものである。

EUで実施されている種々の革新的な刑事共助の中で普遍性を持つと思われるものは、当然、他の国々の間の刑事共助にも応用でき得るものであって、EU内で先駆的かつ実験的な刑事共助がなされている実情からは、目が離せないものといえよう。

第4章

来日外国人犯罪者処遇の問題
——特に受刑者移送について——

第1　はじめに

　これまで述べてきたように、海外との交流が活発になり、来日外国人が増加すれば、それら来日外国人による犯罪も増加することになる。そこで、本章では、来日外国人犯罪者の矯正処遇の現状と、受刑者移送の問題を取り上げて検討したい。

第2　来日外国人犯罪者処遇の現状

　来日外国人が公判において実刑となった場合、日本国内の刑務所で処遇されることになる。その場合において、日本人と異なる処遇を必要とする者は、F指標受刑者として、その文化及び生活習慣等に応じた処遇が行われることになっている。その新たに入所する人員は、平成10年（1998年）から急増し、同16年（2004年）に1,690人まで増加したが、その翌年から減少し始め、同27年（2015年）は478人であった[1]。

　そして、平成27年（2015年）末現在において、F指標受刑者の収容人員は、1598人（男性1390人、女性203人）となっており、前年度比で7.8パーセント減少している。

　そこで、それらF指標受刑者に対しては、その文化及び生活習慣に応じ

（1）『平成28年版 犯罪白書』194頁。

た処遇を行うことから、イスラム教の受刑者には、豚肉が食事として提供されることはなく、その他の肉類でもハラールミートという宗教的な方式に則って調理されたものが提供されている。

ちなみに、平成27年（2015年）におけるF指標受刑者を国籍別に見ると、中国103人、ブラジル68人などとなっている。

第3　受刑者移送条約について

1　受刑者移送の概念

我が国は、上述したように、できるだけ外国人犯罪者の文化や生活習慣に応じた処遇を図ってはいるものの、異邦である外国での刑罰の執行に比べて、母国での刑罰の執行の方が、家族等との面会が容易であるなど、受刑者の改善更生及び社会復帰という刑政の目的沿ったよりふさわしいものと評価されよう。

そのような理念の下、刑罰執行の領域における司法共助として、国際受刑者移送がある。具体的には、外国において刑の言渡しを受け、その国の刑務所で服役する受刑者を、その母国に移送し、母国で刑の執行を行うことにより、受刑者の改善更生及び円滑な社会復帰並びに刑事司法分野の一層の国際協力を図ろうとするものである。

2　受刑者移送条約の成立過程

この制度は、ヨーロッパで生まれたものであり、近年になって発展してきたものである。伝統的な犯罪人引渡しの歴史は古く、既に19世紀前半にその萌芽が見られるのに対し、受刑者移送制度は、20世紀の後半になってようやくその端緒が現れたに過ぎない[2]。実際のところ、1970年代からこれが検討されていたところ、欧州評議会において、1983年（昭和58年）3月、刑を言い渡された者の移送に関する条約（Convention on the Transfer of Sentenced

---

(2)　フイリップ・オステン「ヨーロッパにおける受刑者移送制度の動向――ドイツの状況をてがかりに――」法学研究84巻9号（2011年）129頁。

Person：「受刑者移送条約」又は「CE 条約」ともいう。）が採択された。

この条約では、受刑者移送をするためには、同条約3条1項に規定するように、以下の6つの要件を満たすことが必要であるとされる。

すなわち、①受刑者が執行国の国民であること、②判決が確定していること、③残りの刑期が6か月以上ないし不定期であること、④受刑者本人又は場合によっては代理人の同意があること、⑤双罰性の要件を具備していること、⑥裁判国と執行国の双方が移送に同意していることである。

そして、平成27年（2015年）1月現在、CE 条約の加盟国は、後述するように、我が国をも含めて64か国が締結しており、世界的な規模で用いられている[3]。

3　我が国の受刑者移送条約への加入

我が国については、平成13年（2001年）2月、欧州評議会閣僚委員会から、この CE 条約への加入要請を受けたことなどもあって、同条約加入のための国内担保法の整備がされることとなった。

そして、平成14年（2002年）6月4日、第154回通常国会で、国際受刑者移送法が成立し、同月12日公布された後、平成15年（2003年）2月17日、欧州評議会事務局長に加入書を寄託し、これにより、同年6月1日、我が国にもCE 条約が発効し、国際受刑者移送法も施行されて、受刑者の国際移送の運用が開始された。

4　受刑者移送条約の拡大―タイ王国との間での受刑者移送条約の締結―

我が国の国際受刑者移送法の目的は、1条に

> この法律は、外国において外国刑の確定裁判を受けその執行として拘禁されている日本国民等及び日本国において懲役又は禁錮の確定裁判を受けその執行として拘禁されている外国人について、国際的な協力の下に、その本国において当該確定裁判の執行の共助をすることにより、その改善更生及び円滑な社会復帰を促進することの重要性にかんがみ、並

---

(3) 特にドイツの状況については、オステン・前掲注(2)143頁以下が詳しい。

びに日本国が締結した刑を言い渡された者の移送及び確定裁判の執行の共助について定める条約（以下単に「条約」という。）を実施するため、当該日本国民等が受けた外国刑の確定裁判及び当該外国人が受けた懲役又は禁錮の確定裁判の執行の共助等について必要な事項を定めることを目的とする。

と規定されており、自国以外の国で拘禁されている受刑者について、「その改善更生及び円滑な社会復帰を促進する」ことを目的として、受刑者移送を行おうというものである。

そして、この規定から明らかなように、国際受刑者移送の実施には、「条約を実施するため」として、条約前置主義が採用されている（この点、相互主義などに基づいて実施されてきた国際刑事共助等とは異なる。）。

ただ、この1条は、制定された当初は、「刑を言い渡された者の移送に関する条約（以下単に「条約」という。）を実施するため」とされていた。というのは、この当時は、その前提とする条約は、CE条約しかなかったからである。

しかしながら、より一層の国際受刑者移送を推進するためには、CE条約締結国の増加を待つとともに、個別にCE条約非締約国との間で、二国間受刑者移送条約を締結していく必要があった。

そのような観点から、我が国は、タイとの間で、条約締結交渉を重ね、平成21年（2009年）7月22日、タイ王国のプーケットで「刑を言い渡された者の移送及び刑の執行における協力に関する日本国とタイ王国との間の条約」の署名が行われ、平成22年（2010年）4月23日、第174回通常国会で、同条約が承認されるとともに、同条約を含め、今後我が国が締結する二国間受刑者移送条約も国際受刑者移送法に含まれるようにするため、その改正法も成立し、同年5月6日に公布・施行された。そして、同年7月29日に同条約の批准書を交換して、同年8月28日、同条約が発効した。

この改正法により、国際受刑者移送法1条は、現在のように「刑を言い渡された者の移送及び確定裁判の執行の共助について定める条約（以下単に「条約」という。）を実施するため」と改められたのである。

5　受刑者移送条約の拡大―ブラジル及びイランとの間での受刑者移送条約の締結―

その後、ブラジル及びイランとの間で二国間受刑者移送条約の締結が進められた。

そして、平成26年（2014年）1月24日、東京において、我が国とブラジルとの間で、「刑を言い渡された者の移送に関する日本国とブラジル連邦共和国との間の条約」の署名が行われ、同年6月、国会承認がなされた（ちなみに、平成25年（2013年）12月末現在、ブラジルにおける日本人受刑者は0人だが、我が国におけるブラジル人受刑者は240人となっている。）。

また、平成27年（2015年）1月9日、東京において、日本とイランとの間で、「刑を言い渡された者の移送に関する日本国とイラン・イスラム共和国との間の条約」の署名が行われた（ちなみに、平成26年（2014年）11月末現在、我が国におけるイラン人受刑者は178人であり、同27年（2015年）1月1日現在、イランにおける日本人受刑者は4人となっている。）。

6　受入移送と送出移送について

このような受刑者移送には、2種類のものがあり、まず、国際受刑者移送法2条5号に規定される「受入移送」は、

> 条約に基づき、締約国において外国刑の確定裁判を受けその執行として拘禁されている日本国民等の引渡しを当該締約国から受けて、当該確定裁判の執行の共助をすることをいう。

とされ、同条6号に規定される「送出移送」では、

> 条約に基づき、日本国において懲役又は禁錮の確定裁判を受けその執行として拘禁されている締約国の国民等を日本国から当該締約国に引き渡して、当該確定裁判の執行の共助を嘱託することをいう。

とされている。

そこで、それら送出移送及び受入移送に関する我が国における受刑者移送の実施状況であるが、平成16年（2004年）から同25年（2013年）までの間に、我が国から外国に受刑者を送り出して移送した人員は、合計248人に上っており、平成25年（2013年）では、25人となっている[4]。

そして、その送出先国（執行国）としては、例えば、平成27年（2015年）では、韓国4人、米国4人、スペイン3人、ベルギー2人などとなっている[5]。

逆に、平成27年（2015年）までの枠への受入移送は、合計9人である（平成26年中に6人の受入移送があった。）。

7 受刑者移送の法的性質

この国際受刑者移送の法的性質であるが、これは自由刑に関する裁判の執行の司法共助であるが（対象者は、自由刑の執行を受けて現に拘禁中の者であり、死刑確定者や執行猶予中及び仮釈放中の者は対象とされていない。）、それは裁判国の刑罰執行権を外国に委譲するものではなく、裁判国から刑罰の執行の委託を受け、執行国がこれを執行するものという考え方に基づくものである。

そして、この受刑者移送を実施する場合には、様々な要件を満たす必要があるが、受入移送の場合であっても、送出移送の場合であっても、いずれも受刑者本人の同意が必要とされている（受入移送の場合は、同法5条1号、送出移送の場合は、同法28条1号）。本来行刑関係では、その拘禁が法律に基づくものである以上、どの場所で刑の執行を受けるかについての受刑者の同意は不要である。しかし、刑の執行場所が外国から母国へ変わることにより、処遇環境に大きな変化が生ずることとなる。通常は母国で服役したいと考えるかもしれないが、受刑している事実を母国にいる親兄弟や知人等に知られたくないというような事情もあるであろうから、そのような受刑者を無理に移送しても処遇効果の向上は見込めないなどの配慮から、同意を移送要件としたものである。

また、その他に双罰性の要件もある。これは、送出国（裁判国）で犯罪とされている行為が、受入国（執行国）においても犯罪として科罰的であることをいう。国際受刑者移送法においても、受入移送（5条3号）も送出移送（28条2号）もいずれもこれを要件として規定している。

その理由とするところは、そもそも我が国で処罰規定のない行為を共助執

（4）　『平成26年版 犯罪白書』101頁等。
（5）　『平成28年版 犯罪白書』93頁。

行の対象とするようなことは、我が国の刑罰権の行使の在り方として適当でないという理由や、一般社会の感情からしても、自国民が犯罪とならない行為を理由として刑務所に収容されることについて素朴は違和感を抱くであろうことは想像に難くないという理由などが挙げられている。

第4　この章のおわりに

来日外国人犯罪の問題は、今後も引き続き、より効果的な対策が強く求められる分野である。受刑者移送の積極的な活用等をも含めて、より良い矯正処遇がなされるよう検討を続ける必要があろう。

第5章

マネー・ローンダリングをめぐる国際法上の諸問題

第1 はじめに

　マネー・ローンダリング対策については、国際的にも様々な取組がなされている。今日、国際法上の問題として、マネー・ローンダリング問題の占める重要性は極めて高いといえよう。

　そもそも、マネー・ローンダリングとは、Money Laundering という英語表記をそのままカタカナにより表記したもので、Money「お金」をLaundering「洗濯する」ことが本来的な意味となる。この「お金の洗濯」については、一般的には「資金洗浄」という訳語が当てられているが、その意味するところは、犯罪等の違法行為によって得たことで表に出せないような資金を、合法的に使えるようにするために色々な操作や作為をし、それが合法的に獲得された正当な資金であるかのような外観を作り出す行為全般を指すと言われている[1]。

（1）　1985年（昭和60年）の米国大統領諮問委員会の報告によると、マネー・ローンダリングは、「非合法の収入源による所得の存在を隠し、それを利用し、正当な報酬であるように偽装すること」と初めて公式に定義付けられたとされている（角野然生「マネー・ローンダリング問題への国際的取組みと我が国の対応」警論51巻9号96頁）。また、1989年（平成元年）に設立された米国の財務省傘下の連邦機関であるFinancial Crime Enforcement Network（「FinCEN」と略称される。）によれば、マネー・ローンダリングとは、「犯罪によってもたらされた金銭的収益を、合法的な起源によるものと見られる資金に転換することである。それは、強盗、詐欺、恐喝、横領及び薬物取引等全ての不法収益を生み出す活動に共通に見られる不可欠のサポート機能である。犯罪収益の洗浄のために用いられる個々の手法は、多種多様

国際的に認められたマネー・ローンダリングの定義としては、次の3段階によって構成されるものであるものと言われている。
　①　プレイスメント（Placement・蔵置）
非合法活動等によって得られた収益が現金等に資金化されること。
　②　レイヤリング（Layering・階層化）
送金や商品等への変換、換金等を繰り返すことで、資金の出所や流れを分かりにくくすること。
　③　インテグレイション（Integration・統合）
最終的に合法的な資金として経済社会に流入させること。
　具体的には、犯罪組織が麻薬や銃器などの禁制品等の売買などの犯罪行為等（これを「前提犯罪」(predicate offence)と呼ぶ。）により利益（これを「犯罪収益」(proceeds of crime)と呼ぶ。）を挙げ、これが銀行預金口座等に入金され（Placement）、銀行預金口座間で送金を繰り返したり、割引債や貴金属類を購入したりすることでその出所を隠匿し（Layering）、その後、合法的な株式取引や不動産売買等の経済活動に用いられる（Integration）という一連の動きがマネー・ローンダリングであるとされている。
　しかしながら、いくら犯罪等の違法行為に由来する資金であったとしても、当該資金の出所等を隠すなど行為が、古典的な道徳感に反するとまでは思われないであろう。にもかかわらず、なぜ犯罪として処罰されるのであろうか。
　例えば、以前は、犯人が何かを窃取してきた場合、当該犯人には窃盗罪が成立するが、その後、その窃取に係る物品等をどのように隠匿したり、処分したりしても、不可罰的事後行為として新たな犯罪は成立しないものと考えられてきた。しかしながら、このマネー・ローンダリングという概念は、そのような場合であっても、犯罪が成立し得ることを意味するものである。

である。どのような活動を支えるかによって、比較的単純なものもあれば、高度に洗練された手法を用いているものもある。薬物関連マネー・ローンダリングは、逐次発展してきたこと及び金額が大きいことから、他のタイプのマネー・ローンダリングに比べてより巧妙であると言える。」と説明されている（桐原弘毅「米国のマネー・ローンダリング取締り」警論49巻10号〈1996年〉80頁）。

そこで、この犯罪が生まれてきた由来などを振り返ることで、その犯罪化の必要性、必然性、更には、その国際性などについて検討することとする。

第2　マネー・ローンダリング罪の発生の由来

このマネー・ローンダリングという概念は、決して古くから存したものではない。その発生及び発展は、米国の組織犯罪との戦いの中に見出すことができる。

そもそもは、1900年代初頭、米国の禁酒法時代にその萌芽が見られるといわれている。当時、米国の闇経済の帝王であったアル・カポネが違法に酒類を販売し、これによって得た多額の収益を隠匿していた（表向きの仕事としては、コインランドリーのチェーン店を経営し、それを隠れ蓑にして収益の出所を隠していた。）。そして、1931年（昭和6年）にアル・カポネが脱税により逮捕されたが、これがマネー・ローンダリング罪の走りであるといわれる。ただ、これはあくまで脱税による摘発であって、本来的なマネー・ローンダリング罪によるものではない。

その後、米国では、イタリア系マフィア組織などの犯罪組織が勢力を伸ばし、中でも、ラ・コーサ・ノストラ（La Cosa Nostra）と呼ばれるマフィア組織は、禁酒法時代の闇取引の利権などを通じて資金を蓄え、全米の大都市に活動拠点を持つ巨大な組織に成長した。この組織は、麻薬取引、違法ギャンブル行為等あらゆる犯罪行為に手を染め、その組織の脅威は、強大なものとなった。

また、その他にもイタリア系のシシリアン・マフィアや、カモッラなどの犯罪組織が、更には、アジア系の犯罪組織も同様に成長し、その脅威も増大していった。

それらの犯罪組織により敢行される種々の犯罪のうちでも、麻薬取引は、そこから得られる収益が巨額である上、社会に与える害悪も甚大であり、実際にも、ヘロインやコカインのまん延は、米国社会に深刻な被害をもたらしていた。そのため、1900年代半ば過ぎころには、これを取り締まろうとする捜査当局と犯罪組織との戦いは熾烈であり、「麻薬戦争」と呼ばれる事態に

至っていた。

　そのような過程の中で、米国の連邦司法省や連邦捜査局等の捜査機関は、おとり捜査など様々な捜査手法を生み出し、薬物事件の摘発に努力してきたが、それでも麻薬取引に関わる犯罪組織の根幹を揺るがすには至らなかった。何しろそれら犯罪組織の活動拠点の中心は、米国内だけでなく、中南米の発展途上国等にもあり、その地理的、国際的な事情だけですら、既に捜査が容易でない状況にあった。さらに、それらの国々にしてみれば麻薬生産以外にこれといった産業がない状態であったことから、自国民が苦しむわけでもない麻薬の密輸出等について、効果的で強力な取締りを期待することすらできない状況にあったのである。したがって、米国内で薬物取引に関わる犯人を逮捕できたとしても末端の運び屋等といったものばかりで組織に大きな打撃を与えるには至っていなかった（もちろん、中にはおとり捜査などで成功した摘発例も存してはいたが[2]。）。

　しかも1960年代ころからは、それら犯罪組織は、薬物取引で得た莫大な資金力を背景に、地下社会から出て合法的な経済活動を行うようになってきた。そのため、米国としては、それら犯罪組織に対し、経済的側面からの打撃を与える必要性にも迫られることとなった。

　そのような状況下において、1970年（昭和45年）には、組織犯罪規制法、包括的薬物乱用防止規制法等が制定された。この組織犯罪規制法は、いわゆるRICO法（Racketeer Influenced and Corrupt Organization Act）という法律などから構成されており、麻薬犯罪組織に対する戦略として、刑罰を重くするとともに、それらの組織に経済的ダメージを与えるため、没収の規定を強化するなどしたものであった。つまり、このRICO法は、合法的組織に犯罪組織が浸透することを排除することを目的としたもので、その考え方や構成は、後に制定されるマネー・ローンダリング規制法（Money Laundering Control Act）に大きな影響を与えていると言われている[3]。

　また、それら法律の制定だけでなく、同時期に、銀行秘密法（Bank

（2）　1978年のFBIによるストア・フロント・オペレーションや、1989年のグリーンアイス作戦などが著名である。桐原・前掲注(1)88乃至92頁に詳しい。
（3）　桐原・前掲注(1)82頁。

Secrecy Act）の制定もなされた[4]。このころには、犯罪組織は、捜査機関による摘発を免れるため、多額の不法収益を外国の金融機関に送金するということもしていた。そこで、これを防止するため、金融機関等は、国内での現金取引については1万ドルを超える取引について、国外との現金取引については、5,000ドルを超える取引について、いずれも定型の報告書を、国内取引については歳入庁宛に、国外取引については税関宛に提出することが義務付けられた[5]。

第3　マネー・ローンダリング罪の誕生

　そして、1986年（昭和61年）には、米国において、マネー・ローンダリング規制法（Money Laundering Control Act）が制定された。この法律において、現代におけるマネー・ローンダリング罪の原形が示されている。

　具体的には、ある経済取引に伴う財産が、何らかの違法行為による犯罪収益であると知っている者が、特定違法行為（Specified Unlawful Activity）の遂行を促進する目的で、又は、脱税若しくは不正申告の目的で、特定違法行為の犯罪収益を伴う経済取引を行い、又は行おうとした場合、50万ドル又は当該取引に係る財産の2倍の金額のいずれか高い方を限度とする罰金、若しくは、20年以下の自由刑とし、又はこれを併科するというものである。

　また、上記同様の者が、上記のような目的を有していなくても、当該経済取引の全体又は一部が、特定違法行為の犯罪収益の性質、所在、源泉、所有

---

(4) この法律は、正式には、Bank Records and Foreign Transaction Act、と称されるもので、つまり、銀行における記録及び海外取引に関する法律というのが正確であるが、一般的には、銀行秘密法と呼ばれている。しかし、これは銀行が顧客の秘密を守ることを規定したものではなく、その逆で、銀行に対して顧客や口座及び取引に関する情報の提供を義務付けるものである。

(5) Investigation and Prosecution of Illegal Money Laundering-Narcotic and Dangerous Drug Section Monograph-A Guide to the Bank Secrecy Act: U.S. Department of Justice Criminal Division 36頁、39頁、72頁。ただ、この国外との現金取引の届出金額は、後に1万ドルに引き上げられた。というのは、税関への届出の数が多すぎてその負担が大変で、より怪しい取引に集中するためであると説明されている（同上26頁）。

関係等を隠匿し、若しくは仮装するために行われることを知りながら、又は、州法若しくは連邦法が定める取引報告義務を回避するために行われることを知りながら、上記同様の行為に及び、若しくは及ぼうとした場合も同様の刑罰をもって臨むこととなっている(6)。

　この構成要件を考えるに当たり、まず、最初に把握しておく必要がある概念としては、「何らかの違法行為による犯罪収益」である。これは、そもそもマネー・ローンダリング罪が、犯罪行為などの違法行為によって得られた不正な収益について、それが洗浄されて正規の経済社会への流入されることを阻止しようという意図に基づいて誕生したものである以上、その根幹を成す概念であるとされるものである。ここで当該収益を生み出すことになった違法行為となる犯罪を、先にも簡単に触れたが、「前提犯罪」(Predicate Offence)と、そして、その前提犯罪に基づいて得られた収益を「犯罪収益」(Proceeds of Crime)と呼んでいる。

　どのような犯罪がこの前提犯罪該当するかは、各国の法制度によって異なっているが、我が国の法制度上どのように扱われているかなどについては後述する。

　また上述したように、この法律では、薬物犯罪や財産犯など広範囲に前提犯罪を限定列挙し、それら犯罪に該当する行為を「特定違法行為」と呼んでいる。

　その上で、当該収益が特定違法行為に起因するものであることを知っている者が、上記記載の各目的や上記の事情を知りながら、当該犯罪収益を伴う経済取引(7)を行った場合に、マネー・ローンダリング罪として処罰するとい

---

(6)　ここで記載したものは、典型的なマネー・ローンダリング罪であり、特定違法行為に係る資金洗浄罪（18USC§1956(a)(1)）と呼ばれるものであるが、その他にも、米国の国境を越えてその内外に移動させる資金移動罪（18USC§1956(a)(2)）や、犯罪収益にかかる金融取引関与罪（18USC1957(a)）なども規定されている。

(7)　ここでいう「経済取引」とは、一般的に、「購入、販売、借入、質入、贈与、譲渡、引渡、その他の処分」が含まれるとした上で、金融機関に対しては、それらに加えて、「預入、引出、振替、両替、借入、与信の延長、株式・債券・譲渡性預金・その他の支払手段の売買、貸金庫の利用、その他金融機関を利用しての支払、送金、引渡」を含むものとしている（18USC§1956(c)(3)）。

うものである。

この規定などを基に、現在、日本で適用されているマネー・ローンダリング罪が形成されていくことになる。

第4　国際社会及び日本におけるマネー・ローンダリング規制の発展の経緯

1　マネー・ローンダリング対策において国際協調が求められる理由

　前記のように、米国でマネー・ローンダリング規制法が制定されるなど、マネー・ローンダリングに対する規制の高まりを受けて、国際社会においても、この規制の必要性が強く認識されるようになった。ヨーロッパ諸国、中でもイタリアなどでは、組織犯罪集団の脅威が米国同様に急増してきたからである。

　このような歴史的経緯から誕生したマネー・ローンダリングという概念であるが、このマネー・ローンダリング対策は、不可避的に国際的な取組みが求められるものであり、どこか一つの国が単独で行うだけでは、その効果を十分に発揮することができないという性質を持つものであった。

　というのは、これまで述べてきたように、マネー・ローンダリングは犯罪もよる違法行為によって得た資金について、その本来の性質を隠すなどして合法的に得られた資金であるかのように仮装するものであるところ、ある国では、それが犯罪とされ、厳しい規制がかけられていたとしても、別の国では、それが犯罪とされておらず、その資金の性質を変えてしまうことが容易にできるのであれば、そのような資金は後者の国に流れ込んで行き、その国でマネー・ローンダリングが行われてしまうからである。

　例えば、米国でマネー・ローンダリング規制を厳しくすると、その資金を南米や太平洋に浮かぶ小さな島国において設立した会社に送金したり、それらの国々に現金を持ち込んで、同国内等の会社を通じて商取引をしたかのように装い、その会社が正当に挙げた収益であるかのような外形を作り出してから、この資金を米国に送金するなどして戻せば、元々は犯罪から得られた収益であったにもかかわらず、立派に表に出せる金になり、通常の経済社会

に流入することとなる。

　もちろん、その資金の流れをきちんと調べればマネー・ローンダリングであることは判明するが、その資金が流入するのは自国の捜査権が及ばない他国であって、その国内の資金の動きは同国の協力なくしては判明しない。しかも、その国ではマネー・ローンダリングが犯罪でなく、また、十分な協力が得られないとなると、捜査が行き詰まることは明らかであろう。したがって、マネー・ローンダリングを防止しようとする側からすれば、そのようなマネー・ローンダリングに係る資金の避難地[8]となるような国の存在を許してはならないということになる。

　しかしながら、外貨の欲しい貧しい国々にとっては、お金に色がついているわけではないことから、本音でいえば、犯罪等に起因する資金であっても、自国内の銀行[9]に入ってくる外貨が有り難いものであることは否定し得ないであろう。また、一方で、金融により国家経済を支えようとする先進国の一部も、同様に資金の活発な流通を止めるようなことは阻止したいと考えていた[10]。そこで、ここにマネー・ローンダリングを間に挟んだ形での国家間の対立が生じていた。

---

(8) これを一般的にはタックス・ヘイブン（Tax Haven）とか、セイフ・ヘイブン（Safe Haven）と呼ぶ。主に、税制上の優遇措置が図られていることによる。この場合の英語は、「Haven」というもので「避難地」という訳語が当てられるものであり、「Heaven」（ヘブン）という「天国」という訳語が当てられるものではない。税金の天国に金が流れるようなイメージを持って、この点誤解している方々もたまに見られるのであえて注記しておく。
(9) このような資金の避難地になるような金融機関をオフショア・バンク（Offshore Bank）という。これも主に税制上の優遇措置が与えられた金融市場内における金融機関のことである。
(10) 例えば、オーストリアは金融業が盛んな国であるが、同国内への資金の流入を容易にするために、2000年（平成12年）ころまでは、匿名の銀行預金口座を認めていた。また、スイスでは、1934年（昭和9年）に制定されたスイス銀行法により第三者への顧客情報の開示を禁じたことから、その過度の守秘により、金融業を発展させた一方、国際麻薬組織や発展途上国の首長らによる資金隠匿にも使われていた。しかし、1998年（平成10年）ころには、そのような匿名口座は実質的には廃止されたと言われている（橘玲『マネー・ローンダリング入門――国際金融詐欺からテロ資金まで国際金融詐欺からテロ資金まで――』〈2006年、幻冬舎〉57頁）。

2 マネー・ローンダリング対策としての麻薬新条約の成立及び我が国の対応

上記のような対立は存したものの、国際的な流れとしては、組織犯罪の撲滅に向けてマネー・ローンダリング対策を実施することは避けて通れないという認識が広がり、1980年代初頭ころから、国連等を舞台にして、マネー・ローンダリングの犯罪化に向けた議論がなされるようになった。

そして、この犯罪化に向けての各国のコンセンサスが得られるようになり、1988年（昭和63年）12月、ウィーンにおいて、麻薬及び向精神薬の不正取引の防止に関する国際連合条約（これは、通常「麻薬新条約」とか、署名地にちなんで「ウィーン条約」と呼ばれている。）が採択された。

この条約では、薬物犯罪から得られた収益に係るマネー・ローンダリング行為を犯罪化することや、密輸等された薬物だけでなく、そのような犯罪から得られた収益をも没収の対象とすることなどが義務付けられることとなった。この条約によって、国際社会において、初めてマネー・ローンダリング行為や犯罪収益に関する没収が法規制の対象とされることとなった。

そして、日本でも、この条約を批准するために、国内法の整備として、平成3年（1991年）10月、「国際的な協力の下に規制薬物に係る不正行為を助長する行為等の防止を図るための麻薬及び向精神薬取締法等の特例等に関する法律」（以下「麻薬特例法」と略称する。）が制定された。この法律において、日本最初のマネー・ローンダリング罪が規定された（現在における同法6条及び7条）。

3 マネー・ローンダリング対策としてのFATFの設立

1989年（平成元年）7月に開催されたアルシュ・サミットにおいて、マネー・ローンダリング対策における国際協調を促進するための政府間会合として、Financial Action Task Force on Money Laundering（頭文字をとって、「FATF」と表記され、「ファトフ」と発音される。また、日本語訳としては、「資金洗浄に関する金融活動作業部会」と呼ばれる。）が設立された。このFATFは、国際社会におけるマネー・ローンダリング対策について常に先頭を切って進む役割を演じており、現在においても、各国のマネー・ローンダリング対策

に最も大きな影響力を持つ国際機関である。ただ、このFATFは、恒久的な国際機関ではなく、一定期間ごとに参加メンバーによって活動内容と存在の要否が見直されるものとなっている。

これには、平成29（2018）年3月現在、35か国・地域及び2国際機関が参加しており、事務局はパリのOECD本部ビル内にある。これにメンバーとして参加しているのは、日本、米国、英国、ドイツ、フランス、イタリア、カナダ、シンガポール、中国、香港、インド、韓国、ロシア、オーストラリア、ニュージーランド、オーストリア、ベルギー、デンマーク、スペイン、フィンランド、ギリシャ、アイルランド、アイスランド、ルクセンブルグ、ノルウェー、オランダ、ポルトガル、スウェーデン、スイス、トルコ、メキシコ、アルゼンチン、ブラジル、南アフリカ、マレーシア、欧州委員会（EC）及び湾岸協力理事会（GCC）である。

なお、これらメンバー国の下に、各地域における下部グループが設けられており、そこにはもっと多くの国が参加しており、その総数は、180を超える国・地域に及んでいる。なお、そのような下部組織であるFATFのアジア太平洋地域版であるAsia/Pacific Group on Money Laundering（APG）に日本も参加している。

そして、FATFの具体的な活動内容としては、
① マネー・ローンダリング及びテロ資金供与対策に関する国際標準（FATF勧告）の策定及びその見直し作業
② FATF参加国におけるFATF勧告の遵守状況の監視
③ FATF非参加国・地域におけるFATF勧告遵守の奨励
④ マネー・ローンダリング及びテロ資金供与対策の世界的レベルでの拡充

などが挙げられている。

4　FATFによる「40の勧告」に関する活動及び日本の対応

FATFは、1990年（平成2年）4月、各国において実施を求めるマネー・ローンダリング対策の国際標準として、「40の勧告」を作成し発表した。

この「40の勧告」では、麻薬新条約の早期批准や、マネー・ローンダリン

第 4　国際社会及び日本におけるマネー・ローンダリング規制の発展の経緯　145

グを取り締まるための国内法制の整備、とりわけ薬物犯罪収益を没収の対象とすることや、没収の前提として財産の差押えができるようにすること、また、外国からの要請に基づいて薬物犯罪収益の没収、追徴等を行うことなどが求められた。また、金融機関に対する書類の保存義務や顧客の本人確認義務、更には、疑わしい取引の報告の義務などもこの勧告に盛り込まれた。

　このFATFの「40の勧告」は、法的拘束力のあるものではないが、参加国間での相互審査（Mutual Evaluation）[11]等を通じて、各国が自主的に遵守することが求められる国際標準となっている。

　ただ、この当時は、マネー・ローンダリングの概念が薬物戦争に端を発し、薬物犯罪の撲滅を目的としたものであることから、前提犯罪は、薬物犯罪に限定されていた。

　その後、1996年（平成8年）6月、FATFは、「40の勧告」を改訂し、前提犯罪について薬物犯罪に限らず、一定の重大犯罪を含めることとした。これは、G8の専門家会合やFATF等の各種国際的な会合での議論を通じて、犯罪組織に対抗するには、マネー・ローンダリングの前提犯罪を薬物犯罪に限定すべきではなく、その他の重大な犯罪から得られた収益についても同様に広くマネー・ローンダリングに該当するものとして規制すべきであると考えられたからであった[12]。

　そこで、日本でも、この新たな「40の勧告」に応じて、組織犯罪に対抗できる法制度を構築するため、平成11年（1999年）に組織的犯罪処罰法を制定した。この法律において、前提犯罪を重大な犯罪一般に拡大することや、犯罪収益等に関する没収、追徴やそれらのための保全制度、疑わしい取引の届

---

(11)　ここでいう相互審査の内容としては、数名の代表者による審査団が被審査国を訪れ、関係省庁や民間団体を回って、被審査国における「40の勧告」の実施状況を現地調査し、これを全体会合に報告するという方法によって行われる審査である。
(12)　日本に対する第2次相互審査が平成9年12月に実施され、同10年6月の全体会合でその報告がなされたが、当時は、組織的犯罪処罰法の立法化に向けた準備段階であり、その立法化に高い関心が寄せられていた。一方、疑わしい取引についての報告件数が少ないことや、マネー・ローンダリング罪による起訴が少ないことなどについては改善が求められた（髙嶋智光「金融活動作業部会（FATF）によるマネー・ローンダリング対策と対日審査」罪と罰35巻4号〈1998年〉63頁）。

出制度などに関する規定などを設けるに至った。

5 国際組織犯罪防止条約の成立及び日本の対応

上記のような国際社会の動きと併行して、国連においても、国際的な組織犯罪に対抗するための取組が検討されてきた。そして、1994年（平成6年）11月に開催された国際的な組織犯罪に関する世界閣僚会議において、「ナポリ政治宣言及び世界行動計画」が採択されて、国際組織犯罪に対処するための国際協力の促進を目的とした文書の作成を検討することとされ、その後、政府間特別委員会における議論を経て、2000年（平成12年）11月15日、ニューヨークにおける国連総会において、「国際的な組織犯罪の防止に関する国際連合条約」（United Nations Transnational Organized Crime Convention）が採択された。

この条約においても、上記のFATFの「40の勧告」と同様に、一定の重大犯罪を前提としたマネー・ローンダリングの犯罪化、マネー・ローンダリングによる犯罪収益等の没収、追徴や、金融機関における顧客の本人確認義務などに加えて、疑わしい取引の乗法を一元的に分析するなどして捜査機関にその情報を提供する機関となる金融情報機関（Financial Intelligence Unit：FIU）の設置の奨励などが規定されている。

ただ、日本は、この条約については、パレルモで署名はしたものの、長い間、条約締結には至らなかった。この条約に対応するための担保法の整備ができなかったからである[13]。しかしながら、詳細は後述するが、織的犯罪処罰法の改正により、平成29年（2017年）8月には、この条約は我が国に対しても発効した。

6 米国同時多発テロ直後のFATFの活動状況及び日本の対応

2001年（平成13年）9月、米国同時多発テロが発生し、そのテロ資金供与

---

(13) この条約では、国際的犯罪組織等と戦うため、各締結国に、当該犯罪組織への参加を犯罪化するか、共謀罪の犯罪化のいずれかを求めているところ、日本では、参加罪は憲法上の疑義が生じるおそれがあるなどの理由から、共謀罪の法制化を図ろうとしたものの、反対意見が強く、そのため法制化ができなかったからである。

もマネー・ローンダリングの取締りの対象に加えるべきであると考えられるようになった。というのは、米国の捜査当局によれば、マネー・ローンダリングに似た手法で、同テロの実行犯であるテロリストたちへの資金援助が行われていたからである。厳密には、テロリストという送金先が問題なのであって、その資金自体は不法収益に限られるわけではないものの、テロ資金供与という行為を犯罪とすれば、仮名での送金といったその実行行為は、マネー・ローンダリングと極めて類似していることとなる。米国は、それまで、対テロ戦争という名の下にアフガニスタンやイラクへの軍事作戦を展開してきたところ、今後は、テロ資金供与対策についても、麻薬密売組織への対抗策であったマネー・ローンダリング規制の活用を推進することとした[14]。

そして、上記テロ直後、FATFは、「テロ資金供与に関する8の特別勧告」を提言し、テロ資金供与をマネー・ローンダリングの取締り対象に加えることや、テロに関係する疑わしい取引の届出の義務などをその勧告に盛り込んだ。

そのため、日本では、この特別勧告に従ってテロ資金供与を防止するため、平成14年（2002年）6月、「公衆等脅迫目的の犯罪行為のための資金の提供等の処罰に関する法律」（以下「テロ資金供与処罰法」と略称する。）を制定した。

この法律により、日本では、テロ行為を「公衆等脅迫目的の犯罪行為」と定義付けた上、その行為を「公衆又は国若しくは地方公共団体若しくは外国

---

(14) 実際のところ、マネー・ローンダリングとテロ資金供与は、異なる類型の罪である。つまり、マネー・ローンダリングは、前提犯罪によって得られた収益について、その出所を誤魔化したり、その性質を変更させるなどの特定の犯罪後の行為に当罰性を認めているものであるのに対し、テロ資金供与は、特定のテロ行為の前提としての資金の提供行為に当罰性が認められているのであって、その適用される場面は明らかに違っている。

しかしながら、両者は、「お金の移転を伴うもの」という特徴が共通であり、その前提犯罪やテロ行為というものに着目するのではなく、不正な資金の流れそのものに着目し、これを防止し取り締まることに主眼を置くという意味において、テロ資金供与対策においても、マネー・ローンダリング対策の手法が用いられると考えられたことによるものである（津田尊弘『犯罪収益規制と財産回復——アセット・リカバリーの国際的潮流と日本の実務への示唆——』〈2010年、立花書房〉24頁）。

政府等（中略）を脅迫する目的をもって行われる犯罪行為」であって、人を殺害したり、航行中の航空機を墜落させたりする行為などを含むものとしている（同法1条）。そして、「情を知って、公衆等脅迫目的の犯罪行為の実行を容易にする目的で、資金を提供した者は、10年以下の懲役又は1000万円以下の罰金に処する。」（同法2条）とするほか、「公衆等脅迫目的の犯罪行為を実行しようとする者が、その実行のために使用する目的で、資金の提供を勧誘し、若しくは要請し、又はその他の方法により、資金を収集したときは、10年以下の懲役又は1,000万円以下の罰金に処する。」（同法3条）など、テロ資金供与行為を犯罪化したものである。

また、同年中に、金融機関による顧客の本人確認及び関係書類の保存義務を定めるための「金融機関等による顧客等の本人確認等に関する法律」（以下「本人確認法」と略称する。）も制定された[15]。

7 その後のFATFの活動状況及び日本の対応

2003年（平成15年）6月、FATFは、「40の勧告」を再度改訂し、金融情報機関（FIU）設置の義務付けや、顧客管理義務の対象者として、金融機関だけでなく、特定の非金融業者（不動産業者、貴金属及び宝石商等）や職業的専門家（弁護士、公認会計士等）にも広げた他、従来は、顧客の本人確認を義務付けるだけであったのが、より広汎に顧客管理を義務付けることとされた。具体的には、取引が成立した時点での本人確認にとどまらず、一定の場合

---

[15] なお、この本人確認法は、その後、第161回国会において改正され、その名称も「金融機関等による顧客等の本人確認等及び預金口座等の不正な利用の防止に関する法律」となって、同改正法は、平成16年12月より施行された。
この改正により、①他人になりすまして預貯金契約に係る役務の提供を受ける等の目的で、預貯金通帳等を譲受け等したり、②相手方にその目的があることをしって、その相手方に預貯金通帳等を譲渡等したり、③通常の商取引又は金融取引圏と正当な理由がないのに、有償で、預貯金通帳等を譲受け又は譲渡等した場合には、いずれも50万円以下の罰金に処せられることとなった他、④業として、それらの行為をした場合には、2年以下の懲役若しくは300万円以下の罰金に処せられ、又はこれを併科されるなどの刑罰が定められた。さらに、⑤先の①から③の行為をするように、人を勧誘し、又は広告その他これに類似する方法により、人を誘引した場合には、50万円以下の罰金に処せられることとなった。

は、取引が継続する間もその顧客の身元を確認し続ける必要があることや、取引名義人たる顧客だけでなく、真の受益者（Beneficial Owner）を確認することなどが義務付けられる一方、顧客等に対する取引のリスクに応じた顧客管理措置を採ることを許容し、マネー・ローンダリングのリスクの高い顧客や取引については、厳しい顧客管理を課すものの、低いリスクの顧客や取引については、簡易な顧客管理を認めることとした。

また、2004年（平成16年）には、上記の8の特別勧告に、現金密輸に関する特別勧告が追加され、9の特別勧告とされた。ここでの追加は、キャシュ・クーリエ（Cash Courier）と呼ばれるものであり、国境を越えて現金の密輸を行うものをマネー・ローンダリング・テロ資金供与として規制しようというものである。一見原始的な方法に見られるが、税関を首尾良く通過することができれば、その後の追跡はもはや不可能であり、犯罪者側にとっては、履歴の残る銀行振込などより安全ともいえる手法である[16]。

そして、そのような改定に応じて、日本でも所要の立法等がなされた。平成19年（2007年）3月、「犯罪による収益の移転防止に関する法律」（以下「犯罪収益移転防止法」と略称する。）を制定することにより、それまで、金融機関に対する顧客の本人確認義務を本人確認法によっていたものを犯罪収益移転防止法に移行させるとともに、疑わしい取引についての届出義務を組織的犯罪処罰法によって義務付けていたものも犯罪収益移転防止法に移行させた上[17]、その疑わしい取引についての義務の主体に、金融業者に加えて特定の非金融業者も加えることになった。しかしながら、職業的専門家については、弁護士会などによる強い反対もあり、犯罪収益移転防止法による届出の義務を課することはできなかった。

また、FIUがそれまでは金融庁特定金融情報室に所属していたところ、犯罪収益移転防止法により、その所管が警察庁刑事局組織犯罪対策部犯罪収益移転防止管理官に移行された[18]。これは、顧客管理や疑わしい取引の届

---

(16) 津田・前掲注(14)22頁。
(17) この犯罪収益移転防止法の制定に伴い、本人確認法は廃止され、組織的犯罪処罰法第5章は削除された。なお、前述した本人確認法の改正により規定された預貯金通帳等の売買等に関する罰則規定は、犯罪収益移転防止法に引き継がれている。

出が義務づけられる業者に非金融業者が含まれていることから、金融業を所管する金融庁ではなく、一般に犯罪の予防・鎮圧等を責務とする警察庁にその機能を移管し、警察庁と各業者の監督官庁とが協力する体制を作ったことによるものである。

8　FATFによる第3次対日相互審査及び日本の対応

　平成20年（2008年）3月、上記「40の勧告」及び特別勧告についての日本における実施状況の審査が行われた。そして、その結果は、同年10月30日付け対日相互審査報告書にまとめられたが、その評価は、多くの点において4段階評価のうちの最低の「不履行」というものであった[19]。
　具体的には、「金融機関に対する、真の受益者の身元の確認及び照合に関する一般的な義務がない。」、「金融機関に対し、業務関係に関する継続的な顧客管理を義務付ける法又は規則がない。」、「リスクの高い分野の顧客、業務関係、取引が強化された顧客管理の対象となっていない。」、「弁護士、司法書士、行政書士、公認会計士及び税理士は、疑わしい取引の届出義務を課されていないので、疑わしい取引の届出義務の対象業種として、同届出制度の一環として課される、通常でない取引又は大口取引の監視に関する間接的な義務が適用されない。」などについて、FATFの「40の勧告」が履行されていないと評価された。
　そこで、このような指摘に対応するために必要な立法作業等に資するため、平成22年（2010年）1月、警察庁において、「マネー・ローンダリング対策のための事業者による顧客管理の在り方に関する懇談会」が設置され、上記対日審査における指摘事項などへの対応という国際的取組みからの観点のほか、顧客管理に関する取引実務への影響や、事業者・顧客への負担といっ

---

(18)　その後、組織改編により、現在は、犯罪収益移転防止対策室がその担当となっている。
(19)　報告書は、平成20年（2008年）10月30日付けで、その内容は、財務省ウェブサイトに「対日相互審査報告書概要（仮訳）」として掲載されている。
　　なお、評価の基準は、「履行」（Compliant）、「概ね履行」（Largely Compliant）、「一部履行」（Partially Compliant）、「不履行」（Non-Compliant）に分かれていた。このうち、日本に対する評価は、NCが多かったということである。

た日本固有の観点をも踏まえて協議、検討され、同年7月、その結果をとりまとめた報告書が出された。

　同報告書は多岐にわたって検討されているので、そのうちの一例を挙げれば、上記指摘事項のうち、真の受益者の身元の確認に関する点については、「真の受益者に関する情報を取得することについては、背後に存在する怪しい者を把握することができるという意味があるほか、仮に、顧客が暴力団関係企業であるような場合には、暴力団員自体が株主になっていることは少ないかもしれないが、株主に関する情報を求めることによりそのような者に心理的な圧迫を加えることができるという意味で、一定の効果が期待される。真の受益者に関する情報を取得することは顧客管理の基本であり、一定の効果があることにかんがみると、基本的には、これを取得するということは適当であると考えられる。

　一方で、例えば、イギリスの法令では、真の受益者を25％を超える株式を有する者やその他法人の経営に影響を及ぼす者と定義しているが、後者については、事業者としても確かめることが困難であり、また、顧客にとってもその存在は不明確であり、仮に把握していたとしても隠匿することが予想されることから、そのような情報を取得することは困難である。

　一定割合以上の株式を有する者については、株主名簿などの書類で確認するということが考えられるが、株主名簿を備えていない会社も現に存在することを考慮すると、顧客から申告を受けるという方法も考えられる。この場合、例えば、銀行が融資をする場合であれば格別、口座開設や現金送金といった取引をする場合にまで、逐一顧客の株主などについて確認することは、顧客の抵抗感や事業者の負担が大きく、手間を掛けて調査をすることは適当でないと考えられ、その具体的な取得の対象、方法、内容については、十分に検討する必要がある。」として、否定的な見解が出されている[20]。

---

(20)　平成22年7月20日「マネー・ローンダリング対策のための事業者による顧客管理の在り方に関する懇談会報告書」4〜5頁。

9　本人確認等に関する犯罪収益移転防止法の改正

　このように多岐にわたって検討された結果を踏まえて、犯罪収益移転防止法の改正作業が進められ、平成23年（2011年）4月27日、第177回国会において、犯罪収益移転防止法の改正法が成立し、翌28日、公布された。

　ただ、この改正は、FATFの指摘に係る改善措置を講ずるという国際的要請が契機とはなっているが、あくまでこの犯罪収益移転防止法は、犯罪による収益の移転を防止するための枠組みであって、FATFの勧告を実施するための特別法ではないことから、犯罪対策としての実効性や取引実務に鑑みた事業者や国民の負担や利便性を考慮して改正に当たったものである[21]。

　この法律では、銀行などの金融機関や宅地建物取引業者などのマネー・ローンダリングに関わるおそれのある業者を「特定事業者」としているが（同法2条2項）、その中に、電話転送サービス事業者を加えた上[22]（同法2条41号）、取引の際に確認すべき事項として、これまでは、本人特定事項として、自然人については、住所・氏名・生年月日、法人については、名称及び本店又は主たる事務所の所在地についてのみ公的書類による確認が義務づけられていたところ、この改正により、それらに加えて、取引目的、顧客等が自然人であれば職業、顧客等が法人であれば事業内容及び実質的支配者の本人特定事項についても確認すること（同法4条1項）などが求められることとなった。

　そして、その確認すべき事項についての虚偽申告行為や、預貯金通帳等の不正譲渡等に対する罰則が強化されるように改正された。つまり、振り込め詐欺等においては、振込先の預貯金口座が必要であり、そのため犯人が他人から不正に譲り受けた口座などを使う場合も多く、不正な手段による口座開

---

[21]　内藤浩文「犯罪収益移転防止法の一部改正今後の犯罪収益対策について」警論64巻9号（2011年）4～5頁。
[22]　これは電話転送サービスの利用が真実と異なる事業の信用や業務規模を仮装することを可能としており、これを利用した振り込め詐欺等の犯罪が行われた場合、本人確認やその記録の保存が義務づけられておらず、捜査機関による追跡が困難であり、マネー・ローンダリングに悪用される可能性が高かったために、法改正により加えられたものと説明されている（山崎千春＝鈴木仁史『改正犯収法と金融犯罪対策』〈2013年、金融財政事情研究会〉10頁）。

設行為をも含めて、より強い抑止力が必要とされたからである。

そのため、その罰則を、50万円以下の罰金から1年以下の懲役若しくは100万円以下の罰金又はこれを併科するとし、業としてなされた場合の罰則については、それまでの2年以下の懲役又は300万円以下の罰金から、3年以下の懲役若しくは500万円以下の罰金又はこれを併科することとして引き上げられた（同法27条）。この罰則の引き上げに関する改正については、平成23年（2011年）5月28日から先行して施行された（なお、その他の改正については、平成25年（2013年）4月1日から施行されている。）。

10　日本の迅速な対応を促すFATF声明及びそれに対応するための法改正

(1)　FATFの声明

上記のように犯罪収益移転防止法を改正した上、その後も、警察庁では、学識経験者などからなる「マネー・ローンダリング対策等に関する懇談会」を開催するなど、第3次対日相互審査の結果を踏まえたフォローアップを図ってきた。

しかしながら、FATFは、我が国について、加盟国中FATF勧告遵守に関し最も遅れた国の一つであると考えており、FATFは、2014年（平成26年）6月27日に公表された日本に関する声明において、顧客管理措置が不十分であること、テロ資金供与の犯罪化が不完全であること、テロリスト資産の凍結メカニズムが不完全であること、パレルモ条約の締結と完全な実施ができていないことの4点について迅速な対応を促す声明が公表された。

このように日本を名指しする声明が公表されるに至り、FATF勧告に対応するための法整備を行わなければ、今後、日本がマネー・ローンダリング対策に不十分な国として国名公表される危険性があり、仮にそのような事態となれば、日本の金融機関の海外取引に支障が生じるおそれがあった。

そのため種々の法改正がなされたが、以下において、犯罪収益移転防止法の改正とテロ資金供与処罰法の改正について触れることとする。

(2)　疑わしい届出等に関する犯罪収益移転防止法の改正

平成26年（2014年）11月19日、第187回国会において、犯罪収益移転防止法

の一部を改正する法律が成立し、同月27日公布された。

　ここでの改正点は、まず、疑わしい取引を届け出る義務を負う特定事業者に対し、その届出に関する判断の適正を確保するため、国家公安委員会が作成し、公表する犯罪収益移転危険度調査書の内容や省令で定める方法に沿って判断しなければならないとされた。

　これは、これまで疑わしい取引の届出の必要性の判断については、特定業者の判断や裁量に委ねていたものの、明らかに不自然である取引を疑わしい取引として認識せず、適切な届出がなされていなかった事案も存したことから、国家公安委員会において、事業者が行う取引の種別ごとに犯罪収益移転危険度を記載した犯罪収益移転危険度調査書作成、公表し、これらに沿った形で判断をするよう求めることとしたものである。

　また、その他にも、外国所在為替取引業者との契約締結の際に、その外国所在為替取引業者が自己の顧客に対して本人確認等の措置を十分に行うなど、実効的な対策を行っているかについて確認するよう義務付けることとされる（同法9条）などの改正を行った。

　例えば、金融機関などに対して顧客の確認義務として、同法4条1項4号において、

　　当該顧客等が法人である場合において、その事業経営を実質的に支配することが可能となる関係にあるものとして主務省令で定める者があるときにあっては、その者の本人特定事項

を確認するように義務付けており、同条項にいう主務省令は、同法施行規則11条2項であって、

　　法第4条第1項4号（中略）に規定する主務省令で定める者（以下「実質的支配者」という。）は、次の各号に掲げる法人の区分に応じ、それぞれ当該各号に定める者とする。

とした上で、同項1号では、まず、その法人の区分として、

　　株式会社（中略）その他の法人の議決権（中略）が当該議決権に係る株式の保有数又は当該株式の総数に対する当該株式の保有数の割合に応じて与えられる法人（以下「資本多数決法人」という。）のうち、その議決権の総数の4分の1を超える議決権を直接又は間接に有していると認め

られる自然人（中略）があるもの
についーは
　　当該自然人
を実質的支配者とし、また、同項2号では、
　　資本多数決法人（前号に掲げるものを除く。）のうち、出資、融資、取引
　　その他の関係を通じて当該法人の事業活動に支配的な影響力を有すると
　　認められる自然人があるもの
の区分についても
　　当該自然人
などとしている。

　このように、FATFの指摘を受けて、資本多数決の原則を採る法人においては、25パーセントを超える議決権を有している自然人や、当該法人の事業活動に支配的な影響力を持つ者について、真の受益者であるとして、これを明らかにするように努める義務を金融機関に課したものである[23]。

　ただ、実際のところ、このような調査は容易ではなく、金融機関等にとっても相当な負担であることは間違いないものと思われる。しかしながら、FATFからマネー・ローンダリング対策に非協力な国として扱われることは、国際金融取引上多大な不利益を被ることになることや、マネー・ローンダリング対策を実効性のあるものにするためには、その指摘を受け入れて改善する必要があることからやむを得ない負担であるされたものである。

　また、この改正法は、平成28年（2016年）10月1日、全面的に施行され、具体的には、本人確認については、顔写真のない本人確認書類の場合には、当該書類の住居地に転送不要郵便等の送付により確認を行うなどの方法が採られるようになったほか、上述したように、法人の実質的支配者について自然人まで遡って確認することが求められる扱いとされている。

---

(23)　以前は、この「当該自然人」という部分に法人が含まれることとされていたことから、実質的支配者には法人も含まれ、例えば、ペーパー・カンパニーが実質的支配者として認定されることがあり得るなどの問題が指摘されていた（安富潔「マネー・ローンダリング対策における顧客管理について」川端古稀（下）838頁）。

(3) テロ資金供与処罰法の改正

ア 上記FATF声明において指摘されただけでなく、上記平成20年の第3次対日審査においても、テロ資金供与処罰法では、資金以外の物質的支援の提供、収集や、テロ企図者以外のテロ協力者による資金等の収集等が処罰対象とされていないことなど、テロ資金供与の犯罪化に係る取組みが不十分であるなどの指摘がなされていた。

そのため、平成26年（2014年）11月14日、第187回国会において、テロ資金供与処罰法の一部を改正する法律が成立し、同月21日公布、同年12月11日に施行された。この改正は、資金以外の支援等をも処罰対象とすることから、同法の名称も、これまでの「公衆等脅迫目的の犯罪行為のための資金の提供等の処罰に関する法律」から、「公衆等脅迫目的の犯罪行為のための資金等の提供等の処罰に関する法律」（以下「テロ資金等供与処罰法」と略称する。）に改められた。

イ ここでは、その客体として、これまでは「資金」だけが対象であったところ、これに加えて、「その実行に資するその他利益（資金以外の土地、建物、物品、役務その他の利益をいう。）」が規定された。

また、この改正では、主体についても拡大されており、これまでは、テロ企図者による資金の収集行為（旧法3条）と、テロ企図者に対し一時協力者が資金を提供する行為だけであった（旧法2条）ところ、同法3条1項において、一次協力者に対し、資金等を提供する行為も処罰対象とするなどした。

11 最近のFATFの活動としての新しい勧告
(1) 新しい40の勧告の策定

2012年（平成24年）2月、FATFは、マネー・ローンダリング及びテロ資金供与対策の更なるステップアップのために、従来、マネー・ローンダリングに関する40の勧告と、テロ資金供与に関する9の特別勧告に分かれていたものを、40の勧告に統合した。

そのタイトルも、「マネー・ローンダリング及びテロ・大量破壊兵器拡散への資金供与との戦いに関する国際標準：FATF勧告」（International

Standards on Combating Money Laundering and the Financing of Terrorism & Proliferation: the FATF Recommendations）と改められた。

　この新しい40の勧告には、マネー・ローンダリング及びテロ資金供与対策等に関する基本的事柄が記載されていることから、ここで、主な改正のポイントとされる部分について、その一部を簡単に紹介することとしたい。

(2)　リスク・ベースド・アプローチ（Risk Based Approach）の採用
　ア　まず、これまでの40の勧告にもないわけではなかったものの、その定義が不明確であるなどの問題があったことから、これを明確にする趣旨で、最初に、リスク・ベースド・アプローチと呼ばれる勧告が挙げられている。
　この勧告は、マネー・ローンダリングやテロ資金供与に関して、各国におけるそのリスクを的確に評価、把握するなどし、そのリスクを下げるために、必要に応じた適切な対応をすべきであるということで、最初に挙げられている。要するに、マネー・ローンダリング及びテロ資金供与対策として、その国における当該リスクに釣り合った対策が求められるということである。つまり、高いリスクが見込まれる場合には、そのリスクに立ち向かうことのできるような対策を講じるべきであるし、逆に低い場合には、このFATFの勧告の適用に当たって簡素な措置を講じても構わないとしているのである。
　イ　具体的に、上記のリスク・ベースド・アプローチに関して、どのような取扱いを指すのかについて、全国銀行協会による説明では、FATFと民間セクターとの間での検討として、次のような事例を挙げてリスクの評価を図ろうとしている[24]。
　ここに学生Aと会社社長Bの2人の客がいるとする。そして、学生Aは、銀行のカウンターで、マネー・ローンダリングが行われる可能性が高い国に対して送金をしたとする。一方、会社社長Bは、個人で定期預金口座をインターネットで開設したとする。この両取引においていずれの方のリスクが高いのであろうか。

---

(24)　阿部耕一「マネー・ローンダリング防止対策に係る銀行界の取組みの現状と課題」警論60巻2号（2007年）69頁以下。

顧客の属性だけに着目すると、多額の現金を取り扱う会社社長Bのリスクの方が大きいように見えるが、そうではなく、それぞれのカテゴリーに応じたリスクレベルを数値に置き換えてリスク判断を行うというマトリクス的リスクアセスメント手法によると、Aは職業が学生ということで、リスクが低いことから、この属性についてのリスクレベルは1となり、外国送金はリスクが高いのでリスクレベルは5だが、窓口で取引をしたので、非対面取引よりリスクが低く、リスクレベルを1とする。しかし、送金先がマネー・ローンダリングの危険性が高い国なのでリスクレベル7として、結局、それらのリスクポイントの合計は14となる。一方、会社社長Bについて、同様にリスクポイントを計算するとリスクレベルが12になるとしたら、一見、大きな資金を動かすことのできる人物である会社社長Bの方のリスクが高いように見えても、総合的なリスク管理アプローチを通してみると、必ずしもそのようには評価されないということなどを検討するものである。リスクポイントをどのように決めるかなどの問題はあるものの、このような考え方に立って、リスク評価を試みることとなるのである。

　ウ　そして、このリスク・ベースド・アプローチについては、限定的な列挙であるとはいえ、先に述べた犯罪収益移転防止法の改正に当たっても考慮され、立法化もされている。

　具体的には、同法4条2項の規定がこれに該当し、そこでは、取引の相手方が、顧客等になりすましている疑いがある場合、契約時確認事項を偽っている疑いがある場合、イラン・北朝鮮に居住・所在する者との間の取引であるという3つの取引である場合には、マネー・ローンダリング等のリスクが高いものと考えられることから、通常の場合よりも厳格な確認方法を必要とするとされている。

(3) **法人・信託、電信送金システムに関する透明性の向上等**

　次に、法人・信託、電信送金システムに関する透明性の向上が勧告されている。これは犯罪者やテロリストによる悪用を防止するために、法人や信託の実質所有者・支配者に関する情報、電信送金を行う際に必要な情報等について基準を厳格化し、これらの透明性を高めることを求めるものである（勧告24、25、16）。

また、マネー・ローンダリングやテロ資金供与対策のための当局の機能及び国際協力体制の強化についても勧告されている。具体的には、国内において、マネー・ローンダリング及びテロ資金供与対策に責任を持つ法執行機関やFIUに対し、その役割と機能を明確にし、より幅広い捜査手法や権限を認めることを勧めている（勧告29乃至31）。そして、グローバルなマネー・ローンダリングやテロ資金供与の脅威の拡大に対応するため、捜査当局に求める国際協力の範囲が拡充されている（勧告36乃至40）。それゆえ、相互の情報提供の効果的な伝達等の推進が勧められている。

　ただ、そのようにして交換した情報は、要請された又は提供された目的にのみ使用されなければならない。当初の承認されたものを超える、当該情報の他の当局又は第三者への提供、あるいは、当該情報の行政、捜査、訴追又は司法目的の利用は、要請を受けた当局による事前承認の対象とすべきであるとされている（FATF勧告の解釈ノート「勧告40の解釈ノート（その他の形態の国際協力）A 全ての形態の国際協力に運用可能な原則・交換した情報の保護」）。したがって、公判で用いる証拠として他国での資金移動等の情報を得ようとする場合には、事前に相手国の承認が必要となる。

(4) **新たな脅威への対応**

　さらに、新たな脅威への対応として、次の3点に焦点が当てられている。

　ア　まず一つ目は、汚職等の腐敗行為防止の観点から、PEPsと略される重要な公的地位を有する者との対応についてである。ここでPEPsというのは、Politically Exposed Personsのことであり、解釈ノートに添付された用語集（General Glossary）によれば、外国のPEPsとは、外国において特に重要な公的な機能を任せられている、又は任せられてきた個人であり、例えば、国家元首や首相、高位の政治家、政府高官、司法当局者、軍当局者、国有企業の上級役員、重要な政党の役員をいうとされ、国内のPEPsとは、国内において特に重要な公的な機能を任せられている、又は任せられてきた個人であり、例えば、国家元首等として、上記同様の者らが挙げられている。

　そのような者らは、場合によっては権限濫用に基づく汚職等の腐敗行為により多額の蓄財をするおそれがあり、その上で、それら資金についてマネー・ローンダリング行為がなされるおそれもあることから、特に念入りな顧

客管理が求められることとなるのである。そして、このPEPsについては、改訂前の「40の勧告」においても、同様に勧告されていたが、この改訂により、国内のPEPsやその近親者についても金融機関による厳格な顧客管理が求められることとなった（勧告12）。

　イ　次に、二つ目として、これは全く新規に設けられたものであるが、大量破壊兵器の拡散及びこれに対する資金供与を防止等に関する国連安保理決議を遵守するために、これに反する行為に及ぶ者らに対して金融制裁をすることを勧告している（勧告7）。ここでの対象となる安保理決議は、決議1718（2006年（平成18年））の北朝鮮の核関連その他大量破壊兵器関連、弾道ミサイル関連計画に関わるものや、決議1734（2006年（平成18年））のイランの拡散上機微な核活動又は核兵器運搬システムの開発に関するものである。

　ウ　最後に、三つ目として、脱税が前提犯罪として明示的に位置づけられた。これは、第3次相互審査を通じて、税犯罪とマネー・ローンダリングが密接に関連していることが明らかになったため、税犯罪により生じた収益に対するマネー・ローンダリング行為についても犯罪の対象とすることを求めることとしたものである。ただ、これは勧告の中に出てくるのではなく、解釈ノート末尾の用語集の中の「指定された犯罪類型」（Designated categories of offences）の中に税犯罪（tax crimes）が含まれることが明示され、この「指定された犯罪類型」に属する一連の犯罪が前提犯罪に含まれるようにすべきである（FATF勧告解釈ノート「解釈3の解釈ノート（資金洗浄罪）4」）と解釈されていることから、脱税も前提犯罪に含まれることと位置づけられたものである。

12　第4次相互審査の開始

　2015年（平成27年）3月時点で、既に、FATFのメンバー各国に対する4回目の相互審査が開始されている。メンバー各国は、2014年（平成26年）3月のノルウェー及び同年4月のスペインを皮切りに、「新40の勧告」の履行状況について審査を受けることになっている。

13 FATF 以外のマネー・ローンダリング規制のための国際的な枠組みや国際機関

その一つとして、まず、国際通貨基金（International Monetary Fund：IMF）が挙げられる。この IMF は、2004年（平成16年）から、加盟国に対し、FATF 勧告の履行支援を行っている。

また、27か国の中央銀行及び金融監督当局によって構成されるバーゼル銀行監督委員会（Basel Committee on Banking Supervision）は、マネー・ローンダリング及びテロ資金供与対策に関する金融機関の顧客管理の具体的方法に関するガイダンスを発行している。

さらに、各国 FIU の情報交換や技術支援を目的とした非公式フォーラムであるエグモント・グループ（Egmont Group）なども存在する。

それらはいずれも国家間の枠組みであるが、その他に、金融機関相互の枠組み・組織も存在する。例えば、世界的なメガバンク11行が構成員として設立された「ウォルフスブルク・グループ（Wolfsberg Group）」は、FATF 勧告で宣言された抽象的な義務を、具体的なオペレーションレベルで実施する際の参考となる基本的な指針を公表している。

具体的には、プライベート・バンキングに関するマネー・ローンダリング規制の基本指針、コルレス口座に関する指針、取引のモニタリング及び疑わしい取引のスクリーニングと調査に関する指針、リスク・ベースド・アプローチの指針、実質的所有者、PEPs に関する質疑応答集などを公表して、実務上の参考に供している。

第5 我が国におけるマネー・ローンダリング対策――麻薬特例法及び組織的犯罪処罰法の適用による刑事処分――

1 我が国におけるマネー・ローンダリング罪に関する法体系

我が国において、マネー・ローンダリング行為を処罰するに当たっては、麻薬特例法6条及び7条並びに組織的犯罪処罰法9条ないし11条に、その処罰の対象となる行為などが規定されている。

その規定の内容については、次のように3つに分類される。

① 組織的犯罪処罰法9条による不法収益等による法人等の事業経営の支配を目的とする行為の罪
② 組織的犯罪処罰法10条1項と麻薬特例法6条1項による犯罪収益等又は薬物犯罪収益等の仮装・隠匿等の罪
③ 組織的犯罪処罰法11条と麻薬特例法7条による犯罪収益等又は薬物犯罪収益等の収受罪

の3つである。

ただ、それらの犯罪に共通する概念として、我が国においては、犯罪収益や薬物犯罪収益というものが何を指すのか、また、前提犯罪とは何を指すのかという問題などがある。そこで、まず、それらの概念を明らかにしてから、それぞれの罪の構成要件等について、簡略に説明することとする（なお、麻薬特例法による薬物犯罪収益についての概念は、組織的犯罪処罰法における犯罪収益の概念とほぼ同様であるから、ここでは薬物犯罪収益等に関する説明は省略する。）。

そもそもこれらの規定が設けられた立法趣旨は、これまでにも述べたように、薬物犯罪収益等又は犯罪収益等が新たな薬物犯罪等に再投資される可能性が高いことから、また、合法的な資金に仮装する行為には、将来の薬物犯罪やその他の組織的な犯罪等を助長、促進するおそれが認められることから、これを防止するという趣旨のほか、組織的犯罪処罰法において前提犯罪が拡大されたことに照らし、犯罪収益等が事業活動に投資されることによって、合法的な経済活動に悪影響を及ぼすことをも法益侵害として捉えられるようになったからである[25]。

なお、前述したように、組織的犯罪処罰法は、近時、法改正が行われており、この改正点についても以下に併せて説明することとする。

---

[25] 三浦守＝松波孝二＝八澤健三郎＝加藤俊治『組織的犯罪対策関連三法の解説』（2001年、法曹会）120頁、橋爪隆「銀行取引をめぐる犯罪」山口厚編著『経済刑法』（2012年、商事法務）122頁。

2 犯罪収益等に関する各概念

(1) 犯罪収益（Proceeds of Crime）とは

まず、犯罪収益については、組織的犯罪処罰法2条2項に定義規定が設けられている。すなわち、同条項では、

> この法律において「犯罪収益」とは、次に掲げる財産をいう。

として、まず、同項1号において、

> 財産上の不正な利益を得る目的で犯した次に掲げる罪の犯罪行為（日本国外でした行為であって、当該行為が日本国内において行われたとしたならばこれらの罪に当たり、かつ、当該行為地の法令により罪に当たるものを含む。）により生じ、若しくは当該犯罪行為により得た財産又は当該犯罪行為の報酬として得た財産
>
> イ　死刑又は無期若しくは長期4年以上の懲役若しくは禁錮の刑が定められている罪（ロに掲げる罪及び（中略）麻薬特例法（中略）第2条第2項各号に掲げる罪を除く。）
>
> ロ　別表第一（第三号を除く。）又は別表第二に掲げる罪

が掲げられている。

(2) 「財産上の不正な利益を得る目的」とは

この条文に規定されている「財産上の不正な利益を得る目的」というのは、その取得、保持が法秩序上許容されない利益を得る目的という[26]。財産を得ることが構成要件となっている財産犯や収賄などの罪を実行する場合には、当然にこの目的が存することになろう。

このような目的を要件としたのは、そのような目的で犯罪が遂行されるからこそ、その収益の剥奪が意味を持つという側面がある一方、そのような目的がないのであれば、そのような犯罪収益は多額に上らないと思われる上、収益剥奪の必要性も低いと考えられるからである。

(3) 前提犯罪（Predicate Offence）とは

そして、そのような目的に基づいて、本条各号の罪の犯罪行為に及ぶ必要がある。このような犯罪収益を産み出す前提となる犯罪を前提犯罪と呼び、

---

[26] 三浦＝松波＝八澤＝加藤・前掲注(24)72頁。

組織的犯罪処罰法では、上記の法改正以前は、別表で一つ一つ特定して規定していた。

このような規定の仕方は、例えば新たな犯罪を前提犯罪に加えるべきであると考えられても、一々法律の改正をしなければならないし、また、当該前提犯罪を規定している法律の条文等に変更が生じた場合、この組織的犯罪処罰法の別表も変更しなければならないなど不都合な点もあり、そのため、包括的な規定の仕方による法改正が検討されてはいたが、長く実現しなかった[27]。

この点について、改正前の組織的犯罪処罰法は、個々の犯罪ごとに、当該犯罪に係る犯罪収益の運用等の行為を規制するとともに、その的確な剥奪の措置を講ずることが犯罪収益の規制という趣旨や目的に照らして必要かつ効果的かどうかという観点から、当該犯罪の重大性や多額の犯罪収益に結びつくものか否かという観点や、組織的犯罪対策として緊急に対処しなければならないという現実的必要性の有無、更には、諸外国での対応状況など国際的な協調の必要性などを勘案した上で、死刑又は無期若しくは長期5年以上の懲役に当たる罪のうち、①極めて重大な犯罪、②暴力団等の資金源となる犯罪など、犯罪組織によって多額の収益を獲得するために職業的、反復的に実行されると認められる犯罪、③合法的な経済活動の周辺にあって多額の犯罪収益を伴う犯罪、④諸外国において広くマネー・ローンダリング罪の前提犯罪とされている犯罪と同種のもののほか、上記の法定刑を下回るものであっても、⑤現実に暴力団等が多額の収益を獲得していると認められる資金源となる犯罪なども併せて選択されていた[28]。

しかしながら、前述した本法改正により、「死刑又は無期若しくは長期4年以上の懲役若しくは禁錮の刑が定められている罪」として包括的な規定に

---

(27) 国際的に見ると、前提犯罪の規定の仕方には3種類ある。一つは、全ての犯罪を対象とする規定の仕方である（all criminal approach）。これにはイギリスなどがある。次は、一定の敷居値（例えば、長期5年以上の自由刑等）を設けて、それ以上の罪を前提犯罪とするという規定の仕方である（threshold approach）。これには、オーストリアやカナダが含まれる。最後に、以前の我が国のように個別的に列挙する規定の仕方である（list approach）。

(28) 三浦＝松波＝八澤＝加藤・前掲注[24]71～72頁。

より、前提犯罪が定められることとなった。これは国際組織犯罪防止条約がマネー・ローンダリングの前提犯罪について、原則として、全ての「重大な犯罪」、つまり、「長期4年以上の自由を剥奪する刑又はこれより重い刑を科することができる犯罪を構成する行為」を含めることを義務づけていたからである。ただ、これに該当する罪のうち、別に「薬物犯罪収益」の前提犯罪とされているものは麻薬特例法で規定されていることから、ここで規定する必要がないので、イの括弧書きで除かれている。

また、国際組織犯罪防止条約は、その附属議定書である人身取引議定書や密入国議定書を含めて、それらの中で犯罪化が義務づけられている犯罪を、マネー・ローンダリングの前提犯罪とすることを求めていることから、この犯罪に該当する犯罪については、本法改正に当たって別表第一に掲げられた。

さらに、改正前の組織的犯罪処罰法の別表に掲げられ「犯罪収益」の前提犯罪とされていた罪の中には、「死刑又は無期若しくは長期4年以上の懲役若しくは禁錮の刑が定められている罪」に該当せず、かつ、国際組織犯罪防止条約（人身取引議定書及び密入国議定書を含む。）において犯罪化が義務付けられている犯罪に該当せず、別表第一に掲げる罪にも該当しないものも存在していた。そのため、このような罪を別表第二に掲げ、法改正後も引き続き前提犯罪とすることとされた。

したがって、法改正前の組織的犯罪処罰法において、前提犯罪とされていた罪は、改正後組織的犯罪処罰法においても、全て前提犯罪とされている。

結局のところ、改正された組織的犯罪処罰法2条2項1号において、「犯罪収益」の前提犯罪とされているのは、

① 同号イの死刑又は無期若しくは長期4年以上の懲役若しくは禁錮の刑が定められている罪（②及び麻薬特例法第2条第2項各号に掲げる罪を除く。）

② 同号ロの国際組織犯罪防止条約（人身取引議定書及び密入国議定書を含む。）上、犯罪化が義務付けられている罪（別表第一に掲げる罪）

③ 同号ロの改正前の組織的犯罪処罰法において「犯罪収益」の前提犯罪とされていた罪のうち、法定刑の長期が4年未満の懲役又は禁錮である罪（別表第二に掲げる罪）

となる。

(4) 犯罪収益の対象となる財産とは

前述した目的をもって、上記の前提犯罪を遂行し、その結果として「生じ、若しくは当該犯罪行為により得た財産又は当該犯罪行為の報酬として得た財産」が犯罪収益となる。つまり、収賄によって交付を受けた現金や、窃盗により得た貴金属類、殺人の報酬として受領した現金などは、いずれもこれに該当する。

そして、このうち「犯罪行為により得た財産」とは、「犯罪の構成要件に該当する行為自体によって犯人が取得した財産をいうものと解すべきである。」(最(二小)判平成15・4・11刑集57巻4号403頁)とされるほか、「その文理、同法の立法目的（1条）等にも照らせば、当該犯罪行為によって取得した財産であればよく、その取得時期が当該犯罪行為の成立時の前であると後であるとを問わないと解すべきであるから、前提犯罪の実行に着手する前に取得した前払い代金等であっても後に前提犯罪が成立する限り、『犯罪行為により得た財産』として『犯罪収益』に該当し、その取得につき事実を仮装すれば、犯罪収益取得事実仮装罪が成立するというべきである。」(最(三小)判平成20・11・4刑集62巻10号2811頁)とされ、取得時期が当該犯罪行為の実行の着手前であっても差し支えないと考えられている[29]。

---

[29] この最高裁決定では、「犯罪行為により得た財産」というためには、前提犯罪との前後を問わず、マネー・ローンダリングの罪が成立するとしつつも、後者の構成要件的行為が先行する場合には、その後に前者の犯罪行為が成立しなければならないとしていることに留意しておく必要がある。本決定は、マネー・ローンダリングの保護法益が、将来の犯罪助長を防止することにあると考え、マネー・ローンダリング行為が将来における同種の犯罪を助長するものであるといるためには、マネー・ローンダリングの前提犯罪も実行される必要があるとするものと理解されよう。

ただ、「犯罪行為により得た財産」といえるためには、犯罪行為からの因果性を有する形で移転させた財産であることが必要であり、単に、犯罪をきっかけとして得たものでは足りないという考え方（樋口亮介「没収・追徴」山口編著・前掲注(24)383頁）によれば、犯罪行為以前に受領した財産について犯罪行為からの因果性を認めることはできず、着手に至っていない将来の犯罪行為を動機・原因として事前に受領した金銭を取得財産であると認めることは、犯罪と財産の関連性を没収事由ごとに明確化するという観点から問題があるとしている（樋口・同上384頁）。ただ、そのように考えても、前払い金は犯罪と対価性を有するので報酬財産と評価して没収対象にできるとしている（樋口・同上385頁）。

(5) 国外での行為についての前提犯罪の該当性について

　この前提犯罪の犯罪行為については、括弧書きで「日本国外でした行為であって、当該行為が日本国内において行われたとしたならばこれらの罪に当たり、かつ、当該行為地の法令により罪に当たるものを含む」とされており、国外での行為について前提犯罪となり得ることが規定されている。前提犯罪とされる行為が国外で実行されることもあるから、そこで得られた犯罪収益を捕捉する必要がある一方、現地の法律上違法な行為ではないのであれば、それまでも犯罪収益として本法による処罰の対象とするのは適切ではないと考えられることなどから、上記のような規定になったものである。

第6　不法収益等による法人等の事業経営の支配を目的とする行為の罪（不法収益等による事業経営支配罪・組織的犯罪処罰法第9条違反）

1　不法収益等による事業経営支配罪の解釈等

　組織的犯罪処罰法9条1項は、不法収益等を用いて、法人等の事業経営が支配されることによって、その事業活動が犯罪その他不正な行為に利用されたり、その事業経営に際して、不法収益等が不法な競争手段に用いられるなど不正な活動が行われ、また、法人制度に対する信頼を害することとなるなど、合法的な経済活動に悪影響を及ぼすおそれがあることに鑑み、これを防止するため、不法収益等を用いて法人等の事業経営を支配する一定の行為についてマネー・ローンダリング罪として処罰することとしたものである。

　要するに、不法収益等を用いての会社の乗っ取り行為を禁ずるものであるが、歴史的には、マネー・ローンダリングが生まれた米国において、そのような例が見られたことから、このような手法によって不法収益等が健全な経済社会に流入することを阻止し、また、不法収益等を用いる者らが経営活動の乗り出すことをも併せて阻止する必要があったからである。

2 不法収益等による法人等の事業経営の支配を目的とする行為の罪（組織的犯罪処罰法9条違反）として処理された事案

ここでは、同法9条違反として処理された著名な大正生命事件（東京地判平成15・1・20判タ1119号267頁）を紹介する。

(1) 事案の概要

これは、大正生命保険株式会社（以下「大正生命」という。）が第三者割当ての方法によって新株を発行した際、被告人は、詐欺罪により得た財産を用いることにより、被告人が大正生命の株式3,480万株の払込みをして株主たる地位を取得するとともに、被告人が支配するK社に大正生命の株式6,000万株の払込みをさせて株主たる地位を取得させ、大正生命の発行済株式総数1億4,185万株の約66.8パーセントに相当する株式を被告人の支配下においた上、大正生命の事業経営を支配する目的で、大正生命の株主総会において、被告人が、株主としての権限を行使するなどして、自ら等を大正生命の取締役に選任したものである。

被告人は、そもそも大正生命に対して、社債の購入をあっせんするように装って、何百億円もの被害をもたらす詐欺を働き（これが前提犯罪である。）、その資金を使って大正生命の株を買い、自らが大正生命の代表取締役社長になって、大正生命を支配しようとしたものであった。具体的には、改正前の組織的犯罪処罰法の別表中の第2のタで前提犯罪として規定する刑法246条の詐欺により得た犯罪収益等を用いて株式払込金とし、新会社の取締役の選任等を行ったことから、組織的犯罪処罰法9条1項1号の違反が成立したのである。

(2) 判決の内容

この件は、まさに組織的犯罪処罰法第9条違反の典型例ともいえるような事案であり、被疑者は、平成12年10月、東京地裁に起訴されたところ、同15年1月20日、東京地裁は、被告人に対し、一緒に起訴された詐欺等と併せて、懲役10年、罰金1,000万円の判決を宣告した。

第7　犯罪収益等の仮装・隠匿の罪（組織的犯罪処罰法10条違反）

1　総　　説

　この罪は、日本におけるマネー・ローンダリング罪の最も中心的な処罰規定として挙げられるもので、組織的犯罪処罰法10条1項では、

　　　犯罪収益等の取得若しくは処分につき事実を仮装し、又は犯罪収益等を隠匿した者は、5年以下の懲役若しくは300万円以下の罰金に処し、又はこれを併科する。犯罪収益の発生の原因につき事実を仮装した者も、同様とする。

と規定されている。

　この罪は、金融機関等を経由することによって、犯罪収益等や薬物犯罪収益等をクリーンな外観を有する財産に変えて前提犯罪との関係を隠し、あるいはこれらの財産を隠匿する行為は、将来の犯罪活動に再投資されたり、事業活動に投資されて合法的な経済活動に悪影響を及ぼすなどのおそれがあり、犯罪収益等の保持、運用を容易にするものであるから処罰することとしたものである。

2　犯罪収益等の仮装・隠匿の罪の類型等

　組織的犯罪処罰法10条1項では、次の3つの行為について禁止している。すなわち、①犯罪収益等の取得若しくは処分につき事実を仮装する行為、②犯罪収益等を隠匿する行為、③犯罪収益の発生の原因につき事実を仮装する行為である。以下、それらについて個々に述べる。

(1)　犯罪収益等の取につき事実を仮装する行為について

　まず、①犯罪収益等の取得若しくは処分につき事実を仮装する行為のうち、「犯罪収益等の取得」につき「事実を仮装」する行為というのは何を指すのか。

　これには、「取得の原因」を仮装する行為と、「取得した犯罪収益等の帰属」を仮装する行為があるといわれている[30]。

つまり、どういう原因でその収益が上がったのかということについて虚偽の事実を作り上げたり、その収益が誰のものかということについて嘘で固めた事実を作出することなどである。

前者の例としては、犯罪によって得た現金であるのに（例えば、殺人の報酬として貰ったものであるとか、覚せい剤の売買代金として交付を受けたものであるとか）、正当な商品取引によって得た資金であるかのように装ってその旨の契約書等の書類を作成したり、正当な事業収益を装って帳簿や伝票を操作するなどの行為が考えられるであろう。

後者の例としては、犯罪によって自らが得た現金や動産であるのに（先の例でいえば、本当は自分がもらった殺人の報酬なのに）、その取得した現金や動産の帰属を仮装するために、偽名等を使って預貯金をすることや、当該動産を仮装譲渡することなどが考えられる。

(2) 犯罪収益等の処分につき事実を仮装する行為について

①犯罪収益等の取得若しくは処分につき事実を仮装する行為のうち「犯罪収益等の処分」につき「事実を仮装」する行為というのは何を指すのか。

ここでいう「犯罪収益等の処分」につき「事実を仮装」する行為については、犯罪収益等を処分する際に、架空人名義や第三者名義を使うなどして主体を偽るなどの行為を指す。その具体的な手口としては、窃取等した物品を、偽造運転免許証を使用するなどし、他人になりすまして売却、又は、質入れする場合などが考えられる。

(3) 犯罪収益等を隠匿する行為について

②犯罪収益等を隠匿する行為については、犯罪収益等を物理的に隠匿するとか、極めて秘密の固い銀行への預金行為等が該当すると解されている。

(4) 犯罪収益等を隠匿する行為及び犯罪収益の発生の原因につき事実を仮装する行為について

③犯罪収益の発生の原因につき事実を仮装する行為については、例えば、けん銃の譲受人が、支払ったけん銃の代金について正当な事業の経費等として計上し、あるいは、架空債務を仕立ててその返済金を装うなど、けん銃取

---

(30) 三浦＝松波＝八澤＝加藤・前掲注(24)120～121頁。

引によって発生した収益でないように装う行為が考えられると説明されている。つまり、この③は、犯罪収益を支払った側の行為などをもマネー・ローンダリングとして処罰するものである。

3 犯罪収益等の仮装・隠匿の罪のうち、犯罪収益等の取得につき事実を仮装した罪として処理された事案

この事案において、最もよく見られるのは、被疑者が管理する他人名義の預貯金口座に被害者から振込をさせるという態様のものである。これは実際には、被疑者本人が犯罪収益等を取得しているのであるにもかかわらず、他人名義の預貯金口座に振り込ませることで、その取得した犯罪収益の帰属を仮装することになるからである。この態様のものは、前提犯罪の違いによって様々な犯罪収益が見られるものの、それを取得する際に、被疑者本人の出現を隠すため、他人名義の預貯金口座を用いることが共通しているものである。

4 犯罪収益等の仮装・隠匿の罪のうち、犯罪収益等の処分につき事実を仮装した罪として処理された事案

このような事案における典型的なものとしては、強盗犯人が強取した腕時計等を他人名義の運転免許証を使って他人になりすまして質入れしたもの、窃取した貴金属類を他人名義の年金手帳を使って他人になりすまし中古品取扱店で売却したもの、詐取した医療機器について他人名義を使ってインターネットオークションで売却したものなどがある。

5 犯罪収益等の仮装・隠匿の罪のうち、犯罪収益等を隠匿した罪として処理された事案

犯罪収益等を隠匿した典型的な事案としては、トランクルームやコインロッカーなど隠匿性の高いところに隠していれば、この要件を満たすと考えられる。ただ、その際も、トランクルームなどでは、他人名義を使うなど、単に保管しているという状態を超えた隠匿性が認められる必要があることに注意を要する。

トランクルームの事案については、**大阪地判平成17・2・7公刊物等未登載**などにおいて、また、コインロッカーの事案については、**東京地判平成17・2・9公刊物等未登載**などにおいて、それぞれ有罪判決が言い渡されている。

第8　犯罪収益等を収受する罪（組織的犯罪処罰法11条違反）

1　総　　説

犯罪収益等を収受する罪は、組織的犯罪処罰法11条に規定されている。組織的犯罪処罰法11条本文は、

　　　情を知って、犯罪収益等を収受した者は、3年以下の懲役若しくは100万円以下の罰金に処し、又はこれを併科する。

としている。

これは、例えば、犯罪収益等の換金の相手方となり、あるいは犯罪収益等を預貯金契約によって収受するなどの行為が、将来の犯罪活動に再投資されるおそれがある犯罪収益等の保持・運用を助ける結果となることから処罰するものである。

そして、この犯罪の主体となるのは、前提犯罪の本犯者以外の者である。本条違反については、共同正犯者の間で犯罪収益等の分配を行うことは当然であり、新たな法益侵害は認められないから、本条違反が成立することはない。しかしながら、前提犯罪の教唆犯や幇助犯については、そのような立場にあるとはいえないことから、本条違反の主体となり得る。

2　犯罪収益等収受罪において禁じられる行為

(1)　禁止対象とされる行為

ここで禁止対象とされる行為は、犯罪収益等をそのような性質のものであると認識しながら受け取る行為である。

これらの罪の規定のうち、まず、「情を知って」とは、収受の際に、当該財産が、犯罪収益等であることを認識しているということである。そして、この認識の程度については、当該財産が犯罪収益等であることを確定的に認

識していた場合だけでなく、それが犯罪収益等であるかもしれないが、それでも構わないと思ったという未必的な認識で足りると解されている。ただ、未必的な認識があるというためには、漠然と犯罪収益等かも知れないなあという程度の心理的状態では足りない。

また、この「情を知って」とは、「その文言や、同条の趣旨に照らして、前提犯罪の行為状況及び収受に係る財産がその前提犯罪に由来することの認識を意味すると考えられ、その行為が違法であることの認識までも求めているものとは解されない」（大阪地判平成19・2・7判タ1266号331頁）と考えられている。

次に、ここでいう「収受」とは、犯罪収益等を取得することで、実質的に自己の物であるのと同様の支配をするに至った場合であり、それが、有償であると無償であるとを問わないし、後に返却することになっていても構わないと解されている。

(2) 除外規定

その一方で、法令の義務の履行として提供されたものを受け取った場合などには、犯罪が成立しないとされており、それが組織的犯罪処罰法11条の但書では、

　　ただし、法令上の義務の履行として提供されたものを収受した者又は契約（債権者において相当の財産上の利益を提供すべきものに限る。）の時に当該契約に係る債務の履行が犯罪収益等によって行われることの情を知らないでした当該契約に係る債務の履行として提供されたものを収受した者は、この限りでない。

と規定してされている。

これは、まず、法令の義務の履行として提供された犯罪収益等を収受する行為は、その行為が法令に基づくものである以上、その収受行為は、犯罪収益の前提犯罪を助長するおそれが低い行為であると思われる上、収受者にとっては、法令上の権利として受領できるのであるから、それが犯罪であるとして処罰されるのでは、収受者にとっては、収受できる権利の実現が阻止されることになって、過酷に過ぎると考えられたからである。

また、債権者において相当の財産上の利益を提供する契約の時に、債務の

履行が犯罪収益等によって行われることの情を知らなかった場合にも処罰されないとされているが、例えば、売主がある物を売る時、買主がその代金を支払う際に、犯罪収益等で支払うつもりであるということを知らなければ、後に、実際に代金を支払ってもらう際に、それが犯罪収益等であることを知って受け取っても、それはこの犯罪収益等収受罪にはならないということである。

つまり、その収受する者が、契約をする段階で、相手が犯罪収益等で債務の履行をするつもりであることを知らなければ、その収受する行為が犯罪収益等の運用等を助けることになる面は希薄であると思われるし、収受する者にとっては、正当な契約上の債権に基づいて債務の履行を受けられる立場でありながら、その債務の履行の時に、それが犯罪収益等に基づいていると知って受領すれば、この罪が成立するというのでは、権利のある者に対してあまりに酷だからと考えられたからである。

3　犯罪収益等を収受する罪として処理された事案

この罪に係る事案としては、近時よく見られるものとして、盗品等有償譲受け罪が併せて成立するような場合において、盗品や詐取された被害品であるとわかりながら収受する事案、売春や風俗営業法違反からの収益を様々な名目でこれを収受する事案、産業廃棄物処理法違反等による不法投棄等による収益を収受する事案、商標法違反等の法令に違反する行為のより得た収益等を収受する事案、そして、それらの中には、暴力団等が上納金やみかじめ料として収受する事案などもみられる。

第9　この章のおわりに

マネー・ローンダリングの問題は、米国で発生した問題が世界的に広がったものであり、我が国もその流れに乗って法制化し、共同歩調を採っている。

この問題に対しては、国際法的な観点と、国内法的な観点とが融合していなければ十分な対処ができないものであり、その意味でその両側面を正確に

理解しておくことが不可欠な分野であるということがいえよう。

第6章

パナマ文書をめぐる国際法上の諸問題

第1 はじめに

　平成28年4月3日、国際調査報道ジャーナリスト連合は、パナマの法律事務所「モサック・フォンセカ」から入手した文書を分析した結果、中国の習近平国家主席に近い人物など、世界の多くの政治家らがタックス・ヘイブン（Tax Haven・租税回避地）を利用した金融取引により資産隠しを行った可能性があるなどと発表した[1]。

　この文書が「パナマ文書」と呼ばれるもので、上記法律事務所によって作成され、この事務所がかかわる1970年代から約40年に及ぶ期間の企業や個人の取引情報が記載されたものである。この事務所は、顧客の依頼に応じ、租税が優遇される国や地域において、多数のダミー法人を設立し、租税回避やマネー・ローンダリングを支援してきたと報道されている。

　マスコミ報道によれば、そこには、中国共産党の最高指導部の幹部らの親族らが、この法律事務所を通じて英領バージン諸島に法人を設立し、そこで租税回避を行い、また、ロシアのプーチン大統領の関係者が英領バージン諸島に設立された法人などを経由させて、キプロスのロシア商業銀行から融資を受けた資金約20億ドル（約2,200億円）を関係企業に移動させるなどのマネー・ローンダリング行為に及んでいたとされている。また、その他にも多数の著名人や政治家等がこの事務所を通じて資産隠匿や租税回避を行ったと報

---

(1)　平成28年（2016年）4月5日付け産経新聞朝刊等。

道されている。

では、このパナマ文書で明らかにされた行為は、国際刑事法及び国内刑事法上、どのような犯罪を構成するのか、また、そこにどのような問題があり、今後どのような対策が求められるかなどについて、本章で検討したいと考えている。

第2 タックス・ヘイブンに関する基本概念

1 タックス・ヘイブンとは何か

そもそも、「タックス・ヘイブン」とは何か、また、なぜそのようなことが問題になるのであろうか。これは日本語では、「租税回避地」と訳されるが、必ずしも厳密な定義があるわけではなく、これまでいろいろな定義づけがなされてきた。

例えば、OECD は、1998年に公表した Harmful Tax Competition An Emerging Global Issue の中で、タックス・ヘイブンと認定するための要件として以下の4点を挙げ、①に該当し、かつ②〜④のいずれかに該当する場合にタックス・ヘイブンンと判定するとしている。

① 所得に対する税金が全くないか、名目的な課税しかしないこと
② 厳格な秘密保護法などがあり、他の国と効果的な情報交換をしていないこと
③ 税制や税の管理監督において透明性が欠如していること
④ 誘致する投資や取引について、実質的な活動を行うことを要求していないこと

といった要件を挙げている。

もっとも、その後、OECD は、税率が高いか低いかなどに関する税制は各国の主権行為なので、①の要件は外すべきだと判断し、②と③の要件のみを残している。つまり、OECD では、タックス・ヘイブンを、透明性が欠如していて情報交換が欠如している国・地域、と定義しており、これが国際的には一般的な定義の1つと考えられている（なお、我が国におけるタックス・ヘイブンの認定については、後述する。）。

要は、所得に対する税金がないか、あるいは税率が非常に低く、税制の透明度が低く、他の国や地域との情報交換が欠如している国や地域と考えられよう。具体的には、英領バージン諸島、ケイマン諸島などが挙げられる。

2 オフショアとは、オフショア・バンクとは

また、タックス・ヘイブンの問題に関しては、併せて「オフショア」（Off Shore）とか、「オフショア・バンク」（Off Shore Bank）という言葉もよく使われるが、これらは、外国人や外国企業などの非居住者向けの金融サービスや、そのサービスを行う金融機関を指すものである。このようなサービスがされるのは、多くはタックス・ヘイブンにおいてであることから、両者は同じような意味で用いられることが多いが混同してはならないものである。

3 タックス・ヘイブンの役割

そして、タックス・ヘイブンにおいて、このオフショアにより、外国人の持つ多額の資金を呼び込んでいくのである。すなわち、このタックス・ヘイブンとされる国や地域は、面積的にも小さく、また、特別な産業もないことも多いことから、そこでの経済を成り立たせることがとても困難であるという特徴がある。そのため、会社設立を容易にし、また、経済活動に関する規制を少なくして、自由にビジネスができる環境を用意する、そして、会社設立の際の登録料などの税金以外の収入を得ることにより、世界中の富裕層や企業などからの資金を取り込もうとしているのである。

実際のところ、英領バージン諸島、ケイマン諸島では、会社設立に際して政府の許可や認可がいらず、基本定款を登記官に提出するだけで通常は24時間以内に会社を作ることが可能であるし、また、その会社には、1名以上の取締役を選任することが必要であるものの、それは居住者である必要はない上、法人でも取締役になることができるといった手軽さ、簡便さが見られる[2]。さらに、英領バージン諸島では、事務所がなくても私書箱（P. O. Box）

---

(2) 西山茂「タックス・ヘイブン地域の歴史と現状——ケイマン諸島を中心に——」早稲田国際経営研究46号（2015年）37〜38頁。

だけで会社を作ることが可能であるとされている[3]。

ただ、これらの制度それ自体では特に違法・不当の問題があるわけではない。そのように会社が簡単に設立できたり、規制が少ないことによって、投資ファンドなどにとっては、ビジネスがやり易く、大きな収益が見込める場合もあることから、そういった分野でタックス・ヘイブンを利用する場合には、特段の問題があるわけではない。

4 我が国からケイマン諸島へ投資

実際にも、我が国からケイマン諸島への投資額は増え続けており、日本銀行が平成28年5月24日に公表した国際収支統計によると、平成27年（2015年）末時点での証券投資残高は74兆4,000億円で、前年比2割増しとなっているほか、平成17年（2005年）末時点からの10年間で2倍超となっている[4]。ここでいう「証券投資残高」は、日本の企業や機関投資家等が、ケイマン諸島に設立された会社の株式や債券等に投資した金額の合計であり、日銀が公表している証券投資の投資先としては、米国の165兆円に続く規模となっている。

第3 タックス・ヘイブンがもたらす租税回避に関する問題及びその対策

1 タックス・ヘイブンによる租税回避の方法
(1) タックス・ヘイブンに本店を設立する方法

タックス・ヘイブンを使ったシンプルな最も租税回避の方法の一つとしては、タックス・ヘイブンにおいて会社を設立し、実際にはこの会社には活動実態など何もないのに、これを本店として登記し、先進国にある実際の活動拠点を支店とすることによる租税回避の方法が挙げられる。

この方法によれば、法人税の納税地は、通常は本店所在地であることか

---

(3) 渡邉哲也『パナマ文書——「タックスヘイブン狩り」の衝撃が世界と日本を襲う』(2016年、徳間書店) 21頁。
(4) 平成28年（2016年）5月25日付け朝日新聞朝刊。

ら、それがタックス・ヘイブンにある以上、実際の活動拠点である先進国では納税せず、タックス・ヘイブンでの低い税率が適用されて納税することから、法人税の納付金額を極端に低くすることができる場合が生じることになる[5]。

(2) ファイザー事件

これと同様のことを実施しようとしたのが、米国の医薬大手メーカーであるファイザーである。同社はアイルランドに本店を置く同業者アラガンと合併することで租税回避を図ろうとしたことが問題となった。この問題は広くマスコミで報道されている[6]が、それによると、ファイザーがアラガンを約1,600億ドル（約19.7兆円）で買収し、売上高で世界最大の製薬企業となると共に、その持ち株会社をアイルランドに設立し、同社に全ての権利を移転することで、アイルランドにおいて法人税を納付できるようにしたものである。

そこで問題となるのが両国における法人税率の違いであるが、米国では、法人税の実効税率は約40パーセントといわれるのに対し、アイルランドでは、これが12.5パーセントと極端に低く[7]、納税地をアイルランドに変更するだけで巨額の税金を免れることになるのである。

さすがにこのような行為は米国内でも非難の対象となり、米国財務省が企業の課税逃れに対する新たな防止策を発表するなどしたこともあって、平成28年（2016年）4月6日、ファイザーはこの買収計画を撤回すると発表し、この合併は取り止めになるという結末を迎えた[8]。

この事案では、まさにアイルランドがタックス・ヘイブンであったわけであり、実にシンプルに租税回避の問題を示すことになったのであった。

---

(5) もっとも、我が国を含めて多くの国は、その対策を講じているので、このような単純な方法で租税回避ができるほど簡単ではないが、あくまで分かりやすい一例として挙げたものである。
(6) 平成27年（2015年）11月24日付け読売新聞朝刊。
(7) 財務省ウェブサイト、渡邉・前掲注(3)45頁。
(8) 平成28年（2016年）4月7日付け読売新聞朝刊等。

2　我が国におけるタックス・ヘイブンによる租税回避対策

このようにタックス・ヘイブンに本店を置くという方法を採ることで容易に租税回避を図ることができる場合もあるのであるが、では、我が国の税法上、このような問題にはどのように対処することになるのであろうか。

(1)　法人税法における基本的な規制

そもそも法人税法は、まず、法人について、内国法人と外国法人とを分け、その定義として、同法 2 条 3 号において、内国法人については、

　　国内に本店又は主たる事務所を有する法人をいう。

とし、同条 4 号において、外国法人については、

　　内国法人以外の法人をいう。

として、本店を国内に置いているかどうかで法人を区別する。そのため、タックス・ヘイブンに本店を置いていれば、我が国の法人税法上、これは外国法人ということになる。

では、前述したように、タックス・ヘイブンに本店がある以上、そちらで法人税を納めることから、我が国では納税しないことになるのかというと、法的にはそのような事態は生じない。というのは、法人税法 4 条 3 項では、

　　外国法人は、（中略）国内源泉所得を有するとき（中略）は、この法律により、法人税を納める義務がある。

とされていることから、日本国内での経済活動により所得を生じる場合には、これに関して納税の義務が発生し、結局、タックス・ヘイブンでの納税ということにならないからである。

そのため、たとえタックス・ヘイブンに新会社を作って、それを本店としたとしても、その経営者が我が国の国税当局に対し、タックス・ヘイブンに本店がある会社だから、納税はそちらで行うと主張したとしても、でも国内の支店の経済活動による所得についてはこちらで課税しますよということで調査され徴税されてしまうのであるから、結局、タックス・ヘイブンに本店を置くことのメリットは基本的にはないということになる。

(2)　法人税法におけるタックス・ヘイブン対策税制

もっとも、子会社や関連会社をタックス・ヘイブンに置いて、同社に利益を帰属させるような取引を行った場合には、当該利益については、タック

第3　タックス・ヘイブンがもたらす租税回避に関する問題及びその対策　183

ス・ヘイブンでの納税になるので、このような場合には、我が国からの租税回避が可能となる。

　そのため、我が国は、既に昭和53年（1978年）の時点において、「外国子会社合算税制」、すなわち「タックス・ヘイブン対策税制」を設けてきた。具体的には、租税特別措置法に規定されており、同法66条の6等において、当該子会社等による収益を内国法人の益金として課税することとしている。同条1項は、

> 次に掲げる内国法人に係る外国関係会社[9]のうち、本店又は主たる事務所の所在する国又は地域におけるその所得に対して課される税の負担が本邦における法人の所得に対して課される税の負担に比して著しく低いものとして政令で定める外国関係会社に該当するもの（中略）が、昭和53年4月1日以後に開始する各事業年度において適用対象金額を有する場合には、その適用対象金額のうち（中略）課税対象金額（中略）に相当する金額は、その内国法人の収益の額とみなして当該各事業年度終了の日の翌日から2月を経過する日を含むその内国法人の各事業年度の所得の金額の計算上、益金の額に算入する。

として、タックス・ヘイブンに設立された外国関係会社については、そのうちの一定の金額について内国法人の収益の額とみなして課税するとしているのである。

　ちなみに、我が国の税法がどのような国と地域についてタックス・ヘイブンであると認定するかについては、当該外国関係会社に対する租税の率で判定しており、対象とされる外国関係会社の定義に関して租税特別措置法施行令39条の14第1項2号が

> その各事業年度の所得に対して課される租税の額が当該所得の金額の100分の20未満である外国関係会社

（9）　外国関係会社については、租税特別措置法66条の6第2項1号に規定されており、外国法人で、その発行済株式又は出資（中略）の総数又は総額のうちに居住者及び内国法人並びに特殊関係非居住者（中略）が有する直接及び間接保有の株式等の数の合計数又は合計額の占める割合（中略）が100分の50を超えるものをいう。
　　　とされている。

と規定していることから、我が国では所得に対する税率が20パーセント未満の国や地域をタックス・ヘイブンとみなしていることになる[10]。

例えば、日本の親会社が税率5パーセントのタックス・ヘイブンに設立した実体のないペーパー・カンパニーの子会社に、100億円の価値がある特許権を現物出資し、この子会社がこの技術によるロイヤリティで利益を上げた場合、この子会社はタックス・ヘイブンにおいてわずか5パーセントの税金を支払うだけで、それ以外の利益についてはどこの国からも課税されない所得となるおそれがある。しかしながら、当該子会社の所得が親会社に合算されれば、我が国の税率(実効税率約30パーセント)によって、我が国で課税することができることになるのである。

このように、タックス・ヘイブンに設立された実体のない子会社等の所得に相当する金が金額については、日本国内の親会社の所得とみなし、それを合算することで租税回避を防ごうとしているのである。

もちろん、このような制度は我が国だけではなく、世界各国で類似した制度が設けられている。

3 タックス・ヘイブンにおける租税回避に関する問題が深刻である理由

我が国のみならず世界各国において、上記のような制度により租税回避を防ごうとしているのであるが、そのような制度が有効に機能するのであれば、タックス・ヘイブンが地球上に存在しても、それは単に税率が異なる国や地域が存在するというだけのことに帰する。

しかしながら、この問題が深刻であるのは、タックス・ヘイブンにおける情報の機密性が高いという点にある。OECDによるタックス・ヘイブンの定義のところで述べたように、金融機関等の情報の機密性が高く、また、税

---

(10) このような税率を基準とすると、香港が16パーセント、シンガポールは17パーセントの法人実効税率であるので、日本の会社がこれらの国や地域で経済活動を行った場合、それらの国で課税され、また、日本でも課税されるということが起き得るころから、外国で支払った税金を日本の税金から差し引き「外国税控除」という制度も一方で設けられている。

の監督等が十分でなく透明性が低い国や地域でなされた取引については、遠く離れた我が国などからタックス・ヘイブン対策税制の対象となるような取引実態であるかどうかを明らかにするのは容易ではない。

つまり、そのような取引実態が明らかになれば、当然に日本国内の親会社から徴税できるわけであるが、そのような子会社等が存在することや、問題となるような経済取引が存するということは、当該本人からの申告がなければ判明しないことも多く、そのような場合にはタックス・ヘイブン対策税制の適用は非常に困難になる。そのような子会社等の有無や、それが正当な関連取引先であるのか、租税回避のためのペーパー・カンパニーに過ぎないのかなどは、タックス・ヘイブンにおける当該会社の存否を含めた実態が明らかにならないと判断できないからである。また、資金移動を伴う経済取引の実態については猶更判断が困難であろう。

それゆえ、誰が当該会社を設立したのか、真実の経営者は誰であるのか、その金融取引は誰の資金なのか、当該資金移動はどういう理由に基づくものであるかなど種々の事項が明らかにならないと、タックス・ヘイブン対策税制も十分に機能しないことになるのである。特に、タックス・ヘイブンの銀行が事実上匿名口座を認めているような場合には、そこに一旦資金が流入した場合、もはやその後の資金の流れが適正な取引に基づくものであるのか、それを仮装しただけのものであるのかを判別することは非常に困難を伴うこととなろう。

4 租税条約の活用

租税条約（正式名称は「所得に対する租税に関する二重課税の回避及び脱税の防止のための日本国とアメリカ合衆国政府との間の条約」などとなっている。）は、正式名称からも分かるように、まず二重課税を回避することを目的とするものであるが[11]、それと共に脱税防止を図ることにも目的がある。

---

(11) 租税条約の一番の目的は、国際的な二重課税を排除することである。すなわち、経済活動のグローバル化により、国境を越える取引が増え、その結果、それぞれの国で所得が生ずる可能性が生まれる。それぞれの国には課税権があることから、同じ所得に対してそれぞれの国で課税を受けるケース、いわゆる「二重課税」が生じる

そのためには、税務当局間の納税者情報の交換を行うことを容易にする必要があり、日本の納税者が他国で経済活動を行っている場合、租税条約があることで、どのような事業取引や金融取引をしているか、どこに預金口座を有しており、その資金の移動状況はどうか、更には、どのくらいの所得が発生しているかなどといった情報を、こちらから照会することで提供してもらえることになる。

平成29年（2017年）7月1日現在、我が国は、110の国や地域との間で租税条約を締結している。

そして、その機能を更に強化するため、平成28年4月14日、15日に開催されたG20財務大臣・中央銀行総裁会議において、各国税当局間で非居住者の口座情報を自動的に交換する制度の合意がなされた[12]。この制度は、A国という外国に住んでいるBが日本の金融機関に預金口座をもっている場合、そのBが日本のどの金融機関に預金口座を持ち、口座の残高がいくらで、その口座でいくらの利息や配当などを受け取っているかなどの情報を、日本の金融機関から国税庁に届け出て、国税庁からA国の税務当局に自動的に知らせる仕組みである）。

そして、この制度を平成29年（2017）年から実施することとしている。具体的には、同会議の声明として「G20は、国際的に合意された透明性に係る基準の効果的かつ広範な実施の重要性について強く再確認する。したがって、我々は、自動的情報交換に係る基準を2017年又は2018年までに実施することにコミットしていない、全ての金融センター・地域を含む全ての関係する国に対して、遅滞なくコミットすること及び多国間条約に署名することを求める。」などと述べられている。

このような情報交換がスムーズに行われれば、タックス・ヘイブンに流入した資金について税務当局が追求できる可能性が高まり、タックス・ヘイブン対策税制を適切に運用することが期待されるようになろう。ちなみに、英領バージン諸島やケイマン諸島についても平成29年（2017年）までに初回の

　　　ので、その二重課税の状態を回避することで、納税者の国際的な経済活動を停滞させることのないようにしているのである。
(12)　財務省・平成28年5月26日説明資料（G20、G7報告等）。

交換をすることが予定されている。

なお、平成28年（2016年）5月23日には、財務省から、パナマ共和国との間で租税情報交換協定について実質合意に至った旨の報道発表があり、同国との間においても自動的情報交換を含む実効的な情報交換が合意されたところである[13]。その後、同年8月25日、日本とパナマは、租税情報交換協定に署名したと報道されている[14]。

第4　タックス・ヘイブンがもたらすマネー・ローンダリング等に関する問題及びその対策

1　タックス・ヘイブンがもたらす深刻な問題

タックス・ヘイブンでは、上述した租税回避の問題だけでなく、前章で説明したように、マネー・ローンダリングやテロ資金供与についても同様に深刻な問題をもたらす。

例えば、テロ支援者が資金提供するに当たり、自らが出捐したことが分からないようにするために、タックス・ヘイブンにある銀行に開設された法人の口座Aに送金し、その後、当該口座Aから別の銀行に開設された別の法人の口座Bに送金した場合、このAとBとの間の取引が正当な取引か、単に資金の性質を不明にさせるための資金移動にしか過ぎないのかは、当該口座名義人である法人の経営者から事情を聴取しないと判明しない。にもかかわらず、これら法人が前述したように極めて簡単に設立することができ、しかもその取締役等の役員が法人でも非居住者でもよいとなれば、誰から事情を聴取すればよいかも明らかにならず、結局、上記の送金取引の実態を解明することは極めて困難となる。しかもAとBの間の資金の移動がこれ以外にも多数かつ多額にわたった場合などは、およそ当初の資金提供者の資金とのつながりは薄れてしまうこととなる。その後、更に、いくつかの法人の口座などを経て、最終的にテロリストの口座に資金が渡っていったとしても、

---

(13)　財務省・前掲注(12)。
(14)　平成28年8月27日付け産経新聞朝刊。

当初の資金提供者の責任を明らかになることは不可能に近いと考えられる。

このように、タックス・ヘイブンに資金が流入した場合、その後の資金の流れを追跡するのが極めて困難になる。これがタックス・ヘイブンの持つマネー・ローンダリング・テロ資金供与に関する深刻な問題である。

もちろん、このような問題についても、前述した税務当局間の金融口座情報の自動的交換などの積極的な情報交換は役に立つと思われるが、それでも資金移動の状況や口座名義人が判明するだけで、それがどういう取引であるのか、実際の当該名義人の実質的判断によってなされた取引であるのか、当該名義人は単なる名義貸しに過ぎないのではないか、当該法人の実質的支配者は誰であり、誰の判断に基づく取引であるのかなどの問題を解明することはできない。

2 タックス・ヘイブンに対するFATFの役割

このようなタックス・ヘイブンにおけるマネー・ローンダリング対策については、古くからFATFによって対策が採られてきた。そして、このFATFの活動の一環として、例えば、平成12年（2000年）6月22日には、国際的なマネー・ローンダリング対策に非協力的な国・地域を選定する作業の結果として、以下の15の国と地域を「非協力国・地域」として特定し公表した[15]。

具体的には、バハマ国、ケイマン諸島、クック諸島、ドミニカ国、イスラエル国、レバノン共和国、リヒテンシュタイン公国、マーシャル諸島共和国、ナウル共和国、ニウエ、パナマ共和国、フィリピン共和国、ロシア連邦、セントクリストファー・ネイビス、セントビンセント及びグレナディーン諸島である。この中にケイマン諸島は含まれているが、この時点で既に英領バージン諸島などは対象とされていない。そして、その後、ケイマン諸島なども除外されている[16]。

---

(15) 金融庁ウェブサイト。
(16) FATFは、その後も定期的にマネー・ローンダリング対策に非協力的な国や地域を挙げて国際的に警告を発している。平成28年（2016年）10月に開催されたFATF全体会合において、マネー・ローンダリング・テロ資金供与対策に戦略的

これはタックス・ヘイブンにおいてもマネー・ローンダリング対策の法制度などは設けられてきており、そのような法整備行為などに対する評価として「非協力国・地域」からは外れているのであるが、それが実際にどの程度有効に執行されているかが問題であるといわざるを得ないであろう。

　ケイマン諸島では、米国務省の2009年（平成21年）International Narcotics Control Strategy Report によれば、ケイマン諸島では、「捜査共助に基づく米国からの要求については協力的であるが、ケイマン諸島内での自身のマネー・ローンダリング事案に対する摘発は積極的とはいえない。」などと指摘されているところである。また、同レポートは、英領バージン諸島などをも含めてマネー・ローンダリング事件の摘発が少なく、それらタックス・ヘイブンがマネー・ローンダリングに対して脆弱であると評価している[17]。

　しかしながら、2016年の同レポートにおいてもあまり状況に変化はなく、課税されない制度により、ケイマン諸島が依然として脱税の温床として魅力のあることに変わりはないこと、マネー・ローンダリングの多くは、国外犯の詐欺、脱税、薬物取引等に関連して引き起こされており、そのオフショアの機能がケイマン諸島の経済社会を目指した Layering や Placement に使われているなどと報告されている[18]。

3　真の受益者に関する問題

　そのようなタックス・ヘイブンに対して、どのように対処すべきか、特

　　欠陥を有する国、地域に係る声明が採択され、同月21日付で公表されている（財務省ホームページ）が、この時は、北朝鮮（DPRK）とイランがこれに該当するものとして指摘している。
　　具体的には、北朝鮮に対するものとしては、「FATF は、DPRK（筆者注：北朝鮮をさす。）が資金洗浄・テロ資金供与対策の体制における重大な欠陥に対処していないこと、及びそれによってもたらされる国際金融システムの一体性への深刻な脅威について、引き続き憂慮している。FATF は、DPRK が資金洗浄・テロ資金供与対策の欠陥に対して直ちにかつ意義ある対応を講じることを求める。」などの声明を発表して、マネー・ローンダリング対策の促進を求めているが、そもそも北朝鮮は FATF を相手にしていないことから、このような声明が意味を持つような状況にはないであろう。

(17)　西山・前掲注(2)45、63頁等。
(18)　http://www.state.gov/j/inl/rls/ncrpt/2016/vol 2 /253390.htm

に、上述したように、法人の口座における代表者が真実の経営者を表しているのかという問題を例にとってについて検討したい。

(1) FATF の対日審査の状況

　この点については、FATF の対日相互審査においても問題とされた事柄であることから、これに関連して述べることとするが、我が国に対する第3次対日相互審査において種々の指摘事項を受けた。そして、前章でも述べたが、その中の一つに「顧客管理について、金融機関に十分な顧客管理義務が課されていない。」という指摘がなされた。そして、そこでは口座開設者の本人確認が不十分であるという指摘と共に、「金融機関に対する、真の受益者の身元の確認及び照合に関する一般的な義務がない。」というものが含まれていた。

　そのような中で、我が国は、この問題について、犯罪による収益の移転防止に関する法律等の改正などにより対処した。その詳細は、前章で述べたとおりである。

(2) タックス・ヘイブンにおける金融機関の対応状況

　問題はタックス・ヘイブンにおける金融機関においても同様のことが行われているのかという点である。我が国が、FATF の「40の勧告」や対日相互審査の評価結果などについて、これを遵守し全うできるように努めていることは、度重なる犯罪収益移転防止法の改正などによって明らかであるが[19]、タックス・ヘイブンにおいては同様のことが実施されているかどうか甚だ疑問である。仮に法制度としては一応のものが設けられていたとしても、それが適切に執行されているかどうかが必ずしも明らかになっていないことに問題の根本がある。

---

(19) 「FATF の第4時相互審査は2013年下半期に開始され、2020年までに完了することとされている。（中略）わが国として今後は、（中略）いっそう踏み込んだ対策の実施に向けた措置が検討されなければならない。」としながらも、「もっとも、マネー・ローンダリング、テロ対策のための国際協調が重要であり、FATF 勧告が国際標準として機能することはいうまでもないが、それぞれの国や地域がその制度設計をするにあたっては、各国や地域の事情を考慮にいれて構築することが重要ではないかと考える。」（安富潔「マネー・ローンダリング対策における顧客管理について」川端古稀（下）841〜842頁）との見解は参考になろう。

2010年（平成22年）10月28日に公表されたCaribbean Financial Action Task Force（FATFのカリブ海地域の下部組織、以下「CFATF」と呼ぶ。）によるケイマン諸島に対する第3次フォローアップ報告書[20]によれば、第3次相互審査の結果指摘された事項について改善が見られ、FATFの勧告に概ね適合しているとの評価になっている。ただ、その多くは、それまでガイドラインに従って実施してきたとするマネー・ローンダリング対策を法制化したことによる評価であって、マネー・ローンダリング対策が実効性のあるものとして施行されているというものにはうかがえない。実際にも、2014年（平成26年）11月27日のCFATFの第2次隔年報告書[21]において、ケイマン諸島のマネー・ローンダリングの摘発状況が明らかにされているが、捜査された件数が2012年（平成24年）から2014年（平成26）年までの3年間において、それぞれ16件、25件、13件であり、起訴された件数が同様に4件、1件、1件とされていることは、前述した投資金額、我が国だけでも74兆4,000億円であることに比較して、やはり少ないという評価がされてしかるべきものと思われる。

そして、それゆえタックス・ヘイブンがマネー・ローンダリングにおけるループ・ホールとなってしまっており、他の諸外国におけるマネー・ローンダリング対策が向上すればするほどタックス・ヘイブンに資金が流入し、タックス・ヘイブンにとっては好都合な結果になるという皮肉な事態を迎えているのである。

4　G20財務大臣・中央銀行総裁会議での対策

このような事態を迎え、前述したG20財務大臣・中央銀行総裁会議において、匿名性を悪用した犯罪等の防止のため、法人の実質的支配者の把握のための国際協調を推進することが確認された[22]。これは、脱税のみならず、

---

(20) http://www.fatf-gafi.org/documents/documents/mutualevaluationofthecaymanislands.html
(21) http://www.fatf-gafi.org/documents/documents/mutualevaluationofthecaymanislands.html
(22) 財務省・前掲注(12)。

マネー・ローンダリング対策の観点をも踏まえ、ペーパー・カンパニー等が犯罪の隠れ蓑とならないように、当該企業を実質的に支配する自然人（実質的支配者）に関する情報を特定するための国際協調を推進するという方針がG20各国において承認されたということである。今後、この方針が具体化され法制化等されて実効性のある対策が採られることが期待されるところである。

いずれにせよ、マネー・ローンダリングは国際協調に基づく各国や地域の連携がなければ撲滅することは不可能な犯罪である。タックス・ヘイブンにとって、マネー・ローンダリングによる資金であっても、これを受け入れることが国益にかなうという判断がなされる限り（この判断を改めない限り）、タックス・ヘイブンの存在がなくなることはないものと思われる。

第5　パナマ文書が我が国にもたらしたものは何であったのか

これまで述べてきたように、パナマ文書は、タックス・ヘイブンを利用した富裕層や企業による脱税やマネー・ローンダリングが多数存在しているのではないかとの疑惑を明らかにした。もっとも我が国の企業でパナマ文書に記載された会社は約600件とされ、極めて多数に上っていたことがマスコミにより報道されている[23]にもかかわらず、現在までのところ、特定の犯罪に結びついた事例は報道されていない。

むしろ、前述したように、G7やG20において、租税回避措置防止対策やマネー・ローンダリング対策が急務とされ、その対策が国際的に検討されるとともに、我が国の政府も税制の改正を急ぐ方針を決定した。すなわち、前述したように、我が国の租税特別措置法上は、法人税率20パーセント未満の国に設立した子会社等の所得を日本の親会社の所得とみなして日本の税率を課す制度であったが、これを見直し、20パーセント未満という税率基準をなくして適用範囲を広げる方向で検討を始めた[24]。つまり、そのような数値

---

(23)　平成28年5月11日付け産経新聞朝刊等。

による税率の基準をなくし、課税は海外子会社の事業実体があるかどうかということにより、その所得の種類で判断するという方向に改めるということにしたのである。

これは租税回避対策の実効性を高めるためで、これまでシンガポールや香港なども法人税率が20パーセント未満の国や地域であったことからタックス・ヘイブン対策税制の対象としていたところ、法人税率が25パーセントのオランダや同24パーセントの韓国などが対象外になっていたことから、日本の法人税率約30パーセントとの間で税額差を利用した節税の余地が残っていたからである。

そのため、株主配当や特許権使用料収入など現地の経済活動を直接かかわりのない所得はタックス・ヘイブン対策税制の対象とするものの、商品の製造や販売などで得た所得は対象外で現地での税率を適用するというものである。事業実体があれば課税対象から外す替わりに、今後は現地の適用税率にかかわらずタックス・ヘイブン対策税制を適用するとしたものである。そのため、政府は税制改正に向けて作業を急いでいるとのことである。

このようにパナマ文書がきっかけになり、日本企業のタックス・ヘイブンへの投資が大きく報道され、多くの国民が租税回避行為等に関心を持つようになったことは、それら行為をより強力に抑止する良い契機になったものと思われる。タックス・ヘイブンを利用した租税回避行為が横行すれば、我が国の税収は減り、国家の運営が苦しくなるばかりか、最終的には納税者の負担が増える結果となるのであるから、おのずと企業による租税回避行為に対する納税者の監視が強化されることになると思われる。そのため、企業もその信頼を失墜するような租税回避措置を採ることができなくなるものと考えられよう。

また、マネー・ローンダリングについても、我が国をはじめとして国際的な関心を呼んだことにより、今後、より強力な国際的な包囲網が構築されて、タックス・ヘイブンへの不正な資金の流入が少しでも減少する方向に向かうのではないかと思われる。

---

(24) 平成28年9月15日付け産経新聞朝刊等。

パナマ文書の更なる分析が今後どのような事態をもたらすかは予想できないものの、現時点においては、上述したような方向性を産み出したということに評価を見出すことができるものと思料する。

第6　この章のおわりに

　2017年（平成29年）10月16日、地中海の島国マルタで16日、パナマ文書をもとに同国の政府の疑惑を告発した女性ジャーナリスト、ダフネ・カルアナガリチア氏（53）の車が爆破され、同氏が即死したという事件が発生した。同氏は、パナマ文書報道を主導した国際調査報道ジャーナリスト連合とも関わりが深く、同報道が原因の殺人事件であるとみられている。

　このような問題が起きるほど、租税回避やマネー・ローンダリング等に関して、根の深いものがパナマ文書にあると思い致すにつれ、より一層、組織犯罪集団との闘いやそのような問題を根絶させることの必要性が感じられるであろう。

第7章

国際組織犯罪防止条約と
テロ等準備罪

第1　はじめに

　平成29年（2017年）6月15日、第193回国会において、組織的な犯罪の処罰及び犯罪収益の規制等に関する法律等の一部を改正する法律が成立し、同月21日に公布され、同年7月11日に施行された。

　これは、「国際的な組織犯罪の防止に関する国際連合条約」（United Nations Transnational Organized Crime Convention）（以下「国際組織犯罪防止条約」という。）を履行するために必要な国内法を整備するためのものであり、上記法改正により、この条約が我が国の関係でも発効するに至った。

　ここでは、上記条約や上記法改正の内容などを説明した上、今後の課題などを検討することとしたい。

第2　国際組織犯罪防止条約の成立の経緯及び我が国の対応

1　国際組織犯罪防止条約の成立

　前述したとおり、1960代頃の米国での麻薬戦争などにみられるように、組織犯罪集団は、違法な資金を獲得しながら、次第にその勢力を強め、国際的なシンジケートを形成するなどして、その脅威は無視できないような強大なものとなってきた。

　そのため、国際社会としてもこれに対抗するため、「ナポリ宣言及び世界

行動計画」が採択され、その後2000年（平成12年）11月15日、ニューヨークにおける国連総会において、国際組織犯罪防止条約が採択された。そして、同年12月には、イタリアのパレルモにおいて署名会議が開催され、各国の代表者によって署名がなされた。

　この条約は、略称として「国際組織犯罪防止条約」と呼ばれるほか、頭文字をとって「TOC条約」と呼ばれたり、条約の署名がなされた土地がイタリアのパレルモであったことから、「パレルモ条約」と呼ばれたりもする。

　そして、この条約は、2003年（平成15年）9月29日に発効し、その後、2012年（平成24年）8月には、その締約国は、171の国と地域となり、更に、2017年4月現在では、その締約国は、187の国と地域にまで上っていた。この時点で国際組織犯罪防止条約を締結していない国連加盟国は、我が国の他には、ソマリア、コンゴ、南スーダン、イランなどわずか11か国に過ぎないという状況であった。

2　我が国の対応

　一方、我が国は、上記パレルモの署名会議に参加して署名した上、平成15年（2003年）5月には、この条約は国会で承認された。しかしながら、この条約により義務づけられた犯罪化を達成するための担保法の制定ができず、そのため長期間、この条約の締結ができないままになっていた。

　そして、前述のとおり、組織的犯罪処罰法が改正されて、この条約を履行する上で必要な国内法が整備され、平成29年（2017年）7月11日、これが施行されたことで、同条約締結の準備が整った。そこで、我が国は、同日、この条約の受諾書を国連事務総長に寄託した。

　その結果、この条約の規定により、受託書寄託の30日後である同年8月10日、我が国との間で同条約が発効した。

第3　国際組織犯罪防止条約の内容

1　本条約1及び2条について

　この条約は、全41条から成り立っており（その条約文については、本書末尾

に資料として添付する。)、その中でも特に説明を要する代表的なものについては次のとおりである。

まず、1条において、その目的を明らかにしている。すなわち、

> この条約の目的は、一層効果的に国際的な組織犯罪を防止し及びこれと戦うための協力を促進することにある。

と規定している。

そして、2条において、「組織的な犯罪集団」などについての定義規定を設けている。ちなみに、この条約でいう「組織的な犯罪集団」とは、同条(a)において、

> 三人以上の者から成る組織された集団であって、一定の期間存在し、かつ、金銭的利益その他の物質的利益を直接又は間接に得るため一又は二以上の重大な犯罪又はこの条約に従って定められる犯罪を行うことを目的として一体として行動するものをいう。

と規定されている。また、この定義に規定されている「重大な犯罪」とは、同条(b)において、

> 長期4年以上の自由を剥奪する刑又はこれより重い刑罰を科することができる犯罪を構成する行為をいう。

とされている。

2　本条約5条について

次に、5条において、組織的な犯罪集団への参加行為などの犯罪化を定めており、その1項において、

> 締約国は、故意に行われた次の行為を犯罪とするため、必要な立法その他の措置をとる。
> 　(a)　次の一方又は双方の行為（犯罪行為の未遂又は既遂に係る犯罪とは別個の犯罪とする。）
> 　　(i)　金銭的利益その他の物質的利益を得ることに直接又は間接に関連する目的のため重大な犯罪を行うことを1又は2以上の者と合意することであって、国内法上求められるときは、その合意の参加者の1人による当該合意の内容を推進するための行為を伴い又

は組織的な犯罪集団が関与するもの
   (ⅱ) 組織的な犯罪集団の目的及び一般的な犯罪活動又は特定の犯罪を行う意図を認識しながら、次の活動に積極的に参加する個人の行為
     a 組織的な犯罪集団の犯罪活動
     b 組織的な犯罪集団のその他の活動（当該個人が、自己の参加が当該犯罪集団の目的の達成に寄与することを知っているときに限る。）
  (b) 組織的な犯罪集団が関与する重大な犯罪の実行を組織し、指示し、ほう助し、教唆し若しくは援助し又はこれについて相談すること

と規定されている。

 ここでは、組織的な犯罪集団に参加することなどについて刑罰をもって臨むことを立法化するよう義務付けており、その立法の仕方として、(a)において、(ⅰ)で規定する、いわゆる共謀罪か、(ⅱ)で規定する、いわゆる参加罪か、どちらか一つは最低限立法するように求められている。

 我が国において、この点が本条約を批准する上で、立法上最も困難な問題となった。これについては、テロ等準備罪を制定することで要件を満たしたのである。

 ただ、(b)については、既に、我が国の刑法において、十分にカバーできており、特段の立法を要するものではない。

3 本条約6及び7条について

 次に、6、7条は、マネー・ローンダリングの犯罪化等の規定であるが、この規定に関しても、今回の法改正で対応できるようになった。
 つまり、6条1項は、
　　締約国は、自国の国内法の基本原則に従い、故意に行われた次の行為を犯罪とするため、必要な立法その他の措置をとる。
　 (a)(ⅰ) その財産が犯罪収益であることを認識しながら、犯罪収益である財産の不正な起源を隠匿し若しくは偽装する目的で又は前提犯罪を実行し若しくはその実行に関与した者がその行為による法律上

の責任を免れることを援助する目的で、当該財産を転換し又は移転すること

(中略)

として、マネー・ローンダリング行為の立法化を義務付けているが、この点については、我が国の改正前の組織的犯罪処罰法の規定で対応できている。

しかしながら、同条2項において、先の1項の規定の「実施上又は運用上」として、同項(b)において、

　締約国は、第2条に定義するすべての重大な犯罪（中略）を前提犯罪に含める。(後略)

としているところ、前述したように、重大な犯罪とは、長期4年以上の自由刑であることから、これまでの我が国の組織的犯罪処罰法では、これに対応できていなかった。つまり、我が国の組織的犯罪処罰法では、その前提犯罪の規定の仕方として、個別的に列挙していることから、すべの長期4年以上の自由刑が前提犯罪となっていたわけでなかったからである。

そして、今回の法改正により、この点も改正された。

また、7条については、疑われる取引の届出などに関するものであって、我が国において既に実施しているものである。

4　本条約8乃至12、16、18乃至20条について

次に、8、9条は、腐敗行為の犯罪化等に関するものであるが、これは我が国の贈収賄に関する刑法や不正競争防止法の各規定でまかなうことができている。なお、証人等買収罪の新設も今回の法改正の対象とされており、これも腐敗行為の犯罪化という側面はあるが、より直接的には、本条約23条(a)の規定の要請に基づくものであるから、この点については後述する。

また、その他の規定としては、法人の責任についての規定（10条）、訴追、裁判及び制裁に関する規定（11条）、没収及び押収に関する規定（12条）などが設けられているほか、犯罪人引渡し（16条）や法律上の相互援助（18条）更には、共同捜査（19条）等国際協力についても規定されている。

その中で、特に20条において、特別な捜査方法の推奨がなされている。

すなわち、同条1項では、

締約国は、自国の国内法制の基本原則によって認められる場合には、組織犯罪と効果的に戦うために、自国の権限のある当局による自国の領域内における監視付移転の適当な利用及び適当と認める場合には電子的その他の形態の監視、潜入して行う捜査等の特別な捜査方法の利用ができるように、可能な範囲内で、かつ、自国の国内法により定められる条件の下で、必要な措置をとる。

として、自国の法制度上認められる範囲内において、特別な捜査手法をとることを勧めている。

　ここで具体的に規定されているのは、「監視付移転」、すなわち、コントロールド・デリバリー（Controlled Delivery これは既に立法化されて認められている。）、「電子的その他の形態の監視」、すなわち、通信傍受（これも立法化されて認められている。）及び潜入捜査（これについては一般的な法的規定はない。）が挙げられている。

5　本条約23条について

　次に、23条は、司法妨害の犯罪化を義務付けている。つまり、同条では、
　　締約国は、故意に行われた次の行為を犯罪とするため、必要な立法その他の措置をとる。
　　　（a）　この条約の対象となる犯罪に関する手続において虚偽の証言をさせるために、又は証言をすること若しくは証拠を提出することを妨害するために、暴行を加え、脅迫若しくは威嚇し又は不当な利益を約束し、申し出若しくは供与すること。
　　（後略）

として、証人に対する不当な圧力を防止するための立法をするなどの措置が求められている。

　これは刑法の証人威迫罪等でほとんどのものはまかなえるものの、「不当な利益を約束し、申し出若しくは供与すること」という点については、いわゆる証人等買収罪と呼ばれるものであるところ、これに該当する禁止規定が我が国の刑事法にはなかったが、今回の改正で立法化されている。

6 本条約26条について

次に、26条は、法執行当局との協力を促進するための措置が規定されているが、これはいわゆる司法取引について規定したものである。

特に、同条2及び3項には、司法取引について明確に規定されており、まず、2項では、

> 締約国は、適当な場合には、この条約の対象となる犯罪の捜査又は訴追において実質的に協力する被告人の処罰を軽減することを可能にすることについて考慮する。

とし、3項では、

> 締約国は、自国の国内法の基本原則に従い、この条約の対象となる犯罪の捜査又は訴追において実質的に協力する者の訴追を免除することを可能とすることについて考慮する。

としている。

これらの規定に関しては、我が国では、既に、平成28年の刑訴法の改正により、この制度の導入が立法化されている。

7 附属議定書について

このような内容の国際組織犯罪防止条約が我が国についても発効したことは既に述べたとおりであるが、この条約の内容を補足する条約として、人身取引議定書、密入国議定書及び銃器議定書の3つの附属議定書が作成されている。

そして、前述した組織的犯罪処罰法の改正により、これら議定書のうち、人身取引議定書及び密入国議定書については、同時に発効したが、銃器議定書については、未だこれを締結できるだけの担保法の制定がなされていないことから、発効していない。

第4 我が国が国際組織犯罪防止条約を締結する必要性

我が国は、2019年(平成31年)ラグビー・ワールドカップの開催国であり、また、2020年(平成32年)オリンピック・パラリンピック競技大会開催

国となっているところ、テロが世界各地で発生し、日本人も犠牲となる状況下で、国際社会の我が国への注目が高まっており、テロ等の組織犯罪を未然に防ぎ、これら国際大会を安全に開催するためには、毅然たるテロ対策が不可欠となる。

　この条約に加盟することにより、諸外国と歩調を合わせて組織犯罪に対処することができるようになり、我が国が処罰の「抜け穴」になることを防止することができる。また、この条約により、情報収集、捜査共助、更には犯罪人引渡しなどをスムーズに実施できるという利点があり、そのための法的基盤を構築しておく必要がある。

第5　テロ等準備罪等の内容等

　今回の法改正では、テロ等準備罪の部分が注目を集めているが、それ以外にもいくつか改正されている。ここでは、テロ等準備罪に関するものと、それ以外のものとに分けて説明する。

1　テロ等準備罪について
(1)　総　　説

　上述したように、本条約では5条において、重大な犯罪（長期4年以上の拘禁刑の罪）の共謀を犯罪とするか（共謀罪）、あるいは、組織的な犯罪集団への参加を犯罪とするか（参加罪）、少なくともそのどちらか一方については犯罪として立法することを明確に義務付けている。

　そして、同条の規定から明らかなように、この義務を履行するための犯罪を設けるに当たっては、「犯罪行為の未遂又は既遂に係る犯罪とは別個の犯罪とする。」とされているように、未遂罪や既遂罪とは独立に、犯罪の実行の着手以前の段階で処罰することが可能な犯罪を設けるよう義務付けているところである。

　そもそも本条約の交渉過程において、初期の案文では、共謀罪について、対象となる「重大な犯罪」の範囲が定まっておらず、また、処罰の対象も特段限定されていなかったのである。そのため、我が国は、全ての重大な犯罪

の共謀を犯罪とすることは、およそ我が国の法的原則と相容れなかったことから、その対象を限定するために、「組織的な犯罪集団の関与するもの」に限定するよう強く主張していたところ、これが受け入れられ、共謀罪に「国内法上求められるときは、組織的な犯罪集団が関与するという要件を付することができる」旨の規定が本条約に取り入れられ、また、「重大な犯罪」の範囲についても長期4年以上の拘禁刑を定めた罪にされたという経緯が存する。

そして、このような共謀段階での行為を犯罪とすることについては、刑法78条で

　　　内乱の予備又は陰謀をした者は、1年以上10年以下の禁錮に処する。
と規定する内乱陰謀罪や、爆発物取締罰則4条で

　　　第一条ノ罪ヲ犯サントシテ脅迫教唆煽動ニ止ル者及ビ共謀ニ止ル者ハ3年以上10年以下ノ懲役又ハ禁錮ニ処ス
とする爆発物使用共謀罪が存することから（なお、爆発物取締罰則1条は、「治安ヲ妨ケ又ハ人ノ身体財産ヲ害セントスルノ目的ヲ以テ爆発物ヲ使用シタル者及ビ人ヲシテ之ヲ使用セシメタル者ハ死刑又ハ無期若クハ7年以上ノ懲役又ハ禁錮ニ処ス」というものである。）、我が国の法制にも十分なじむものであると考えられた。

これに対し、本条約の規定上、参加罪を制定することでも義務を果たすことになるが、我が国では、必ずしも特定の犯罪との結びつきのない活動に参加する行為自体を直接処罰する規定の例はなく、憲法で保障された結社の自由を侵害するおそれもあるので、これを選択するのは適切ではないと考えられた。そのため、参加罪を選択することなく、組織的な犯罪集団の関与する重大な犯罪の共謀に限って処罰する「組織的な犯罪の共謀罪」を設けることにしたのである。

ただ、そのようにして共謀に関する罪を限定して処罰の対象とするものの、これまで何度も法案が廃案とされてきたことから、次のような立法上の配慮がなされた。

すなわち、①適用対象となる団体を組織的犯罪集団に限定することにより、一般の会社や市民団体、労働組合などの正当な活動を行っている団体が適用対象とはならないことを明らかにし、次に、②犯罪の計画だけでは処罰

されず、「計画をした犯罪を実行するための準備行為」があって初めて処罰の対象とすることができることとして、内心だけで処罰するものではないことが分かるようにして処罰範囲を限定し、さらに、③対象犯罪についても、死刑又は向き若しくは長期4年以上の懲役若しくは禁錮の刑が定められている罪のうち、組織的犯罪集団が実行を計画することが現実的に想定されるものを個別に挙げて明確にするなどした[1]。

(2) **条文の具体的な解釈——組織的犯罪処罰法6条の2第1項について——**

本法6条の2第1項は、次のように規定している。すなわち、

> 次の各号に掲げる罪に当たる行為で、テロリズム集団その他の組織的犯罪集団（団体のうち、その結合関係の基礎としての共同の目的が別表第三に掲げる罪を実行することにあるものをいう。次項において同じ。）の団体の活動として、当該行為を実行するための組織により行われるものの遂行を二人以上で計画した者は、その計画をした者のいずれかによりその計画に基づき資金又は物品の手配、関係場所の下見その他の計画をした犯罪を実行するための準備行為が行われたときは、当該各号に定める刑に処する。ただし、実行に着手する前に自首した者は、その刑を減軽し、又は免除する。
>
> 一　別表第四に掲げる罪のうち、死刑又は無期若しくは長期10年を超える懲役若しくは禁錮の刑が定められているもの　5年以下の懲役又は禁錮
>
> 二　別表第四に掲げる罪のうち、長期4年以上10年以下の懲役又は禁錮の刑が定められているもの　2年以下の懲役又は禁錮

と規定されている。

つまり、この罪は、①同項各号に掲げる罪に当たる行為で、テロリズム集団その他の組織的犯罪集団の団体の活動として、当該行為を実行するための組織により行われるものの遂行を、②二人以上で計画し、③その計画をした

---

[1] 櫛清隆「組織的な犯罪の処罰及び犯罪収益の規制等に関する法律等の一部を改正する法律について」警察公論72巻11号（2017年）22頁。

者のいずれかによりその計画に基づき資金又は物品の手配、関係場所の下見その他の計画をした犯罪を実行するための準備行為が行われたときに成立することになる。

　ア　まず、犯罪主体については、条文上明示はされていないが、「何人も」というのが主体であると考えられる。すなわち、この条文の規定の仕方からして、身分犯とはされておらず、したがって、本罪の主体は、組織的犯罪集団の構成員に限られるわけではない[2]。

　もっとも、「いわゆる身分犯の形で組織的犯罪集団の構成員に限るというような法的な構成は取っておりませんが、テロ等準備罪は、その構成要件の中に組織的犯罪集団の関与といった要件を設けたことによりまして、その主体が組織的犯罪集団の構成員及びその周辺者に限定されて」いる[3]と説明されていることからしても、実際には、本条項の犯罪を「計画」できるのは、組織的犯罪集団の構成員に限られると考えられよう。

　イ　ここでの「計画」の対象となる犯罪は、「第6条の2第1項各号に掲げる罪」（これを「対象犯罪」と呼ぶ。）に当たる行為で、テロリズム集団その他の組織的犯罪集団の団体の活動として、当該行為を実行するための組織により行われるものである。

　そして、その対象犯罪となるものは、同各号で規定されているように、組織的犯罪処罰法の別表第四に掲げられる罪である。

　この別表第四に掲げられる罪は、国際組織犯罪防止条約第5条1(a)(i)の規定の要請に適合するようにするため、国際組織犯罪防止条約上の「重大な犯罪」（国際組織犯罪防止条約第2条(b)）に該当する「死刑又は無期若しくは長期4年以上の懲役若しくは禁錮の刑が定められている罪」のうち、犯罪の主体、客体、行為の態様、犯罪が成立し得る状況、現実の犯罪情勢等に照らし、組織的犯罪集団が実行を計画することが現実的に想定される罪が選択されている。

　このような限定がされている点については、「本条約は、重大な犯罪すな

（2）　隄良行＝櫻清隆「組織的な犯罪の処罰及び犯罪収益の規制等に関する法律等の一部を改正する法律について」法曹時報69巻11号114頁。
（3）　平成29年6月8日衆議院法務委員会議事録の林眞琴法務省刑事局長発言。

わち各国の法律において定められている刑期の長さを基準として、長期4年以上の自由を剥奪する刑、またはこれより重い刑を科することができる犯罪、これを重大な犯罪の合意罪の対象とすることを義務付けております。その上で、本条約5条1(a)(i)は、締約国に対し、重大な犯罪の合意の犯罪化に当たり、国内法上、組織的な犯罪集団が関与するものとの要件を付すことを認めております。この要件を付した場合には、犯罪化が義務付けられる合意の対象は組織的な犯罪集団が関与する重大な犯罪となりますことから、本条約の義務を履行するためには、組織的な犯罪集団が関与することが現実的に想定される罪を重大な犯罪の合意罪の対象犯罪とする必要があることになります[4]。」と説明されている。

そして、対象犯罪は、おおむね
① テロの実行に関する犯罪
② 薬物に関する犯罪
③ 人身に関する搾取犯罪
④ その他組織的犯罪集団の資金源に関する犯罪
⑤ 司法妨害に関する犯罪
に大別される。

そして、その総数は277個である。その内訳としては、①テロの実行に関する犯罪としては、組織的な殺人、現住建造物等放火、航空中の航空機を墜落させる行為、拳銃等の発射、サリン等の発散等であり、②薬物に関する犯罪としては、覚醒剤、ヘロイン、コカイン、大麻の輸出入・譲渡等であり、③人身に関する搾取に関する犯罪としては、人身売買、集団密航者を不法入国させる行為、強制労働、臓器売買等であり、④その他の資金源に関するものとしては、組織的な詐欺、組織的な恐喝、高金利の契約、通過偽造、有価証券偽造、犯罪収益等隠匿等であり、⑤司法妨害に関するものとしては、偽証、組織的な犯罪に係る隠滅、逃走援助等である。

ウ　次に、ここでいう「テロリズム集団その他の組織的犯罪集団」がどのようなものを指すのか明らかにしておく。

───────────

(4) 平成29年5月19日衆議院法務委員会議事録の飯島俊郎外務省大臣官房参事官発言。

ｉ　まず、「テロリズム」であるが、これについては特に定義が規定されてはいないが、「一般には、特定の主義主張に基づいて、国家等にその受入れ等を強要し、又は、社会に恐怖等を与える目的で行われる人の殺傷行為等をいう[5]。」と解される。

　そして、その規定の仕方からして、「テロリズム集団」が「組織的犯罪集団」の例示であることは明らかである。そこで、この「組織的犯罪集団」とは、同条項の条文上、「団体のうち、その結合関係の基礎としての共同の目的が別表第三に掲げる罪を実行することにある集団」をいうとされている。

　ⅱ　そこで、次に、「団体」については、本法2条1項に定義規定が設けられており、

　　　この法律において「団体」とは、共同の目的を有する多数人の継続的結合体であって、その目的又は意思を実現する行為の全部又は一部が組織（指揮命令に基づき、あらかじめ定められた任務の分担に従って構成員が一体として行動する人の結合体をいう。（中略））により反復して行われるものをいう。

とされている。一般的にこれに該当するものとしては、組織性のある会社や暴力団、宗教団体などが該当するであろう。

　(ⅰ)　そこでこの定義によれば、まず、「団体」とは、「共同の目的」を有していなければならないところ、ここでいう「共同の目的」とは、どのようなものを指すのであろうか。

　これは「結合体の構成員が共通して有し、その達成又は保持のために構成員が結合している目的のことをいう[6]。」とされている。要は、違法か適法かを問わず、その活動実態に照らして認定される目的とされるものが、構成員によって共有されているものと考えればよいであろう。

　例えば、暴力団であれば、その「共同の目的」は、その威力を用いて不当な財産等の入手を図ることであろうが、これについては、暴力団員による不当な行為の防止等に関する法律3条において、指定暴力団の指定要件を定め

---

(5)　平成29年4月28日衆議院法務委員会議事録の金田勝年法務大臣答弁。
(6)　三浦守＝松波孝二＝八澤健三郎＝加藤俊治『組織的犯罪対策関連三法の解説』（2001年、法曹会）68頁。

たことに関して、その目的についても規定しており、同条１号において、

  名目上の目的のいかんを問わず、当該暴力団の暴力団員が当該暴力団の威力を利用して生計の維持、財産の形成又は事業の遂行のための資金を得ることができるようにするため、当該暴力団の威力をその暴力団員に利用させ、又は当該暴力団の威力をその暴力団員が利用することを容認することを実質上の目的とするものと認められること。

とされていることが参考になる。

 (ii) 次に、「多数人の継続的結合体」でなければならないが、これはどのようなものを指すのであろうか。

 これについては、二人以上の者が結合している集団であって、その構成員の一部の変更が当該集団の同一性に影響を及ぼさないだけの継続性を有するもの、すなわち、構成員あるいはその単なる集合体とは別個独立した社会的存在としての実体を有するものをいうと考えられている[7]。もちろん、会社や暴力団がこれに該当することは当然である。

 具体的に、いわゆる犯罪集団と呼ばれるものについては、多少の構成員の入れ替わりがあっても、摘発されない限りグループとして同種犯行を反復継続する意図であるなど継続性が認められる限り、上記の要件を満たすものと思われる。もっとも「仮に二人の団体が存在し得るのかということでいえば、多数人の継続的結合体というものが、例えば一人がその団体から抜けた場合に、抜けてもその団体というものの存在が維持できるのかどうか、継続するのかどうかという観点で考えられますので、二人だけでの団体というのは想定し難いと考えます[8]。」と説明されているように二人だけの組織的犯罪集団というものは現実的には想定し難く、実際には三人以上の場合しかあり得ないものと考えられよう。

 一方、「群衆」のように、集合者間に共同の目的、結合性、継続性のいずれも認められない集団がこれに該当しないことは明らかである上、「集会」のように、共同の目的を有する結合体とはいえても、一時的な結合にすぎず

（７） 隄＝櫞・前掲注(2)116頁。
（８） 平成29年４月28日衆議院法務委員会議事録の林法務省刑事局長発言。

継続性が認められない集団もこれに該当しない[9]。さらに、特定の犯罪を共同して敢行しようとする共同正犯関係にある者らについても、それが多数人であり、共同の目的や結合性があるとしても、一回限りで簡潔する犯罪であったのなら、継続性が認められないとして、これに該当しないことになる。

(iii) 次に、「その目的又は意思を実現する行為の全部又は一部が組織により反復して行われるもの」でなければならず、その「組織」とは、条文上「指揮命令に基づき、あらかじめ定められた任務の分担に従って構成員が一体として行動する人の結合体をいう。」とされている。

要は、その集団の複数の構成員が、指揮命令に基づいて、あらかじめ定められた役割分担に従い、一体となって、その集団の目的又は意思を実現する行為の全部又は一部を反復して行うことが必要であるということであろう[10]。このような要件は、「組織性」の要件と呼ばれている。

したがって、本法の「団体」として認められるためには、「共同の目的」、「多数人の継続的結合体」の要件が必要であるが、そのほかに、「組織性」の要件が求められるのは、本法が、組織により活動を行う継続的結合体の性質に着目して、これを組織的な犯罪として刑の加重等を行う前提要件としてとらえていることによるものである。実際のところ、「組織性」のある団体は、犯罪実現の確実性が高く、重大な被害をもたらすと考えられるところ、そのような組織的犯罪について刑の加重等を行うとするものであるから、「団体」の定義に組織性の要件を加えたのである[11]と説明されている。

それゆえ、サークルなどは、通常、構成員間に指揮命令関係がなく、あらかじめ定められた任務の分担がないから、「団体」に該当せず、組織的犯罪集団に該当しない。この点について、「組織的犯罪処罰法における団体は、その構成員が任務の分担に従って指揮命令に基づいて行動するものでありますが、あくまでも一般論として申し上げるわけでありますが、コミケ（筆者注：いわゆるコミック・マーケットのこと。クールジャパンに関する事項から派生した質問であったため、このような答弁となっている。）、こういったようなもの

---

(9) 三浦＝松波＝八澤＝加藤・前掲注(5)68頁。
(10) 三浦＝松波＝八澤＝加藤・前掲注(5)69頁。
(11) 三浦＝松波＝八澤＝加藤・前掲注(5)70頁。

は、その構成員がこうした指揮命令や任務の分担に従って行動するものではありませんので、組織的犯罪処罰法における団体には当たらないということになります。加えて、一般のサークルの目的は懇親等であって、一定の重大な犯罪等を実行することを構成員の結合の目的としているとは考えられないわけであります。したがいまして、一般のサークルはテロ等準備罪における組織的犯罪集団には該当いたしませんので、テロ等準備罪が成立することはないものと申し上げることができると考えております[12]。」との説明も参考になろう。

　iii　そこで、次に、「その結合関係の基礎としての共同の目的」というものが何を指すのかであるが、これは、上述した「団体」の定義に関して述べた「共同の目的」と同義であり、「結合体の構成員が共通して有し、その達成又は保持のために構成員が結合している目的」である。

　では、なぜ同じ「共同の目的」であるにもかかわらず、「その結合関係の基礎として」という文言が付け加えられたのかという点については、「元々かつての組織的犯罪の共謀罪の法案の場合には、団体の活動としてということの解釈を通じましてその団体の適用対象は限定されるというふうに説明させていただいたところでございますが、それではやはり団体というものが明文で規定されていないので、場合によって通常の団体というものが適用対象になり得るのではないかという懸念、不安、批判がございました。そこで、当時も、共同の目的が犯罪の実行にあるということに限定するという考え方、現在の組織的犯罪集団の定義の持ち方と同様でございますけれども、そういったことでの修正案等も出ましたが、その場合に、実は共同の目的が犯罪実行の目的にあるということを表現した場合に、その共同の目的というのは何なんだというところでの議論がございまして、そのときには、我々としては、その共同の目的というのは、やはり結合関係の基礎としての共同の目的であると、そういった意味で結合関係の、結合体の構成員が共通として有して、その達成又は保持のために構成員が結合している目的であると、このように説明したところでございます。そうしたところ、それであれば、共同

---

[12]　平成29年5月15日参議院決算委員会議事録の金田法務大臣答弁。

の目的というものの定義を、もう少し、結合関係の基礎としての共同の目的という意味合いで共同の目的を使うのであれば、そのことを法文上明文に書くべきであるといった議論がございまして、そのような経過を踏まえまして、今回、この共同の目的というものを犯罪実行の目的に限定するという形で、組織的犯罪集団の定義を置くに当たりましては、その共同の目的という言葉についても、結合関係の基礎としての共同の目的であるということを明確に今回させていただいた次第でございます[13]。」と説明されている。

　ⅳ　そして、その共同の目的が「別表第三に掲げる罪を実行すること」でなければならい。この目的となる別表第三の罪を「目的犯罪」と呼ぶが、これは、国際組織犯罪防止条約の規定に適合するように、前記「重大な犯罪」及び国際組織犯罪条約（人身取引議定書及び密入国議定書を含む。）上、犯罪化が義務付けられている罪のうち、組織的犯罪集団の結合目的となることが現実的に想定される罪が掲げられている。

　ここで、別表第三に掲げる罪（目的犯罪）と別表第四に掲げる罪（対象犯罪）との関係をみておくこととする。両者は大部分が重複するが、別表第三に掲げる罪のうち本法11条の犯罪収益収受罪等、その法定刑の長期が4年未満の懲役又は禁錮であって「重大な犯罪」に該当しないものや、爆発物取締罰則第1条の爆発物使用罪のように組織的犯罪処罰法改正法施行以前から共謀罪・陰謀罪が別個に設けられていたものについては、別表第四には掲げられていない一方、別表第四に掲げられる罪のうち、本法7条の組織的な犯罪に係る犯人蔵匿等の罪等のいわゆる司法妨害罪（別表第四2号から6号まで）は、組織的犯罪集団の結合目的となることが現実的に想定されないものであるので別表第三には掲げられていない。

　エ　そして、そのような「組織的犯罪集団」による「団体の活動として」なされなければならないが、この「団体の活動」の意義については、本法3条1項に定義が設けられており、「団体の意思決定に基づく行為であって、その効果又はこれによる利益が当該団体に帰属するもの」をいうとされている。

---

(13)　平成29年6月1日参議院法務委員会議事録の林法務省刑事局長発言。

i　そこで、まず、「団体の意思決定」とは、個々の構成員の意思を離れた団体としての意思決定をいい、「団体の意思決定に基づく行為」とは、当該意思決定に基づいてその実現として行われる行為をいうと解されている[14]。

そして、この団体の意思決定に基づく行為であるかどうかは、その意思決定が犯罪の実行に向けられた行為の決定であるという性質上、個別具体的に当該団体の意思決定としてなされたものであるかどうかを実質的に検討すべきである。それゆえ、必ずしも会議体による意思決定が行われなくても足り、その団体の通常の意思決定の手続に沿ったものである限り、暴力団の組長やいわゆるワンマン的な立場にある会社社長による単独の決定が、団体の意思決定となることもあり得ると考えられている[15]。

もっとも、団体のトップによる意思決定ではなくても、それに次ぐような立場の者の意思決定による場合であっても、これが「団体の意思決定」と認定できる場合もあろう。具体的には、暴力団のナンバー2である若頭が組長の意思を察して自ら意思決定をしたような場合には、これをもって当該暴力団の「団体の意思決定」とみなすことができる場合もあると思われる。

ii　次に、「その効果又はこれによる利益が当該団体に帰属する」とは、「団体の意思決定に基づく行為」による効果又は当該行為の利益をいい、犯罪という行為の性質上、その効果・利益は法律上の効果・利益には限られず、広く事実上の効果・利益をも含むと考えられている[16]。

また、これらの効果・利益が「当該団体に帰属する」ということの意味も、効果・利益が法律的に団体に帰属する場合に限らず、事実上の効果・利益を当該団体が享受し得る場合も含むものである。例えば、会社ぐるみの詐欺によって得た金員が会社に帰属することや、暴力団組織の活動として得たみかじめ料などが暴力団に帰属することなどがこれに当たることになろう。

もっとも、この効果又は利益の帰属については、これが団体に帰属するか、その構成員に帰属するかという点については二者択一に考える必要はな

---

(14)　三浦＝松波＝八澤＝加藤・前掲注(5)87頁。
(15)　三浦＝松波＝八澤＝加藤・前掲注(5)87頁。
(16)　三浦＝松波＝八澤＝加藤・前掲注(5)87頁。

い。両者は排他的な関係に立つのではなく、両方ともに帰属等があり得る場合もあるからである。仮に構成員個人に帰属しているかのようにみえる資金移動であったとしても、それが団体のためにも用いられている事象が見られれば、当該団体に帰属していると評価できる場合もあると考えられよう。

　オ　そして、その「団体としての活動」は、「当該行為を実行するための組織により行われ」なければならない。

　そこで、まず、「当該行為を実行するための組織」とは、ある罪に該当する行為を実行することを目的として成り立っている組織、すなわち、当該行為を実行するという目的が構成員の結合関係の根拠となっている組織をいう[17]。本条項に則していえば、本法6条の2第1項の罪の対象犯罪を実行するための組織をいうことになる。

　したがって、典型的には、当該行為を実行するために新たに作られた、いわば犯罪実行部隊としての組織がこれに当たる[18]が、必ずしもこれに限られるものではなく、既存の組織であっても、それがある罪に該当する行為を実行する組織として転用された場合は、これに該当する。

　また、「組織により行われ」たとは、当該行為が組織的な態様、すなわち、その組織に属する複数の自然人が、指揮命令関係に基づいて、それぞれあらかじめ定められた役割分担に従い、一体として行動することの一環として行われたことを意味する[19]。

　カ　そのような犯罪の遂行のために「二人以上で計画した」ことが要件とされている。

　ここでいう「計画した」とは、第6条の2第1項の罪の対象犯罪に当たる行為で、組織的犯罪集団の団体の活動として、当該行為を実行するための組織により行われるものの遂行について、二人以上の者が具体的かつ現実的な合意をすることをいう[20]。具体的には、「テロ等準備罪における計画というものは、一定の犯罪をすることに意思が合致するということにとどまるもの

---

(17)　三浦＝松波＝八澤＝加藤・前掲注(5)88頁。
(18)　隄＝櫟・前掲注(2)120頁。
(19)　三浦＝松波＝八澤＝加藤・前掲注(5)88頁。
(20)　隄＝櫟・前掲注(2)120頁。

ではございません。この場合のテロ等準備罪の計画の対象として条文に掲げておることを考えますと、この計画というのは、一定の重大な犯罪を、組織的犯罪集団の団体の活動として、当該犯罪を実行するための組織により実行することについて、このことについて具体的かつ現実的な合意をすることが必要であると、このように考えております[21]。」と説明されている。したがって、当該合意には、特定の犯罪を遂行することのみならず、当該犯罪に当たる行為が組織的犯罪集団の団体の活動として行われるものであること、当該行為を実行するための組織により行われるものであることについての意思の合致までもが含まれる必要があると考えられる[22]。

結局のところ、上述した「計画」が、具体的かつ現実的なものといえるか否かは、個別の事案ごとに判断されることになるが、「この場合のテロ等準備罪の計画でございますが、単に漠然と犯罪の実行を考えるだけでは足りず、計画をした犯罪の実行の可能性が高いものであって、かつ、組織的犯罪集団の構成員らが指揮命令や任務の分担なども含めて具体的に合意する必要がございます。こういった具体的かつ現実的だと言えるかどうかということについての判断は、個別の事案においての具体的な事実関係に基づいて、総合的な考慮で判断されることになろうかと思います[23]。」と説明されている。

したがって、具体的には、当該事実関係の下で、犯行の目的、攻撃の対象、犯行の手段、実行に至るまでの犯行手順、その際における各自の役割等、具体的な犯行計画を現に実行するために必要とされる各種の要素を総合的に考慮して、具体性、現実性を持った犯罪実行の意思の連絡とその合意がなされたといえるかどうかによって判断されることとなるであろう。

また、ここにいう計画行為は、6条の2第1項の罪の構成要件に該当する行為であるから、同罪により公訴を提起する際には、この計画行為についても、刑訴法256条3項後段における

> 訴因を明示するには、できる限り日時、場所及び方法を以て罪となるべき事実を特定してこれをしなければならない。

---

(21) 平成29年6月1日参議院法務委員会議事録の林法務省刑事局長発言。
(22) 隄=欄・前掲注(2)120頁。
(23) 平成29年4月19日衆議院法務委員会議事録の林法務省刑事局長発言。

との規定が適用される。したがって、通常、共謀の存在については、公訴事実上、「被告人は、○○と共謀の上」とだけ記載され、その共謀の日時、場所等は訴因として明示されていないが、本条の罪については、「計画」することも実行行為の一部であるから、その日時、場所等に関する特定事項は、共謀を訴因とする場合とは異なることになる。

　なお、合意である以上、二人以上の者が関与することは当然であろうが、あえて「二人以上で」という文言が用いられているのは、単に「計画した」という文言だけで規定すると、単独で犯罪遂行を企てる行為も処罰対象となると解されかねないため、その懸念を払拭させるために、あえてこのような記載にされたものである[24]。

　キ　そのような計画をした上で、「計画をした者のいずれかによりその計画に基づき資金又は物品の手配、関係場所の下見その他の計画をした犯罪を実行するための準備行為が行われたとき」に犯罪が成立する。

　ⅰ　このような要件が設けられたのは、国際組織犯罪防止条約第5条1(a)(ⅰ)は、重大な犯罪の合意罪の立法化に際して、「国内法上求められるときは」として、前述した「組織的な犯罪集団が関与するもの」という要件を付加するオプションだけでなく、「その合意の参加者の一人による当該合意の内容を推進するための行為」を採用することを認めているからで、我が国においては、その両方のオプションを採用したのである。

　前述したように、本法の改正に当たって、我が国では、単に「計画」しただけでは犯罪を完成することにはならず、更なる実行準備行為に至って初めて犯罪となるとしたことで、単なる共謀で処罰されることはないという点を明確にしたものであった。

　ⅱ　ここでいう実行準備行為とは、「テロ等準備罪におけます実行するための準備行為とは、まず、計画行為とは別の行為であること、それから、計画に基づいて行われること、そして、計画が実行に向けて前進を始めたことを具体的に顕在化させるもの、これを内容とすると考えております[25]。」と

---

(24)　隄＝櫻・前掲注(2)120～121頁。
(25)　平成29年4月19日衆議院法務委員会議事録の林法務省刑事局長発言。

説明されていることに照らし、①計画行為とは別の行為であって、②計画に基づいて行われ、かつ、③計画が実行に向けて前進を始めたことを具体的に顕在化させるものをいうことになる[26]。

そして、「実行するための準備行為は、計画行為とともにテロ等準備罪の成立要件でございまして、したがいまして、同罪の、テロ等準備罪の構成要件でございます[27]。」と説明されているように、当然のことではあるが、この実行準備行為は、本罪の構成要件の一部である。

iii また、この実行準備行為は、条文上、「計画をした者のいずれかにより」行われなければならないことが明らかであるから、計画に加わっていない者が行う行為は、実行準備行為に当たらないことになる。

また、実行準備行為は、「その計画に基づき」行われなければならないところ、「計画に基づき」とは、「計画において合意がなされた内容、例えば、具体的な犯罪の態様や準備行為、あるいは犯行後の罪証隠滅行為などの内容を踏まえまして、客観的にそれを基礎として行われたと認められるものであることを要するものと考えております[28]。」と説明されているように、計画を基礎としているという意味であり、計画において合意された内容、例えば、具体的な犯罪の態様や準備行為などの内容を踏まえて、客観的に計画を基礎として行われたと認められるものでなければならない。したがって、計画に基づかない行為は実行準備行為とはいえないし、また、「計画」が成立する以前に行われた行為も、当然に実行準備行為とはなり得ないことになる。

iv そして、そのような計画に基づき、「資金又は物品の手配、関係場所の下見その他の計画をした犯罪を実行するための準備行為」に及ぶ必要がある。

その規定の仕方から明らかなように、準備行為のうち、資金又は物品の手配及び関係場所の下見は例示である。前記のとおり、実行準備行為は、計画とは別の行為であることを要するから、計画を立て、又は練るにすぎない行

---

(26) 隄＝櫟・前掲注(2)121頁。
(27) 平成29年4月19日衆議院法務委員会議事録の林法務省刑事局長発言。
(28) 平成29年4月19日衆議院法務委員会議事録の林法務省刑事局長発言。

第5　テロ等準備罪等の内容等　217

為はこれに当たらない。
　また、「資金又は物品の手配」とは、計画した犯罪をその計画に基づいて実行するために必要となる資金又は物品を準備する行為や、入手に向けて働きかける行為をいう[29]。
　さらに、「関係場所の下見」とは、その計画した犯罪の実行に関係ある場所に赴いてあらかじめ確認する行為をいう[30]。
　その上で、「資金又は物品の手配」及び「関係場所の下見」以外の実行準備行為に該当する行為として、どのようなものが挙げられるかであるが、犯行手順の訓練をすること、犯行の標的の行動監視をすること、犯行を実行するため犯行拠点に参集すること、凶器を携えて犯行予定場所に赴くことなど、いずれも実行準備行為に該当すると考えられよう[31]。
　ク　被疑者らに求められる故意の内容としては、次のようなものとなろう。
　①　同項各号に掲げる罪に当たる行為で、テロリズム集団その他の組織的犯罪集団の団体の活動として、当該行為を実行するための組織により行われるものの遂行であること
　②　二人以上で計画しているものであること
　③　その計画をした者のいずれかによりその計画に基づき資金又は物品の手配、関係場所の下見その他の計画をした犯罪を実行するための準備行為が行われたものであること
の各事実について認識、認容している必要があると考えられる。
(3)　**条文の具体的な解釈——組織的犯罪処罰法6条の2第2項について——**
　本法6条の2第2項は、
　　前項各号に掲げる罪に当たる行為で、テロリズム集団その他の組織的犯罪集団に不正権益を得させ、又はテロリズム集団その他の組織的犯罪集団の不正権益を維持し、若しくは拡大する目的で行われるものの遂行

---
(29)　隄＝櫟・前掲注(2)122頁。
(30)　隄＝櫟・前掲注(2)122頁。
(31)　隄＝櫟・前掲注(2)122頁。

を二人以上で計画した者も、その計画をした者のいずれかによりその計画に基づき資金又は物品の手配、関係場所の下見その他の計画をした犯罪を実行するための準備行為が行われたときは、同項と同様とする。
と規定されている。

　ア　同条項の罪は、①同条第1項各号に掲げる罪に当たる行為で、テロリズム集団その他の組織的犯罪集団に不正権益を得させ、又はテロリズム集団その他の組織的犯罪集団の不正権益を維持し、若しくは拡大する目的で行われるものの遂行を、②二人以上で計画し、③その計画をした者のいずれかによりその計画に基づき資金又は物品の手配、関係場所の下見その他の計画をした犯罪を実行するための準備行為が行われたときに成立する。

　イ　この罪は、その目的が「組織的犯罪集団に不正権益を得させ、又は組織的犯罪集団の不正権益を維持若しくは拡大する目的」であるという点に特徴がある。

　　i　ここでいう「不正権益」とは、本法3条2項に定義規定が置かれており、「団体の威力に基づく一定の地域又は分野における支配力であって、当該団体の構成員による犯罪その他の不正な行為により当該団体又はその構成員が継続的に利益を得ることを容易にすべきもの」をいう。具体的には、暴力団がその縄張りとして設定した一定の地域内において、威力を背景として、当該暴力団又はその構成員が飲食店等からのみかじめ料等の獲得という不正な行為により継続的に利益を得ている場合における、当該縄張りである[32]。

　また、ここで規定されている「団体の威力」とは、人の意思を制圧するような勢力であって、団体の力を背景とするものをいい、「団体の威力に基づく一定の地域又は分野における支配力」とは、このような勢力に基づいて、一定範囲の地域又は分野において、人の意思や行動を左右することができる優越的な影響力をいう[33]。

　また、「団体の構成員による犯罪その他の不正な行為により当該団体又は

---

[32]　三浦＝松波＝八澤＝加藤・前掲注(5)90頁。
[33]　三浦＝松波＝八澤＝加藤・前掲注(5)90頁。

その構成員が継続的に利益を得ることを容易にすべきもの」という要件のうち、「不正な行為」とは、実質的に法秩序に反すると認められる行為をいい、犯罪はその典型であるが、それに限られるものではない。次に、「継続的に」とは、ある団体又はその構成員が、一定の利益を継続して得ることをいい、さらに、「利益を得ることを容易にすべき」支配力とは、それが存在することによって、利益を得ることが容易になるという効果を有する優越的な影響力をいう[34]。

結局のところ、「テロリズム集団その他の組織的犯罪集団に不正権益を得させ、又はテロリズム集団その他の組織的犯罪集団の不正権益を維持し、若しくは拡大する目的で行われるもの」とは、組織的犯罪集団の威力に基づく一定の地域又は分野における支配力を獲得、維持、拡大する目的で行われる犯罪をいうことになる[35]。

ⅱ　そして、このような不正権益目的が存在するというためには、実行される犯罪が不正権益を得させるなどの目的に直接資する行為であることを要すると解されているから[36]、組織的犯罪集団の構成員ら以外の者が、6条の2第2項の罪を行うことは想定できないので、6条の2第2項の罪の対象となるのは、組織的犯罪集団の構成員らに限られることになる。

また、計画行為に関しては、本罪における「計画」には、特定の犯罪を遂行することのみならず、当該犯罪に当たる行為が、組織的犯罪集団に不正権益を得させ、又は組織的犯罪集団の不正権益を維持し、若しくは拡大する目的で行われるものであることについての意思の合致が含まれる必要がある[37]。

その他の構成要件や故意の内容についても、1項の場合と同様に考えればよいであろう。

(4) 法定刑について

本法6条の2第1項又は第2項の罪の法定刑は、①対象犯罪の法定刑が

---

(34)　三浦＝松波＝八澤＝加藤・前掲注(5)90頁。
(35)　陛＝櫟・前掲注(2)125頁。
(36)　三浦＝松波＝八澤＝加藤・前掲注(5)92頁。
(37)　陛＝櫟・前掲注(2)125頁。

「死刑又は無期若しくは長期10年を超える懲役若しくは禁錮」である場合は、5年以下の懲役又は禁錮、②対象犯罪の法定刑が「長期4年以上10年以下の懲役又は禁錮」である場合は、2年以下の懲役又は禁錮である。

そこで、対象犯罪に係る法定刑の刑種が本条の罪の刑種に影響を与えるかどうかであるが、対象犯罪の法定刑が懲役のみである場合には、本条の罪について言い渡すことができる刑種は懲役のみであり、対象犯罪に係る法定刑の刑種が禁錮のみである場合には本条の罪について言い渡すことができる刑種は禁錮のみであると考えられる。

というのは、現行法の刑罰体系においては、非破廉恥罪に関して禁錮を定めることを基本としており、懲役を定める罪と禁錮を定める罪との間には性質的な違いがあり、犯罪の性質に従って法定刑の刑種が定められていると考えられるところ、現行法の共謀罪、陰謀罪及び予備罪は、いずれも、その共謀・陰謀の対象とされ、又は予備の目的とされた犯罪の法益が侵害される危険性に着目して処罰の対象とされるものであって、犯罪の性質がこれらの罪と同様であるとされており、6条の2第1項又は第2項の罪についても、その性質が対象犯罪と共通しており、法定刑の刑種は対象犯罪と同種のものとなると考えられるからである[38]。

(5) **計画をした犯罪のための資金として使用する目的で取得した財産の犯罪収益性について**

本法2条2項5号では、

> 第6条の2（テロリズム集団その他の組織的犯罪集団による実行準備行為を伴う重大犯罪遂行の計画）の罪の犯罪行為である計画（日本国外でした行為であって、当該行為が日本国内において行われたとしたならば当該罪に当たり、かつ、当該行為地の法令により罪に当たるものを含む。）をした者が、計画をした犯罪の実行のための資金として使用する目的で取得した財産

について、犯罪収益であるとして、マネー・ローンダリングや没収等の対象となるようにしている。

このような財産が犯罪収益とされたのは、

---

(38) 陛＝櫟・前掲注(2)127頁。

①　計画をした犯罪の実行の準備のために取得されたものであり、6条の2第1項又は第2項の罪という犯罪を遂行する過程で得た財産としての実質を有することから、「犯罪行為によって得た財産」に匹敵する性質を有すること
②　計画をした犯罪の実行のために使用する目的で準備された財産であるので、仮に犯人にその保持・運用を許せば、組織的犯罪集団の維持・拡大や将来の犯罪活動等に用いられるおそれも大きいこと
③　組織的犯罪集団が関連する犯罪に源泉を有する収益を広く犯罪収益規制の対象とすることは、犯罪収益規制の強化を図ろうとする国際組織犯罪防止条約の趣旨に沿うものと考えられること

等の理由によるものである[39]。

2　証人等買収罪について
(1)　本罪が新設された趣旨
本法7条の2第1項では、

次に掲げる罪に係る自己又は他人の刑事事件に関し、証言をしないこと、若しくは虚偽の証言をすること、又は証拠を隠滅し、偽造し、若しくは変造すること、若しくは偽造若しくは変造の証拠を使用することの報酬として、金銭その他の利益を供与し、又はその申込み若しくは約束をした者は、2年以下の懲役又は30万円以下の罰金に処する。
　一　死刑又は無期若しくは長期4年以上の懲役若しくは禁錮の刑が定められている罪（次号に掲げる罪を除く。）
　二　別表第一に掲げる罪

と規定されている。
また、同条2項では、

前項各号に掲げる罪に当たる行為が、団体の活動として、当該行為を実行するための組織により行われた場合、又は同項各号に掲げる罪が第3条第2項に規定する目的で犯された場合において、前項の罪を犯した

---

(39)　隄＝欄・前掲注(2)108〜109頁。

者は、5年以下の懲役又は50万円以下の罰金に処する。
と規定されている。

　このような規定が新設された趣旨は、次のとおりである。すなわち、国際組織犯罪防止条約第23条(a)は、「重大な犯罪」、すなわち長期4年以上の自由を剥奪する刑又はこれより重い刑を科すことができる犯罪を構成する行為及び国際組織犯罪防止条約（人身取引議定書及び密入国議定書を含む。）上、犯罪化が義務付けられている犯罪に関する手続において、偽証をさせ又は証拠の提出等を妨害する目的で、暴行を加え、又は脅迫・威嚇をする行為や、不当な利益の約束・供与等をする行為を犯罪化することを義務付けている。しかしながら、我が国においては、司法妨害目的で不当な利益の約束・供与等を行うことを処罰し得る罰則がなかったことから、組織的犯罪処罰法の改正によって、7条の2の罪が新設されたのである[40]。

(2)　本条1項の罪が成立する場合

　この罪は、前記条約上の「重大な犯罪」とされる死刑又は無期若しくは長期4年以上の懲役若しくは禁錮の刑が定められている罪又は組織的犯罪処罰法別表第一に掲げる罪に係る自己又は他人の刑事事件に関し、証言をしないこと、若しくは虚偽の証言をすること、又は証拠を隠滅し、偽造し、若しくは変造すること、若しくは偽造若しくは変造の証拠を使用することの報酬として、金銭その他の利益を供与し、又はその申込み若しくは約束をした場合に成立する。

　そして、1号と2号とに分けて規定してあるが、1号は、国際組織犯罪防止条約上、「重大な犯罪」、すなわち、死刑又は無期若しくは長期4年以上の懲役若しくは禁錮が定められている罪を対象とするように求められていることに対応したものであり、2号は、国際組織犯罪防止条約（人身取引議定書及び密入国議定書を含む。）上、犯罪化が義務付けられている罪を対象とするように求められていることに対応したものである。

(3)　本条1項の条文の解釈

　この規定の解釈については、基本的には、刑法104条の証拠隠滅罪の解釈

---

[40]　髙＝檞・前掲注(2)140頁。

と同様でよい。
　ア　まず、対象事件であるが、刑法の証拠隠滅罪は、「他人の刑事事件」に限られていたが、ここでは、「自己又は他人の刑事事件に関し」とされている。ここでいう「自己又は他人」というのは、買収者側からみた場合のことである[41]。
　そして、「他人の刑事事件」については、行為者以外の刑事事件を指し、現に公判中の事件はもちろんのこと、将来に刑事事件となる捜査段階のものも含まれる[42]。
　イ　次に、「証言をしないこと、若しくは虚偽の証言をすること」とは、次の3つの場合が含まれることになろう。①証人として召喚された場合に出頭しないこと、②出頭したが宣誓若しくは証言しないこと、さらに、③宣誓の上で虚偽の証言をすることである[43]。
　そして、そのような証言拒否行為等の「報酬として」金銭等が供与された関係に立つことが要件とされる。つまり、そのような行為と供与された金銭等利益とが対価関係にあることが求められているということである。
　それゆえ、捜査機関への出頭や捜査機関に対する供述を妨害する目的での買収行為はこれに該当しない。もっとも、捜査機関への出頭拒否等と裁判所への証人としての出頭拒否等を区別しないで行なわれた買収行為の場合には、本罪の対象となり得る場合もあると思われる[44]。
　ウ　「証拠を隠滅し、偽造し、若しくは変造すること、若しくは偽造若しくは変造の証拠を使用すること」とは、刑法第104条の証拠隠滅等罪における証拠の隠滅、偽変造又は偽変造に係る証拠の使用と同様の意味である。
　つまり、「隠滅」とは、証拠そのものを滅失させる行為のみならず、その顕出を妨げ、若しくはその価値・効力を減少させる全ての行為をいい[45]、「偽造」とは、新たな証拠を創造すること、つまり、実在しない証拠を実在

---

(41)　櫸・前掲注(1)27頁。
(42)　仲家暢彦・大コンメ刑法［3版］(6)360頁。
(43)　櫸・前掲注(1)27頁。
(44)　堤＝櫸・前掲注(2)141頁。
(45)　仲家・大コンメ刑法［3版］(6)370頁。

するがごとく新たに作出することをいい[46]、「変造」とは、既存の証拠に変更を加えることをいい[47]、「使用」とは、当該証拠が偽造・変造に係るものであることを認識しながら、裁判所・捜査機関に提出することをいう[48]。

そして、それら行為の「報酬として」供与されることが必要であり、前述した証言拒否等を依頼する場合と同様に、このような行為と供与された金銭等の利益とが対価関係にあることが必要である。

(4) **本条2項の趣旨**

本条2項の罪は、対象犯罪が「団体の活動として、当該行為を実行するための組織により行われた場合」又は「団体に不正権益を得させ、又は団体の不正権益を維持し、若しくは拡大する目的で行われた場合」の加重規定である。

このような加重規定が設けられた趣旨は、組織的犯罪処罰法第7条の「組織的な犯罪に係る犯人隠匿等」が設けられている趣旨と同じである。

つまり、この第7条の趣旨は、「第3条第1項に規定する態様又は第2項に規定する目的で犯される罪、すなわち、組織的な犯罪については、当該団体の構成員等による犯人蔵匿等、証拠隠滅等又は証人等威迫の罪が犯されることが多い。そして、第3条第1項の態様で犯される罪は、あらかじめ十分な謀議に基づいて犯罪の発覚や犯人の特定・検挙を困難にする手段が講じられることが多く、同条第2項の目的で犯される罪は、団体やその構成員による利益獲得活動という複雑な事実関係を伴うものである上、団体・組織の持つ威力・影響力により犯人を含めた関係者からの供述を得ることが困難である場合が多いなど、その真相解明が一般的に困難である。一方、組織的な犯罪は、反復・継続して犯されることが多く、これを根絶するには団体・組織の実態についてまで解明する必要性がある。このような性質を有する組織的な犯罪に関する犯人蔵匿等は、かかる行為がいったん行われると事案の真相を解明することを著しく困難とし、また、当該団体・組織が温存される結果、更に犯罪が継続される温床ともなるなど、その違法性が高いため、重い

---

(46) 仲家・大コンメ刑法［3版］(6)371頁。
(47) 仲家・大コンメ刑法［3版］(6)373頁。
(48) 仲家・大コンメ刑法［3版］(6)373頁。

量刑を得てその抑止を図る必要があると考えられるが、刑法の法定刑は、組織的な犯罪に関して犯されたこれらの罪の違法性を十分に反映したものとは言い難く、その法定刑を加重する必要があることから、本条を設けたものである[49]。」とするのである。

そこで、本条項においても、同様の趣旨から加重処罰の対象としたものである。

なお、間違うおそれがあるので注意的に付言すると、本条項の証人等買収罪は、証人等買収行為が「団体の活動として、当該行為を実行するための組織により行われた場合」等に成立するものではなく、対象犯罪が「団体の活動として、当該行為を実行するための組織により行われた場合」等に成立することに留意する必要がある。

3 国外犯の規定の整備
本法12条は、

> 第3条第1項第9号、第11号、第12号及び第15号に掲げる罪に係る同条の罪、第6条第1項第1号に掲げる罪に係る同条の罪並びに第6条の2の罪は刑法第4条の2の例に、第9条第1項から第3項まで及び前二条の罪は同法第3条の例に従う。

として、国外犯となる対象犯罪を拡大している。

(1) 制度の趣旨
このような規定が設けられた趣旨は、国際組織犯罪防止条約においては、国際組織犯罪防止条約（人身取引議定書及び密入国議定書を含む。）上、犯罪化が義務付けられている罪（別表第一に掲げる罪）及び重大な犯罪（長期4年以上の自由を剥奪する刑又はこれより重い刑を科することができる犯罪を構成する行為）であって、組織的な犯罪集団が関与するものについて、犯罪人引渡しの対象犯罪とされ、締約国には、自国民であることを唯一の理由として引渡しを行わない場合、訴追付託義務及びこれに対応するための裁判権設定義務が課されている（国際組織犯罪防止条約第16条10、同条1、第15条3）。

---
(49) 三浦＝松波＝八澤＝加藤・前掲注(5)100頁。

そこで、国際組織犯罪防止条約上の裁判権設定義務が課されている、普遍的な性質を有する犯罪であって、外国で行われた行為にも自国の罰則の構成要件を直接適用することが可能であるもので、かつ、組織的な犯罪集団が関与するものにつき、組織的犯罪処罰法の改正前の法律において、国外犯処罰規定が設けられていない罪について、国民の国外犯処罰を可能とする規定が整備されたものである[50]。

(2) **本法における国外犯処罰規定の整備の内容**

具体的な国外犯処罰規定の整備の内容は次のとおりである。

組織的強要、組織的信用毀損及び組織的業務妨害、組織的威力業務妨害、組織的建造物等損壊（第3条第1項第9号、第11号、第12号及び第15号に掲げる罪に係る同条の罪）、組織的な殺人の予備（第6条第1項第1号に掲げる同条の罪）、テロ等準備罪（第6条の2第1項及び第2項）について、刑法第4条の2の例に従うとされ、これらの罪が条約による国外犯の対象とされた。

そして、第一章で述べたように、この場合の対象となる「条約」とは、組織的犯罪処罰法改正法附則第4条において、国際組織犯罪防止条約が日本国について効力を生ずる日以後に日本国について効力を生ずる条約である（国際組織犯罪防止条約を含む。）。

国際組織犯罪防止条約との関係で、この「刑法第4条の2の例に従う」との規定により、国外犯が処罰されるのは、日本国民が犯した対象犯罪であって、「組織的な犯罪集団が関与するもの」、具体的には「団体の活動として当該行為を実行するための組織により行われたもの」又は「団体に不正権益を得させ、又は団体の不正権益を維持し、若しくは拡大する目的」でなされたものである。

(3) **刑法の贈賄罪の国外犯**

組織的犯罪処罰法の改正に伴い刑法も改正され、同法3条6号に贈賄罪が追加された。

贈賄罪につき国民の国外犯処罰規定を設けることは、国際組織犯罪防止条約における腐敗の犯罪化の趣旨にも沿うものであるし、後述するように、外

---

[50]　陛＝橳・前掲注(2)144頁。

国公務員に対する贈賄罪については既に国外犯が設けられていること、更に、収賄罪については以前から刑法4条により国外犯処罰が可能であったこととの均衡を考慮する必要があることなどから、贈賄罪（刑法第198条）を国民の国外犯（同法第3条）の対象としたものである。

第6　国際組織犯罪防止条約締結による具体的な効果等

　上述したような組織的犯罪処罰法等の改正により、担保法の整備ができて、国際組織犯罪防止条約を締結することができたのであるが、実際のところ、その効果やメリットとしては、どのようなことが考えられるのであろうか。

　端的にいって、その効果やメリットとして、刑事共助や逃亡犯罪人の引渡しがよりスムーズになることが見込まれている。

　まず、刑事共助では、他の締約国から共助要請を受ける窓口となる中央当局を指定することが本条約上定められており、これにより外交ルートを経ることなく刑事共助に関する連絡が取れることになる（本条約18条13）。これはこれまでに二国間で締結してきた刑事共助条約でも認められているシステムではあるが、本条約の締約国全てとこのシステムを使うことができるメリットには大きなものがあろう。

　また、本条約18条23において、共助の実施を拒否する場合には、要請国に対して、拒否する理由を明示しなければならないとしており、被要請国は、明確な根拠のない限り、共助を拒否することが困難になることで、結果的に刑事共助の実現可能性が高まるといえよう。

　次に、逃亡犯罪人引渡しにおいては、従前は、日米犯罪人引渡条約のような条約を締結していないと、条約前置主義を採る国とは引渡しができず、また、それ以外の国との間でも、相互主義の保障がないと引渡しが困難であるとの事情や、国際礼譲に基づくに過ぎないため引渡しの義務を負わないことから、スムーズな引渡しができないという事態を迎えていた。しかしながら、本条約の締結によって、本条約16条の各規定により、条約前置主義を採る国であっても、本条約を根拠として、逃亡犯罪人の引渡しができるように

なった。この範囲の拡大は非常に大きいものと思われる。また、条約前置主義を採らない国であっても、本条約を根拠として引渡手続が迅速に行われる可能性が高まっている。本条約の履行は、国際法上の義務となるため、迅速円滑な手続の遂行が期待できるからである。

　このように、本条約により、組織犯罪対策として、包括的に刑事共助や犯罪人の引渡が円滑かつ効果的に行われる可能性が飛躍的に高まったといえよう。

第7　この章のおわりに

　長年にわたり未締結であった国際組織犯罪防止条約がテロ等準備罪などの担保法の整備により締結され、我が国に対して発効したことは、国際組織犯罪と対峙し、各国の治安を維持する上でも極めて有用である。

　今後、テロ等準備罪の捜査等に当たり、適切かつ的確な摘発がなされることが期待されよう。

第8章

国際的な人身取引に関する諸問題

第1　はじめに

　国際的な人身取引は、現下国際社会の喫緊の課題となっている。薬物や銃器の密輸と並んで、人身取引も大きな国際問題として認識されている。人身取引は、重大な人権侵害であり、人道的観点からも迅速・的確な対応を求められるものである。つまり、人身取引が、その被害者に対して深刻な精神的・肉体的苦痛をもたらし、その被害の回復は非常に困難であり、それゆえ深刻な国際問題となっている。

　しかも、我が国においては、近年、ブローカー等が被害者を偽装結婚させるなどして就労に制限のない在留資格を取得させるなど、人身取引の手口はより巧妙化・潜在化してきているとの指摘もあり、潜在化している可能性のある人身取引事案をより積極的に把握し、その撲滅と被害者の適切な保護が強く求められている現状にある。

　人身取引の被害者数を正確に把握するのは困難であるが、国際労働機関（ILO）が平成17年（2005年）に行った報告によれば、国境を越えた人身取引の被害者総数は、240万人以上にも上るとされている[1]。

　このような国際的人身取引に対して、国際社会においては、どのような取組がなされているのか、そして、我が国はそれにどのように対応しているの

（1）　この数字は推計であるが、米国の推計では、毎年80万人が国境を越えた人身取引の被害に遭っていると報告されている（US State Department 2008）。

か、さらには、人身取引事犯における実際の捜査、公判においては、どのような問題が生じているのかなどについて説明することとしたい。

第2　人身取引の国際的及び国内的実情

1　人身取引の送出国及び受入国の状況

人身取引の送出国及び受入国の状況については、国連薬物犯罪事務所の調査研究報告書「人身取引——グローバル・パターン」(2006年) によると、世界中の国のうち127ヵ国が人身取引被害者の送出国であり、5段階(「非常に高い」「高い」「中程度」「低い」「非常に低い」)の中で「非常に高い」に分類された被害者の出身国は11ヵ国(ベラルーシ、モルドバ共和国、ロシア共和国、ウズベキスタン、アルバニア、ブルガリア、リトアニア、ルーマニア、中国、タイ、ナイジェリア)あり、それらの国を地域別に見ると、東ヨーロッパ、中央・南東ヨーロッパ、アジア、西アフリカ、ラテンアメリカ、カリブ海諸国の順になっている。

特に出身国として上位に挙げられた国は、国内に政治的不安定や混乱、そして紛争や災害等によって人々が安定した生活を営めない状態に陥った国や地域が多く見られている[2]。

これに対し、我が国や米国、サウジアラビアなどの経済的に発展している国が受入国となっている。

2　人身取引であるかどうかの判断基準

上記のような人身取引が行われたと判断されるかどうかは、主に目的、手段、行為の3点がその基準となる(詳細は後述)。

先ず、その目的であるが、人身取引の目的は、他人からの「搾取」にある。すなわち、当該取引対象とされた被害者から、利益を挙げることを意図し、そのため、被害者に売春を強要したり、ポルノ撮影をするような性的搾取や、嫌がる仕事を強制的にさせたり、約束した賃金を支払わなかったり、

---

(2)　独立行政法人国立女性教育会館『人身取引問題について知る2001』17頁。

臓器を摘出することなどが、いずれもこの「搾取」に当たる。

　被害者が18歳以上の成人の場合には、暴行や脅迫、欺罔や誘惑、権力の濫用、相手の脆弱な立場を悪用することなどがあり得るが、それらは人身取引の「手段」に該当することとなる。

　ただ、被害者が18歳未満の場合は、その手段は問われないとされている。それゆえ、18歳未満の被害者の場合は、搾取の目的で行われた行為の全てが人身取引に該当する。

　そして、実際の人身取引の「行為」としては、人を採用するリクルーティング行為、人を採用した場所から需要地に運ぶ運搬や移送行為などがこれに該当するほか、また、その際に当該被害者を隠すこと（蔵匿）や、人の売買を行う者から受け取る（収受）ことも、人身取引に該当する[3]。

3　我が国における人身取引の保護状況

　我が国では、平成17年（2005年）から同23年（2011年）までの7年間に、入国管理局において、人身取引からの保護等を受けた被害者は約300人であり、そして、その国別の内訳としては、フィリピンが153人、タイが66人、インドネシアが60人となっている。この3国で、約93％を占めている。

　また、平成24年（2012年）に入国管理局において保護等した人身取引の被害者数は9人で、同25年（2013年）は12人、同26年（2014年）は9人、同27年（2015年）は26人となっている。このように同27年に増加したのは、フィリピン人の被害者が前年は7人であったのが17人となり、集団的な人身取引被害が発生したことのほか、被害者の認知推進に一層傾注した結果であると思われる。

　そして、近時では平成17年（2005年）が最も被害者数が多く、115人の被害者が保護されていたが、その後、劇的に減少し、毎年20人から30人程度となっていた上、上記のとおり、平成24年乃至26年（2012年乃至、2014年）には10人前後にまで減少している。もっとも、上述したように、若干の増加も認められる（以上、法務省入国管理局のホームページによる。）。

（3）　独立行政法人国立女性教育会館・前掲注(2) 4頁。

このような顕著な減少傾向は、政府全体で人身取引対策に取り組んできたことや、厳格な上陸審査の実施など人身取引の防止のための対策が一定の効果を上げてきたためであると思われる（詳細は後述する。）。

4　人身取引事犯の検挙状況等

人身取引事犯の検挙状況であるが、警察庁の統計によれば、上記の被害者数が最も多かった平成17年（2005年）が検挙件数、検挙人員とも最も多く、件数で81件、人員で83名が検挙されている。その後、その件数、人員とも減少し、平成24年（2012年）は、44件、54人であり、同25年（2013年）は、25件、37人、同26年（2014年）は、32件、33人、同27年（2015年）は、44件、42人となっている（以上、警察庁のホームページによる。）。

そして平成26年（2014年）における検挙状況に関して、それら検挙に係る被疑者の状況としては、日本人が30人と最も多く、その大半を占めているほか、男性の被疑者が19人で、女性の被疑者が14人と女性被疑者の割合が増加傾向にあるとされている。それら被疑者には、日本人以外にも、それら被害者の送出国であるフィリピン、タイなどの国籍の共犯者もおり、それら共犯者も検挙されている。

なお、被害者の状況としては、警察庁の統計によれば、平成24年（2012年）は27人、同25年（2013年）は17人、同26年（2014年）は24人、同27年（2015年）は49人となっている（入国管理局の統計と異なるのは、警察庁の方が入国手続に関係しない被害者も含んでいるからである。）

そして、平成26年（2014年）においては、被害者は全て女性で、年齢は、30歳未満が16人で全体の3分の2を占めているほか、18歳未満の児童が7人で、そのうち中学生、高校生が5人となっていた。その中で我が国人と外国人の割合は同じであり、それぞれ12人ずつとなっていた。なお、外国人12人のうち10人はフィリピン人であった。

5　我が国への不正入国手段

我が国への入国の方法としては、以前は、興業ビザによるものが多かったが、その後、この適用を厳格化したため、この方法によるものは減少し、一

時滞在ビザによるものがそれに代わっていた。

　そして、それらの方法に代わって登場していたのが、「偽装結婚」による入国方法である。これは平成17～18年（2005～2006年）ころから頻繁に見られるようになった。

　「偽装結婚」とは、日本人の配偶者等の在留資格等を得る目的で、日本人等との間で、婚姻の意思がないのに、市区町村に内容虚偽の婚姻届を提出する事案をいい、滞在及び就労の資格を取得するための主要な手段となっている。このような行為は、刑法の電磁的公正証書原本不実記録・同供用罪等に該当することとなる。

　偽装結婚には、国内外の悪質ブローカーや暴力団等が介在し、その資金獲得手段にもなっており、我が国に長期間滞在し、就労を希望する者や、現に我が国に滞在中の者で、長期間の滞在と就労を希望する者らから依頼を受けたブローカー等の請負組織が、多重債務者となった金銭困窮者や、ホームレス等の日本人に報酬を支払うことを条件に勧誘し、偽装結婚を仲介、成立させるなどの手口が用いられている。

　偽装結婚の検挙件数としては、平成24年（1012年）は172件で、同25年（2013年）は158件となっている。また、検挙人数としては、同24年（2012年）は466人であり、同25年（2013年）は462人となっている（「来日外国人犯罪の検挙状況（平成25年）」10頁・警察庁ホームページによる。）。

　なお、このような偽装結婚による事例に関して、国際移住機関（International Organization for Migration, 以下「IOM」という。）が、偽装結婚による被害者の救済をした事例として公表している事例があるので、ここにそれを紹介する。

　その事例は、被害者は女性の学生で、以前興業ビザで我が国に来たことがあった。そして、偽装結婚により来日したものの、無報酬で、クラブのホステスやストリッパー、家政婦などとして働かされたほか、虐待も受けていた。そのため、我が国にいた親戚の手助けを受けて逃げ出し、逃げたことが分かると脅されるとして所轄書に届け出た。そして、警察はすぐに婦人相談所に付託した。その後、IOMが我が国での離婚手続の法的な手伝いもした上で、帰国させたというものであった。

このケースから見る限り、海外での売り手と国内の買い手との間での人身売買罪が成立するようにも思われるが、海外の売り手を特定したり、その供述を得るなど人身取引の実態を証拠上明らかにするのが困難である場合も多く、多くの場合は、国内での当該人身売買行為か、あるいは、売春行為について管理売春などによる売春防止法違反等を適用するなどして、国内での捜査で足りるような事件処理がなされている場合が多い。

第3 人身取引に対する国際的取組み

1 人身取引議定書の採択

国際的な犯罪組織が勢力を拡大し、その脅威が各国において深刻化してきたことから、国際社会が協力してこれに対処するため、前述したように、平成12年（2000年）11月15日、国連総会において、国際組織犯罪防止条約が採択された。

そして、同時に、この条約を補足するものとして、「国際的な組織犯罪の防止に関する国際連合条約を補足する人（特に女性及び児童）の取引を防止し、抑止し及び処罰するための議定書」（Protocol to Prevent, Suppress and Punish Trafficking in Persons, Especially Women and Children, supplementing the United Nations Convention against Transnational Organized Crime）（以下「本件議定書」という。）も同様に採択された。

本件議定書は、人身取引を防止することを目的として、人身取引に係る一定の行為の犯罪化、人身取引の被害者の保護、人身取引の防止措置、国際協力等について規定するものである。

それゆえ、本件議定書を締結する国には、人身取引に係る行為を犯罪として定めることや、その被害者を保護するための種々の手当等を行う措置を設けること、さらには、その送還、受入が容易にできるような措置を講ずるなどの義務が発生することとなっている。

2 本件議定書の内容等

本件議定書による義務の内容を具体的に検討するに、本件議定書に基づく

人身取引の犯罪化に当たっては、そもそも、本件議定書が人身取引というものをどのように捉えているのかを見ておかなければならない。

本件引議定書3条は、「人身取引」の定義について、次のとおり定めている。すなわち、

> (a) 「人身取引」とは、搾取の目的で[4]、暴力その他の形態の強制力による脅迫若しくはその行使、誘拐、詐欺、欺もう、権力の濫用若しくはぜい弱な立場に乗ずること又は他の者を支配下に置く者の同意を得る目的で行われる金銭若しくは利益の授受の手段を用いて[5]、人を獲得し、輸送し、引き渡し、蔵匿し、又は収受することをいう。搾取には、少なくとも、他の者を売春させて搾取することその他の形態の性的搾

---

(4) ここでいう「搾取の目的」とは、次のようなものが含まれると考えられている。
　① その者に売春をさせること等による性的搾取、具体的には、他の者に売春や売春以外の性交等をさせることにより、自己又は他人に財産上の利益を得させることや、自己又は第三者において、当該対象者に対し、その者の意思に反し、性交等を行うこと。
　② 強制的な労働や役務の提供（暴行、脅迫、監禁その他精神又は身体の自由を不当に拘束する手段によって、労働者の意思に反して労働又は役務を強制すること。
　③ 奴隷化若しくはこれに類する行為又は隷属（他の者に完全に従属し、当該他の者の意のままに労役その他の役務を提供させること。
　④ 臓器の摘出（心臓、肺等の内臓又は眼球を摘出すること。
(5) ここでは人身取引の手段として、次のいずれかがとられたことを求めている。
　① 暴力その他の形態の強制力による脅迫若しくはその行使
　このうち「暴力」とは、他人の身体に対する有形力の行使をしし、「その他の形態の強制力」とは、他人の身体に対する物理的の行為によらずにその者の意思を制圧する一切の行為をいう。「暴力その他の形態の強制力による脅迫」とは、こうした暴力又は強制力を相手方に及ぼす旨を告知することをいう。
　② 誘拐、詐欺、欺もう
　これは、嘘をついて相手方を錯誤に陥らせることや、甘言を用いるなどして相手方の正当な判断を誤らせることをいう。
　③ 権力の濫用若しくはぜい弱な立場に乗ずること
　組織の中の上下関係、親子関係等、自己の法的若しくは事実上の地位又は被害者とのこうした地位の差を利用して、不法に有形力を行使し、又は害悪を告知するなどしながら、従わざるを得ない状態の被害者を意のままにすること。
　④ 他の者を支配下に置く者の同意を得る目的で行われる金銭若しくは利益の授受
　これには、金銭や財物の提供はもちろんのこと、債務の免除も含まれる。

取、強制的な労働者若しくは役務の提供、奴隷化若しくはこれに類する行為、隷属又は臓器の摘出を含める。

　(b)　(a)に規定する手段が用いられた場合には、人身取引の被害者が(a)に規定する搾取について同意しているか否かを問わない。

　(c)搾取の目的で児童を獲得し、輸送し、引き渡し、蔵匿し、又は収受することは、(a)に規定するいずれの手段が用いられない場合であっても、人身取引とみなされる。

　(d)　「児童」とは、18歳未満のすべての者をいう。

とされているところ、本件議定書5条において、同3条に規定された行為を犯罪として立法化することが求められた。

　また、その他の義務に関しても、被害者の保護に関する措置を自国の法律又は行政上の制度に含めることや（本件議定書6条）、その送還等に当たっての妥当な考慮を払うこと（本件議定書8条）、さらには、人身取引を防止するなどの包括的な政策等を定めること（本件議定書9条）などが義務付けられた。

3　本件議定書の締約状況

　本件議定書については、平成15年（2003年）12月25日に発効し、同26年（2014年）10月の時点では、147か国で署名され、182か国によって締約されている。

第4　本件議定書に関しての我が国の取組み

1　本件議定書に関する我が国の対応

　本件議定書については、我が国は、平成14年（2002年）12月9日に署名し、その後、締約に必要な国内法の整備を行い、同17年（2005年）6月8日に国会承認がなされた。その後、前述したとおり、必要な組織的犯罪処罰法の改正がなされ、平成29年（2017年）8月10日、我が国に対しても発効している。

　ただ、未締結の時期においても、人身取引が人道上深刻な問題であり、その撲滅を図る必要があることから、平成15年（2003年）12月、全閣僚からな

る犯罪対策閣僚会議が「犯罪に強い社会の実現のための行動計画」を策定した際、その中で、本件議定書の締結に向け、人身取引の処罰を確保できるように法整備をすることなどを盛り込んでいた。

2 我が国における人身取引対策
(1) 「人身取引対策に関する関係省庁連絡会議」の設置

平成16年（2004年）4月5日には、この問題に関わる関係省庁を集めた「人身取引対策に関する関係省庁連絡会議」（以下「連絡会議」という。）が設置された。以後、この連絡会議を中心として、関係各省庁が連携して、同年12月には、本件議定書を踏まえ、人身取引に対し、政府一体となった総合的・包括的な対策を推進するため、「人身取引対策行動計画」を策定し、積極的に人身取引対策に取り組んできた。

代表的なものを挙げると、不法在留の温床となっていた在留資格の興行ビザの用件を厳格化し、また、IC 旅券の導入等による旅券等のセキュリティ強化することで、人身取引の防止をめざし、また、人身売買罪の創設及び関係犯罪の刑罰の重罰化によりその抑止を図るなどする一方、婦人相談所を中心とした女性、児童の一時保護等を可能にするなどして人身取引被害者の保護のための施策の充実を図るなどしてきた。

(2) 「人身取引対策行動計画2009」の策定

そして、「これらの対策を推進してきた結果、我が国における人身取引事犯の認知件数が近年減少傾向にあり、また、適切な被害者保護が図られるなど大きな成果がみられることは前述のとおりであるが、他方で、近年、かつて典型的であった在留資格『興行』をもって入国している被害者の数が著しく減少している一方、ブローカー等が被害者を偽装結婚させるなどして就労に制限のない在留資格をもって入国させるなど、人身取引の手口はより巧妙化、潜在化していきるとの指摘もあり、新たな対応が必要とされている[6]。」と評されるに至っている。

---

(6) 池内久晃「人身取引対策行動計画2009の策定と我が国の人身取引対策について」警論63巻5号（2010年）84頁。

そのため、連絡会議による新計画が取りまとめられ、これを受けて犯罪対策閣僚会議により、「人身取引対策行動計画2009」として決定された。そして、同計画においては、「このような内外からの指摘の中には、我が国の各種施策との整合性を確保しつつ、今後検討・推進すべき課題が含まれている。こうした我が国の人身取引をめぐる近年の情勢を踏まえ、人身取引対策に係る懸案に適切に対処し、政府一体となった対策を引き続き推進していくため、人身取引対策行動計画2009を策定し、人身取引の根絶を目指すこととする。」として、より強力な人身取引対策を進めてきている。

3 出入国管理及び難民認定法の改正

出入国管理及び難民認定法は、平成17年（2005年）に改正されて「人身取引等」についての定義規定を盛り込むこととなった。同法2条7号において、

　　人身取引等　次に掲げる行為をいう。
とした上で、
　　イ　営利、わいせつ又は生命若しくは身体に対する加害の目的で、人を略取し、誘拐し、若しくは売買し、又は略取され、誘拐され、若しくは売買されて者を引き渡し、収受し、輸送し、若しくは蔵匿すること。
　　ロ　イに掲げるもののほか、営利、わいせつ又は生命若しくは身体に対する加害の目的で18歳未満の者を自己の支配下に置くこと。
　　ハ　イに掲げるもののほか、18歳未満の者が営利、わいせつ若しくは生命若しくは身体に対する加害の目的を有する者の支配下に置かれ、又はそのおそれがあることを知りながら、当該18歳未満の者を引き渡すこと。

として、本件議定書と同様の規定を設けた上、それら人身取引等に関わった加害者らに対しては、上陸拒否事由や退去強制事由になると改正した（5条1項7号の2、24条4号ハ）。

4 我が国の人身取引対策に対する批判

このように連絡会議を中心として、様々な人身取引対策が採られてきているものの、国際的な評価としては、必ずしも正当に認められておらず（国連人権理事会2010年5月12日「人、とくに女性と子供の人身売買に関する特別報告書ジョイ・ヌゴジ・エゼイロ提出の報告書」、米国国務省「2011年人身売買報告書」）、今後も尚一層の効果的、効率的な対策が求められている。

すなわち、それら報告書の内容は、アジア内における我が国の経済的な位置づけ等に関する実情を理解していないが故に、必ずしも当を得た指摘とは言い難いものもある他[7]、一部の僅かな問題があたかも全体としての大きな問題であるかのような認識がなされているのではないか[8]と懸念されるところもある。

第5　本件議定書による人身売買の犯罪化について

1 新規立法の必要性

上記第3で示した人身取引の定義に関して、その大半は、刑法の略取・誘拐罪や、売春防止法違反（管理売春等）、児童福祉法違反、児童買春等禁止法違反、職業安定法違反（有害職業紹介）、入管法違反（不法就労助長）等でまかなうことができるものである。

しかしながら、それら既定の犯罪類型だけでは網羅しきれない形態の人身取引も上記定義には含まれていたことから、これに対応するため、新たな立法が必要とされることとなった。

具体的には、まず、「搾取の目的」については、略取・誘拐罪における「営利又はわいせつ目的」に含まれると考えられるところであるが、ただ、

---

(7) 例えば、研修生として来日している者の多くは、我が国での労働により自国での労働以上の稼ぎを挙げたいとの意図であり、自らの意思で来日し稼働している者も決して少なくはないにもかかわらず、その大半が意に反して搾取のために苛酷な労働条件が課されているのが実情であるかのように記載されていることなど。

(8) 例えば、我が国における女性及び少女に対するDVの発生率が高いとされているが、研究部報告45（法務総合研究所発行：法務省ホームページ）によれば、家庭内暴力は、我が国より米国やカナダの方がはるかに深刻な状況にある。

「臓器摘出の目的」は、必ずしもそれに該当しないとも考えられ、また、「手段」の点では、他人を支配下に置く者への金銭の授受等を手段とする行為が、必ずしも略取・誘拐罪の手段に該当しないとも考えられ、さらに、「行為」の点では、輸送、引渡し、蔵匿行為が同様に従前の既定では対応しきれないものと考えられたことから、それらの問題を克服するためにも、新規立法によらなければならないと考えられた[9]。

そのために、新たに人の売渡罪、買受罪や、被略取者の輸送・引渡し・蔵匿罪が設けられ、さらに、略取等の罪の目的に「生命・身体加害目的」が追加されるなどしたものであり、この刑法改正は、平成17年（2005年）6月16日、第162回国会で成立し、同年7月22日から施行された。

2 改正法の内容等

この改正を理解するためには、刑法上、略取・誘拐罪全体の中で、本件議定書の趣旨がどのように盛り込まれたかを知っておく必要があることから、少々迂遠にはなるものの、これまでの刑法の略取・誘拐罪の規定内容についても簡単に触れながら、改正内容を説明することとしたい。

(1) 「手段」について

上記各要件のうち「手段」の点に関しては、略取・誘拐罪に関する刑法の規定によるものとなるところ、それらは、第33章に規定されており、この改正により、その表題も、従来の「略取及び誘拐の罪」から

　　　略取、誘拐及び人身取引の罪

とされた。

　ア　刑法224条は、未成年者略取及び誘拐について規定しているが、これは、

　　　未成年者を略取し、又は誘拐した者は、3年以上7年以下の懲役に処する。

と改正された。従来は、その法定刑が、「3年以上5年以下の懲役」刑であ

---

(9) 久木元伸＝島戸純＝谷滋行「刑法等の一部を改正する法律について」曹時57巻10号（2005年）35頁。

ったものの、当時、低年齢の児童を対象とする「連去り」等が社会問題となっており、児童に対する略取、誘拐は、当該児童に対する身体的、精神的な打撃が大きい上、その後の重大かつ凄惨な結果に結びつく危険も大きいことから、人身取引等が問題となったことでの改正に併せて法定刑の引き上げが行われたものである。

　イ　刑法225条は、営利目的等略取及び誘拐について規定しているが、

　　　営利、わいせつ、結婚又は生命若しくは身体に対する加害の目的で、

　　人を略取し、又は誘拐した者は、1年以上10年以下の懲役に処する。

と改正された。従来は、「営利、わいせつ又は結婚の目的で」とされていた部分に「生命若しくは身体に対する加害の目的」が加えられたものであり、これは本件議定書で規定された「臓器摘出の目的」を加えるために改正して追加されたものである。

　すなわち、「臓器摘出の目的」については、腎臓や心臓等を摘出する目的と解されるところ、通常はその移植手術を欲する患者に販売することとなると考えられることから、そうであればそれは「営利の目的」に該当することとなろう。

　しかしながら、親族や知人等関係者の治療のために特定の臓器を入手したいと考える場合もあり、そのような場合には「営利の目的」ではカバーしきれないこととなる。

　そのため、営利目的等略取及び誘拐罪に、目的として、「生命若しくは身体に対する加害の目的」が追加されたものである。これは、「自己又は第三者が対象者を殺害し、傷害し、又はこれに暴行を加える目的をいう」と解されている[10]。

　また、このような目的を追加することにより、暴力団関係者が被害者に暴行を加える目的で略取等する場合なども、この対象とされることとなった。

　ウ　刑法225条の2は、身の代金目的略取等について、

　　　近親者その他略取され又は誘拐された者の安否を憂慮する者の憂慮に乗じてその財物を交付させる目的で、人を略取し、又は誘拐した者は、

---

(10)　久木元＝島戸＝谷・前掲注(9)43頁。

無期又は3年以上の懲役に処する（後略）。

などと規定しているが、この条文については特段の改正はなく、従来のままである。

エ　刑法226条は、所在国外移送目的略取及び誘拐について規定しているが、

所在国外に移送する目的で、人を略取し、又は誘拐した者は、2年以上の有期懲役に処する。

と改正された。この規定は、元々は、226条1項として「日本国外に移送する目的で」とされていたものを、「所在国外に移送する目的で」と改められたものである。

つまり、従来は、日本国内から日本国外への移送のみを処罰の対象としていたものであったところ、国境を越える人の移動が頻繁になされる今日においては、日本国内から日本国外に移送される場合に限らず、当該対象者が現に所在する国からその国外に移送される場合にも同様の保護が与えられるべきであると考えられることから、「所在国外に移送する目的で」と改められたものである。

実際にも、日本人が海外旅行中に他人の支配下に置かれ、第三国に移送されるという場合も想定されるし、そもそも我が国で人身取引が問題とされるのは、諸外国から我が国に移送されてくる場合であるから、このように被害者が存する国から、その国外に移送する目的の場合も含まれるようにする必要があったのである。

オ　刑法226条の2は、新設された条文であり、ここで人身売買についての規定が設けられた。

まず、同条1項で、

人を買い受けた者は、3月以上5五年以下の懲役に処する。

とし、同条4項で、

人を売り渡した者も、前項と同様とする。

とし、つまり、人を売り渡した場合は、「1年以上10年以下の懲役」にするとした。

(ｱ)　これらの条項では、人身売買行為について、新たな規定を設けて処罰

の対象としているが、「人を買い受けた」又は「人を売り渡した」とは、対価を支払って人身に対する不法な支配の引渡しを受け、又は引渡したことをいう[11]。

　(イ)　まず、その対価であるが、通常は金銭であろうが、もちろんのこと金銭以外の物で差し支えない。それが財物であれば当然これに含まれるし、また、債務の免除、支払の延期などの弁済条件の変更などもこれに該当するものと考えられている。

　しかしながら、その対価性はあくまで財産上のものを指すのであって、財産上の利益として評価できないものは除外される。具体的には、ブローカー同士がその支配下に置く者を交換するような行為は、そもそも人身に対する所有権や処分権限というものを観念し難く、そこに財産上の対価性を認めることができないことから、これは買受けにも売渡しにも該当しない。

　(ウ)　また、その買受行為又は売渡行為によって、人に対する支配が移転することとなるが、その支配性とはどのようなものでなければいけないのか検討を要する。具体的には、その被害者の意思の自由が完全に拘束される必要があるのであろうかという問題である。

　この点については、「『人を支配下に置く』とは、物理的、心理的な影響を及ぼし、その意思を左右できる状態の下に対象者を置き、自己の影響下から離脱することを困難にさせることをいうところ、場所的移動の有無やその程度、自由拘束の程度やその時間の長短、被害者の年齢、犯行場所の情況、犯行の手段・方法等あらゆる要素を結合して決定されるものと考えられる[12]。」と解されていることから、その被害者の意思の自由が完全に拘束されるまでの必要はないと考えられている。

　ただ、この支配性が問題となった事例が存するが、これについては項を改めて後述する。

　カ　刑法226条の2第2項では、
　　　未成年者を買い受けた者は、3月以上7年以下の懲役に処する。

---

(11)　久木元＝島戸＝谷・前掲注(9)49頁。
(12)　久木元＝島戸＝谷・前掲注(9)50頁。

と規定され、同条3項では、

> 営利、わいせつ、結婚又は生命若しくは身体に対する加害の目的で、人を買い受けた者は、1年以上10年以下の懲役に処する。

と規定されている。これらの規定により、人の買受け行為のうち、当該人が未成年である場合には、刑が加重されて、これが3月以上7年以下とされ（同条2項）、さらに、営利、わいせつ、結婚又は生命若しくは身体に対する加害の目的が付加された場合には、1年以上10年以下の懲役刑とされた（同条3項）ものである。

なお、人の売渡し行為について、その法定刑が営利目的等の買受けの場合と同じにされているのは、売渡しによる対価を受領する目的がある以上、営利目的の買受行為と同様の法益侵害の危険性が認められると考えられるからである[13]。

また、同条5項では、

> 所在国外に移送する目的で、人を売買した者は、2年以上の有期懲役に処する。

と規定され、国外に移送する目的である場合には、その刑罰は、更に加重した2年以上の有期懲役とするとされた。これは、226条の場合とパラレルに規定したもので、同条で略取、誘拐を手段とする場合を、本条項で、人身売買を手段とする場合をそれぞれ規定したものである。

キ　刑法226条の3は、被略取者等所在国外移送を規定したもので、

> 略取され、誘拐され、又は売買された者を所在国外に移送した者は、2年以上の有期懲役に処する。

と規定された。これは、もともと刑法226条2項後段に規定されていたものについて、上記226条、226条5項と一連のものとして規定されたものである。

(2) 「行為」について

本件議定書が「行為」として規定する「輸送」、「引渡し」、「蔵匿」といった各行為については、刑法227条の改正によって手当がなされた。

---

(13) 久木元＝島戸＝谷・前掲注(9)57頁。

すなわち、刑法227条1項は、被略取者引渡し等について規定しているところ、

　　第224条、第225条又は前3条の罪を犯した者を幇助する目的で、略取され、誘拐され、又は売買された者を引き渡し、収受し、輸送し、蔵匿し、又は隠避させた者は、3月以上5年以下の懲役に処する。

と改正され、従来は、「収受し、蔵匿し、又は隠避させた者」とされていたものを、行為の対象を広げて、「引き渡し、収受し、輸送し、蔵匿し、又は隠避させた者」としたものである。

　そして、ここで規定された行為の解釈であるが、まず、「引き渡し」とは、当該対象者の支配を他の者に移転させることをいい、「収受」とは、当該対象者の交付を受けて自己の実力支配下に置くことをいい、「輸送」とは、当該対象者を一つの場所から他の場所に移転させることをいい、「蔵匿」とは、当該対象者の発見を妨げる場所を提供することをいい、「隠避」とは、蔵匿に当たる場合を除いて、当該対象者の発見を妨げる一切の行為をいうとされている[14]。

　また、同条2項では、

　　第225条の2第1項の罪を犯した者を幇助する目的で、略取され又は誘拐された者を引き渡し、収受し、輸送し、蔵匿し、又は隠避させた者は、1年以上10年以下の懲役に処する。

として、身の代金目的略取等の場合には、同条1項の場合と同様の行為に及んだ場合に加重処罰することとしてる。

　さらに、同条3項については、

　　営利、わいせつ又は生命若しくは身体に対する加害の目的で、略取され、誘拐され、又は売買された者を引き渡し、収受し、輸送し、又は蔵匿した者は6月以上7年以下の懲役に処する。

と改正された。

　同条3項は、もともと営利目的等により略取等された被害者を収受する行為を犯罪として規定していたものであるが、本件議定書の要請によりこの規

───────

[14] 久木元＝島戸＝谷・前掲注(9)63頁等。

定に、「引渡し」、「輸送」、及び「蔵匿」といった行為を追加し、併せて、その目的に「生命若しくは身体に対する加害の目的」による場合も含めることとしたものである。

　なお、本件議定書の要請は、本来的には、同条3項だけで足りるものであるが、可罰的な本犯者の行為を事後的に幇助することを禁止した同条1、2項についても、本件議定書の趣旨を敷衍して、「引渡し」及び「輸送」の各行為についても併せて追加して改正している。

　なお、同条4項では、
　　第225条の2第1項の目的で、略取され又は誘拐された者を収受した者は、2年以上の有期懲役に処する。（後略）
と規定されているが、この条項については従来どおりである。

(3) 「搾取の目的」について

　なお、本件議定書では、人身取引に当たって、その構成要件として「搾取の目的」が掲げられていたものの、本件改正に当たり、上記各条文を新設するに際して、これを要件とはしていない。

　その理由は、「まず、売買行為のうち、売渡行為については、その対価を得る以上、常に営利目的が存することになるので、常に重い処罰の対象とすべきものと考えられる。そして、この売渡行為を処罰していくためには、これと必要的共犯（対向犯）の関係に立つ人身買受行為についても、当然、捜査の射程に捉え、取り締まっていく必要がある。また、買受けは、自らの出捐により他人の支配状態を取得する行為であって、買受者において、被害者の自由を拘束する強い動機に基づくものであることから、被害者に対する更なる法益侵害の危険性も高い。したがって、買受行為についても、その目的を問うことなく処罰の対象とすることは、人身取引の撲滅に資するものであり、人身取引議定書の趣旨に沿ったものである[15]。」とし、あえて構成要件を厳格化する「搾取の目的」を設ける必要はないと判断された理由が説明されている。

---

(15)　久木元＝島戸＝谷・前掲注(9)48乃至49頁。

第6　人身売買罪において支配性の有無が問題となった事例

　この事例は、平成20年に千葉県内で起きた事件であるが、中国人男性被疑者甲と日本人男性被疑者乙が、中国国籍の未成年の女性2名（17歳と18歳）を、同県内のスナックにおいて、同スナック経営者の中国人女性被疑者に、それぞれ約77万円及び70万円で引き渡して売り渡し、同経営者は、その引渡しを受けて買い受けたというものであった。

　この公訴事実に対し、第一審の千葉地裁では、平成21年4月30日、被告人両名に対し、公訴事実どおりの認定をし、甲に対しては、懲役3年執行猶予5年の判決を、乙に対しては、懲役2年6月執行猶予4年の判決を言い渡した（千葉地判平成21・4・30公刊物等未登載）。この判決に対し、乙は、そのまま受け容れて自然確定したが、甲は、東京高裁に控訴した。

　そして、同高裁は、平成22年7月13日、人身売買罪における被害者に対する「支配」があったとはいえないとして、原判決を破棄し無罪を言い渡した（東京高判平成22・7・13公刊物等未登載。判決要旨等については、研修748号91頁参照）。

　この判決では、「人を支配下に置く」の解釈については、上記第5の2(1)オ(ウ)のとおりに解した上で、本件の事実関係においては、被害者を支配していたとはいえないと判断した。

　その根拠とされる事実関係としては、
① まず、乙が成田空港から被害者両名を自己の管理下にある借家に連れてきて、乙が同借家に泊まり込んでいたり、その後も乙が甲に被害者らを引き渡すまで一緒に過ごしていたのであるから、一応、乙は監視していたとは認められる

としながらも、しかし、
② 被害者らが上記借家で勝手にビールを飲んだり、気ままにふるまっていたこと
③ 中国語の通じない乙と和気あいあいと会話していたこと
④ 甲も乙も被害者両名からパスポートや携帯電話を取り上げたりしなか

ったこと
⑤　甲も乙も、被害者の逃走防止のために圧力を加えるような言動をしていないこと
⑥　甲や乙が本件に関与して報酬を得た形跡がないことから、被害者らに圧力を加えなければならない動機がないこと
⑦　被害者らが年少であるとか、我が国語ができないとか、我が国国内においては被告人らに頼らざるを得ない状況にあるとかいう状況があっても、これをもって直ちに支配下に置いたと認められる事実とはならないこと

などと事実認定をした上で、結局のところ、まず、「支配」があったかどうかについては、被告人らが、被害者らに対し、「物理的又は心理的な影響を及ぼし、その意思を左右できる状態に被害者らを置き、自己の影響下から離脱することを困難にさせたかどうか」が、支配下に置いたと認定できるかどうかとして、本罪の成否を左右するものと判示した。

　その上で、本件における上記の各認定事実に照らせば、そのような支配があったかどうか疑問があるとして無罪としたものである。

　しかしながら、本判決では、「支配」したかどうかについての認定の基準について、「心理的な影響を及ぼし、その意思を左右できる状態」などとしており、これではその認定に当たって、あまりに被害者側の主観的要素に大きく依拠させているものであって、およそ妥当な判断基準とは言い難い。そのような認定基準であれば、被害者がたまたま精神的に強靱であったり、被害者が偶々留め置かれた場所の地理に詳しかったことで不安が幾分和らいだなどという偶然の事情によって、本件犯罪が成立したり、しなかったりして、その成否が左右される結果となるのであって、その判断基準が合理的とはいえないものであることは明らかである。支配性の認定に当たっては、あくまで客観的事実関係により、それが被害者を支配したというにふさわしい威圧状況が認められる事実関係にあるかどうかどうかによって判断すべきであろう。

　その上で、本件事実関係に照らしても、①被害者らは中国において借金を背負わされ、それを売春婦などとして稼働して返済する条件の下に来日して

いること、②所持金も少ない上、日本語も全く分からないこと、更には、③両名とも年少であることなどの事情に照らせば、同女らを自己の支配下にある家屋内に留め置き、その逃走防止の監視をするだけでも十分にその支配性を認めることができるものと考えられる。

そもそも、甲や乙が被害者両名からパスポートを取り上げたり、威圧的な言動をしていなかったのは、被害者らが離脱のための意思を失ってしまっており、完全の支配下にあるからこそ、その必要がなかった故のことであると考えるほうが自然であり、本判決の認定は、人身取引における被害者保護の観点を全く欠如しているものであるといわざるを得ないところである。

第7　人身取引に関する規定の適用事例

近時においては、人身取引に対する積極的な摘発も見られるようになり、以下の事例を紹介したい。

フィリピン国籍のA女は、その夫で我が国国籍のB男と共謀の上、平成26年5月12日、川崎市内のAB方において、C男に対し、フィリピン国籍の女性D女（当時23歳）を、継続して情交関係を持たせる意図で、代金150万円で売り渡し、C男は、これを買い受けた。

また、A女及びB男は、同月13日、川崎市内のE男方において、E男に対し、フィリピン国籍の女性F女（当時28歳）を、結婚させる意図で、代金34万円で売り渡し、E男は、これを買い受けた。

これらの事案において、A女は、継続的に国際結婚等をさせることを商売としていたものであり、ただ、F女がE方から逃げ出して大使館に助けを求めたため、その犯行が発覚したものである。

上記関係者のうち、A女及びB男については、いずれも監禁及び人身売渡しにより、平成28年（2016年）2月10日、東京地裁において、懲役4年が言い渡され、その後確定した（東京地判平成28・2・10公刊物等未登載）。

そして、買い手であるC男については、平成26年（2014年）10月17日、東京地裁において、懲役3年、執行猶予5年の判決が言い渡されて確定している（東京地判平成26・10・17公刊物等未登載）。またE男については、平成27年

12月16日、東京地裁において、懲役2年、執行猶予4年の判決が言い渡されて確定している（東京地判平成27・12・16公刊物等未登載）。

第8 これまでの我が国の対策に対する評価及び更なる新しい対応策について

1 米国国務省作成に係る2017年版人身取引報告書

米国国務省人身取引監視対策部は、2017年（平成29年）6月27日、人身取引報告書を公表した。

同報告書は、その中で我が国の人身取引対策については、最低基準を十分に満たしてはいないが、満たすべく著しい努力をしているとの評価をしている。

そして、その中で指摘されている主なものを挙げると、

① 国際法の定義に従い、強制労働あるいは性的搾取の人身取引を目的に個人を募集、輸送、引き渡し、収受する者を犯罪者とすることを含め、あらゆる形態の人身取引を全て犯罪とするため、法的枠組みを改定する。

② 人身取引の訴追に適用される罪の刑罰を、最長で4年の実刑へと引き上げ、罰金刑による代替を認めない。

③ 性的搾取目的の人身取引犯罪に対しては、刑罰が、強姦などその他の重罪に科されている刑罰と同等となるようにする。

④ 労働搾取目的の人身取引事案の捜査および訴追の取り組みを大幅に強化する。「外国人の技能実習の適正な実施及び技能実習生の保護に関する法律」（技能実習制度改革法）に含まれる監督および執行措置を完全に実施する。

⑤ 強制労働の一因となるも組織や雇用主による過剰な保証金、「刑罰」の合意、パスポートの取り上げ、その他の行為の禁止の実施を強化する。技能実習制度の移住労働者および児童を含むが、これに限定されない人身取引被害者が、適切に認知され、かつ支援を受けられるようにし、人身取引の被害に直接起因する違法行為を犯したことで拘束または

強制送還されることがないよう、被害者の審査を強化する。
⑥　人身取引被害者専用シェルターなど、人身取引の被害者に専門のケアと支援を提供する資源を拡充する。

海外で児童買春旅行に参加する日本人の捜査、訴追、有罪判決、処罰を積極的に行う。といったものであった。

それら指摘の中には、裁判における個々の事案の事情等を考慮していないものなどもあって必ずしも正鵠を得ていないと思われるものもあるが、そのような見方がされているということは認識しておく必要があろう。

2　「人身取引対策行動計画2014」の策定

平成26年（2014年）12月16日、犯罪対策閣僚会議は、「人身取引対策行動計画2014」を発表した。

これまで我が国は、「人身取引対策行動計画2009」等に基づいて、人身取引対策を実施してきたところ、その対策としては、一定の成果を挙げたものと認められるものの、依然として人身取引は重大な国際問題であり、我が国の取組状況は、国際社会から注目されている状況にあり、さらに積極的な取組が必要であるとして、新たな人身取引対策行動計画が策定されたものであった。

特に、我が国は、外国人材の活用を進めていくとしているほか、2020年に開催されるオリンピック・パラリンピック東京大会に向けて外国人の往来の増加が期待されることから、そのような中で、我が国が人身取引被害者の受入国とならないように、その対策に万全を期するという意味で、このような計画が作られ、人身取引の根絶を目指すこととしたものである。

そこで、この計画では、「これまで同様、人身取引議定書3条に定める『人身取引』の定義に従い、関係行政機関が緊密な連携を図りつつ、また、外国の関係行政機関、国際機関、NGO等とも協力して、人身取引対策に取り組むこととしている。また、人身取引の防止に関し、労働搾取の防止を通じてこれを目的とした人身取引の発生防止を図ること、人身取引被害者の保護、加害者の訴追の前提となる人身取引被害者の認知を推進していくこととしたほか、人身取引に関する年次報告を作成・公表することにより、各種対

策の実施状況の確認、効果の検証等を進めていくこととしている。」とされている。

第9　この章のおわりに

　人身取引は、現在、極めてホットな問題であり、国際的な注目度も高いテーマとなっている。経済的な理由から来日を希望する外国人も多く、そのため、単なる稼働目的の不法入国者と人身取引の被害者との区別が困難となる場合もないではない。
　しかしながら、事案の真相を見極めて不幸な人身取引の被害者を見落とすことなく保護することが重要であり、人身取引の撲滅に向けた強い取組が必要であると考えられよう。

第9章

汚職をめぐる国際法上の諸問題
——外国公務員等に対する贈賄罪を中心として——

第1 はじめに

　今日、汚職（Corruption）をめぐる問題は、世界中で依然として重大かつ深刻な問題となっている。特に、汚職が統治機構を脆弱なものにし、法の支配をゆがめてしまうことによる悪影響は計り知れないものがある。

　そのため、様々な国際機関等において、その対策を検討し、その結果、OECDによる「国際商取引における外国公務員に対する贈賄の防止に関する条約」（以下「外国公務員贈賄防止条約」という。）及び国連による「腐敗の防止に関する国際連合条約」（以下「国連腐敗防止条約」という。）がそれぞれ制定された。

　ここでは、それら条約の成立の経緯やその内容、さらには、日本の国内法制等への影響などについて説明することとしたい。

第2 外国公務員贈賄防止条約の成立の経緯等

1 本条約に関する米国及びOECDの取組み

　米国では、米国企業による海外政府機関や政治家等への贈賄が明らかになったことでも知られるウォーター・ゲート事件やロッキード事件等を契機として、1977年（昭和52年）、外国公務員に対する商業目的での贈賄行為を違法

とする「海外腐敗行為防止法」(Foreign Corrupt Practice Act) が制定された[1]。

しかしながら、同法に対しては、企業賄賂という不正の抑制に有効に機能した一方で、米国の企業だけが規制を受けるのは公正ではなく、米国の国際競争力が不当に削がれるとの批判があった。そのため、米国は、1988年（昭和63年）、同法を改正し、外国公務員への不正な利益供与の取締りを各国に対して義務付ける国際的な取決めの締結や、各国制度の改変を積極的に求める規定が盛り込まれた。

そのように、米国としては、他国の一部企業が賄賂攻勢により商取引を獲得していながら、これを拒否して公正な手段で取引をしようとする米国企業が取引の機会を失い、不当に損失を被ることにならないようにする必要があった。そのため、米国は、他国においても同様のルールを守らせるため、個々の国々に対してはもちろんのこと、国連やOECD等においても同様の取組みを推進させるよう働き掛けを強めていった。

そして、1989年（平成元年）、米国は、OECD国際投資多国籍企業委員会の場において、外国公務員への贈賄防止に関する条約の交渉を提案した。

そのような米国の動きに併せて、近年の企業活動のグローバル化、ボーダーレス化の進展に伴い、海外市場での商取引の機会の維持、獲得を図るには、製品やサービスの価格や質による公正な国際競争が必要であり、贈賄、つまり不正な利益供与という腐敗した行為は、厳しく禁じられるべきであるという問題意識が世界中で高まっていった。

そのため、1994年（平成6年）、上記OECD国際投資多国籍企業委員会において、「国際商取引における贈賄防止に関する勧告」が採択され、加盟国に対して、国際商取引に関連した外国公務員への贈賄の抑制・防止についての実効的措置を求めることとなった。

その後、1996年（平成8年）には、上記委員会の贈賄作業部会において、具体的な犯罪化の方策について議論が行われ、同年5月には、OECD閣僚理事会において、「国際的商取引における贈賄と闘うために、効果的かつ調

---

(1) 外務省ウェブサイト、経済産業省ウェブサイト等による。

整のとれた形で贈賄を犯罪化し、そのために、犯罪かを容易にする方法及び適当な国際的手段について更に研究し、1997年に提案を検討すること」などとするコミュニケが採択された。

そして、1997年（平成9年）7月より、条約締結に向けて交渉が開始され、同年11月、条約本文について合意が得られ、条約に関する交渉国の共通の解釈をまとめた注釈が採択された。

その上で、同年12月17日、パリで行われた閣僚レベルでの署名会議において、我が国を含む33か国がこの条約に署名し、本条約は、1999年（平成11年）2月15日に発効した。

2　本条約に関する我が国の取組み

我が国では、本条約の締結について、平成10年（1998年）5月22日、国会の承認を得た。そして、同年9月に、本条約の担保法である不正競争防止法の一部を改正する法律が成立した後、同年10月13日に本条約を締結し、1999年（平成11年）2月15日、我が国について本条約が発効した。

3　現在の締約国（平成27年（2015年）10月現在）

OECD加盟国35か国（オーストラリア、オーストリア、ベルギー、カナダ、チェコ、デンマーク、フィンランド、フランス、ドイツ、ギリシャ、ハンガリー、アイスランド、アイルランド、イタリア、日本、韓国、ルクセンブルク、メキシコ、オランダ、ニュージーランド、ノルウェー、ポーランド、ポルトガル、スロベニア、ラトビア、スペイン、スウェーデン、スイス、トルコ、イギリス、米国、チリ、スロバキア、エストニア、イスラエル）の他に、非加盟国であるアルゼンチン、ブラジル、ブルガリア、南アフリカ、コロンビア、コスタリカ、ロシア、リトアニアの8か国が締結している。

4　本条約の主な内容

この条約は、全17条からなり、その前文において、「賄賂が国際商取引において、広範にみられ、深刻な道義的及び政治的問題を引き起こし、良い統治及び経済発展を阻害し、並びに国政的な競争条件を歪めていることを考慮

し」、「国際商取引において、個人又は企業に対し、賄賂が要求されることを防止する上での政府の役割を認識し」、「締約国において取られる措置の間の同等性を達成することが、この条約の不可欠の目的である」など明記されているように、賄賂による不公正な取引を防止し、適正な競争が行われることなどを目的として協定されたものである。

そして、その中でも主な規定は、外国公務員に対する贈賄行為の犯罪化であり、不当な利益の所得のために外国公務員に対して、金銭等の不当な利益を供与することを、締約国の国内法において犯罪と規定することが求められている（1条）。日本においては、後述するように、不正競争防止法の改正によって、その犯罪化を行った。

また、自国の国民によって犯された外国公務員への贈賄については、自国内のみならず、国外において行われた場合においても裁判権を持つとされ（4条）、締約国は、他の締約国によって行われるその捜査や刑事手続等に対して、迅速かつ効果的な援助を与えることとし（9条）、さらに、この犯罪は、犯罪人引渡条約における引渡犯罪とみなされる（10条）として、各国による捜査共助、司法共助等も要請されている。

第3 国連腐敗防止条約の成立の経緯等

1 本条約に関する国連の取組み

上記のような外国公務員に対する贈賄にとどまらず、公務員に係る収賄、公務員による財産の横領等の腐敗に関する問題は、グローバル化の一層の進展に伴い、持続的な発展や法の支配を危うくする要因として、もはや地域的な問題ではなく、全ての社会及び経済に影響を及ぼす国際的な現象となっている。また、腐敗行為とその他の形態の犯罪（例えば、組織犯罪等）との結びつきなども指摘されるようになり、効果的に腐敗行為を防止するためには、国際協力を含めた包括的かつ総合的な取組みが必要であるとの認識が世界各国において共有されるようになった[2]。

（2） 外務省ウェブサイト、経済産業省ウェブサイト等による。

そのような状況を背景として、2000年（平成12年）11月、国連総会において採択された国際的な組織犯罪の防止に関する国際連合条約において、腐敗問題に対処するための簡潔な規定が盛り込まれた。しかしながら、同規定の作成交渉過程において、より一層効果的に腐敗問題に対処するためには、別途、包括的な国際文書の作成が必要であるとの認識に至り、これを受けて、同年12月、国連総会決議において、腐敗行為の防止に関する包括的な条約を起草するための政府間特別委員会が設立された。

同委員会は、2002年（平成14年）1月に審議を開始し、2003年（平成15年）9月に開催された第7回特別委員会において、この条文の案文についての合意が成立し、同年10月31日、国連総会において採択された。

その後、同年12月9日、メキシコのメリダにおいて署名会議が行われ、我が国も署名した。その後、2005年（平成17年）12月、この国連腐敗防止条約は発効した。

2　本条約に関する日本の取組み

我が国では、平成18年（2006年）6月2日、締結についての国会の承認を得たものの、本条約の担保法として、マネー・ローンダリング罪についての前提犯罪の拡大をしなければならないこと、また、証人等買収罪の制定をしなければならないことなど、条約を実施するための国内法の整備が出来ないことから、未締結の状態が続いていた。

しかしながら、前述したように、組織的犯罪防止法が改正されたことにより、これらの問題がクリアされ、平成29年（2017年）8月10日、我が国との関係でも本条約は発効した。

3　現在の締約国

2017年（平成29年）7月現在で、182の国と地域が本条約を締結しており、その時点では、我が国は含まれていなかったが、上述したように、現在では、我が国も締約国に入っている。

4 本条約の主な内容

　この条約は、全71条からなり、その前文において明記されているように、「腐敗が社会の安定及び安全にもたらす問題及び脅威が、民主主義の制度及び価値、倫理上の価値並びに正義を害すること、並びに持続的な発展及び法の支配を危うくすることの重大性を憂慮し」、「腐敗がもはや地域的な問題ではなく、すべての社会及び経済に影響を及ぼす国際的な現象であり、腐敗行為を防止し、及び規制するための国際協力が不可欠であることを確信し」、「国際的な組織犯罪の防止に関する国際連合条約が2003年9月29日に効力を生じたことを歓迎して」協定されたものである。

　この条約の全体的な内容としては、腐敗行為を防止し、これと戦うため、公務員に係る贈収賄、公務員による財産の横領等、一定の行為の犯罪化、犯罪収益の没収、財産の返還等に関する国際協力等について規定している。

　具体的には、

① 腐敗行為の防止のため、公的部門（公務員の採用等に関する制度、公務員の行動規範、公的調達制度等）及び民間部門（会計・監査基準、法人の設立基準等）において、その透明性を高めるための措置を採ることや、腐敗行為により不正に得られた犯罪収益のマネー・ローンダリングを防止するための措置を講ずること

② 自国の公務員、外国公務員及び公的国際機関の職員に係る贈収賄、公務員による財産の横領、犯罪収益についてのマネー・ローンダリング等の腐敗行為を犯罪とすること

③ 腐敗行為に係る犯罪の効果的な捜査、訴追等のため、犯罪人引渡し、捜査共助、司法共助等について締約国間で国際協力を行うこと

④ 腐敗行為により不正に得られた犯罪収益の没収のため、締約間で協力を行い、公的資金の横領等、一定の場合には、他の締約国からの要請により、自国で没収した財産を当該他の締約国に返還すること

などが規定されている。

第4 外国公務員贈賄防止条約を受けて改正された不正競争防止法の規定についての解釈等

1 総 説

上述したように、平成10年（1998年）9月、不正競争防止法の一部改正がされ、同法上に外国公務員に対する贈賄罪が規定された。

ただ、贈賄といっても、そもそも本条約が国際商取引における公正な競争の確保ということに主たる目的があったことに照らし、我が国では、この外国公務員に対する贈賄罪は、刑法の改正ではなく、不正競争防止法の中に設けられた。

そのため、この条文の表題も「外国公務員に対する不正の利益の供与等の禁止」とされており、贈賄という表現は用いられていない。しかしながら、これに関する条約の原文は、Bribery of Foreign Public Officials となっており、Bribery は、通常、賄賂とか贈賄と訳されているものであるから、その内容は贈賄と理解して差し支えないと考えている（もちろん正確には保護法益の違い等があるが。）。したがって、以下の説明では贈賄という表現を使うこととする。

この罪に関する条文は、その後の改正により、現在では、不正競争防止法18条にその規定が置かれており、同条1項において

> 何人も、外国公務員等に対し、国際的な商取引に関して営業上の不正の利益を得るために、その外国公務員等に、その職務に関する行為をさせ若しくはさせないこと、又はその地位を利用して他の外国公務員等にその職務に関する行為をさせ若しくはさせないようにあっせんをさせることを目的として、金銭その他の利益を供与し、又はその申込み若しくは約束をしてはならない。

と規定され、その罰則については、同法21条2項7号において、5年以下の懲役又は500万円以下の罰金と規定されている。

2　贈賄罪の主体

(1)　その主体として、「何人も」と定められているが、これは誰を指すのであろうか。これは、文字通り、誰でも主体となれるのであるから、日本国民でも外国人でも構わない

ただ、その主体となる対象は、後述する米国法とは異なり、法人は含まれていない。

(2)　この外国公務員に対する贈賄罪ができた当初は、その主体となる者は、日本国内で本件犯行に及んだ者でなければならなかった。つまり、国外犯の規定がなかったのである。

その理由とするところは、刑法3条において、日本国民が海外で犯した犯罪について刑法が適用される罪を挙げているところ、当時の同条の中には贈賄罪が入っていなかったことから、これとのバランスから、外国において、外国公務員に対して贈賄をしても処罰しないことにしていたのであった。

また、より実質的な理由として、日本国民が海外で外国公務員に対して贈賄をするにしても、通常は、その贈賄の原資となる資金は日本国内で調達されてから外国に送られるであろうし、また、そのための会社内部での謀議なども日本国内で行われるであろうから、犯行の一部が日本国内で行われていることになり、国外犯の規定を用いなくとも、日本の法律が適用される状況にあると考えられていたからであった。

(3)　しかしながら、その後、不正競争防止法の改正が行われ、その改正法が施行された平成17年（2005年）1月1日以降は、日本国民が国外で外国公務員に対して贈賄をした場合には、国内で同様のことをした場合と同じく処罰されることになった。つまり、不正競争防止法21条6項において、

> 第2項第7号（第18条第1項に係る部分に限る。）の罪は、刑法第3条の例に従う。

と規定して、刑法の国外犯の規定に従うとされたからである。

では、なぜ、不正競争防止法についてだけ法律改正をし、外国公務員に対する贈賄罪の国外犯を処罰することに変えたのであろうか。これは、OECDによる本条約の実施に関する対日審査において、国外犯規定を設けていないことに厳しい指摘がされたことも理由の一つであろうと思われる。

つまり、この条約を批准しているほとんどの国が自国民の国外犯を処罰する規定を設けているのに、我が国はそれを設けていないことで批判があり、それで、他の国々と歩調を合わせるために、国外犯処罰の規定を設けることにしたという面もあるのではないかと考えられるところである。

なお、この不正競争防止法で規定された国外犯に対し、刑法上の贈賄罪については、これまで国外犯処罰の改正がされていなかった、したがって、日本人が海外で外国公務員に対して贈賄をした場合には処罰されないという状態になっていた（収賄側は刑法4条により国外であっても処罰される。）。しかしながら、前述したように、組織的犯罪防止法等の改正により、この贈賄罪も刑法3条に掲げられたことから、海外公務員に対する贈賄の場合と同様に、国外犯処罰されることとなった。

3 贈賄罪の客体
(1) 客体としての要件

次に、贈賄の客体となる相手方について検討する[3]。

贈賄の相手方は、不正競争防止法18条1項において、「外国公務員等」と記載されており、この内容については、同条2項において、

　　前項において「外国公務員等」とは、次に掲げる者をいう。
　　一　外国の政府又は地方公共団体の公務に従事する者
　　二　公共の利益に関する特定の事務を行うために外国の特別の法令により設立されたものの事務に従事する者
　　三　一又は二以上の外国の政府又は地方公共団体により、発行済株式のうち議決権のある株式の総数若しくは出資の金額の総額の100分の50を超える当該株式の数若しくは出資の金額を直接に所有され、又は役員（取締役、監査役、理事、監事及び清算人並びにこれら以外の者で事業の経営に従事しているものをいう。）の過半数を任命され若しくは指名されている事業者であって、その事業の遂行

---

(3) なお、以下の解釈の指針になるような部分については、町田鉄男「外国公務員等に対する不正の利益の供与等の罪について」研修691号（2006年）39頁以下を広く参考にしている。

に当たり、外国の政府又は地方公共団体から特に権益を付与され
　　　ているものの事務に従事する者その他これに準ずる者として政令
　　　で定める者
　　四　国際機関（政府又は政府間の国際機関によって構成される国際機関を
　　　いう。次号において同じ。）の公務に従事する者
　　五　外国の政府若しくは地方公共団体又は国際機関の権限に属する
　　　事務であって、これらの機関から委任されたものに従事する者」
と規定され、5つの類型に分類されている。
　以下、各号ごとに検討する。
(2)　**18条2項1号に該当する外国公務員について**
　18条2項1号では、
　　　外国の政府又は地方公共団体の公務に従事する者
と規定されているが、これは日本における国家公務員や地方公務員の概念と概ね同じだと考えてよい。したがって、これは行政機関の職員だけでなく、立法機関や司法機関の職員も含まれる。外国の国会議員もこれに含まれると解してよいであろう。
(3)　**18条2項2号に該当する外国公務員について**
　18条2項2号では、
　　　公共の利益に関する特定の事務を行うために外国の特別の法令により
　　　設立されたものの事務に従事する者
と規定されているが、これは、日本でいう特殊法人の職員を指している。最近は、独立行政法人になったりしているが、○○公団とか、○○事業団と呼ばれる団体は、公共の利益に関する特定の事務を行うために特別の法令により設立された組織であるから、そこでの事務に従事する者は、上記1号の公務員と同視すべきだからである。したがって、そのような目的で特別の法令により設立された外国の政府関係機関での事務に従事する者であれば、贈賄の相手方となりえることとなる。
　ただ、ここでは、そのような組織の「職員」と言う表現を取らず、「事務に従事する者」という表現で規定しているが、これは、「職員」という表現にしてしまうと、正規の職員であるかどうか、雇用契約の有無等の雇用関係

を正確に解明しなければならないこととなるなど微妙な問題も生じてしまうところ、贈賄をする側からいえば、その相手が正規の職員であるかどうかより、その者が当該組織で必要な事務を行っているかどうかが肝心なことであるから、その者の果たす機能に着目して、「事務に従事する」かどうかで、外国公務員等か否かを決めることにしたと説明されている。

(4) **18条2項3号に該当する外国公務員について**

18条2項3号は、かなり読みにくい条文だと思われるので、その最初の部分については、内容を分かりやすく分類して記載することにする。

そもそも、この3号で対象としている組織は、日本でいわゆる特殊会社と呼ばれるもの（関西国際空港株式会社などがその例として挙げられる。）である。これは要するに、その組織の法的形態に関わらず、次の3つに分類されるものが該当するのであるが、それは、

ア　外国の政府又は地方公共団体が、出資の総額の過半に当たる出資を行っている場合における事業者

イ　外国の政府又は地方公共団体が、議決権のある株式について、その発行済み株式総数の過半数の株式を所有している場合における事業者

ウ　外国の政府又は地方公共団体が、役員の過半数を任命若しくは指名している場合におけるその事業者

の3つである。

なお、条文には「一又は二以上の外国の政府（後略）」という文言もあるが、要するに、その経営についての判断が一つもしくは複数の外国の政府又は地方公共団体に握られているという企業を指すのであって、その上で、①「その事業の遂行に当たり、外国の政府又は地方公共団体から特に権益を付与されているものの事務に従事する者」と、②「その他これに準ずるものとして政令で定める者」が対象となる外国公務員等となる。

そこで、その①の内容であるが、上記の3つのどれかに該当する企業であって、その企業活動において、政府又は地方公共団体から、優遇された補助金の交付を受けていたり、独占権が保障されているなど、他の民間企業とは違った有利な状況で活動しているものが対象になるということであり、そのような企業での事務に従事する者が外国公務員に該当するということであ

る。

　次に、上記の②であるが、これは、この外国公務員等に対する贈賄が法制化された当初は存しなかった規定である。その後、OECDの委員会での検討結果を受けて、上記の①となるものだけでは対象として狭いということから、平成13年（2001年）に法改正されてこの規定が付け加えられたものであった。そして、この改正を受けて、「不正競争防止法第11条第2項第3号の外国公務員等で政令で定める者を定める政令」が出され、その後、これは、平成17年（2005年）の改正を受けて、「不正競争防止法第18条第2項第3号の外国公務員等で政令で定める者を定める政令」と改められた。この政令にも3号の条文と非常によく似た規定が設けられている。

(5) **18条2項4号に該当する外国公務員について**

　18条2項4号では、

　　　国際機関（政府又は政府間の国際機関によって構成される国際機関をいう。
　　（中略））の公務に従事する

と規定されているが、この国際機関とは、組織の形態や権限の範囲に関わらず、国家、政府その他の公的機関によって形成される国際機関を指す。具体的には、国連や、国連関連機関（ユニセフ、ILOやWHOなど）、世界貿易機構（WTO）などが挙げられる。これに対し、条文の括弧書きで、国際機関とは、政府又は政府間の国際機関によって構成される国際機関をいうと定義づけをしていることから、民間機関によって構成されている国際オリンピック委員会などの国際機関は対象にならない。

(6) **18条2項5号に該当する外国公務員について**

　18条2項5号では、

　　　外国の政府若しくは地方公共団体又は国際機関の権限に属する事務で
　　　あって、これらの機関から委任されたものに従事する者

と規定されているが、これは、外国の政府等から「権限の委任を受けて」その事務を行う者も外国公務員等として対象とするという趣旨である。

　これは、外国の政府等が自らの権限として行うこととされている事務、例えば、検査や試験等の事務について、当該外国政府等から当該事務に係る権限に委任を受けて行う者を念頭に置いたものであり、あるプラントを建設す

るに当たって、その設備設置等の許認可等を受ける際、事前に環境基準をクリアするかどうかについて検査や試験を行うその国の指定検査機関や指定試験機関等の職員などが想定されている。

　また、これとは逆に、外国政府等と委任契約等を結んでも、特段の権限の委任をすることなく、ただ単にその外国政府が発注する仕事を処理する関係にあるに過ぎないものはこれに該当しない。例えば、公共事業を受注した建設会社の社員等は、この5号にいう外国公務員等には該当しないと考えられている。

4　その他の構成要件

　不正競争防止法18条1項の規定の解釈において、まず、基本となる主体と客体について説明したが、続いて、他の構成要件についても検討する。

　同法18条1項は、外国公務員等に対し、①「国際的な商取引に関して」、②「営業上の不正の利益を得るために」、その外国公務員等に、③「その職務に関する行為をさせ若しくはさせないこと」、又は④「その地位を利用して他の外国公務員等にその職務に関する行為をさせ若しくはさせないようにあっせんをさせること」を、⑤「目的として」、⑥「金銭その他の利益」を⑦「供与し、又はその申込み若しくは約束をしてはならない。」と規定しているが、これを上記の各要件に分けて、一つずつ順に説明する。

(1)　①「国際的な商取引に関して」の要件について

　先に同法18条2項3号の記載に関して平成13年（2001年）に法改正があったことを述べたが、この「国際的な商取引に関して」という要件もその改正の際に加えられたものである（ただ、この要件が加えられた時、同時に削除された項があり、この改正以前には、国際的な商取引に関しない取引における外国公務員に対する贈賄については、別の表記の仕方でこれを除いていたのに対し、上記改正の際、上記のような表現で限定を加えたものである。）。

　この要件が設けられた理由としては、例えば、たまたま米国企業の役員が我が国に来ていたところ、同じ米国内の別のライバル企業を出し抜くため、たまたま同様に来日していた米国の公務員に対して贈賄をしたというケースを考えてみよう。これは、通常のどこにでも見られる国内的な贈収賄であ

り、それが普通なら米国内で行われるところ、たまたま日本国内で行われたというに過ぎない。このようなケースは、純然たる米国内の問題であって、同国の公務員の廉潔性を侵害したという問題であるから、日本国内で犯罪行為がされたことの迷惑はあるにしても、こちらがとやかく口出しをしなければならない問題ではないと思われる。

ことに我が国では不正競争防止法において、国際商取引における公正な競争の確保という趣旨から外国公務員等に対する贈賄を犯罪としたのであるから、その趣旨に照らしても上記のようなケースは対象から除外したほうがよいと考えられる。そこで、「国際的な商取引に関して」という要件を加えておけば、上記のようなケースは対象から外すことができることになるのである。

したがって、国際的な商取引に関して賄賂が贈られた場合のみ、本条項の要件を満たすことになる。もちろん、事案によっては、これは国際的な商取引なのか、それ以外の商取引なのか、その区別が困難なケースも出てくると思われるが、それについては、この法律の趣旨に照らして、国際競争で不正なことをして有利な立場を取ろうとしたものであるかどうかなどを考慮して個々的に判断するしかないであろう。

(2) ②「営業上の不正の利益を得るために」の要件について

まず、ここでいう「営業」とは、事業者間の公正な競争を確保するという法の趣旨からして、単に営利を直接的な目的として行われる事業に限らず、広く経済収支上の計算に立って行われる事業であればこれに含まれると解されており、そのため、「営業上の利益」とは、事業者がかかる事業を遂行する上で得られる有形無形の経済的価値その他の利益一般をいうものとされている。

具体的には、取引の獲得のためというものが最も分かりやすいと思われるが、それ以外にもプラント建設についての許認可や輸出入に関する許認可を得るというのも、ここにいう「営業上の利益」に該当するものと考えられている。

もっとも、その利益が「不正な利益」でなければならないが、ここでいう不正とは、公序良俗又は信義則に反するような形で得られる利益を意味して

いるといわれている。具体的には、そのような贈賄を通じて、随意契約により当該政府からの物品の発注を受けることなど、自己に有利な形で当該外国公務員の裁量を行使させることによって得る利益や、環境基準を満たさないプラント建設の許可を受けるなど、違法な行為をさせることによって得る利益などを指すといわれている。

しかしながら、通関や検問、ビザの発給等に関して提供する賄賂については、行政サービスをスムーズに受けるために支払うものであり、かつ、それが小額であれば、ここでいう「不正な利益」には当たらないといわれている。これは、このような小額の贈賄行為が日常化している国もあるのであって、その国で同じことをしても罪にならない状態になっているのに、外国でそれが犯罪とされても不均衡であるし、一部の国でだけで犯罪として処罰しても国際商取引の公正な競争を確保するという目的が達成できるものでもないからであると説明されている。

(3) ③「その職務に関する行為をさせ若しくはさせないこと」の要件について

この「職務に関する」という要件については、我が国の刑法上の贈収賄罪での「職務に関し」と同じであって、その地位に伴う本来の任務として取り扱うべき一切の執務を指すほか、その職務と密接に関連する行為も含まれていると解されている。なお、この要件に関しては、さまざまな問題があり得るが、それは刑法上の問題として検討するときと同じである。いずれにせよ、外国公務員等の職務に関する作為・不作為を目的とする贈賄行為は、この部分の規定で処罰されるわけである。

(4) ④「その地位を利用して他の外国公務員等にその職務に関する行為をさせ若しくはさせないようにあっせんをさせること」の要件について

これは、刑法におけるあっせん収賄に対応する贈賄と同様のものを設けたものである。つまり、この外国公務員等に対する贈賄罪においては、上記の③で規定されているもののほか、他の外国公務員等の職務に関する作為・不作為のあっせんを目的とする贈賄行為についても処罰の対象とするということである。基本的には、刑法上のあっせん収賄に対する贈賄と同様に考えて差し支えないと思われるが、この規定は、刑法上のそれと異なり、「請託」

や職務に関する行為が「不正」であることが要件とされていない。

しかしながら、その一方で、刑法のあっせん収賄罪は、判例上、積極的に「その地位を利用」してあっせんすることまで求められておらず、ただ「公務員としての立場であっせんすること」を必要とするにとどまるところ、他方、外国公務員に対する贈賄罪では地位利用が必要とされていることから、刑法上のあっせん収賄罪に対する贈賄罪が成立する場合とは適用場面が異なっている。

ただ、それでもこの規定による場合のほうが、刑法で認められるあっせん収賄罪に対する贈賄罪よりは広く認められることになると思われる。

ここで想定されているケースとしては、企業の幹部が、政府の上級公務員に対して、その地位を利用して（当該公務員の権限の範囲外の行動であっても）他の公務員に当該企業に対する契約を与えてやるように言ってもらうために、その上級公務員に贈賄するような場合などがこれに当たると考えられている。

(5) ⑤「目的として」の要件について

「目的として」の要件については、「外国公務員等に、その職務に関する行為をさせ若しくはさせないこと又はその地位を利用して他の外国公務員等にその職務に関する行為をさせ若しくはさせないようにあっせんをさせること」を「目的として」贈賄行為を行うことが要件とされているということである。

この要件については、刑法上の贈賄罪では特段明示されていないが、実務的には、「賄賂の趣旨」ということで、贈賄の目的を立証していることから、結論としては同じことであると理解してよいと思われる。

なお、ここで注意しなければならないのは、刑法上の贈賄罪とは異なり、この外国公務員に対する贈賄罪は、「その職務に関する行為をさせ若しくはさせないこと（中略）を目的として」行われるものを対象としていることから、賄賂の約束や供与等の対価となる職務行為は、将来行われるものであることが必要であるということである。刑法上の贈賄罪では、既になされた過去の職務行為に対して賄賂の供与がなされても成立するが、この外国公務員に対する贈賄罪においてはそのような過去の行為に対する謝礼という趣旨で

は構成要件を満たさないということに留意しなければならない。

したがって、収賄した外国公務員の職務権限に関し、その任期や地位がいつまで続くのかという点も把握しておかないと、将来の職務行為に対する賄賂であるのかどうかという立証ができない結果になることを忘れてはならない。

(6) **⑥「金銭その他の利益」の要件について**

ここでいう「金銭その他の利益」とは、刑法の「賄賂」と同一であると考えられており、金銭や財産上の利益にとどまらず、およそ人の需要や欲望を満たすものであれば全て該当し、金融の利益、不動産の無償貸与、接待、担保の提供、異性間の情交等の一切の有形・無形の利益がこれに該当する。

(7) **⑦「供与し、又はその申込み若しくは約束をしてはならない。」との要件について**

この要件についても刑法上の贈賄罪の場合と同様に考えて差し支えない。

つまり、「供与」とは、提供した「金銭その他の利益」を相手がこれを受け取る場合であり、相手がこれを受取らなかった場合には、「申込み」にとどまることになる。

また、この「申込み」は、相手に対して、「金銭その他の利益」であることを認識し得る状況下においてその収受を促す一方的な行為であり、相手方が実際にその趣旨を認識する必要はないし、現実に相手方が収受できる状態に置いたかどうかも問われないし、また、相手方が実際に何らかの対応をしたかどうかも問われない。

また、「約束」は、供与しようとする側とこれを収受しようとする側の双方において、その趣旨を認識した上で授受について合意することをいう。

(8) **刑罰の内容**

上述した構成要件を満たした場合、贈賄をした被告人に対しては、5年以下の懲役又は500万円以下の罰金で処罰されることになる。

ただ、この刑罰は、不正競争防止法において外国公務員に対する贈賄罪が制定された当初においては、その法定刑は、3年以下の懲役又は300万円以下の罰金となっていた。しかしながら、平成17年（2005年）の不正競争防止法の改正で、この罪の法定刑は、現在の5年以下の懲役又は500万円以下の

罰金に引き上げられた。

そのように法定刑が引き上げられた理由は、諸外国の法制と比較勘案した場合、諸外国ではより重い刑罰が科せられていたこと、当時の商法494条第2項の会社荒しに対する贈賄罪の法定刑が5年以下の懲役とされていたこと（今は、会社法第968条第2項がこれに該当する。）、破産法274条2項の破産管財人の受託収賄に対応する贈賄罪についても法定刑が5年以下の懲役又は500万円以下の罰金とされていることなどに照らし、通常の贈賄罪より重くても不合理ではないなどの理由から、そのように引き上げられたものであった。

もちろん、上記の理由は合理的であり、なんら法的に問題があるわけではないが、ただ、刑法の贈賄罪が3年以下の懲役又は250万円以下の罰金とされていることに照らすと、自国の公務員に対する贈賄罪より、他国の公務員に対する贈賄罪のほうが刑が重いというのは、いささか奇異な感じがすると思われるところではある。

5　外国公務員に対する賄賂が組織的犯罪処罰法における犯罪収益になることについて

組織的犯罪処罰法2条2項3号では、

> 次に掲げる罪の犯罪行為（日本国外でした行為であって、当該行為が日本国内において行われたとしたならば当該罪に当たり、かつ、当該行為地の法令により罪に当たるものを含む。）により供与された財産

と規定した上で、同号ロにおいて、

> 不正競争防止法第18条第1項の違反行為に係る同法第21条第2項第7号（外国公務員等に対する不正の利益の供与等）の罪

として犯罪収益について規定している。

これは、犯罪行為により供与された財産については、犯罪行為により生じた財産、犯罪行為により得た財産又は犯罪行為の報酬として得た財産に該当せず、本項1号によっては犯罪収益に該当しないことになる。したがって、そのように供与された財産であっても犯罪収益の対象とするとしたのが、上記の規定である。

そもそも、不正競争防止法の外国公務員に対する贈賄罪の規定は、外国公

務員等に贈賄をした者を処罰する犯罪で、これを受け取った外国公務員を処罰するわけではない。そうであるなら、処罰できない者の手に渡った財産を犯罪収益とすることの法的な意義はどこにあるのであろうか。

これは、このような不正な行為によって供与された財産についても、今後、隠匿等のマネー・ローンダリング行為に及んだ者について処罰できるようにするためである。このような不正の利益、いわば賄賂が権力者による指摘蓄財の源泉の一つになっており、それが国際商取引の公正を妨げる一つの原因にもなっていることから、このような規定を設けておく必要があったのである。

第5 外国公務員贈賄防止条約の履行に関する相互審査の状況（その1）

1 相互審査の機能

このように外国公務員に対する贈賄罪に関する不正競争防止法の該当部分は、何度も改正が行われてきた。その理由は、これまでも触れたように、この罪を処罰することとなった根拠となる外国公務員贈賄防止条約の内容を適切に実施しているかどうかについて、条約加盟国同士でチェック（相互審査）としていることが大きな理由になっている。

つまり、この条約が本当に実効性のあるものにするためには、条約加盟国が歩調を合わせて外国公務員に対する贈賄をなくすように努めなければならないことから、加盟国同士で条約の実施状況を相互に監視・検討することとされているのである。そのため条約加盟国は、条約加盟時に第一段階として、条約上の義務を完全に法定しているかどうかなどをチェックされ、その後、第二段階として、その後の実施状況をチェックされることになっていた。

2 第一段階のチェックについて

我が国は、その第一段階のチェック（フェーズ1）として、平成11年（1999年）10月、同じ加盟国の米国と韓国によって審査された。そして、その際、

様々な指摘がなされた。その指摘は8つほどあるが、その中でいくつか例としてあげると、例えば、日本人が国外で外国公務員に贈賄をした場合を処罰する国外犯処罰の拡大や、時効期間の延長、また、第三者贈賄の新設などが求められた。そして、そのうちの国外犯処罰の拡大については、既に述べたように、その後の平成16年第159回国会においてその改正案が審理され、可決されて法改正がなされた。

3 第二段階のチェックについて

第二段階のチェック（フェーズ2）は、平成16年（2004年）6月から7月にかけて行われた。この時に我が国の審査を担当したのは、米国とイタリアであった。その際、それら審査担当者がもっとも大きな関心を持っていたのは、我が国では、なぜ外国公務員に対する贈賄事件の捜査をしないのかという点であった。当時は、まだ、その規定を使って捜査、起訴された事例はなかったのである。

そのころ、新聞紙上を騒がせた事件としては、大手商社であるM物産がモンゴルの政府高官に現金を交付したと報道された事件はあったものの、実際に、起訴されるようなことはなかった。そこで、それら審査担当者は、日本の捜査機関は、そのような外国公務員に対する贈賄事件を真面目に捜査するつもりがないのではないかと疑っていたのであった。

もちろん、我が国の捜査機関としては、そのような機会があれば、当然にその捜査、起訴をしたいと思っていたことに間違いはない。ただ、そのような事件の端緒が得られなかったことから、そのような事件が日本国内では本当に存しないか、あるいは、それを発見できないだけかのいずれかであるというのが実情であった。

また、仮に、捜査の端緒があっても、その捜査に当たっては、犯罪者となる公務員を抱える相手国に対し、その自国民が不正なことをしたとして捜査共助を求めなければならず、そのような捜査共助について簡単に応じてもらえるか疑問もあるところではある。しかしながら、たとえそのような困難があったとしても、外国公務員に対する贈賄事件ができるのであれば、我が国の捜査機関としては、是非そのような事件をやってみたいと考えていたこと

には疑う余地はなかった。

　また、その他に、その審査担当者らは、贈賄の公訴時効が3年であることに強い不満を持っていた。外国公務員に対する贈賄なども秘匿性の高い犯罪であることから、それが発覚するまで時間がかかるため、3年という期間はすぐに経過してしまうのではないかとのことであった。

　実際のところ、刑法の贈賄罪の公訴時効が3年で完成してしまうことから、通常の贈収賄事件の捜査に当たっても、贈賄罪が既に時効になってしまっていたということも時々あり、それが捜査上支障となっていたもたしかにあったところである。したがって、その点の指摘は全く妥当であった。

　もっとも、この点については、前述したように、その後、外国公務員に対する贈賄罪の法定刑が5年以下の懲役又は500万円以下の罰金と改正されたことで、公訴時効の期間が5年となり、審査担当者らの指摘や要請にある程度答えることができる結果となった。

　その他にも色々な質問や指摘がされたことから、種々反論をしたものの、最終的に、それら審査担当者らを十分には納得させることはできなかったようであった。

4　再度の相互審査

　そのため、平成18年（2006年）2月にも、再度の審査がなされたが、この時には、外国公務員に対する贈賄罪につき国外犯処罰規定が設けられたことや、法定刑が重くなって公訴時効も5年になったことなどが評価されて、審査担当者もそれなりに満足したように思われる。ただ、それでもこの罪の摘発事例がないことには強い不満があったようであった。

第6　外国公務員に対する贈賄事件の実例

　上記のような対日審査の後、現在までの間に、この罪により処罰された事案が4件あるので、それらを紹介する。

1　福岡簡略平成19・3・16公刊物等未登載の事案

これは、フィリピン国家捜査局（NBI）が計画していた事案である自動指紋照合システムに関する請負契約を早期に締結するために、来日した同捜査局幹部2人に対し、ゴルフクラブセット等（金額合計約80万円相当）を贈賄したものであった。この事案において、福岡簡裁は、被疑者2名に対し、略式命令により、罰金50万円及び罰金20万円を科した。

これが日本における外国公務員に対する贈賄罪の最初の適用事案であった。

2　東京地判平成21・1・29判時2046号159頁の事案

(1)　事案の概要

これは、被告人会社及びその役員らが、円借款事業であるサイゴン東西ハイウェイ建設事業に関するコンサルティング契約で有利な取り計らいを受けたいとの意図の下に、ベトナム社会主義共和国東西ハイウェイ・水環業務管理局長に対し、現金約9,000万円相当を供与するなどした事案で、東京地検特捜部によって摘発されたものである。

(2)　罪となるべき事実

この事案の判決において認定された罪となるべき事実は、次のとおりである。

被告人会社株式会社Y1（以下「被告会社」という。）は、東京都内に本店を置き、土木建築事業に関するすべてのマネージメント及びコンサルティング業務等を目的とする株式会社であり、相被告人Aは、被告会社の代表取締役専務・営業本部長として被告会社の業務全般を統括していた者、被告人Y2は、被告会社の陸上交通事業部道路技術部長又は道路交通事業部長として陸上交通事業部道路技術部又は道路交通事業部所管の業務を統括していた者、被告人Y3は、被告会社のハノイ事務所所長としてベトナム社会主義共和国における被告会社の営業活動等を統括していた者、被告人Y4は、香港に登記簿上の本店を置き、被告会社の実質的指揮監督下にあるBの登記簿上の代表者であった者、C（以下「C局長」という。）は、ベトナム社会主義共和国ホーチミン市人民委員会東西ハイウェイ・水環業務管理局局長と

してサイゴン東西ハイウェイ建設事業に係る建設コンサルタントの選定、契約締結、契約代金支払等の契約履行、契約内容の変更等に関する権限を有していた外国公務員であるが

第1　被告人Y2、同Y3及び同Y4は、ほか数名と共謀の上、平成15年12月24日頃、ベトナム社会主義共和国ホーチミン市内の東西ハイウェイ・水環境業務管理局事務所において、C局長に対し、被告会社が同業務管理局発注に係るサイゴン東西ハイウェイ建設事業に関するコンサルティング第1期契約及び第2期契約締結等の謝礼として各契約金額の一部に相当する金額の現金を提供するとの前記各契約締結前からのC局長との各約束を実行して前記各契約の履行を確保するとともに、前記コンサルティング第1期契約の第1回追加変更契約を早期かつ有利な条件で締結するなど、今後被告会社に有利な取り計らいを受けたいとの意図の下に、現金60万米国ドルを供与し

第2　被告人Y2及び同Y4は、分離前の相被告人Aほか数名と共謀の上、被告会社の業務に関し、平成18年8月29日ころ、前記東西ハイウェイ・水環境業務管理局事務所において、C局長に対し、前記第1記載の各約束を実行して前記各契約の履行を確保するとともに、前記コンサルティング第1期契約の第3回追加変更契約を早期かつ有利な条件で締結するなど、今後被告会社に有利な取り計らいを受けたいとの意図の下に、現金22万米国ドルを供与し

もって、いずれも、外国公務員に対し、国際的な商取引に関して営業上の不正の利益を得るために、その外国公務員にその職務に関する行為をさせることを目的として、金銭を供与したものである。

⑶　**量刑の理由**

本件犯行に関する情状として、同判決では、「本件は、被告会社においてコンサルティング契約の受注等に際して外国公務員に現金を供与することが常態化していた中で、被告会社幹部の了承の下、外国公務員との連絡・交渉役、現金の準備・運搬役、現金の渡し役、経理の偽装役等の役割を分担するなど、巧妙に、組織的かつ計画的に行われたものである。本件犯行は、国際商取引における競争の公平性を害するだけでなく、被告人らは、贈賄額を見

込んだ上で、契約代金を水増しするなどしたものであって、円借款事業である本件事業において競争阻害にとどまらない害悪を現実化したものと評することができる。さらに、本件が海外建設コンサルタントとして長年の実績を有していた被告会社によって行われたことからすれば、我が国の政府開発援助事業や海外コンサルタント業界に対する信頼をも損なうことになりかねない。このように、本件の結果は重いといわなければならない。加えて、外国公務員等に対する不正の利益の供与等を禁止することによって国際商取引における企業の公正な競争を確保し、国際商取引の健全な発展を促進しようという国際的な取組に照らせば、一般予防の見地からも本件をゆるがせにできない。

他方、本件を含むＣ局長への現金供与額が極めて高額になったのは同局長の法外な要求による面が大きいこと、Ｃ局長から現金支払の執拗な要求がある一方で、ベトナム側の事情による事務の遅滞や相次ぐ業務の変更等により、Ｃ局長の権限行使がなければ、実施済の業務に対する代金の支払を受けられない、あるいは追加変更契約の締結等がなされないという状況にあったことなどの事情があり、これらは、一定程度被告会社及び被告人らのために斟酌すべきである。」などと判示されて、被告人会社には罰金刑を、それ以外の自然人の被告人については、いずれも執行猶予の付いた有罪判決が言い渡されていた。

 (4) **収賄した外国公務員の刑責**

次に問題となるのは、上記のＣ局長の刑事責任であるが、もとより我が国の法律で処罰できるものでもないところ、マスコミ報道によれば、2009年（平成21年）2月11日、ベトナムの捜査当局により、職権濫用罪で逮捕、起訴されたとのことである。そして、ベトナム最高人民検察院の幹部の話によれば、Ｃ局長の罪は、収賄罪に訴因変更され、2010年（平成22年）10月18日、第一審においては終身刑に処せられたものの、2011年（平成23年）9月1日、控訴審において、禁錮20年に減刑されたとのことであった。

ちなみに、ベトナムでは、収賄罪が成立するためには、賄賂を自分のために収受することが必要である上、相手方に対する便宜共助も求められることから、収賄の疑いのある被疑者については、まず、職権濫用で捜査、起訴

し、さらに、収賄罪の構成要件を満たすことが判断できた段階で、収賄罪に訴因変更するようである。

3　名古屋簡略平成25・10・3公刊物等未登載の事案
(1)　事案の概要及び公訴事実の概要

これは我が国での外国公務員に対する贈賄事件のうち、最初の警察送致事件であるとともに、中国を舞台として中国国内で贈賄行為がなされたという特徴を有する事案である。

この事案における公訴事実の概要は、次のとおりである。

被告人は、愛知県内に本店を置く東証一部上場のＡ社において、同社の中国本土子会社等であるＢ及びＣ社、並びに同じく香港子会社であるＤ社の経営責任者であったところ、Ｂ及びＣ社がＤ社との間の加工貿易に関して、法令違反をしていたことにつき、中国の税額による調査が入ったため、平成19年12月17日頃、中国国内の中華料理店において、中国の地方自治体職員Ｘに対し、上記違反行為に対する制裁としての不利益な処分を免れ、加工貿易業務に関する審査などにおいて有利な取り計らいを受けたいとの意図、並びに、Ｂ及びＣ社に対する過料及び税金を減免させるなど行政処分において有利な取り計らいをしてもらうべく税関職員に働きかけてほしいとの意図の下に、現金３万香港ドル（当時の円換算額42万6,000円相当）及び女性用バッグ１個（時価14万5,112円相当）を供与したものである。

(2)　背景事情

この事案では、Ｄ社とＢ社及びＣ社との間の取引は、香港から中国本土への原材料等の輸入であり、一定の法令上の制約の下、本来課せられる関税等につき無税で通関することができ、これにより国際競争力という面で有利な取扱いがなされる取引であったが、Ｂ社及びＣ社は、Ｄ社から無税で輸入した原材料及び機械を法令上許されない用途に使用するなどの法令違反を行っていたことがその背景にあったものである。新聞報道等によれば、5,000万円以上の賄賂を渡していたものの、上記の事実以外は、既に公訴時効が完成していたものである。

(3) 処罰内容

被告人に対しては、罰金50万円の略式命令が出された。

なお、この事案においても、外国公務員Xに対して、中国国内でどのような処罰がなされたのは不明である。

4 東京地判平成27・2・4公刊物等未登載の事案

(1) 事案の概要

本件は、被告会社Aが、ベトナム、インドネシア及びウズベキスタンの各国において、鉄道関連事業に関するコンサルタント契約の締結、履行等について、これらの事務を管理するなどの権限を有していた外国公務員らに対し、被告会社に有利かつ便宜な取り計らいを受けたいとの趣旨の下、ベトナムにおいては約4年2か月間にわたり合計6990万円を、インドネシアにおいては約3年3か月間にわたり合計15億3,725万ルピア及び500万円（合計約2,000万円相当）を、ウズベキスタンにおいては約1年間にわたり合計約57万7,000米国ドル（合計約5477万円相当）の賄賂をそれぞれ供与したという事案である。

(2) 罪となるべき事実

本件は、賄賂を供与した期間も長く、その金額も高額であり、また、相手方外国公務員も多岐にわたるなど、典型的な外国公務員に対する贈賄事案であるといえる。

そのため、少々長くなるが、本件判決で認定された罪となるべき事実を以下のとおり紹介する。

まず、被告人らについては、被告会社は、東京都台東区内に本店を置き、内外鉄道の設計・施工の監督等に関する事項等を目的とする株式会社、被告人Kは、被告会社の代表取締役として同社の業務全般を統括していたもの、被告人Wは、被告会社の取締役国際部長又は常務取締役海外本部長等として同社の海外業務を統括していたもの、被告人Iは、被告会社の総務部担当部長、執行役員又は取締役等として同社の経理業務を統括していたものであった。

そして、その実行行為であるが、次のとおりである。

第1　Pは、ベトナム鉄道公社鉄道事業管理局次長及びプロジェクトマネージャーとして、ハノイ市都市鉄道建設事業（1号線）に係る詳細設計等のコンサルタントの選定、契約締結変更、契約代金支払等の契約履行等に関する事務を管理する権限を有している外国公務員等であったもの、Zは、同事業を所管する同局事業実施第3課課長として、Tは、同課次長及び同課課長として、いずれもPを補佐して同事業に関する前記事務を行う権限を有していた外国公務員等であったものであるが、

1　被告人W及び被告人Iは、前記ベトナム鉄道公社発注に係るハノイ市都市鉄道建設事業（1号線）に関するコンサルタント契約を早期かつ有利な条件で締結するなど、被告会社に対し有利かつ便宜な取り計らいを受けたいとの趣旨の下に現金を供与するとのPとの約束に基づき、同事業における被告会社のプロジェクト・ダイレクターNほか数名と共謀の上、被告会社の業務に関し、平成21年12月上旬頃から平成23年10月頃までの間、ベトナム社会主義共和国ハノイ市ホアンキェム区内のベトナム鉄道公社鉄道事業管理局事務所ほか2か所において、Pとの前記約束を実行するとともに、契約代金支払等の契約履行等に関して、今後とも被告会社に対し、同様の有利かつ便宜な取り計らいを受けたいとの趣旨の下に、11回にわたり、NがPらに対し現金合計5,190万円を供与し、

2　被告人W及び被告人Iは、Nほか数名と共謀の上、被告会社の業務に関し、

(1)　平成23年12月中旬頃、ベトナム社会主義共和国ハノイ市タイホー区内のプロジェクト事務所において、前記第1の1記載のコンサルタント契約の追加変更契約を早期かつ有利な条件で締結するなど、今後とも被告会社に対し、有利かつ便宜な取り計らいを受けたいとの趣旨の下に、NがTに対し、現金1000万円を供与し、

(2)　平成24年8月頃、前記第1の2(1)のプロジェクト事務所において、前記第1の2(1)記載の趣旨の下に、SがTに対し、現金200万円を供与し、

3 被告人K、被告人W及被告人Iは、被告会社ハノイ駐在事務所副所長であったSほか数名と共謀の上、被告会社の業務に関し、

(1) 平成25年12月下旬頃、ベトナム社会主義共和国ハノイ市カウザイ区内のベトナム鉄道公社鉄道事業管理局事務所において、前記第1の1のコンサルタント契約及び前記第1の2の追加変更契約のそれぞれの契約代金支払等の契約履行等に関して今後とも被告会社に対し、有利かつ便宜な取り計らいを受けたいとの趣旨の下に、SがP及びTに対し、現金300万円を供与し、

(2) 平成26年2月中旬頃、ベトナム社会主義共和国ハノイ市バーディン区内のプロジェクト事務所において、前記第1の3(1)記載の趣旨の下に、SがTに対し、現金300万円を供与し、

第2 1 被告人Wは、インドネシア共和国運輸省鉄道総局が所管する円借款番号IP540に係るジャワ南線複線化事業のクロヤ・クトァルジョ間詳細設計見直し業務等に関するコンサルタント契約及び変更契約を早期かつ有利な条件で締結するなど、被告会社に対し有利かつ便宜な取り計らいを受けたいとの趣旨の下に現金を供与するとのY及びHとの約束に基づき、被告会社ジャカルタ事務所副所長Mほか数名と共謀の上、被告会社の業務に関し、平成22年12月上旬頃から平成24年3月中旬頃までの間、インドネシア共和国ジャカルタ首都特別州中央ジャカルタ市内の工事事務所において、Yらとの約束を実行するとともに、契約代金支払等の契約履行等に関して今後とも被告会社に対し同様の有利かつ便宜な取り計らいを受けたいとの趣旨の下に、10回にわたり、MがY又はHに対し、現金合計4億4,725万ルピアを供与し、

2 被告人Wは、前記鉄道総局が所管する円借款番号IP548に係るジャワ南線複線化事業のチレボン・プルプク、プロヴォコルト・クロヤ間詳細設計業務等に関するコンサルタント契約を早期かつ有利な条件で締結するなど、被告会社に対し有利かつ便宜な取り計らいを受けたいとの趣旨の下に現金を供与するとのDとの約束に基づき、中村ほか数名と共謀の上、被告会社の業務に関し、平成22年10月上旬頃から平

成24年1月中旬頃までの間、インドネシア共和国ジャカルタ首都特別州中央ジャカルタ市内の工事事務所ほか1か所において、Dとの約束を実行するとともに、契約代金支払等の契約履行等に関して今後とも被告会社に対し同様の有利かつ便宜な取り計らいを受けたいとの趣旨の下に、13回にわたり、中村らが、D又はUに対し、現金合計10億5,000万ルピアを供与し、

3 被告人K、被告人W及び被告人Iは、被告会社国際部担当部長Gほか数名と共謀の上、被告会社の業務に関し、

(1) 平成25年11月下旬頃から同年12月上旬頃までの間、インドネシア共和国ジャカルタ首都特別州中央ジャカルタ市内の工事事務所において、前記第2の2記載のコンサルタント契約を早期かつ有利な条件で締結するなど、今後とも被告会社に対し有利かつ便宜な取り計らいを受けたいとの趣旨の下に、2回にわたり、GがUに対し、現金合計4,000万ルピアを供与し、

(2) 同月下旬頃、インドネシア共和国ジョグジャカルタ特別州ジョグジャカルタ市内のアジスチプト国際空港付近路上において、前記鉄道総局が所管する円借款番号IP548に係るジャワ南線複線化事業のクロヤ・クトアルジョ間施工監理業務に関するコンサルタント契約を早期かつ有利な条件で締結するなど、今後とも被告会社に対し有利かつ便宜な取り計らいを受けたいとの趣旨の下に、GがYに対し、現金500万円を供与し、

第3 1 被告人Wは、ウズベキスタン鉄道公社が所管するカルシ・テルメズ鉄道電化事業に関するコンサルタント契約を有利な条件で締結するなど、被告会社に対し有利かつ便宜な取り計らいを受けたいとの趣旨の下に現金を供与するとのFら3名との約束に基づき、被告会社のウズベキスタン現地駐在員Xほか数名と共謀の上、被告会社の業務に関し、平成24年8月下旬頃、ウズベキスタン共和国タシケント市内のウズベキスタン鉄道公社事務所において、Fらとの約束を実行するとともに、契約代金支払等の契約履行等に関して今後とも被告会社に対し同様の有利かつ便宜な取り計らいを受けたいとの趣旨の下

に、XがJらに対し、現金5万米国ドルを供与し、
2　被告人W及び被告人Iは、Xほか数名と共謀の上、被告会社の業務に関し、
(1)　平成25年1月上旬頃、前記第3の1記載のウズベキスタン鉄道公社事務所において、前記第3の1記載の約束を実行するとともに、契約代金支払等の契約履行等に関して今後とも被告会社に対し同様の有利かつ便宜な取り計らいを受けたいとの趣旨の下に、XがJらに対し、現金10万5000米国ドルを供与し、
(2)　同月下旬頃、前記第3の2(1)の趣旨の下に、東京都千代田区内の○○銀行丸之内支店に開設された被告会社名義の当座預金口座から、Jらが管理するラトビア共和国リガ市内の△△銀行リガ支店に開設されたR社名義の銀行口座に、16万米国ドルを振込入金してJらに供与し、
(3)　同年5月下旬頃、前記第3の2(1)の趣旨の下に、前記第3の2(2)記載の被告会社名義の当座預金口座からR社名義の銀行口座に、18万389米国ドルを振込入金してJらに供与し、
3　被告人K、被告人W及び被告人Iは、Xほか数名と共謀の上、被告会社の業務に関し、平成25年7月下旬頃、前記第3の1記載のコンサルタント契約の契約代金支払等の契約履行等に関して、今後とも被告会社に対し、有利かつ便宜な取り計らいを受けたいとの趣旨の下に、前記第3の2(2)記載の被告会社名義の当座預金口座からR社名義の銀行口座に、7万8,888.89米国ドルを振込入金してJらに供与し、もって、いずれも、外国公務員等に対し、国際的な商取引に関して営業上の不正の利益を得るために、その外国公務員等に、その職務に関する行為をさせることを目的として、金銭を供与したものである。

(3)　量刑の理由

そして、被告人らの犯情について、同判決では、「本件各賄賂の供与は、案件発掘に始まり、入札、契約の締結、契約変更、契約代金の支払という被告会社のコンサルタント事業における一連の流れの中で、外国公務員等に対して常態的に行われたものであり、長期間に渡る上、極めて巨額に及んでいる。被告会社は、本件各国において、本件各賄賂の供与により、入札に関す

る非公開情報を入手するなどして鉄道関連事業を受注し、契約変更に関する非公開情報を入手するなどして鉄道関連事業を受注し、契約変更に柔軟に応じてもらうなど、外国公務員等から有利な取り計らいを受けて利益を得てきた。また、被告会社においては、外国公務員との連絡・交渉役、現金の準備・運搬役、経理の偽装役等、各人がそれぞれの役割を果たして本件各犯行を遂行したものであり、組織的かつ計画的な犯行であったといえる。

さらに、被告会社は、平成25年4月に国税局の税務調査を受け、外国公務員への賄賂供与が発覚した後も、被告人柿沼らの判断の下、その後も賄賂供与を継続する旨決定し、供与に関する対応マニュアルを作成して罪を重ねていったものであり、法令遵守の意識が乏しかったといわざるを得ない。」と批判し、上記いずれの被告人に対しても執行猶予付の懲役刑を言い渡しているところである。

なお、この事案においても、上記の各外国公務員に対してどのような処罰がなされたのかは不明であるが、ただ、ベトナムの関係者については、ベトナム最高人民検察院の幹部の話によれば、ベトナム鉄道事業管理委員会の幹部らが職権濫用罪などで起訴されたということである。

第7　外国公務員贈賄防止条約の履行に関する相互審査の状況（その2）

その後、第3回目の対日審査が実施され、その結果が2011年（平成23年）12月に公表された。そこでは、「ある程度の進展は見られるものの、日本における外国公務員贈賄防止法の執行状況には依然として重大な疑念が残る。」などと指摘されており、この時点までに刑事処罰された事案は、上記**第6**のうちの最初の2件だけであったことが大きな問題とされていた。

そのため、外国公務員に対する贈賄事件の捜査や訴追への取組みの強化などが勧告されていた。また、その強化のために、通信傍受や司法取引などの新たな捜査手法の利用を検討するよう求められていた。

その後、この第3回目の対日審査のフォローアップ・レポートが2014年（平成26年）2月に出され、そこでは、上記**第6**の**3**の事案が紹介され、我が

284　第9章　汚職をめぐる国際法上の諸問題

国でも外国公務員に対する贈賄事件の捜査をしていることは認めつつも、それでもまだ不十分であるとの指摘がされている状況であった。

第8　米国における外国公務員に対する贈賄罪の規定内容及び執行状況等

1　概　　要

米国においては、前述したように、1977年（昭和52年）、海外汚職行為防止法（Foreign Corrupt Practices Act：以下「FCPA」という。）が制定されており、これに基づいて、外国公務員に対する贈賄罪の取り締まりが実施されている[4]。

その構成要件などについては、同法78dd-2に規定されている。米国において作成され公表されている日本語の訳文については、次のとおりである[5]。

> §78dd-2　国内関係者に禁止されている通商慣行
> (a)禁止事項
> 本編のセクション78dd-1に従属する発行者以外の国内関係者もしくは当該国内関係者の役員、重役、社員、代理人、または当該国内関係者の代理として機能する株主はいずれも、郵便または他のいかなる方法、もしくは州際通商手段を利用して、金銭支払いの申し出、支払い、支払う約束、支払いの認可、もしくは価値のあるものを譲渡する申し出、贈与、贈与の約束、贈与の認可を不正に促進するような行為を下記の要領で行うことは違法である。
> (1)外国政府関係者に対し、
> (A)(i)当該外国政府関係者の公的立場においての行為または決定に影響を与えること。(ii)当該政府当局者の合法的任務に違反する行為を実践させたり、割愛させること、または(iii)不適切な利点を確保すること。あるいは、
> (B)当該外国政府関係者が外国政府または同政府の代行機関に対して自身の影

（4）　ここでの記述については、菅原健志検事の研究結果からの教示によるところが大きい。
（5）　米国司法省ウェブサイト。

響力を行使し、当該政府またはその代行機関による行為または決定に影響を及ぼす、もしくは感化させること。

なお、上記は、当該国内関係者が、何人かのための、もしくは何人かとの共同で事業を確立または維持すること、あるいは何人かに向けた事業推進を支援することを目的とする。

(2)いかなる外国の政党もしくはその当局者、あるいは外国政府行政官庁のいかなる候補者も、以下の目的のために、

(A)(i)当該政党、その当局者、または候補者の公的立場においての行為または決定に影響を与えること。(ii)当該政党、その当局者、または候補者に対して、当該政党、その当局者、または候補者の合法的任務に違反する行為を実践させたり、割愛させること、または(iii)不適切な利点を確保すること。あるいは、

(B)当該政党、その当局者、または候補者が外国政府または同政府の代行機関に対して自身の影響力を行使し、当該政府または代行機関による行為または決定に影響を及ぼす、もしくは感化させること。

なお、上記は、何人かのための事業、何人かとの共同での事業、あるいは何人かに向けて推進する事業を獲得または維持するに当たって当該国内関係者を支援することを目的とする。

(3)何人かが、当該金銭または価値のある物品の全部もしくは一部が直接または間接的に外国政府当局者、外国政党または同政党の当局者、あるいは外国行政当局の候補者に提供、贈与、もしくは約束されることを承知の上で、下記の目的のために、

(A)(i)当該外国政府当局者、政党、政党当局者、または候補者の公的立場においての行為または決定に影響を与えること、(ii)当該外国政府当局者、政党、政党当局者、または候補者に対して自身の影響力を行使し、当該政党、当局者、または候補者の合法的任務に違反する行為を実践させたり、割愛させること、あるいは、(iii)不適切な利点を確保すること。あるいは、

(B)当該外国政府当局者、政党、政党当局者、または候補者が外国政府または同政府の代行機関に対して自身の影響力を行使し、当該政府またはその代行機関による行為または決定に影響を及ぼす、もしくは感化させること。

> なお、上記は、当該国内関係者が、何人かのための、もしくは何人かとの共同で事業を確立または維持するに当たり、あるいは何人かに向けた事業を推進するに当たり、同組織を支援することを目的とする。

　上記のとおり、同条項の(a)禁止事項の項目において、国内関係者(Domestic Concern)が、商取引の獲得、維持等の目的のために、外国公務員等に対し、対象者の権限の範囲内にある行為、決定に影響を与えることなどをし、金銭又は価値のある物の提供、供与等をすることを禁じている。
　そして、この国内関係者については、同条項の(h)定義の項目において、「合衆国の市民、国民、居住者である個人」等が規定されている。
　また、この国内関係者等については、1998年（平成10年）の法改正により、属人主義が採用され、米国外での賄賂供与行為等についても処罰されることとなっている。

2　本法の解釈の指針
　上述した本法の規定ぶりからも明らかなように、我が国の不正競争防止法における上記規定とかなり類似した規定であることから、その解釈もかなり類似しているところである。以下、米国司法省が採っている解釈に基づいて説明する。
(1)　目的について
　まず、「目的」について、この要件は、「事業目的テスト」(business purpose test)と呼ばれ、例えば、税法上の有利な取り扱いを受けるために、ハイチの税関職員に対して、関税を減額させる目的で賄賂を渡すことは、この商取引の獲得、維持のためにするもので「目的」に該当するとされている[6]。
　そのため、米国司法省が作成したガイドラインにおいて、この「目的」に関して、「事業目的テスト」を満たすものとして、契約の獲得目的、製品の

---

(6) United States v. Kay: US Court of Appeals for the Fifth Circuit 359 F 3d 738 (2004).

輸入過程に影響を与える目的、公表されていない入札情報を得る目的、税金や罰則を回避する目的などが掲げられている。

(2) 対象者について

次に、対象者である「外国公務員」等について、公務員の階級、役職、有する権限の程度などは問われないとされている。また、直接に公務員本人に賄賂を渡す場合だけでなく、家族等の当該公務員と近い関係にある者に対して賄賂を渡す行為も、それによって当該公務員に対して不整な影響を与えることを意図しているのであれば、この場合も該当すると考えられている。

(3) 故意の内容について

また、賄賂を供与する際の故意の内容として、「賄賂の受領者に対して不正な利益を与えることを予定、意図する」ことなどが必要であるが、そのような意図があれば、実際に不正な影響を与えたかどうかは問われないし、実際上は、外国公務員に金銭等の賄賂が渡ることの認識があれば、通常はこの意図は認められると考えられている。

(4) 賄賂の内容について

金銭等の賄賂の内容については、我が国における賄賂の概念とほぼ同様に考えて差し支えない。研修名目の旅行であっても、その実態が単なる観光であれば、それは賄賂と認められる。

ただ、FCPAでは、本条項(c)積極的抗弁の項目において、「価値ある物品の支払、贈与（中略）が外国当局者（中略）の国の成文法および規制下で合法である場合」などは、積極的な抗弁として用いることができるとされている。

もっとも、この場合においてこれが抗弁として意味を持つためには、現地国で事実上処罰されていないだけでは不十分であり、明文で公務員への金銭等の支払が合法化されている場合でなければならないと解されている。

3 取締りの実情

FCPAは、1977年に制定されていたものの、2000年（平成12年）当初までは、それが実際に使われて処罰される事案は非常に少なく、年に数件といった程度であった。

しかしながら、その後、米国司法省などが捜査する事件数は増え、2010年（平成22年）には、合計で70件以上にも上っている。

そして、FCPAでは、その対象となる被疑者は、自然人だけでなく、法人も含まれているので、個人の責任が問えない場合でも企業を処罰することが可能となっている。特に、贈賄によって利益を得ている企業に責任を取らせるという発想などから、企業の責任のみを問われている事案も少なくない。

ちなみに、2009年（平成21年）9月から2011年（平成23年）12月までの間を見てみると、この罪で起訴された事件数（被告人の数ではない。）は、43件あるところ、その事件のほとんど全ての事案において、企業が責任を問われており、そのうちの27件については、個人が起訴されず、企業のみが処罰を受けている。

また、それら事案の多くは、有罪答弁等で終了しており、実質的に審理されたものは数件程度である。

4　量刑の実情

宣告された判決による量刑は、事案により様々であり、企業に対する数百万ドルから数億万ドルの範囲の罰金刑が科されているし（ちなみに、我が国の東証一部上場会社で石油プラントの製造等を行う建設会社に対して、2011年（平成23年）に2億1,880万ドルの制裁金が科せられている。）、また、個人についても、数月の実刑から15年の実刑（この事案では他の罪名の訴因もある。）という状況が見られた。

第9　この章の終わりに

外国公務員に対する贈賄については、捜査の端緒の把握、更には、その後の捜査共助等において、日本国内における通常の犯罪と比べて、捜査が非常に困難である。上記に紹介した4件の事件は、いずれも自白事件であり、実際のところ、被疑者側が捜査に協力したことから事案の解明ができたものである。

今後、被疑者が犯行を否認して、客観的事実関係や客観証拠だけで立証を

迫られる場合、果たして有効・適切な捜査、訴追をなし得るか懸念がないわけではない。

第10章

国際サッカー連盟役員らによる大規模汚職事件に関する問題

第1 はじめに

　前章で述たのは、外国公務員等に対する贈賄の問題であったが、世界的な広がりを持つ民間団体内の贈収賄については、どのように考えたらよいのであろうか。この場合、国際法上どのような問題について検討を要するのであろうか。

　平成27年（2015年）5月27日、米国司法省は、国際サッカー連盟（以下「FIFA」という。）に関する事件（以下「FIFA不正事件」という。）として、9名のFIFA関係者と5名の企業役員の合計14名を不正取引共謀及び汚職の罪（racketeering conspiracy and corruption）で起訴したと発表した。

　併せて、スイス司法当局は、同日、上記FIFA関係者9名のうちの7名を逮捕したと発表した。

　以下、上記逮捕に関連する事案の概要や上記起訴内容等を明らかにした上で、この起訴事実に関して国際法上の問題を検討することとする。

第2　FIFA不正事件の概要

1　起訴状

　この事件の内容については、2015年（平成27年）5月20日、ニューヨーク連邦地裁ブルックリンオフィス提出された起訴状（本件の起訴状は、頁数だけ

でも160頁を超えるものであり、日本の起訴状よりは、むしろ冒頭陳述書に近いものとイメージしたほうがわかりやすいと思われる。）により、その起訴時点での事実関係に基づいて概要を説明する。

2　FIFAの組織概要

FIFAは、北中米カリブ海サッカー連盟（CONCACAF）、南米サッカー連盟（CONMEBOL）、欧州サッカー連盟（UEFA）など6つの大陸連合（Continental Confederation）や、それらの下にある地域連合（Regional Federation）、例えば、この中にはCONCACAFの下部組織として、the Caribbean Football Union（CFU）などがある上、更にはスポーツマーケティング会社（sports marketing company）などが関与する企業体組織（起訴状では、"enterprise"と呼称されている。）である。

そして、FIFAは、スイス法に基づいて登記され、同国のチューリッヒに本部を置いている。FIFAには209の国や地域が参加しているが、ある地域が特定の国に所属していても、別に当該地域として加盟することが出来るので国連加盟国及び地域数より多くなっている。ちなみに、米国は、1914年に加盟したが、米国領であるプエルトリコは1960年（昭和35年）に、グアムなどは1990年代にFIFAに加盟している。なお、日本がこれに加盟したのは、1929年（昭和4年）であった。

3　被告人

(1)　Jeffrey Webb（ジェフリー・ウェブ）

被告人Jeffrey Webbは、ケイマン諸島の出身で、2012年（平成24年）5月から現在（起訴日のことであり、以下同じ。）までCONCACAFの会長であり、FIFAの副会長であり、FIFA理事会の理事であった。また、同被告人は、FIFAのいくつかの常任委員会の委員も務めており、その中にはワールドカップ組織委員会なども含まれていた。

(2)　Eugenio Figueredo（エウヘニオ・フィゲレド）

被告人Eugenio Figueredoは、ウルグアイ出身で、2013年（平成25年）5月から現在までFIFA理事会の理事であり、FIFAの副会長であった。ま

た、同被告人も、FIFAのいくつかの常任委員会の委員を務めており、その中にはワールドカップ組織委員会の委員なども含まれていた。

また、同被告人は、2013年（平成25年）4月から2014年（平成26年）8月まで、CONMEBOLの会長を務めていた。

(3) **Jack Warner（ジャック・ワーナー）**

被告人Jack Warnerは、トリニダード・トバゴ出身で、1983年（昭和58年）から2011年（平成23年）6月まではFIFA理事会の理事であり、1997年（平成9年）の初め頃からは副会長にもなっていた。また、同被告人は、1990年（平成2年）から2011年（平成23年）6月までは、CONCACAFの会長をしていた。

(4) **Nicolas Leoz（ニコラス・レオス）**

被告人Nicolas Leozは、パラグアイ出身で、1986年（昭和61年）から2013年（平成25年）4月まではCONMEBOLの会長を務めていた。また、1998年（平成10年）から2013年（平成25年）4月まではFIFA理事会の理事も務めていた。

(5) **その他の被告人**

上記4名の他、FIFA組織の関係者として5名が起訴されている。

ア **Aaron Davidson（アーロン・ダビッドソン）**

被告人Aaron Davidsonは、Traffic Sports USAの役員や会長を務めており、同社はフロリダのマイアミに本社を置き、米国やその他のCONCACAFの地域内におけるサッカーに関する放映権などのビジネスや、北米サッカーリーグの運営などを手がけていた。

イ **Alejandro Burzaco（アレハンドラ・ブルサコ）**

被告人Alejandro Burzacoは、アルゼンチン出身で、アルゼンチンでいくつものスポーツマーケッティング会社を経営している。

ウ **Jose Margultes（ホセ・マルグルテス）**

被告人Jose Margultesは、ブラジル出身で、サッカーの試合を放送する業務の会社を経営している。

エ 上記3名の他、関係業者として更に2名が起訴されている。

4　不正取引共謀と汚職の罪として起訴された犯行全体の概要
(1)　汚職原因としてのスポーツ・メディア・マーケットの拡大

　まず、背景事情として、近時、約25年以上の期間が経過するうちに、被告人らやその取巻きは、世界のサッカー組織に強大な権限と影響力を持つに至った。その間、スポーツ・メディア・マーケットが、特に米国で拡大したことに伴い、マーケッテイング会社のネットワークはこれを利用して発展を続けてきた。その中でサッカーの試合の放送権は、前例のない利益を生み出すようになっていったところ、そのような繁栄の中でFIFAの汚職が育っていくこととなった。その意味でここでの汚職は、この組織固有のものといえよう。

(2)　ジャック・ワーナーらによる権力の濫用

　1983年（昭和58年）から2011年（平成23年）にかけて、ジャック・ワーナーは、CONCACAFやFIFAで権限と影響力を得るに至り、1998年（平成10年）と2010年（平成22年）のワールドカップの開催に当たって開催国の選定に当たり、FIFA理事会の理事として、その職務に関連して収賄をするなどした。

　また、ジャック・ワーナーは、その他にも色々な汚職スキームにより収賄を繰り返して個人の資産を増加させた。

　そのように、ジャック・ワーナーが力を伸ばしていたのと同じ頃、ニコラス・レオスもCONMEBOLとFIFAの中で力を伸ばしてきた。1998年（平成10年）、ニコラス・レオスは、FIFA理事会の理事に任命され、ジャック・ワーナーと関わるようになって、同人のように私腹を肥やすために権力や影響力を使うようになった。

(3)　スポーツ・ビジネスの過熱

　一方、サッカーを取り巻くスポーツ・ビジネスは過熱してゆき、CONCACAFやCONMEBOLと手を結んで、その利権に預かろうとして、競合する会社同士が激しい競争を繰り返していた。その過程で、それら企業関係者も上記各サッカー団体らの関係者らに賄賂を贈るなどしていた。ただ、時には、そのような利権を維持するために相互に協力しあったりもしており、その際には、アレハンドラ・ブルサコら業者の被告人らの指示によっ

て贈賄するなどしていた。

(4) ホセ・マルグリエスによるマネー・ローンダリング

そのような中で、ホセ・マルグリエスは、マネー・ローンダリングに深く関わり、自己が管理する口座を使い、賄賂の中継を行ったり、両替商を使って、当該資金の素性が分からなくなるような手段を用いるなどマネー・ローンダリングに及び、2003年（平成15年）3月から2008年（平成20年）3月までの間に、3500万ドル以上の資金をFIFAの関係被告人らに送金した。

また、そのようなマネー・ローンダリングの手段についても、米国内の銀行預金口座をいくつも経由するなどしており、CONCACAFやCONMEBOLの預金口座、更には、スイス銀行の米国内の支店における預金口座などを利用していた。

(5) ジャック・ワーナーらの汚職の発覚

そのような状況の中で、2011年（平成23年）5月及び2013年（平成25年）4月にジャック・ワーナー及びニコラス・レオスに対する汚職が発覚し、両名はFIFAの役員もCONCACAFやCONMEBOLの会長の職も辞するに至った。

しかしながら、そのような汚職発覚による組織の長の交代も、その後の改革につながることはなかった。次の新しいリーダーが同様の行為に及ぶだけのことであった。

(6) ジェフリー・ウェブによる権力の濫用

2012年に入って、ジャック・ワーナーの後を継ぐ者として、ジェフリー・ウェブが有力候補となり、そのサポートのために、Traffic sports USAの幹部は、5万ドルをケイマン諸島にあるジェフリー・ウェブの共犯者が管理する口座に送金するなどした。そして、同年5月、ジェフリー・ウェブは、CONCACAFの会長に選ばれ、また、FIFAの副会長にも理事にも就任した。

そのようにして、ジェフリー・ウェブらはTraffic sports USAとの癒着を深め、ワールドカップに先だって行われるサッカーの試合などに関する利権を提供する代わりに、賄賂を要求するなどしていた。

その結果、2012年（平成24年）11月頃には、CONCACAFは、Traffic

sports USA に対し、2013年（平成25年）のゴールドカップなどに関する権利を与える契約を締結するに至った。

(7) エウヘニオ・フィゲレドによる権力の濫用

2013年（平成25年）4月頃、ニコラス・レオスの後継者となったエウヘニオ・フィゲレドは、アレハンドラ・ブルサコらとの間でCONMEBOLなどから貴重な利権を獲得するスキームを完成させることで、その見返りに1.1億ドルの賄賂の支払いに合意した。

(8) 贈収賄スキーム

その後、贈賄側の被告人らは、31億ドル以上もの契約をCONMEBOLとの間で、また、CONCACAFとの間でも3,500万ドルに上る契約を締結するなどして、巨額の利権を手にし、その見返りにジェフリー・ウェブやニコラス・レオスらに1.1億ドルにも上る賄賂の提供を約束し、今日までに少なくとも4,000万ドルが支払われていた。そして、証拠隠滅のための内容虚偽の契約書なども作成されるに至っている。

なお、上記の贈収賄のスキームについては、次頁の図のとおりである。

5 2010年（平成22年）ワールドカップ投票汚職の概要

ジャック・ワーナーらに対する訴追は、CONMEBOLやCONCACAFが主催するサッカー大会に関する汚職など12ものスキームに基づいていることから、その中でも最も日本にもなじみのある2010年（平成22年）ワールドカップの開催国の選定に関してなされた汚職事件をここで取り上げることとする。

(1) ジャック・ワーナーと南アフリカとのつながり

2004年（平成16年）頃、FIFA理事会は、2010年（平成22年）のワールドカップ開催国について検討していたところ、モロッコ、南アフリカ、エジプトなどが候補となっていた。

それに先だって、ジャック・ワーナーらは、南アフリカのサッカー関係者と密接な関係を築いていたが、しかしながら、南アフリカは、2006年（平成18年）のワールドカップ主催国の選に漏れた。

2000年（平成12年）の初め頃、ジャック・ワーナー一味の共犯者の一人

図1　チャート図

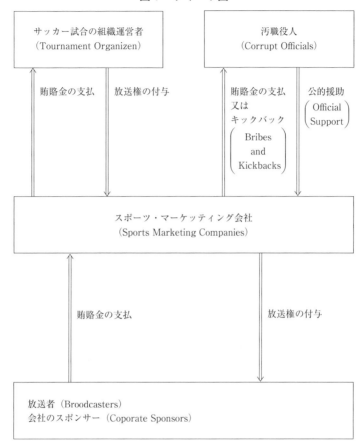

は、南アフリカにおいて、ジャック・ワーナーの伝でCONCACAFのチームによるサッカーの親善試合を開催した。そして、その頃、ジャック・ワーナーは、上記共犯者に指示して、フランスのパリに行かせ、そこのホテルで、南アフリカのワールドカップ招致委員会幹部から1万ドルの札束が入った鞄を受け取らせた。そして、数時間後には、その共犯者は、その鞄を持ってトリニダード・トバゴに飛んで戻り、ジャック・ワーナーにそれを渡した。

(2) ジャック・ワーナーとモロッコとのつながり

　2010年（平成22年）のワールドカップ開催国選定については、そのための会議が2004年（平成16年）5月に予定されていたところ、その数ヶ月前のことであるが、ジャック・ワーナーとCONCACAFの事務局長をしていた共犯者Aは、モロッコに飛んだ。その理由は、1998年（平成10年）のワールドカップ開催国の投票に先立って1992年（平成4年）にしていたことと同じようにするためであった。

　2004年（平成16年）のモロッコ旅行の間に、モロッコのワールドカップ招致委員会の代表は、2010年（平成22年）ワールドカップ開催国の選定に当たって、FIFA理事会において、ジャック・ワーナーの力を使ってモロッコを選んでくれるのであれば、その見返りに100万ドルを支払うことを申し出た。

(3) 南アフリカからジャック・ワーナーへの1,000万ドルの支払約束

　その後、上記共犯者Aは、ジャック・ワーナーから、南アフリカ政府と南アフリカ招致委員会は、南アフリカ政府がCFUに対して、"support the African diaspora"という名目で、1000万ドルを支払う用意があるということを知らされた。上記共犯者Aは、その申出は、2010年（平成22年）ワールドカップの開催国の選定に当たり、すべての票をモロッコではなく南アフリカに入れてくれるというジャック・ワーナーとの合意の見返りであると分かった。

　そして、ジャック・ワーナーは、上記共犯者Aに対して、上記申出を受けたこと、そして、その1000万ドルのうちの100万ドルは、上記共犯者Aに渡すということを述べた。

(4) 2010年ワールドカップ開催国の選定

　2004年（平成16年）5月15日に開催されたFIFA理事会では、南アフリカがモロッコとエジプトを押さえて2010年（平成22年）ワールドカップの開催国に選ばれた。もちろん、ジャック・ワーナーや上記共犯者Aらは南アフリカに投票した。

(5) ジャック・ワーナーへの1,000万ドルの支払

　そのような投票がなされてから後、上記共犯者Aは、何度もジャック・ワーナーに対し、あの1,000万ドルの支払いがどうなったか聞いていた。あ

る時、上記共犯者Aは、上記の支払いについて、南アフリカ政府の資金から直接に支払うのが不可能になったと分かった。そのため、その後は、FIFAから南アフリカにワールドカップ開催のための援助として送られるはずの資金を使って、FIFAからCFUに1,000万ドルが送られるように、FIFA関係者によって手配された。

　実際に、FIFA幹部は、2008年（平成20年）1月2日、同月31日、同年3月7日、61万6,000ドル、160万ドル、778万4,000ドルの合計1,000万ドルを、スイスにあるFIFAの預金口座から、ニューヨークにあるBank of AmericaにあるCFUとCONCACAFの名義で開設されていた預金口座（実際にはジャック・ワーナーが支配している預金口座にである。）に送金され、さらに、その資金はトリニダード・トバゴのRepublic Bankに移された。

(6) ジャック・ワーナーによる収賄金の使途先及びその過程でのマネー・ローンダリングの状況

　このような送金を受け取って間もなくのうちに、ジャック・ワーナーは、これらの資金のかなりな部分を個人的な用途に使うようになった。例えば、2008年（平成20年）1月9日には、上記61万6,000ドルのうち20万ドルをジャック・ワーナー個人名義の個人ローン口座に移した。

　また、ジャック・ワーナーは、上記資金の一部を自己の個人口座に移すに当たり、中継地点を通すことによりマネー・ローンダリングを図っていた。例えば、2008年（平成20年）1月16日から同年3月27日までの間、ジャック・ワーナーは、上記1,000万ドルのうちの140万ドルを、トリニダード・トバゴにおけるスーパーマーケット・チェーンの経営者の個人口座に送金している。そして、その数週間後、上記送金額にほぼ見合う金額の小切手が、上記経営者が別に経営する不動産投資会社の預金口座から引き出され、これがトリニダード・トバゴにあるFirst Citizens Bankにおけるジャック・ワーナーらの名義の預金口座に預けられた。

(7) 共犯者Aに対する賄賂金の分配

　ジャック・ワーナーが、上記1000万ドルを受け取ってから3年間のうちに、上記共犯者Aに対し、上記約束に係る100万ドルの一部として、75万ドル以上を3回に分けて支払うこととなった。そして、そのうち、まず、最初

の分は29万8,500ドルで、これは送金によりなされ、2回目の20万5,000ドル及び3回目の25万ドルについては、小切手より渡された。ただ、その残りについては、上記共犯者は受け取っていないままである。

6 本件起訴状における訴追対象とされた行為について
(1) 概　　要
これは、本件起訴状のCriminal Countsの項目に記載されており、検察官は、まず、上記のすべての事実に関して、Racketeering Conspiracyが成立すると主張している。

具体的には、1991年（平成3年）から現在までの間、ニューヨーク西部及びその他の地域において、上記の被告人らは、Title 18, United States Code, Section 1962(c)に違反する共謀行為に及んだとして訴追されている[1]。

(2) Title 18, United States Code, について
そして、ここで使われている法律として挙げられているTitle 18, United States Codeは、Crimes and Criminal Procedureとの表題で、刑事実体法及び手続法全般について定められたものであり、そのうちでも、この事件で用いられるのは、Chapter 96（Racketeer Influenced and Corrupt Organizations）という部分の法律である。

この法律は、その頭文字をとって、RICO法と呼ばれている。この法律が制定された背景事情については、第5章で述べたとおりであり、合法的組織に犯罪組織が浸透することを排除することを目的としたものであった。

ただ、その後の実際の使われ方としては、「組織犯罪対策として規定されたRICO法が、犯罪組織と無関係な者の犯罪、特に通常のビジネスマンによる経済活動の上での詐欺行為に広く使われたことである。」、「刑事においても、マフィア等の犯罪組織とは特に関係のない、州の公務員による汚職や、ホワイトカラー犯罪者による郵便詐欺、電信詐欺、証券詐欺などに対して

---

(1) その他に各スキームに、wire fraud（電信詐欺罪）wire fraud conspiracy（電信詐欺共謀罪）、money laundering（マネー・ローンダリング罪）money laundering conspiracy（マネー・ローンダリング共謀罪）などが別に訴因として挙げられている。

も、RICO 法が用いられた[2]。」というのが実態であった。

本件においても同様に、組織犯罪者とは直接には関係のない分野でありながらも、この RICO 法が用いられたのである。

(3) **Section 1962 (c) について**

そして、起訴状で用いられた Section 1962（c）は、

> It shall be unlawful for any person employed by or associated with any enterprise engaged in, or the activities of which affect, interstate or foreign commerce to conduct or participate, directly or indirectly, in the conduct of such enterprise's affairs through a pattern of racketeering activity or collection of unlawful debt.

と規定されており、州をまたぐ取引若しくは国外取引に従事し又はその活動がこれに影響を及ぼす企業体組織に雇用され、若しくは加入する者が、不正取引活動の定型、又は違法な債権の回収を通じて、当該企業体組織の業務を遂行し、あるいは、直接又は間接に、その業務遂行に関与することは違法であるとしている。

そして、ここでいう racketeering activity ついては、Section 1961 (1) において定義規定が設けられており、

> "racketeering activity"means (A) any act or threat involving murder, kidnapping, gambling, arson, robbery, bribery extortion, dealing in obscene matter, or dealing in a controlled substance or listed chemical (as defined in section 102 of the Controlled Substances Act), which is chargeable under State Law and punishable by imprisonment for more than one year, (B) any act which is indictable under any of the following provisions of title 18, United States Code: Section 201 (relating to bribery), section 224 (relating to sports bribery), (後略)

と規定されているところ、(A) では、州法に基づき訴追可能で、かつ、1

---

(2) 佐伯仁志「アメリカ合衆国 RICO 法について（上）」商事法務1221号（1990年）13頁。

年以上の自由刑により処罰可能な行為又は脅迫で、殺人、誘拐、賭博、放火、強盗、贈収賄、恐喝、わいせつ物の取引又は麻薬その他の危険な薬物の取引に関わるものを規定し、(B) では、連邦法典18編中の以下の規定に基づき正式起訴が可能な行為として、贈収賄に関する201条、スポーツの贈収賄に関する224条などが掲げられている。

(4) 処罰の対象

それら条文に基づいて、上記4、5で記載された行為について処罰を求めているものである。そして、上述したように、組織体に雇われている者らがracketeering activity に及んだ場合には、それを違法であるとしており、ここで汚職による不正行為があるので、これをもって racketeering activity に該当し、それについて共謀したことが犯罪行為とされているものと思われる。

結局のところ、収賄する行為などが含まれるものである以上、それを共謀した被告人らの行為は、Racketeering Conspiracy に該当するものと考えられよう。

実際にそれらの行為について有罪判決が下されてきており、本件起訴状で処罰対象とされた行為を立証できるに足る証拠があり、法的適用においても問題はないとされているのである。

第3 本件における国際法上の問題

1 犯行場所について

上記第2の6(1)で述べたように、本件の起訴は、「ニューヨーク西部及びその他の地域において」なされた被告人らの犯行について、Title 18, United States Code, Section 1962 (c) に違反する共謀行為であるとして訴追されていることから、その犯行はあくまで米国内でなされたものと認定されているものである。

したがって、外形的事実行為となる犯行場所は、世界中の各国にわたっていても、共謀関係等が米国内でなされており、また、その資金移動が米国内の銀行を経由している以上、それは国内犯罪であって、国外犯の問題ではな

い。

そのため、本件では、国際法上の問題としては、国内で犯罪に及んだ者が、外国に存在するということで生じる逃亡犯罪人引渡しである。

2 被告人らの引渡状況

具体的には、上述したように、FIFA関係者のうち副会長であるジェフリー・ウェブ及びエウヘニオ・フィゲレドら7名をスイス司法当局が逮捕した。そこで、スイスから米国へのそれら被告人の身柄の引渡しが問題となる。報道によれば、以下の事実関係が認められる。

(1) ジェフリー・ウェブについて

マスコミ報道によると、ジェフリー。ウェブは、スイスで逮捕された他の6名と異なり、彼だけは米国の身柄引渡しに反対しなかったため、速やかにその手続がなされ、2015年（平成27年）7月には米国に移送された。そして、1,000万ドル（約11億円）で保釈された後、同月19日の公判において、無罪であるとの主張をした。

しかしながら、同年12月の公判においては、その主張を変更し、有罪を認めた。その中には、6,700万ドル（約7億4,000万円）の没収に同意することも含まれていた。もっとも、同人に対する没収金額は4,000万ドル（約44億円）を超えるものと見込まれている。

その後、ジェフリー。ウェブに対しては、2016年（平成28年）5月5日、有罪判決が下されている（ロイター通信等）。

(2) ジャック・ワーナーについて

ジャック・ワーナーについては、平成27年（2015年）5月27日、自国であるトリニダード・トバゴで出頭し、逮捕された。この場合、トリニダード・トバゴは、自国民であるジャック・ワーナーを米国に引き渡すことができるのか問題となろう。なお、同人については、未だ身柄引渡しを自国で争っており、平成29年8月現在も審理中である。

(3) アレハンドロ・ブルサコについて

また、アレハンドロ・ブルサコらアルゼンチンのスポーツ関連代理店幹部3名に対して、平成27年（2015年）5月28日、アルゼンチンの裁判所は、米

国からの引渡要請に対応して、逮捕状を発したと報道されている。ちなみに、アレハンドロ・ブルサコは、イタリアで身柄拘束がされ、米国に移送された。

(4)　ニコラス・レオスについて

さらに、平成27年（2015年）5月28日、パラグアイ政府は、ニコラス・レオスの身柄を米国に引き渡すかどうか検討していると報道された。ただ、2015年（平成27年）12月15日、パラグアイの高裁が引渡しを拒否していた同人の申立てを却下して、引渡しを認めた原審を是認したとの報道がなされている。

3　米国との間の引渡条約の締結状況

米国は、条約前置主義を採用しているため、上記の各被告人が外国にいた場合、当該国や地域等との間で逃亡犯罪人引渡し条約を結んでいるかどうかが問題となる。

米国では、現在、アルバニアから始まってジンバブエまで合計109か国との間で逃亡犯罪人引渡条約を締結している[3]。したがって、上記の起訴状に登場する国々とも引渡条約を締結しているので、引渡自体は可能であろうと思われる。

4　我が国における引渡しの可否（その1）

では、それら被告人が、もし我が国に逃亡してきたとしたら、我が国は米国に対して、当該被告人を引き渡す義務があるのであろうか。

これまでに述べたように、米国との間には、日米犯罪人引渡条約が存するため、これによることとなるから、その規定に該当する者であれば、引き渡す義務があることになる。

そして、その場合、引き渡す被告人に対する罪名が、電子詐欺やその共謀罪、マネー・ローンダリングやその共謀罪であれば、我が国においても、同様に、電子装置を用いた詐欺罪やマネー・ローンダリング罪が存在し、法定

（3）　米国司法省ウェブサイト「Extradition Treaties」の項による。

刑も1年を超える懲役刑が定められていることから、当該被告人を引渡すことに特段の法的な問題はないと思われる。

5 我が国における引渡しの可否（その2）

しかしながら、問題となるのは、当該被告人に対する罪名がRacketeering Conspiracy であって、その実質的な内容となる犯罪が収賄である場合である。

そもそも我が国においては、刑法上の収賄罪は、その主体については公務員に限定されている。ただ、特別法においては、公務員でなくとも、収賄の主体とされるものは色々とあるので（例えば、会社法967条1項の株式会社の取締役等の収賄罪など）、そこで、本件の被告人らが公務員であるかどうかを含めて、収賄の主体たりえるのか検討しなければならないこととなる。

この点を検討するに当たっては、まず、FIFA がどのような団体であるのかを明らかにする必要があるが、上述したように、FIFA は公的な団体ではなく、あくまで民間のサッカー競技会を主催する団体でしかない。そうであるなら、公務員として収賄の主体となるものではないことになる。

しかしながら、我が国においても公務員以外でも収賄の主体となり得る場合はあるし、諸外国では、private sector での汚職も公務員による汚職と同様に問題としている法制度は少なくないものと思われる。それゆえ、FIFAが民間の団体であるからといって、直ちに、それが収賄罪の成立を否定することにはならないし、上記の起訴状に照らせば、米国法下では、その主体となり得ると考えられたものと思われる。

では、我が国の法制度に照らして、FIFA の役員が収賄罪の主体となることはあり得るのであろうか。すなわち、仮に、我が国のサッカー関係者がFIFA の役員に対し、日本にワールドカップを招致したいという趣旨で、現金1億円を供与したとすると、収受した側と供与した側のそれぞれについて、何らかの犯罪が成立するのであろうか。

この場合、FIFA の役員は日本の公務員ではないことから、刑法上の収賄罪は成立する余地はないが、特別法の定めによっても収賄罪が成立する場合は存しない。したがって、賄賂を収受したFIFA の役員は、日本の法律上

は不可罰である。

　また、賄賂を供与した日本国民についても、FIFAの役員がこれまでに説明した外国公務員に対する贈賄罪の「外国公務員等」には当たらないことから、結局、贈賄した側についても犯罪は成立しない。

　そうであるなら、FIFAの役員の贈収賄に関しては、我が国では犯罪が成立する余地はない。

6　我が国における引渡しの可否（その3）

　そのように我が国で犯罪とならない場合、当該逃亡犯罪人引渡しについてはどのように取り扱うべきであるのか。

　この点、日米犯罪人引渡条約では、1条において、「各締約国は、第2条1に規定する犯罪について訴追し、審判し、又は刑罰を執行するために他方の締約国からその引渡しを求められた者であってその領域において発見されたものを、この条約の規定に従い当該他方の締約国に引き渡すことを約束する。」と規定し、「第2条1に規定する犯罪」は、「引渡しは、この条約の規定に従い、（中略）日本国の法令及び合衆国の連邦法令により死刑又は無期若しくは長期1年を超える拘禁刑に処することとされているものについて行われる。」とされている以上、当該犯罪は最低でも長期1年を超える拘禁刑に該当するものでなければならず、そうであるなら、そもそも我が国の法令によれば犯罪とならないものは、この規定上、当然に対象にはならないことになる。

　では、そのような場合、米国に身柄を引渡す余地は全くないのであろうか。この場合、当該収賄に係る犯罪行為について、その社会的事実全体を捉えて我が国において更に別の犯罪を構成する余地がないかどうかも併せて検討する必要があろう。

　この点について、逃亡犯罪人引渡しの問題における双罰性のところで紹介した東京高決平成元・3・30や、東京高決昭和59・3・6などのように、引渡請求の犯罪事実とされたものだけにこだわるのではなく、当該被告人の行為の法的意味を検討して、それぞれ薬物密輸の幇助犯が成立する、若しくは、横領罪が成立するとしたように、このFIFAの事案においても、より多面

的に捉える必要がある。

　そのような観点から見るに、例えば、ジャック・ワーナーについては、2010年（平成22年）ワールドカップ開催国選定に関して収賄した資金の原資は、結局のところ、FIFAから南アフリカにワールドカップ開催のための援助として送られるはずの資金を使って、FIFAからCFUに1000万ドルが送られたものであり、これをジャック・ワーナーが収受したのであるから、それはFIFAの資金を不正に着服したとの法的構成も考えられるのであり、証拠関係がこれに伴うのであれば、我が国の法制度下においても業務上横領等に問える可能性もあるであろう。

　そうであれば、そのような法的構成の下、双罰性を満たすものとして、米国への引渡しも可能であると考えられる。

第4　この章のおわりに

　国際社会において生起する様々な事件には、検討を要する国際法上の問題が含まれている場合もしばしばである。

　そのような観点から見ても、この国際サッカー連盟の汚職事件は、検討すべき多くの題材を提供してくれたものといえよう[4]。

（4）　上記起訴状の後にも、2015年（平成27年）12月にも、FIFAの副会長2名を含むFIFA関係者16名を起訴するなどしている。

第11章

アラビア海におけるソマリア沖海賊によるグアナバラ号襲撃事件に関する国際法上及び国内法上の諸問題

第1 はじめに

　平成23年（2011年）3月5日午後10時12分頃（現地時間2011年3月5日午後5時12分頃）、バハマ船籍のオイルタンカーであるグアナバラ号は、北緯16度00分、東経62度51分付近のアラビア海の公海上を航行していた。そこへ自動小銃を発射しながら小型ボートが近づき、同ボートがグアナバラ号に接着するや、その乗組員は同船に乗り移った。グアナバラ号が海賊の襲撃を受けた瞬間であった。

　この事件の犯人であるソマリア人海賊が日本で裁判を受けるに当たり、様々な国際法上、国内法上の問題や、捜査上、公判上の問題などがあった。にもかかわらず、遠く離れた日本で裁判をすることの意味があるのか、また、そのために費やされた多大の労力や費用の負担についてどのように考えるべきかなど、色々な疑問を呈する意見も存すると思われるので、それらの一連の問題につき、ここで広く検討することとしたい。

　そこで、本章では、このグアナバラ号が襲撃された時点を中心に、その頃までのソマリア沖海賊の状況や、海賊に対処するための条約の状況、更には、ソマリア沖海賊対策のための国連安全保障理事会（以下「安保理」とい

う。）決議（Security Council Resolutions）の状況などについて順次説明し、その上で、我が国の取組やグアナバラ号襲撃事件の捜査や公判上の問題点やその対応などについて解説することとしたい。

第2　アラビア海等における海賊事件に関する背景事情

　ソマリア連邦共和国（以下「ソマリア」という。）は、アフリカ大陸の東部に位置し、その領土が角の形をしていることから、「アフリカの角」と呼ばれている。ソマリアは、インド洋北西部の海域であるアラビア海及びアデン湾に面している。

　ソマリアでは、1991年（平成3年）に当時の政権が崩壊し、全土を実効的に支配する政府が存在しない状態に陥り、長く内戦が続き、政情不安定な状態にあった。具体的には、1991年（平成3年）に独立宣言したソマリランド共和国が北西部を支配し、1998年（平成10年）に独立宣言をしたプントランド自治政府が北東部を支配し、2005年（平成17年）に発足した暫定連邦政府（Transitional Federal Government、以下「TFG」という。）が南部の一部を実効的に支配するという状況下にあった。

　その後、2011年（平成23年）11月には、統一政府が樹立されたが、国家として十分な統治能力を備えているとは言い難く、このような長年の紛争状態の継続による不安定な情勢がソマリア沖のアラビア海で発生している海賊（以下「ソマリア沖海賊」という。）の温床となっている。

　特に、大規模な海賊集団の拠点は、主にプントランドにあると考えられており、この地での政治情勢の劣悪さが海賊の発生に係る一因になっていると言われている。

　すなわち、2000年（平成12年）頃、同地域においては、密漁船対策として、英国の民間軍事会社によって訓練されたコースト・ガードが、同地域において密漁を敢行する外国のトロール船を捕らえ、罰金を徴収する権限を与えられ、ここで徴収した罰金がプントランド自治政府の重要な財源となっていた。しかしながら、その後、同政府と前記英国の軍事会社とは、この罰金を巡る契約内容等で対立し、2002年（平成14年）に同会社が撤退したこと

で、前記コースト・ガードは失業することとなった。そのため、失業したコースト・ガードの多くが海賊に転身し、海賊の組織化が進んだと分析されている[1]。

特に、プントランドでは、その沿岸地域は海賊行為に適した地理環境であり、自治政府のガバナンス能力が低下し、腐敗した一部の自治政府高官や治安当局の関係者は海賊集団と癒着し、司法制度は十分に機能していない。また海賊活動によって得られる多額の報酬は地元経済へ還元されており、地元民は海賊に寛容であるなどの事情から、同地域において海賊ビジネスが繁栄するのであると説明されている[2]。

それらの要因もあって海賊が次第に先鋭化、悪質化、組織化したが、実際にも、ソマリア沖海賊は、大規模な貨物船やタンカー等を相手として襲撃できる能力を持ち、純粋な身代金ビジネスとして行われてきた。

そのような実態に照らしても、このソマリア沖海賊の発生の起源について、密漁や有害物質の不法投棄からの防衛からなされたものであるとか、貧困のためにやむなく海賊行為に及んだものであるという皮相的な見方をするのは誤りであると言わざるを得ない。

前者の見解は、1980年（昭和55年）代後半から政情が不安定になり、中央政府は外国の大型トロール漁船による密漁や、有害物質の不法投棄を取り締まることができなくなった。そのため、沿岸地域に住む漁民は漁業によって生計を立てることができなくなり、沿岸地域の住民は有害物質の投棄が原因と思われる病気を発症することが多くなった。それに怒った漁民達が自警団（Self-declared Somali Volunteer National Coast Guard）を結成し、不法投棄や密漁を取り締まり、罰金を徴収していたところ、それが次第にビジネス化し身代金を取るようになったものであって、そもそもの起源は他からの侵害によるものであるとの見解である[3]。

（1） 杉木明子「『国家建設』モデル再考序論──ソマリア沖海賊問題と『ソマリア国家』の事例から──」國際法外交雑誌110巻1号（2011年）93頁。
（2） 杉木・前掲注(1)94頁。
（3） Peter Lehr and Hendrick Lehmann "Somalia-Pirate' New Paradise" in Violence at Sea: Piracy in the Age of Global Terrorism pp.12-15.

たしかに、罰金を徴収していたことが身代金ビジネスに転化していったという点においては正しいものはあるが、そもそもソマリア沖での密漁は、集団的な海賊行為が始まったとされる1991年（平成3年）ころより以前から行われていた上、ソマリア沖で襲撃されているのは密漁していた大型トロール船ではなく、イエメンや公海へ向けて移動していた貨物船であることから、そのような観点からではソマリア沖海賊の起源を説明することはできない[4]。

　また、貧困からやむなく海賊行為の及んだという見解も誤りであることは明らかである。というのは、プントランド自体、ソマリアの他の地域より経済的に豊かであるし、ソマリアの貧困状況の変化があまりないのに対し、海賊発生件数は大幅に変化しているからである[5]。

第3　アラビア海等における海賊の実態及び被害状況

　この海賊の多くは、先にも述べた民間の軍事会社で訓練を受けた者や、元兵士、元漁民らで、AK47などの自動小銃等で武装した上、GPS等のハイテク機器を駆使し、ソマリア沖のアラビア海域やアデン湾を航行するタンカーや貨物輸送船等の商船を発見して、高速の小型船舶で近づき、自動小銃を発射しながら威嚇してそれら船舶に乗り込み、金品の略奪や船長らを人質にしてその身代金を要求するなどの海賊行為に及んでいる。

　このソマリア沖、アデン湾、紅海は、欧州とアジアを結ぶ重要航路であり、年間1万6,000隻から2万隻の船舶がソマリア周辺海域を通過し、全世界の約12％の石油積荷が運ばれている。したがって、この海域での航行の安全は、国際社会の共通利益ということができるものである。また、日本関係船舶も年間約2,000隻以上が同海域を航行しており、日本にとっては石油と液化天然ガス等の輸送路が海賊によって脅威にさらされていることになる[6]。

（4）　杉木・前掲注(1)91頁。
（5）　杉木・前掲注(1)92頁。なお、1991年（平成3年）以降に見られる海賊行為に関与する集団は、反政府活動とも無関係であると言われている（同89頁）。
（6）　平成21年6月18日参議院外交防衛委員会における国土交通大臣政務官の答弁によると、「お尋ねのコンテナ船でありますが、東京からロッテルダムに行く場合、喜望峰回りでは約6,500キロ迂回するため、時間にして6日間長く掛かり、燃料を含む

この海域での海賊事件の発生件数は、国際商業会議所国際海事局（International Maritime Bureau（IMB））の報告書によれば、2007年（平成19年）は44件であったところ、2008年（平成20年）は111件に急増し、2009年（平成21年）は218件、2010年（平成22年）は219件、2011年（平成23年）には237件に上っていた[7]。

　その中で日本が関わるものとしていくつか例を挙げると、2008年（平成20年）4月21日、アデン湾において、日本船籍の原油タンカー「高山」が海賊に襲撃されてロケット弾による被弾を受け、また、同年11月15日、アデン湾において、邦船社管理のケミカルタンカー「ケムスター・ビーナス」号が乗っ取られる被害に遭ったほか、2010年（平成22年）4月25日、アラビア海東部において、邦船社運航のタンカー「イスズガワ」号が船体に被弾し、さらに、2010年（平成22年）12月13日には、アデン湾において、邦船社運航のケミカルタンカー「オリエンタル・ローズ」号が船体に被弾し、乗員2名が軽傷を負うという被害などが発生していた。

　2013年（平成25年）11月4日、国連薬物犯罪事務所（UNODC）が、国際刑事警察機構（INTERPOL）や世界銀行（World Bank）の協力を得て作成、発表したレポート「海賊の軌跡」（Pirate Trails）によれば、次のような実態が

　　　費用は1隻当たり2,000万円から3,000万円、最大で3,400万円も多く掛かるというのが、船主協会の試算であります。これが油タンカーでは10日も日数が長く掛かります。それに、例えば、日本の船が紅海や地中海の港に行こうとしたら、喜望峰、ジブラルタルを回って地中海を逆戻りするということはおよそ考えにくいことであります。
　　　先ほどから申し上げておりますとおり、アデン湾を通る日本関係船舶は年間約2,000隻、その貿易総額は約14兆円、自動車だけで150万台運んでおりまして、海賊によってこのアデン湾の海上交通が途絶えることになれば、国際競争力の低下、あるいは物価の上昇、国民生活や国民経済の受ける被害は甚大なものになると思っております。」と述べられている。
(7)　外務省ウェブサイト「ソマリア沖・アデン湾の海賊等事案の現状と取組」、なお、2012年は75件と約3分の1に減少しているが、これは商船側の海賊被害防止等のための自衛措置の実施、武装警備員の乗船、自衛隊を含む各国海軍による海賊対処活動等の成果によるものと考えられている。ちなみに、2013年（平成25年）のソマリア沖・アデン湾での海賊等事案の発生件数は11件となっている。また、2014年（平成26年）1月20日には、EUの海軍部隊と日本の海上自衛隊が連携して5人のソマリア人海賊を拘束したことが報道されている。

明らかにされている(8)。

　ソマリア沖海賊は、2005年（平成17年）から2012年（平成24年）までの間に、3億3,900万ドル（約339億円）から4億1,300万ドル（約413億円）の身代金を獲得していたことが判明している。

　このような海賊行為においては、その中心に出資者（financiers）がおり、この者が海賊ビジネスの投資者であり、受益者であり、重要人物（The Money Kingpins）となっている。身代金が得られた際には、平均してその30％から50％がこの出資者に渡る。そして、実際に、船に乗って海賊行為に及んだ者らに対しては、一隻当たり3万ドルから7万5,000ドルの報酬が支払われるが、それは得られた身代金全体から見れば1～2.5％程度のものである。

　このようにして得られた犯罪収益は、犯罪活動に再利用されており、更なる海賊行為のための資金や、人身売買、銃器売買、軍事活動資金、khatと呼ばれる違法薬物取引等にも使われている。

　そして、このような海賊行為による世界経済への悪影響は大きく、年間の被害額は1兆8,000億円（＄18billion）とも言われている。つまり、その海賊行為により、アフリカの角付近の海上交通の減少や観光客の減少をもたらし、テロ活動にかかわることを恐れて金融機関が送金業務を取りやめるなどの弊害も生まれているからである。

（8）　「'Pirate Trail' Tracks Dirty Money Resulting From Piracy off the Horn of Africa」UNODC及びWorld Bankのホームページ。なお、身代金の相場については、本件ソマリア沖海賊事件の公判における商船会社管理職社員の証言によれば、当初は、500万ドル（約4億円）ほどであったものが、2010年（平成22年）ころには、950万ドル（約7億6,000万円）となり、2011年（平成23年）ころには、1,000万ドル以上請求されたものが3件あり、中には1,350万ドル（約11億円）というものもあったとのことである。

第4　海賊事件に対する国際社会の取組み

1　海洋法に関する国際連合条約（the United Nations Convention of the Law of the Sea、以下「国連海洋法条約」という。）の締結及び発効

(1)　海賊行為取締り等に関する管轄権について

　ア　第3で述べたのはアラビア海等における海賊事件の被害状況であるが、世界全体でみると、2008年は293件、2009年は410件、2010年は445件、2011年は439件となっており、その対策は国際社会全体の喫緊の課題となっていた[9]。

　そもそも、公海上の船舶等に対する犯罪に対しては、旗国主義、つまり、公海上にある船舶等は、その旗国の管轄に属するという国際法上の原則が採られているところ[10]、この原則に従えば、ある国の旗を掲げて航行している船舶に対しては、当該国しか裁判権等の権力行使ができないということになる。では、海賊の船舶がソマリアの国旗を掲げていた場合、ソマリア国家しか当該船舶に対する警察権や裁判権を行使し得ないということになるのであろうか。

　イ　しかしながら、海賊行為という犯罪は古くから存在しており、その対

---

(9)　その後、前述したように、海上警備の強化によって、海賊の出没は沈静化し、その被害発生も激減していた。しかしながら、2017年（平成29年）3月以降、再び、海賊よる商船の襲撃が相次いでいる。同月14日、スリランカ人船員が乗ったタンカーが武装集団に乗っ取られる事件が発生した。また、同年4月上旬にも、インド人船員が乗った商船が乗っ取られるなど、その1か月間に少なくとも5件の被害が報告されており（2017年5月23日付けエコノミスト68頁）、2017年（平成29年）上半期の合計では7件の被害が発生し、乗っ取られた船舶数は3隻となっている（外務省ウェブサイト・前掲注(7)。）

(10)　瀬田真「海賊行為に対する普遍的管轄権の位置付け──管轄権の理論的根拠に関する再検討──」早稲田法学会誌63巻2号（2013年）123頁によれば、旗国主義原則による管轄権の理論的根拠としては、船舶の中にいる人や物を含む空間としての船舶の性質を重視し、属地主義を類推する考え方と、船舶そのものに対する管轄権として説明される属人主義を類推する考え方があるとされるが、今日では、属人主義を類推する考え方のほうが有力であるとのことである。

策は、旗国主義の例外をどのように扱うかなどとも関連して、国際法上、重要なテーマの一つとして考えられてきた。

　そのため、1932年（昭和7年）に、ハーバードロースクールの研究チームが作成し公表した海賊に関する条約草案（以下「ハーバード草案」という。）においては、その2条において、

　　いずれの国も海賊を防止し、人を逮捕し処罰し、かつ海賊を理由に財産を押収し処分する管轄権を有する。

などと規定しており、海賊に対しては、どの国もその処罰等を行い得るという普遍的管轄権を規定していた。

　そして、その考え方は、1958年（昭和33年）の公海条約に引き継がれ、さらに、1982年（昭和57年）4月30日に採択された国連海洋法条約にも引き継がれている（同条約の発効は、1994年（平成6年）11月16日。我が国は、1996年（平成8年）6月に批准し、同年7月20日発効。ただ、米国はこの条約を締結していない。）。

　ウ　具体的には、同条約105条において、「海賊船舶又は海賊航空機の拿捕」と表題を設け、

　　いずれの国も、公海その他いずれの国の管轄権にも服さない場所において、海賊船舶、海賊航空機又は海賊行為によって奪取され、かつ、海賊の支配下にある船舶又は航空機を拿捕し及び当該船舶又は航空機内の人を逮捕し又は財産を押収することができる。拿捕を行った国の裁判所は、科すべき刑罰を決定することができるものとし、また、善意の第三者の権利を尊重することを条件として、当該船舶、航空機又は財産についてとるべき措置を決定することができる。

としている。

　この規定により、海賊に対しては、どの国においても、公海等にある海賊の船舶等を拿捕し、その船内等の人を逮捕し、財産を押収することができることが明らかにされている[11]。歴史的には、海賊は、「人類の共通の敵」と

---

(11)　この点は、同条約109条の規定の仕方と比較すると明らかである。同条では、「海賊放送」と呼ばれる「公海からの許可を得ていない放送」に関して、同条3項で、刑事裁判権を行使できる国について、

表現され、その抑止のために、すべての国家が管轄権をもって海賊に対処することとしてきたことにその由来が認められる。

もっとも、この普遍的管轄権を認める理論的根拠については、国際法上、様々な議論がなされてきた。支配的な見解としては、海賊が諸国の共通利益である国際交易に脅威をもたらす通商破壊者であること、海上には国家権力の規制が及びにくいこと、さらに、海賊がいずれの国家の規制にも服さない「海の無法者」(outlaw) であり、それゆえいずれの国もこれを保護する利益を持たないから、公海上で海賊に遭遇したいずれかの国の艦船がこれに介入して実力で制圧しても、そのことから国家間で紛争が生じないからであり、したがって、海賊が人類共通の敵だから普遍主義を認めるというよりは、むしろ普遍主義を認めても紛争が発生しないからこそ、普遍主義が認められるなどと説明されている[12]。

また、公海上で完結する海賊行為の場合には、その場で捕らえることが必要であり、捕らえた国家が裁判を行うことで、実務上処罰の効率性が高まる。こうした配慮からも普遍的管轄権が認められたとされている[13]。

エ　ただ、普遍的管轄権が認められるといっても、それは、その行使は権利にとどまり義務ではないことから、不処罰の危険性をどのように回避するかなどの問題が存していた。つまり、いくら普遍的管轄権が存するといっても、当該海賊について裁判をするための国内法の整備がされていなければ、

　　　許可を得ていない放送を行う者については、次の国の裁判所に訴追することができる。
　　(a)　船舶の旗国
　　(b)　施設の登録国
　　(c)　当該者が国民である国
　　(d)　放送を受信することができる国
　　(e)　許可を得ている無線通信が妨害される国
　としているように、原因行為との間の実質的かつ密接な関係を有する国に限定していることからみても、同条約105条において、普遍的管轄権が認められていることは明白である。

(12)　坂元茂樹「普遍的管轄権の陥穽――ソマリア沖海賊の処罰をめぐって――」松田竹男＝田中則夫＝薬師寺公夫＝坂元茂樹編集代表『現代国際法の思想と構造Ⅱ――環境、海洋、刑事、紛争、展望』(2012年、東信堂) 172頁。
(13)　瀬田・前掲注(9)139頁。

裁判権を行使することはあり得ないこととなろうし、実際問題として、海賊を起訴する国が自らの費用で全ての国に共通な問題を処理し、国際社会に利益を与えることを望むとは考えにくいという問題があるからである[14]。

そして、これと同様の問題は、最近の国際テロ行為についても生じ得る。そのため、国際テロ行為に関する多くの条約では、不処罰を避けるために、締約国に対し、処罰のために一定の実効的措置を講ずることを義務付けている。具体的には、自国において訴追するか、そうでなければこれを訴追する他国に引き渡さなければならないとする義務（引き渡すか訴追するかの義務）が課せられている。例えば、航空機の不法な奪取の防止に関する条約では、7条において、

> 犯罪行為の容疑者が領域内で発見された締約国は、その容疑者を引き渡さない場合には、その犯罪行為が自国の領域内で行なわれたものであるかどうかを問わず、いかなる例外もなしに、訴追のため自国の権限のある当局に事件を付託する義務を負う。その当局は、自国の法令に規定する通常の重大な犯罪の場合と同様の方法で決定を行なう。

としているように、条約上、引き渡すか自ら訴追するかの義務が課せられて不処罰の事態が生じることを回避している。

これに対し、国連海洋法条約においてはそのような定めはなく、むしろ先

---

[14] 1998年（平成10年）から2009年（平成21年）までの12年間に、国際水域（公海及び排他的経済水域）で1,158件の海賊事例が通報されたが、普遍的管轄権に基づいて起訴された事例は、わずか17件に過ぎず、全体の1.5％以下というありさまである。また、ソマリア沖海賊の取締りの現状をみると、海賊は、軍艦等に発見された場合、はしごや武器等を海中に投棄するため、臨検を受けても証拠不十分により、その場で釈放される事例が多い。また、武器等を所持していた場合でも、引渡先がなく、武器等を押収した上で、多くの場合釈放することになる。実際、2008年（平成20年）9月、デンマーク海軍はソマリア沖で10名の海賊の身柄を拘束したが、デンマークの国内法では対処できないとして、武器を没収した後、解放している（坂元・前掲注[11]174～175頁）。

また、英国海軍は、2009年（平成21年）に逮捕した66名の海賊の被疑者のうち、ただの一人も国内で訴追していない。むしろ逆に、海賊に食料、水、燃料まで与えて解放しており、公海上での法執行が適正になされていないと批判されている（小中さつき「海賊行為抑止のための国際法の発展の可能性」早稲田法学87巻3号〈2012年〉365頁）。

の105条の規定の仕方からみる限り、拿捕と裁判が直結しており、拿捕国に専属的に裁判権が発生し、拿捕国以外は裁判権を行使し得ないのではないかとも読めないことはない。しかしながら、同条文の解釈として、「拿捕を行った国の裁判所」が訴追、処罰をする権限があることは当然にしても、拿捕国以外の国が海賊を訴追する権限が条文上明確に排除されているとまではいえないであろうし[15]、警察権や裁判管轄権の行使が義務ではなく、権能であるならば、拿捕国以外が裁判管轄権を行使することも許容されていると解釈することは可能であろうと考えられる[16]。さらに、同条約100条では、「海賊行為の抑止のための協力の義務」として、

　　すべての国は、最大限に可能な範囲で、公海その他いずれの国の管轄権にも服さない場所における海賊行為の抑止に協力する。

とされていることを併せて考えると、拿捕国以外の国も可能であれば積極的に海賊行為抑止のために裁判権を行使することが、抑止協力義務の一環として要請されていると解釈することも可能であろう。したがって、当該海賊を他国に引き渡して訴追、裁判等の手続を採ることも同条約上認められているものと考えるべきである。

　このように国際社会としては、拿捕した国自らが当該海賊を処罰しないのであれば、せめて訴追、裁判等を行う他国への引渡しを行い、不処罰の事態の発生を回避することが求められている。

(2) **海賊行為（Piracy）の定義について**

　ア　そのように海賊行為を取締り、訴追し、裁判を行うに当たり、普遍的管轄権が認められるにしても、どのような行為を対象にすべきかについては様々な議論があった。

　古くは、海賊行為の定義として、「公海上での強盗罪（sea robbery）」と解され、窃盗の意思をもって不特定の国の商船を無差別に攻撃する行為と限定的に捉えられた。しかし、船上の人員の殺害や貨物の破壊などに及ぶ場合もあることから、それらをも包含するものとして、現在では、窃盗の意思の有

---

[15]　坂元・前掲注(11)177頁。
[16]　小中・前掲注(13)355頁。

無を問わずに、広く公海における暴力行為又は船舶の運航の支配、奪取が海賊行為の本質とみられるようになった[17]。

そのように拡大して考えられるようになったとはいえ、どこまでの行為を海賊行為として捉えるかには問題があり、具体的には、当該海賊行為の目的に、政治目的による場合を含めるか否か、また、同一船舶内での暴力行為を海賊行為に含めるか否かなど、色々な論点が存した。しかしながら、条約として各国が締結できるものとするため、国連海洋法条約では、非常に限定されたものにせざるを得ず、各国が認める海賊行為の定義から最小公倍数的なものを導き出すしかなかったという事情が認められる[18]。

そして、そのような議論を経て、国連海洋法条約101条は、「海賊行為の定義」として、

> 海賊行為とは、次の行為をいう。
> (a) 私有の船舶又は航空機の乗組員又は旅客が私的目的のために行うすべての不法な暴力行為、抑留又は略奪行為であって次のものに対して行われるもの
>   i 公海における他の船舶若しくは航空機又はこれらの内にある人若しくは財産
>   ii いずれの国の管轄権にも服さない場所にある船舶、航空機、人又は財産
> (b) いずれかの船舶又は航空機を海賊船舶又は海賊航空機[19]とする事実を知って当該船舶又は航空機の運航に自発的に参加するすべての行為

---

[17] 森川幸一「海上暴力行為」『海上保安法制——海洋法と国内法の交錯』（2009年、三省堂）295頁。
[18] 小中・前掲注(13)353頁。
[19] 海賊船舶及び海賊航空機の定義については、同条約103条において、
> 船舶又は航空機であって、これを実効的に支配している者が第101条に規定するいずれかの行為を行うために使用することを意図しているものについては、海賊船舶又は海賊航空機とする。当該いずれかの行為を行うために使用された船舶又は航空機であって、当該行為につき有罪とされる者により引き続き支配されているものについても、同様とする。

と規定されている。

(c)　(a)又は(b)に規定する行為を扇動し又は故意に助長するすべての行為

と規定した。つまり、同条約上、海賊行為と認められるためには、①その主体として、私有の船舶又は航空機の乗務員又は旅客であること、②行為の発生地が、「公海」もしくは「いずれの国の管轄にも属さない場所」であること、③目的が私的目的であること、④攻撃の対象が「他の船舶若しくは航空機又はこれらの内にある人若しくは財産」に対するものであること、⑤その行為態様が、不法な暴力行為、抑留又は略奪行為であることが要件となり、さらに、⑥海賊行為に自発的に参加する行為、海賊行為を扇動、助長する行為も同様に海賊行為と見なされるとされている。

　イ　それらの要件について、若干の検討を加える。

　まず、①の主体に関する要件に関しては、「私有」の船舶等であることが必要であり、そこに乗務員又は旅客として乗り組んでいる者でなければならない。つまり、軍艦及び各国政府が所有し又は運航する船舶に乗り組んでいる者らは、その対象とはならない。しかしながら、同条約102条は、「乗組員が反乱を起こした軍艦又は政府の船舶若しくは航空機による海賊行為」に関して、

　　　前条に規定する海賊行為であって、乗組員が反乱を起こして支配している軍艦又は政府の船舶若しくは航空機が行うものは、私有の船舶又は航空機が行う行為とみなされる。

としていることから、ある国家の政府の船舶等であっても、反乱等により乗っ取られた場合には、既に当該国家政府の支配下にはないことから、「私有」の船舶等であると認められることとしている。

　次に、②の場所的要件については、先に普遍的管轄権に関して述べたところではあるが、海賊行為は、公海や無主地の島など、いずれの国にも属さない場所で行われなければならない。この点、ハーバード草案では、沿岸国が禁止しないのであれば、自国領域内若しくはいずれの管轄権にも服さない場所において海賊船の追跡が開始された時には、沿岸国の領域内まで追跡を継続することができ、また拿捕も可能であると規定していた。これは、領海に逃げ込むことで追跡から免れようとすることを防止する一方で、沿岸国の主

権を尊重した規定となっていたが、国連海洋法条約では、そのような規定はなく、これは、領域主権と追跡権が衝突することを避けるため、実際的かつ政治的な対応をしているものと評されている[20]。

それゆえ、沿岸国の管轄権が及ぶ領海内で行われる同様の行為は、海賊行為に該当せず、船舶に対する武装強盗（armed robbery against ships）と呼ばれて区別されている[21]。

次に、③の目的については、ハーバード草案が作成される過程では、承認された反乱団体によるものでなければ、政治的目的をもって船舶を攻撃するために船舶を利用することも海賊行為に当たるのではないかとの議論があったようであるが、最終的には同草案においても政治的目的は除外され、国連海洋法条約においても同様にそれは除外されている。反乱などの政治的活動に関わるものであれば、それは、直接の被害国での管轄権行使で十分に対応でき、普遍的管轄権を認めて他国の介入をもたらす必要はないと考えられたからである[22]。

---

(20) 小中・前掲注(13)354頁。
(21) この「船舶に対する武装強盗」については、国連海洋法条約を始めとする国際法にも明確な定義はないが、それは、この武装強盗の発生場所が各国の領海内であり、各国個別の刑事法に基づく犯罪化で足りたからである。ただ、国連の専門機関の一つである国際海事機関（International Maritime Organization（IMO））における2001年（平成13年）11月29日決議（A. 922 Code of Practice for the Investigation of the Crimes of Piracy and Armed Robbery against Ships）によれば、「船舶に対する武装強盗」とは、船舶又はこれらの内にある人若しくは財産に対し、海賊行為以外の方法で、一国の管轄権内において行われる全ての不法な暴力行為、抑留若しくは略奪行為又はその脅迫をいう（Annex 2.2）とされていた。ここでは、私的目的や航空機が定義内容から外されていた。

　しかしながら、その後、IMOは、2009年（平成21年）12月2日決議（A. 1025 Code of Practice for the Investigation of Crimes of Piracy and Armed Robbery against Ships）において、この定義を、次のいずれかをいうとして、①私的目的により、船舶又はこれらの内にある人若しくは財産に対し、海賊行為以外の方法で、一国の内水、群島水域又は領海内において行われる全ての不法な暴力行為、抑留若しくは略奪行為又はその脅迫と、②それら行為に対する教唆行為又は故意による助長行為をいう（Annex 2.2）と変更され、国連海洋法条約における海賊行為とパラレルに考えられていることが窺われる。
(21) 森田章夫「国際法上の海賊（Piracy Jure Gentium）――国連海洋法条約における海賊行為概念の妥当性と限界――」國際法外交雑誌110巻2号（2011年）9～10頁。

したがって、国際的に承認された交戦団体から正当政府に対して行われる攻撃や、政府の許可に基づく私掠船（戦争状態にある国の政府から、その敵国の船舶を攻撃し、当該船舶やその積荷を奪う許可を得た個人の船舶を指す。）の行為については、仮に違法な行為であっても、事後的に外交上の責任を問うことでの解決が可能であることから、国際法上の海賊行為として全ての国による普遍的管轄権を認める必要はないと考えられており、「私的目的」には該当せず、海賊行為の定義から除外されている。

次に、④の攻撃の対象としては、他の船舶等に限定しており、同一船舶内での暴力行為は含まれていない。この点について、ハーバード草案では、これも含まれるとしていたが、国連海洋法条約では、同一船舶内での犯罪については、旗国主義に基づく管轄権に委ねられるべきであるという考えから海賊行為としては認めていない。つまり、このような場合は、航空機の強取等の場合とは異なり、ある外国船舶内等における外国人による外国人に対する暴力行為等であることから、そのような場合にまで、国際的にあらゆる国にとって、それを自国の犯罪として捉える必要はないと考えられていたからである。

なお、⑤及び⑥の各行為については、外形的な暴力行為などを指すのであり、特に検討を要するものではないであろう。

2　海洋航行の安全に対する不法行為の防止に関する条約（Convention for the Suppression of Unlawful Acts Against the Safety of Maritime Navigation、以下「海洋航行不法行為防止条約」又は「SUA条約」という。）の締結及び発効

(1)　**本条約制定の契機**

これは、1985年に発生したアキレ・ラウロ号事件が発端となって締結に至った条約である。

このアキレ・ラウロ号事件は、1985年（昭和60年）10月7日、武装したパ

---

(22)　森田章夫「国際法上の海賊（Piracy Jure Gentium）——国連海洋法条約における海賊行為概念の妥当性と限界——」國際法外交雑誌110巻2号（2011年）9〜10頁。

レスチナ解放戦線の一員と称するアラブ人の集団が、エジプト沖の公海を航行中のイタリア船籍の観光船アキレ・ラウロ号の船内で蜂起し、米国人乗客１名を殺害した上、残りの乗客を人質にとって、イスラエルで拘禁中のパレスチナ・ゲリラの釈放を求めた事件である。

　この事件は、公海上で起きたものではあるものの、同一船舶内の行為であるため、先の国連海洋法条約における海賊行為には該当しなかった。犯人たちは、エジプト領海内で人質の解放と引き替えに出国の安全を保障され、航空機でチュニスに向かう途中、米軍機により迎撃され、イタリアのシチリア島にあるNATO軍基地に強制着陸させられた。そのため、最終的には、旗国であるイタリアによって実行犯を訴追、処罰することはできたが、犯行を計画、指揮したと考えられる幹部らは訴追を免れる結果となった。そのため、いわゆる海上テロ行為に対しては、国連海洋法条約上の海賊の取締り規定では限界があることが意識されるようになったのである[23]。

　(2)　**海洋航行不法行為防止条約の内容等**

　そこで締結されることとなったのが、この海洋航行不法行為防止条約である。

　この条約では、船舶の不法奪取、破壊等の海洋航行の安全に対する不法な行為の犯人又は容疑者が刑事手続を免れることのないように、締結国に対し、裁判権を設定すること及びこのような行為を引渡犯罪とすることを義務付けた上で、犯人又は容疑者を関係国に引き渡すか、訴追のための事件を自国の当局に付託するかのいずれかを行うことを義務付けるものである。この条約は、1992年（平成４年）３月に発効した（我が国は1998年〈平成10年〉４月に同条約を批准し、同年７月に我が国について発効した。）。

　したがって、この条約では、同一船舶内で生じる船舶の不法奪取、いわゆるシージャックを犯罪化できるようになり（伝統的な海賊概念における「二船

---

(23)　森川・前掲注(16)297〜298頁。なお、この際、米国は、同一船舶内であっても自国民が被害者となっていることを根拠に、海賊行為と見なして自ら処罰しようとしたが、国際航行の安全に対する直接の脅威とはいえないことから、海賊行為の対象を限定してきた国際社会がこれを許容しなかったという事情も認められる（小中・前掲注(13)357頁）。

要件（two-ship-requirement）」が除外されているということである。）、船舶が領海外の水域に向かうか、領海外の水域から領海内に向かって航行する場合、更にはそうして航行を予定する場合も対象になる上、犯罪行為の教唆、幇助などの加担行為も犯罪対象とできるようになった。そのため、実行犯のみならず、テロ組織幹部などの計画、指揮した者も処罰できるようになったことなどで、海上テロ行為に一定程度有効に対処でき、海賊以外の海上での犯罪の取締りがより効果的に行えるようになった[24]。

3 安保理による取組み
(1) ソマリアに対する安保理の関与

先の国連海洋法条約については、1989年（平成元年）ソマリアも批准しているものの、その取締りを適切に行うだけの執行力等が欠如していた[25]。そのため、国際的取締りのための協力体制を構築することが不可欠と考えられていた。

そこで、2006年（平成18年）3月15日、安保理は、その議長声明[26] 2頁最終項において、

> ソマリア沿岸に隣接する国際的水域及び空域で海軍軍艦及び軍用航空機を運用する加盟国に対し、同区域におけるあらゆる海賊事件を油断なく警戒し、特に人道援助物資の輸送を行う商用船舶をかかる活動から保護するための適切な行動を、関連する国際法に従って採ることを奨励する。

と言及し、さらに、2007年（平成19年）8月20日、安保理決議1772[27]の本文

---

[24] 木原正樹「ソマリア沖海賊対策としての『あらゆる必要な手段』の授権決議─『対テロ戦争』時代の'use of force'授権決議による海賊対策─」神戸学院法学40巻3・4号（2011年）326頁。森川・前掲注(16)299頁。
[25] 木原・前掲注(23)323頁によれば、そもそもソマリア政府は200海里の領海を主張していたため、ソマリア沖の海域のどこまでが領海であるか公海との境界が不明であった上、仮にその主張を考慮するとなると、ソマリア沖海賊事件のほとんどが海上武装強盗とされる可能性があり、そもそも国内的取締りを期待できないだけでなく、国連海洋法条約による取締りにも限界があったとのことである。
[26] S/PRST/2006/11.
[27] S/RES/1772（2007）.

18項においても、同様の文言を置いて採択している。

この段階では、ソマリア沖海賊に対する取締り方法について具体的な言及はなく、それらの議長声明と決議1772においては、「国際的水域及び空域」にのみ言及していることから、伝統的な海洋法の枠組みの下での海賊に対する取締り方法のみが念頭に置かれていたと考えられる[28]。

しかしながら、その後、ソマリア領海内における海上武装強盗をも含む形で対策を講じなければならない必要性が高まった。というのは、ソマリア沖を航行する船舶の一般的な安全が脅かされるだけでなく、ソマリア向け人道援助物資を輸送する船舶も海賊あるいは海上武装強盗の被害に遭うようになり、これらを一体的に取り扱わなければならなくなったからである[29]。ただ、ソマリア自身に取締りを期待することができない以上、他の国家、国際組織においてソマリア沖の領海と公海の区別なく取締りを行わざるを得ないこととなり[30]、そのため、米国とフランスが中心となり、日本等の主要な海運国が共同提案国となって、2008年6月2日、安保理決議1816[31]が成立し、採択された。

(2) 安保理決議1816の採択

この決議1816では、まず、前文4項において、

　　国連海洋法条約に反映された国際法が、海賊及び武装強盗並びにその

---

(28) 山田哲也「ソマリア『海賊』問題と国連」――『安保理の機能変化』論との関わりで――」國際法外交雑誌112巻1号（2013年）33～34頁。
(29) 山田・前掲注(27)34頁。
(30) そのような取締りの必要性に関しては、2008年（平成20年）4月のいわゆるポナン号事件も大きな影響を与えている。この事件は、同月4日、ポナン諸島会社所有の大型ヨットでありフランス船籍のポナン号がソマリア沖のアデン湾の国際水域を航行中に海賊によって乗っ取られた事件である。当時、ポナン号には、フランス人22名を含む30名が乗船しており、それらの者が人質となった。結局、人質は約200万ドルの身代金により解放されたのであるが、フランス政府は、人質解放直後から、海賊をソマリア領海内まで追跡して、6名の身柄を確保した。この際、フランス政府はTFGの同意を得ており、国際的合意に基づいての行為であると主張したものの、そのようなTFGの合意の有効性等も問題となり得ることから、個々的に有効とする国際的合意がなくとも、海賊だけでなく、武装強盗をも取り締まれる安保理決議が必要と認識されたといわれている（木原・前掲注(23)324～325頁）。
(31) S/RES/1816 (2008).

他の海洋での活動との戦いに適用可能な法的枠組みを設定している。
と確認されており、この規定の仕方から、海賊の定義については、同条約101条の定義が採用されるなど、同条約に基づく国際法下での法的枠組みにおいて行動するものであり、前文7項において、

> ソマリアにおける危機的状況、並びに、TFGにおける海賊を阻止し、ソマリア沖の国際海運路やソマリア領海内における巡視や安全確保をする能力の不足を考慮に入れて

として、ソマリアの対応力の不足を認め、さらに、前文12項において、

> ソマリア領海及びソマリア沖公海における船舶に対する海賊及び武装強盗の事件が、この地域における国際的な平和と安全に対する脅威を構成し、ソマリアで事態を引き続き悪化させていることを認定し

として、国際的な平和と安全に対する懸念を示した上で、前文の最後で、

> 国連憲章第7章に基づいて行動し

とすることにより、この決議1816に基づく行動が強制行動としての措置であると明示した。

そして、それらに続いて、主文7項においては、

> この決議から6月間の期間において、事前の通知がTFGから国連事務総長に出されていることにより、ソマリア沖の海賊行為及び海上武装強盗に対する戦いにおいて、TFGと協力する国は、次のことを行うことができる。
> （a） 関連する国際法に基づき、海賊行為に関して公海上許容されている行為と合致するやり方で、海賊行為及び海上武装強盗を抑止するために、ソマリア領海内に入ること。
> （b） 関連する国際法に基づき、海賊行為に関して公海上許容されている行為と合致するやり方で、海賊行為及び武装強盗を抑止するために、ソマリア領海内において、あらゆる必要な手段を用いること。

が許容されることが明らかにされた。この記載により、国連海洋法条約上認められる公海上での海賊取締りと同様の行為を、ソマリア領海内で執ることが安保理により許可されたことになる。そのため、海賊と海上武装強盗とが

同一の扱いを受けることとなった。したがって、公海上で発生した海賊がソマリア領海内に逃走した場合であっても、当該海賊船を拿捕することが可能となった。

さらに、この記載における「あらゆる必要な手段」（all necessary means）とは、どのような内容を指すのかという点については、これは湾岸戦争における多国籍軍の根拠となった1990年（平成２年）11月29日の対イラク決議（678）や、ルワンダの多国籍軍に関する1994年（平成６年）６月22日の決議（929）などでも用いられている表現で、武力行使を容認するものであると解される[32]。

また、その他にも、主文11項において、

　　あらゆる国、特に、旗国、寄港国、沿岸国、被害者の国籍国、海賊等の犯人の国籍国、国際法上又は国内法令上関連する裁判権を有する他の国に対して、いずれの国が裁判権を行使するかを決定するに際して協力し、国際人権法を含む適用可能な国際法と両立する方法で、ソマリア沖の海賊行為及海上武装強盗に責任のある者を捜査し、訴追するに際して協力し、かつ、被害者、証人及びこの決議に基づき実施された作戦の結果として抑留された者など、これらの国の管轄及び支配下にある者に対して、とりわけその処分及び処遇に関する支援を供与することにより援助を行うことを求める。

と決議している。この決議を根拠として第三国を含む各国に海賊被疑者に対する捜査、訴追への協力の実現形態として引渡しを行い得るという解釈も可能であると考えられている[33]。

(3) 安保理決議1838、1844及び1846の採択

その後、安保理は、2008年（平成20年）10月７日、新たに決議1838[34]をし

---

(32) 山田・前掲注[27]49頁。木原・前掲注[23]332～333頁。この点に関して、この決議1816の場合、これまでの決議とは異なり、「関連する国際法の下で海賊に対して公海上で認められる行動と合致する方法で」という限定が付された点を重視し、この「あらゆる必要な手段」には、伝統的な海賊行為に対して認められてきた海上警察活動としての臨検、拿捕、逮捕といった執行措置であり、「武力行使」を含むものではないとの解釈も可能であるとの見解もある（森川・前掲注[16]312頁。）。

(33) 坂元・前掲注[11]182頁。

たが、前回の決議後、海賊行為の減少は見られず、むしろ、この決議1838の前文3項に記載されているように、母船の使用や、組織化が進み、重火器の使用などを通じて、より悪質化し、そのような海賊の発生する公海の範囲も拡大していた。そのため、先の決議1816をより実効的なものにするために、主文2、3項において、軍艦、軍用機の派遣を明記し、取締りの強化を求めた。

また、同年11月20日、決議1844[35]において、ソマリアへの渡航禁止、資産の凍結措置に加えて、武器の禁輸を確認するなどした。

さらに、同年12月2日、決議1846[36]を採択し、主文10項において、決議1816で定めていた期間につき、この決議1846の日から12か月間延長した。そして、主文14、15項において、すべての国に対して、国連事務総長等と協力して、海賊訴追のための法整備を要請した。

(4) 安保理決議1851の採択

その後、同月16日、決議1851[37]が採択されたが、これは海賊対策の実効性を高めるためにソマリア本土での海賊取締りを許可した点が最大の特徴である。つまり、決議1816のように関係国の取締り対象を、ソマリア領海内やその沖合の公海のみに限定することなく、ソマリア本土の陸地や海岸、島をも含むものとしたのである。

同決議では、まず、前文2項において、海賊行為が凶悪化し、地理的にも拡大していることなどを指摘した上、同7項において、EUのアトランタ作戦の開始、NATOやその他の国がTFGと協力しながら行っている海賊制圧行為を歓迎しながらも、同9項においては、海賊逮捕後の司法システムの欠如、つまりこれを処罰するための国内法の整備が不十分で処罰されないことや、海賊の釈放が海賊行為の抑止に悪影響を与えていることを指摘し憂慮している。その上で、同11項において、これまでの決議と同様に、ソマリア沖海賊がソマリアの事態を悪化させており、この事態が引き続き同地域におけ

---

(34) S/RES/1838 (2008).
(35) S/RES/1844 (2008).
(36) S/RES/1846 (2008).
(37) S/RES/1851 (2008).

る国際的な平和と安全に対する脅威を構成していると認定した。

そこで、本文1項において、ソマリア沖海賊を非難し、同2項において、各国や各国際機構等に海賊への戦いへの積極的な参加を呼びかけた上、なかなか効果を挙げることができない海賊対策に新たな制度を導入することとした。すなわち、同3項において、

> ソマリア沖の海賊と戦っているあらゆる国家及び地域的機構に対し、ソマリア領海において法執行官による第三国の管轄権行使に対するTFGの事前の同意が得られていること、また、そのような協定又は取決めがSUA条約の効果的な履行を害さないことを条件として、ソマリア沖の海賊行為及び海上武装強盗の活動に対する本決議の下で実施された活動の結果として拘禁し得た者の捜査及び起訴を促進するため、海賊を拘置する意思を持つ諸国、とりわけ同地域の諸国から法執行官（law enforcement officials, "shipriders"）を乗船させるため、そのような諸国と特別協定又は取決めを維持することを要請する。

としている。つまり、海賊の訴追などの裁判のための管轄権を第三国が行使する場合において、捜査や訴追を容易にするため、訴追を行う第三国の法執行官が予め拿捕国の船舶に乗り、捜査活動を行うことを認める乗船協定（ship rider agreement）を、拿捕国と当該第三国との間で締結することを各国に要請しているのである。

この3項との関係では、そのころ米国や英国がソマリアの隣国であるケニアとの間で覚書を取り交わしており、米国等の艦船が逮捕した犯人をケニア法に基づく処罰、訴追のためにケニアに引き渡すことや、ケニアにおいて国際人権法の関連規定に従う形での国内裁判を実施することを約束するなどしていた[38]。

そして、主文4項では、ソマリア沖海賊及び海上武装強盗との戦いのあらゆる側面に関して、関係国、地域機構及び国際旗国との間の国際的な協力メカニズム（international cooperation mechanism）を創設することを奨励している。そのため、これに対応する形で、コンタクト・グループ（the Contact

---

(38) 酒井・前掲注(31)243頁。

Group on Piracy off the Coast of Somalia）が発足した。これは、2009年（平成21年）1月14日、日本を含む24か国及び5国際機構が参加して、第1回会合がニューヨークで開催された。この会合での議論の結果は公表され、法的拘束力は持たないものの、海賊抑止のために参考にされ、安保理により国連事務総長に報告されることとなっている[39]。

次に、主文5項では、

> ソマリア沖の海賊行為及び海上武装強盗と戦っているあらゆる国家及び地域的機構に対し、同地域にソマリア沖の海賊行為及び海上武装強盗に関する情報センターを創設することを考慮すること、国連海洋法条約に一致した効果的な法執行官に関する協定又は取決めについて合意するため、国連薬物犯罪事務所の視点で地域的な能力を向上させること

などが盛り込まれ、情報交換の円滑化や、国際協力の強化を目指している。

さらに、主文6項では、

> ソマリア沖の海賊の取締りについて、TFGが国連事務総長に事前に通知していることを条件とした上で、そのような取締り活動に協力している国々と地域的機構が、TFGの要請に従い、海賊及び海上武装強盗の制圧を目的として、ソマリア領土内において、適切であれば、あらゆる必要な手段を執ることができる（may undertake all necessary measures that are appropriate in Somalia）。

などと決定した。つまり、決議1816では、ソマリア領海内で他国が海賊抑止のために活動することを認めたが、ここではそれがさらに拡大されており、ソマリア本土の陸地や海岸、島をも含むものとしていることは文理上明らかである。これは、TFGが自国領域内においてさえも海賊を実効的に取り締まることができないことに照らし、また、そのような取締りを効果的に行うためには、海上での活動だけでは不十分であり、その根拠地を制圧することが、海上での海賊行為による被害を食い止めるためには不可欠と判断されたからである[40]。

---

(39)　外務省ウェブサイト・前掲注(7)、小中・前掲注(13)360～361頁。
(40)　小中・前掲注(13)361頁、木原・前掲注(23)336頁。

このように決議1851が陸上での取締り活動に拡大したのは、実際のところ、海賊を制圧するための最も効果的な手段は、海上取締り活動よりむしろ陸上取締り活動であるといわれているからである[41]。

ただ、この主文6項では、その後段において、

> ただし、本項に従って執られるいかなる措置も、適用可能な国際人道法、人権法と一致することを条件とする。

という文言が入れられていることから、本項において先に示された「あらゆる必要な手段」というのは、この制限に服することは当然であり、それゆえ、陸上取締り活動において、武力行使を含む軍事活動が行われるにしても、この条件による限定がなされるからこそ、陸上での「あらゆる必要な手段」が許容されたものと考えられている[42]。

(5) 安保理決議1897の採択

その後、2009年（平成21年）11月30日、決議1897[43]が採択された。これは、前記一連の決議に基づく措置をもってしても海賊事案の減少は見られず、更なる取締りが必要とされたことから、TFGの同意に基づき、その期間を更に12か月延長することなどを決定したものである。

この決議では、その前文において、EU、NATOや、その他の国々のソマリア沖海賊対処行動を称賛し、海賊逮捕後の訴追、処罰等に対する体制や法制度の不備に懸念を示し、国際法に沿った国内法の整備を要請するとともに、逮捕した海賊をケニアが受け入れ裁判手続を開始していること、さらに、国連薬物犯罪事務所の協力を称賛し、国際海事機関（International Maritime Organization、以下「IMO」という。）によるジブチ行動指針の採択（この点についての詳細は後述する。）と日本が提案したジブチ行動指針信託基金の設立を歓迎するなどしている。

また、本文6項や12項においては、決議1851主文3項などと同様の文言を用いるなどして引き続き、海賊の第三国への引渡しや、第三国における訴追、処罰の実効性を高めるよう要請している。

---

(41) 木原・前掲注(23)336頁。
(42) 森川・前掲注(16)312頁、酒井・前掲注(31)245～246頁、木原・前掲注(23)338頁。
(43) S/RES/1897（2009）．

(6) 安保理決議1918の採択

さらにその後、安保理においては、2010年4月27日、決議1918[44]を採択した。

この決議では、その前文8項において、ケニアが、海賊被疑者の引渡しを受けて国内裁判所で訴追し、有罪判決を受けた者を収監する手続を執っていることを称賛し、この点でケニアが直面する困難を認識しながらも、引き続きケニアがこれらの努力を継続することを促し、同9項においても、各国において国内裁判所で海賊被疑者を訴追することをも称賛している。その一方で、前文5項で、海賊被疑者の訴追が刑事司法システムの限界により引き起こされる問題に直面していること、そして、同14項において、多くの国で海賊処罰の法制化や効果的な訴追がなされていないことへの懸念を示している。

その上で、主文1項において、海賊及び海上武装強盗の責任者を訴追できないことが、国際社会の海賊撲滅への努力を毀損するものであることを確認し、同2項において、すべての国々、とりわけこの地域の国々に対し、海賊を国内法上の犯罪とし、適用される国際的な人権法規に従って海賊の訴追及び有罪による収監を要請している。

そして、主文4項において、国連事務総長に対し、海賊及び海上武装強盗における責任者を訴追し、収監する目的を更に達成するため、国際裁判官が同席するような特別の国内法廷、地域的法廷、更には国際的な法廷等を含めた可能な選択肢の検討を求め、3か月以内にその報告書を提出するよう要請した。

(7) 国連事務総長報告書について

この要請を受けて作成されたものが、2010年(平成22年)7月26日付け国連事務総長報告書[45]である。ここでは、先の決議による要請に応えて次の7つの選択肢を示した。

それは、①海賊の訴追及び収監のための周辺地域諸国の能力の強化、②第

---

(44) S/RES/1918 (2009).
(45) S/2010/394.

三国におけるソマリア法廷の設置、③国連が参加しない形での地域の国内裁判所における特別裁判部の設置、④国連が参加する形での地域の国内裁判所における特別裁判部の設置、⑤国連が参加する形での地域内の国家間の多国間協定に基づく地域裁判所の設置、⑥周辺地域国家と国連の合意に基づく国際裁判所の設置、⑦国連憲章第7章に基づく安保理決議による国際裁判所の設置[46]であった。

　率直にいって、いずれの方法も簡単に実現できるものではないが、新たな国際裁判所や地域裁判所の設置は費用等に照らしても、その効果が見合うものとなるかどうかの問題等もあるため、現実的には、①の方式によるしかないものと思われる。ただ、②以下の方式も検討されているものの、関係する周辺諸国やTFGなどの合意を得るのは容易ではなく、また、それらの実施を図るにしても、そのために必要なヒューマン・リソースが確保できるかどうかなども問題である[47]。ただ、そういった問題はあるにせよ、「ソマリアにおける法制度の整備や制度の担い手である法曹要請など課題は山積しているが、こうした国際裁判所、特別裁判所あるいは特別裁判部の設置構想は、現行の海賊に対する普遍的管轄権の法的枠組みでは不処罰を回避することができないという基本認識の下で、海洋法条約100条が定める協力義務を梃子に、訴追に対する協力を安保理の枠組みの中で具体化しようという試みといえる[48]。」と評価されている[49]。

4　国際海事機関（IMO）による取組み

　この機関は、海上の安全、能率的な船舶の運航などを維持、確保するため

---

(46)　この⑦の国際裁判所の設置は、旧ユーゴスラビアやルワンダの国際刑事法廷の方式を念頭に置いたものであるが、このような国際刑事裁判所が刑罰権を持つことができる理論的根拠、権限の由来については、安藤泰行「国際刑法における刑罰権の淵源」刑雑52巻2号（2013年）210頁以下が詳しい。
(47)　坂元・前掲注(11)185～187頁。
(48)　坂元・前掲注(11)188頁。
(49)　なお、その後、安保理では、ソマリア沖海賊に関して、1950号、1976号、2020号、2077号、2125号、2184号、2246号及び2316号といった各決議を採択しており、海賊抑止のための協力を呼びかけている。

に様々な勧告等を行うことを目的とする国連の専門機関であり、国際航行の安全の分野で最も重大な役割を果たしている国際機関である。このIMOの決議においては、単に法的な整備を各国等に求めるだけでなく、具体的な防止措置のための指針を提供するところにも特徴がみられる。それは以下のような各決議に現れている。

まずIMOは、2005年（平成17年）11月23日、総会決議979[50]を採択した。ここでは、本文1項において、ソマリア沖海賊問題について強く非難するとともに深く憂慮し、同6項において、TFGに対し、海賊抑止等に向けた適切な行動を採るように求めるとともに、同7項において、国連事務総長に対し、安保理への付託を含めて何らかの行動を採るよう促している。そして、この決議を受けて、先に述べた2006年（平成18年）3月15日付けの安保理議長声明が出されることとなった。

その後、2007年（平成19年）11月29日、総会決議1002[51]では、先に述べた安保理でのソマリア領海内への立入りが言及されるようになった。つまり、同決議本文6項では、その3、4号において、TFGに対し、インド洋で活動している外国の海軍艦艇や軍用航空機等が、海賊船舶取締りを行う目的でソマリア領海内に立ち入ることに同意することや、世界食料計画（World Food Programme）による人道支援物資の運搬を行う船舶についての外国の海軍船舶や軍用航空機等による護衛を可能にするために必要な協定を締結する用意があることを、安保理に通告するよう要請している。このような決議を受けて、先の安保理決議1816において、ソマリア領海内における武力行使などが認められることとなったのである。

また、2009年（平成21年）1月、IMOの主導の下、ソマリア海域周辺国16か国及びTFGにより開催されたソマリア海域海賊対策地域会合（日米等はオブザーバー参加。）において、「西インド洋とアデン湾における船舶に対する海賊及び武装強盗の抑止に関する行動指針」（Code of Conduct Concerning the Repression of Piracy and Armed Robbery Against Ships in the Western India

---

(50) IMO Res. A. 979 (6 February 2006).
(51) IMO Res. A. 1002 (6 December 2007).

Ocean and the Gulf of Aden. いわゆる「ジブチ行動指針」）が採択された。この指針では、海賊行為の被疑者の逮捕及び処罰が行われるように最大限努力することが約束され、海賊行為を行ったと疑うに足る十分な合理的根拠が存する場合には、沿岸国の許可があれば他国の領海まで追跡を継続することが可能とされている点が重要である[52]。また、同指針においては、海賊船舶の拿捕を行った国は、海賊を訴追、処罰する第一次的権利を有するが、それを放棄することは可能であり、適切な第三国に引き渡し、当該第三国の法を執行することは可能であるとしている。そして、この指針は、先に述べた2009年（平成21年）11月30日付け安保理決議1897で採択されている。

5　周辺国であるケニアによる取組み

前記のジブチ行動指針や安保理決議1897で見られるように、国際法上は海賊行為に対する司法管轄権の移転を認め得ると考えられることから、ソマリアの隣国であるケニアは、2008年（平成20年）英国との間で、訴追、処罰に当たっては国際人権法上の規則を遵守することを約した上での被疑者の引渡しに関する覚書を取り交わしており、2009年（平成21年）には、同様の覚書をEUや米国などとも取り交わしている。

そして、実際にも、ケニアでは、そのような海賊の引渡しを受けて同国内で裁判を行ってきた。当初は、ケニアの国内刑法における規定で処罰していたものの、その後、2009年（平成21年）に制定されたケニア商船法では、自国民ではない被疑者であっても国際法上の海賊行為を行ったという罪で訴追できる管轄権を明示的に認め、これによって処罰を行ってきた[53]。

しかしながら、ケニアの負担も大きく[54]、そのため、2010年（平成22年）4月以降、海賊の引渡しによる訴追を引き受けないことを宣言した。そのため、先に述べた安保理決議1918において、新たな方策の検討が不可避となっ

---

(52)　小中・前掲注(13)362頁、坂元・前掲注(11)178〜179頁。
(53)　小中・前掲注(13)366頁。
(54)　2011年（平成23年）の時点で、ケニアでは、海賊の容疑者として、119人を抱えており、それらの者に対して、海賊事件を専門とする6人の裁判官と6人の検察官がおり、その段階で6つの裁判で50人の被告人の裁判を終え、残り69について、9つの裁判が進行中とのことである（坂元・前掲注(11)180頁）。

たのである。

6 ソマリア沖海賊対策に関するコンタクト・グループによる取組み

前記のとおり、2008年（平成20年）12月に採択された安全保障理事会決議第1851により、ソマリア沖海賊問題に関する国際的な協力メカニズムの設置が言及されたことを受け、2009年（平成21年）にこのグループが発足した。

そして、2010年（平成22年）1月、このグループの働き掛けにより、TFG、プントランド、ソマリランドの間で海賊問題に関する相互協力を取り決めた「カンパラ・プロセス」が締結された。

しかしながら、現在に至るも、TFG、プントランド、ソマリランドとの間における協力枠組み体制が効果的に機能しているとはおよそいえない状況下にある。

第5　海賊事件に対する日本の取組み

1　ソマリア沖海賊に関する我が国の法制上の問題点及び対策

ソマリア沖海賊問題については、先述したように、日本もアラビア海等を航行する船舶を多数有しており、実際に被害を被っていたことから、その対策は極めて重要であって、海運業界関係者からは、労使を問わず、ソマリア沖、アデン湾における海賊行為への早急な対処を行うよう要請がされていた。そして、そのような海賊行為への対処は、海上における人命、財産の保護、治安の維持等に関わるものであるから、それについて第一次的責務を有するのは、海上保安庁の任務であると考えられた。

しかしながら、日本からの距離、海賊が所持する武器、各国では軍艦等が対応していることなどを総合的に勘案すると、ソマリア周辺海域に海上保安庁の巡視船を派遣することは、実際問題として困難であると考えられた。

そのため、防衛大臣は、自衛隊法82条の「海上における警備行動」として、

　　　防衛大臣は、海上における人命若しくは財産の保護又は治安の維持のため特別の必要がある場合には、内閣総理大臣の承認を得て、自衛隊の

部隊に海上において必要な行動をとることを命ずることができる。
との規定に基づき、ソマリア沖及びアデン湾において日本関係船舶を海賊行為から護衛することを目的として、2009年（平成21年）3月13日、海上警備行動を発令し、翌14日、海上自衛隊の護衛艦2隻が出航した。

ただ、その護衛の対象船舶は、日本関係船舶（日本籍船、日本人が乗船する外国籍船と「我が国の船舶運航事業者が運航する外国籍船又は我が国の積荷を輸送している外国籍船であって、我が国国民の安定的な経済活動にとって重要な船舶」）に限定されている。というのは、この派遣の根拠となる前記自衛隊法82条の「人命若しくは財産」という文言が、海上警備行動が日本の公共の秩序の維持という任務の一環として行われる活動であることに照らし、従来から、その対象は、基本的に日本国民の生命又は財産であると解されてきたことによるからである[55]。

そして、同月30日から、ソマリア沖及びアデン湾において、同所を航行する日本船籍等の船舶等の護衛活動を開始した。また、同年6月11日からは、海上自衛隊のP－3C哨戒機2機がジブチ共和国を拠点にアデン湾における警戒監視等を開始した。なお、前記自衛隊の護衛艦には、海賊の逮捕、取調べ等といった司法警察業務を行うため、「ソマリア周辺海域派遣捜査隊」として、海上保安官が同乗している。

なお、2017年（平成25年）7月31日現在、護衛艦による護衛実績は797回で、3,802隻（日本関係船舶は690隻、その他外国船舶は3,112隻）である[56]。

2　我が国による経済支援

我が国は、前記のような自衛隊による対処活動だけでなく、経済的な支援等にも取り組んでいる。

前述したように、2009年1月には、IMOのジブチ行動指針の実現のために、信託基金として、1,460万ドルを拠出し、イエメン、ケニア、タンザニアの海賊情報センターを設立したほか、ジブチに地域訓練センターを建設す

---

(55)　鶴田順「海賊行為への対処」法教345号（2009年）2頁。岡留康文「海賊対策」時の法令1916号（2012年）65～66頁。
(56)　外務省ウェブサイト・前掲注(7)。

るなどの支援をしている。また、海賊訴追、取締能力強化を目的とした国際信託基金に350万ドルを拠出し、この信託基金は、国連諸機関が実施するソマリア沖及びアデン湾の海賊取締りと、ソマリア周辺国の海賊を訴追するための制度の整備等のためのプロジェクトに充てられている。さらに、対ソマリア支援として、2007年（平成19年）以降2017年（平成29年）7月31日までに、TFGへの警察支援、人道支援、インフラ整備などに、合計4億3,250万ドルの支援を実施している[57]。

第6　海賊行為の処罰及び海賊行為への対処に関する法律（以下「海賊対処法」という。）の成立の経緯

1　海洋基本法の制定及び海洋基本計画の策定

　我が国は、前述したように、1996年（平成8年）に国連海洋法条約を批准したが、同条約はあくまで新たな国際海洋秩序の枠組みを示したものであり、各国においては、その枠組みに基づく様々な分野での規範形成をしなければならなかった。我が国は、そのための国内法の整備として、2007年（平成19年）4月19日に（同年7月20日施行）海洋基本法を制定した。この法律により、海洋の安全確保のための取組みを積極的に進めることや、海上輸送等の安全や秩序の確保等の措置を講ずることとされ（2条等）、また、政府が海洋に関する施策の総合的かつ計画的な推進を図るため海洋基本計画を定めなければならないこととされた（16条）。

　そこで、これを受けて、2008年（平成20年）3月に閣議決定された海洋基本計画においては、「我が国の産業や国民生活を支えている貿易活動が安定的に維持されることが重要である。このためには、世界的に海洋の平和と安全が確保される必要があり、我が国はその実現に向け積極的かつ先導的に取り組む必要がある。」（同計画3頁）、「我が国は、関係諸国との協力関係の強化等により、海上輸送路における航行の自由と安全の確保、周辺海域における安定した秩序の維持等に努めているが、（中略）海賊行為（中略）等の我が

---

(57)　外務省ウェブサイト・前掲注(7)。岡留・前掲注[5]368頁。

国の海洋権益及び治安を損なうおそれのある事態の発生が、我が国の安全及び治安上の問題として懸念されている。」(同計画 7頁)ことから、海賊行為につき、国際法に則し、公海上でこれらの行為を抑止し、取り締まるための体制の整備を検討し、適切な措置を講じていく必要があるとされた。

2　海賊行為に対する刑法による処罰の可否

一方、これまでの我が国の国内法においては、海賊行為の処罰について特別法はなく、一般法である刑法で対処するしかない状況にあった。そこで、刑法の規定を概観しておくと、1条2項において、

> 日本国外にある日本船舶又は日本航空機内において罪を犯した者についても、前項と同様とする。

として、属地主義により、日本船舶内等であれば、それは国内と同じ扱いになるものの、ここでいう「日本船舶」とは、船舶法1条にいう日本船舶をいうと解されている（詳細は第1章参照。）。そして、日本国民が所有する船舶であれば、この属地主義の適用を受けることとなるものの、問題となるのは、実質的には日本国民又は日本法人が所有する船舶であっても、税制面での優遇措置等を得るため、便宜的にパナマ等に船籍を置く船舶（このような船舶は、「便宜地籍船」と呼ばれる。）が、ここでいう「日本船舶」に該当するか否かである。これについては、船籍が外国にある以上、文理的に日本船舶に当たると解するのは困難であると解されている[59]。

そこで、このような便宜地籍船がどの程度存するかみてみると、先に述べたアラビア海等を航行する我が国の商船等2,000隻以上のうち、日本籍船は、わずかに90隻余りであって、それら以外は、全て外国籍船である。ちなみに、平成19年当時で、我が国商船隊に占める日本籍船の割合は約4％に過ぎず、約70％はパナマ籍船で、約5％をリベリア籍船が占めている[60]。このため、刑法1条2項での属地主義が、アラビア海等を航行する日本船舶に適用される場面は非常に少ないものと言わざるを得ない。

---

(59)　古田佑紀＝渡辺咲子・大コンメ刑法［3版］(1)88頁。
(60)　初又且敏「『海賊行為の処罰及び海賊行為への対処に関する法律』について」研修741号（2010年）72頁。

次に、刑法2条では、そこに掲げる罪について、「日本国外において次に掲げる罪を犯したすべての者に適用する。」とし、内乱罪、外患誘致罪、通貨偽造等の我が国の重要な国家的利益、社会的利益を害する犯罪については、何人がどこで犯しても処罰しようとするもので、保護主義に基づくものと解されている。しかし、この中には、海賊行為の際に見られる殺人や傷害、強盗、更には身代金目的略取等といった犯罪は含まれておらず、この条項によっては海賊行為の処罰は不可能である。

次に、刑法3条は、国民の国外犯について規定しており、この中には、殺人や傷害、強盗等も含まれているが、海賊行為の主体は、外国人であり、この規定を適用する余地はほとんどないであろう。

次に、刑法3条の2は、国民以外の者の国外犯を規定しており、ここには、殺人や傷害、強盗等をも含まれていることから、たしかに日本国民の船員等が被害者になる場合においては、それが外国籍船の乗組員であっても、この条項の適用は可能であるものの（しかし、脅迫では適用されない。）、それでも外国人の船員等に対するものには適用されない。

最後に、刑法4条の2は、先の各規定以外に、

　　この法律は、日本国外において、第2編の罪であって条約により日本国外において犯したときであっても罰すべきものとされているものを犯したすべての者に適用する。

としていることから、国連海洋法条約を基に、この規定が適用されることがあるか否か問題とはなるが、本条は、条約において各国に処罰義務が課せられている犯罪に限定されるものであり、国連海洋法条約は、訴追や処罰を義務付けるものではなく、許容するに過ぎないものである以上、この条項の適用外であると考えられる。

以上に述べたことから、刑法においては、例えば、公海上を航行する外国船舶上で、外国人が外国人の被害者から財物を強取したような場合、いくらその船舶の運航を日本の企業が管理していたとしても、そのような事案に対し、我が国の刑罰権を行使することはできない状況となっていた。

3　海賊行為に対する司法警察権行使上の問題点

　さらに、刑法の適用だけでなく、我が国の司法警察権行使の関係でも大きな問題を抱えていた。この場合に、司法警察権を行使できるのは、海上保安庁法2条1項の

　　　海上の安全及び治安の確保を図ること

を任務とする海上保安庁の巡視船であり、具体的には、「法令の海上における励行」、「海上における船舶の航行の秩序の維持」、「海上における犯罪の予防及び鎮圧」、「海上における犯人の捜査及び逮捕」といった行政警察権や司法警察権の行使を任務とされているところ、同法17条1項では、

　　　船舶の進行を停止させて立入検査をし、又は乗組員及び旅客（中略）
　　　その他海上の安全及び治安の確保を図るため重要と認める事項について
　　　知っていると認められる者に対しその職務を行うために必要な質問をす
　　　ることができる。

とされ、また、同法18条1項では、

　　　海上保安官は、海上における犯罪が正に行われようとするのを認めた
　　　場合（中略）であって、人の生命若しくは身体に危険が及び、又は財産
　　　に重大な損害が及ぶおそれがあり、かつ、急を要するときは、他の法令
　　　に定めのあるもののほか、次に掲げる措置を講ずることができる。

とした上で、1号において、

　　　船舶の進行を開始させ、停止させ、又はその出発を差し止めること。

とすることができるとされているところ、海上保安官が前記の行為により、海賊行為を鎮圧し、危害を排除したとしても、当該海賊行為に日本籍船や日本人が関わっていない限り刑法の適用はなく、海賊行為の実行行為者等を逮捕するなどの司法警察権を行使できないこととなる。このような場合には、現場海域において、海賊行為の実行者を多国の官憲に委ねるか、放免するしかないということとなってしまう[61]。

　しかもその際に、海上保安官が海賊行為をした者から暴行を受けるなどの抵抗を受けた場合に、公務執行妨害罪を適用することができないこととな

---

(61)　鶴田・前掲注(53) 3 頁。

り、従来の法制度では、公海上の海賊行為に対し、十分な対応ができないとの指摘がなされていた。

4　海賊対処法の成立及び施行

そこで、前記のような各問題を立法的に解決するため、上述した護衛艦を派遣する海上警備行動を発令した日と同じ2009年（平成21年）3月13日、海賊対処法案が閣議決定され、国会に提出された。そして、同法案は、第171回国会での審議を経て、同年6月19日に成立し、同年7月24日施行された[62]。

この施行により、同月28日以降は、前記護衛艦は、本法に基づく「海賊対処活動」として船舶の護衛をすることとなった。

第7　海賊対処法の概要

1　海賊対処法の目的

この法律は、「海上輸送の用に供する船舶その他の海上を航行する船舶の航行の安全の確保が極めて重要であること」から、国連海洋法条約において、「すべての国が最大限に可能な範囲で公海等における海賊行為の抑止に協力するとされていること」（同条約100条）に鑑みて、「海賊行為の処罰について規定するとともに、我が国が海賊行為に適切かつ効果的に対処するために必要な事項を定め、もって海上における公共の安全と秩序の維持を図ることを目的とする。」（1条）として定められたものである。

---

(62)　海賊行為に関する主要国の国内法制を大別すれば、①明示的に海賊行為を処罰する規定はあるが、海賊行為の定義がない国（例えば、英国）、②明示的に海賊行為を処罰する規定があり、海賊行為の定義がある国（例えば、日本、米国、オランダ、ロシアなど）、③明示的に海賊行為を処罰する規定はないが、関連する刑罰規定等を適用する国（例えば、ドイツ、フランス、韓国など）に分けられる（坂元・前掲注(11)191頁、2009年（平成21年）2月18日衆議院予算委員会における外務省総合外交政策局長の答弁）。

2 海賊対処法における海賊の定義及び海賊行為の構成要件
(1) 海賊行為の主体、目的及び場所について

　この海賊行為の定義については、2条において、国連海洋法条約を基にした定義規定を設けている。まず、2条柱書において、

　　この法律において「海賊行為」とは、船舶（軍艦及び各国政府が所有し又は運航する船舶を除く。）に乗り組み又は乗船した者が、私的目的で、公海（海洋法に関する国際連合条約に規定する排他的経済水域を含む。）又は我が国の領海若しくは内水において行う次の各号のいずれかの行為をいう。

として、ここで、海賊行為の主体、目的、場所について規定している。

　ア　まず、主体の要件であるが、ここでは、「船舶（軍艦及び各国政府が所有し又は運航する船舶を除く。）に乗り組み又は乗船した者」とされている。国連海洋法条約では、「私有の船舶又は航空機の乗組員又は旅客」とされていることを受けて規定されたものであり、航空機の場合を除外している[63]ことのほかは同様に考えて差し支えない。

　イ　次に、目的の要件であるが、これも国連海洋法条約の「私的目的」と同様であり、国家の行為や、国際的に承認された交戦団体から正当政府に対して行われる行為は、「私的目的」による場合とは認められない。したがって、海賊対処法の「私的目的」の解釈として、私人等の利得の欲望、憎悪、復讐等のどのような目的であってもこれに含まれるのであり、要するに、国家意思とは無関係なものであればよい。

　ウ　次に、場所の要件であるが、本法では、「公海（海洋法に関する国際連

---

[63] 2009年（平成21年）4月22日衆議院テロ・海賊特別委員会における大庭靖雄内閣官房総合海洋政策本部事務局長の答弁によれば、「航空機という条約上定められているものをこの海賊対処法案ではどうして規定しておらないのかという御質問でございますが、航空機によります船舶の強取といったような行為は、この海賊対処法案では海賊行為には該当しないという整理をいたしましたけれども、これは、これまでに航空機を使用した海賊行為が発生していないということがまず第一でございます。そしてまた、現段階において、私人が私的目的で航空機を使用した海賊行為を行うということは基本的には想定しがたいというふうに考えております（以下略）。」ということを理由として、航空機の場合が除外されたものである。

合条約に規定する排他的経済水域を含む。)又は我が国の領海若しくは内水において」として、国連海洋法条約における公海又はいずれの国の管轄権にも服さない場所における行為とされていることを受け、これを含めた上、併せて我が国が沿岸国として、我が国の領海や内水[64]で行われる同様の行為についても海賊行為として捉えることとしたものである。

また、この規定上明らかなことではあるが、場所的要件として、外国の領海は含まれない。したがって、海上武装強盗については、この法律の対象としていない。そのような場合、これまで述べてきたソマリアなどの特有の問題がない限り、その領海を領有する国が対処するのが基本だからである。

(2) **海賊行為の具体的態様（2条1号の行為）**

そこで、2条各号に規定されている行為をみると、まず、1号においては、

　　暴行若しくは脅迫を用い、又はその他の方法により人を抵抗不能の状態に陥れて、航行中の他の船舶を強取し、又はほしいままにその運航を支配する行為

が規定されている。ここでは、その客体の要件として、「航行中の他の船舶」としており、国連海洋法条約が「他の」船舶に対する行為を海賊行為としていることを受けて規定されたものである。なお、「航行中」と規定されていることから、船舶が岸壁に係留されていたり、座礁等で乗り上げたりしていないことが求められるが、停留や錨泊の場合は、直ちに移動可能であるし、そのような場所での警察力が及ばないことは通常の航行中の場合と同様であるから、「航行中」に該当すると考えられよう。

たしかに国連海洋法条約では、「航行中」という要件は含まれていないが、公海上においては、「航行中」以外の状態を考え難い一方、本法では領海内等の行為も対象とするため、岸壁での係留等の場合を除くために、このような要件が付されたものである。

そして、ここで規定されている犯行態様としての行為は、船舶のハイジャック行為であるが、これは、国連海洋法条約における「不法な暴力行為」、

---

(64) ここでいう「内水」は、海域に限られ、河川、湖沼は含まれない。

「抑留」に該当するものと考えられる。ここで規定されている「暴行若しくは脅迫」については、刑法236条の強盗罪の「暴行又は脅迫を用いて」と同様に解釈されている。それゆえ、それらによって相手方の反抗を抑圧するに足りる程度のものであることは必要である。ただ、本条において、それらの方法に続いて「その他の方法により人を抵抗不能の状態に陥れて」という文言が分けて記載されているように、「その他の方法」による場合は、「抵抗不能の状態」に陥れることが求められている。この後者の場合は、刑法239条の昏睡強盗における「人を昏睡させて」と同じく、麻酔薬や睡眠薬を服用させること、泥酔させることなどの方法により、人の意識作用を一時的又は継続的に傷害を負わせ、抵抗する能力を失わせる場合が考えられる[65]。

また、この場合の暴行等は、船舶の強取、運航支配に対して向けられたものでなければならないし、そうである以上、その対象となる「人」は、船舶の運航を指揮する者でなければならない。

(3) **海賊行為の具体的態様（2条2号の行為）**

同条2号では、船舶内の財物の強取について規定している。ここでは、
 暴行若しくは脅迫を用い、又はその他の方法により人を抵抗不能の状態に陥れて、航行中の他の船舶内にある財物を強取し、又は財産上不法の利益を得、若しくは他人にこれを得させる行為

として、同条1号と同様の方法により、船舶内にある財物等を強取する行為を対象としている。この行為は、国連海洋法条約における「略奪」に該当するものである。

(4) **海賊行為の具体的態様（2条3号の行為）**

同条3号では、船舶内にある者の略取について規定している。ここでは、
 第三者に対して財物の交付その他義務のない行為をすること又は権利を行わないことを要求するための人質にする目的で、航行中の他の船舶内にある者を略取する行為

を規定しているが、このような略取行為も、国連海洋法条約における「不法な暴力行為」、「抑留」に該当するものであり、「略取」の解釈としては、刑

---

(65) 初又・前掲注(58)65頁。

法224条から226条に規定されている「略取」と同様に考えればよい。

そして、そのような行為については、「人質にする目的」によりなされる必要があり、人質を得ることによって「義務のない行為をすること」や「権利を行わないこと」を要求するためになされる必要がある。「財物の交付」が特に挙げられたのは、海賊事案は、身代金を要求する目的でなされることが多いことを考慮したものであるが、その一方で、海賊行為をした者が逃走する際に、官憲による検挙を免れるための手段として人質を取ることも考えられることから、身代金要求目的に限定しなかったと説明されている[66]。

(5) 海賊行為の具体的態様（2条4号の行為）

同条4号では、人質による強要について規定されている。ここでは、

> 強取され若しくはほしいままにその運航が支配された航行中の他の船舶内にある者又は航行中の他の船舶内において略取された者を人質にして、第三者に対し、財物の交付その他義務のない行為をすること又は権利を行わないことを要求する行為。

と規定しているが、海賊が対象とする船舶を支配下に置くなどして、そこでの人質を使って、身代金等を要求する行為を対象とするものであり、ソマリア沖海賊では典型的なケースとなる。この場合の行為は、国連海洋法条約における「抑留」に該当するものである。

(6) 海賊行為の具体的態様（2条5号の行為）

同条5号では、先の1号から4号までの海賊行為をする目的で、

> 航行中の他の船舶に侵入し、又はこれを損壊する行為

を規定している。これらの行為は、船舶を強取したり、運航を支配等する直前にそれらと一連のものとして行われる行為であることから、それらの行為だけでも海賊行為として当罰性を帯びるものである。この規定における行為が国連海洋法条約のどの文言に該当するかは、直接的に対応する文言がないため問題となる。しかしながら、国連海洋法条約においては、船舶強取等に向けた「私的目的のために行うすべての不法な暴力行為」と規定していることに照らせば、船舶強取等のために不可欠な手段であり、その過程となる行

---

(66) 初又・前掲注(58)66頁。

為であることから、「すべての」という文言に含まれ得るものと考え、刑罰の対象となる行為として法制化することは許容されていると考えるべきである。

ここで規定されている「侵入」や「損壊」については、いずれも刑法130条や260条の各文言と同様に解釈してよい。

(7) 海賊行為の具体的態様（2条6号の行為）

同条6号では、先の1号から4号までの海賊行為をする目的で、

　　船舶を航行させて、航行中の他の船舶に著しく接近し、若しくはつきまとい、又はその進行を妨げる行為

を規定している。ここでは、海賊の船舶による「著しく接近し」、「つきまとい」、「進行を妨げる行為」を対象としている。海賊が運航する船舶が対象とされた船舶に対し、回避措置を余儀なくさせるような行為に及ぶことを禁ずる趣旨である。ここでも、この規定の行為が国連海洋法条約に規定されている文言に直接的には対応しないことから、これらの行為を処罰対象行為とすることを同条約が許容しているか問題となる。

この点については、「国内法において海賊をどのように定義するかは各国の裁量であるが、公海上で取締まる場合に、海洋法条約の定義の枠を超える外国船の行為を規制できるのかについては疑問が残る[67]。」として批判する見解もあるが、そもそも国連海洋法条約100条は、各国に海賊行為に対する抑止協力義務を課しているのであり、その観点から合理的な範囲であれば、取締対象としての海賊の定義についても各国の判断に委ねているものと考えるべきであろう。また、同条約の文言の解釈としても、先の5号の場合と同様に、これらの行為は、船舶を強取したり、運航を支配等する直前にそれらと一連のものとして行われる行為であることから（たしかに船舶への侵入や損壊より一歩手前の行為ではあるものの）、前記目的に向けた危険性の高い行為であることは否定できず、その段階での犯罪化を図ることは、航行する船舶の保護や海賊行為の抑止という観点からみても必要性は十分に認められものであることなどに照らせば、「私的目的のために行うすべての不法な暴力行為」

---

(67) 小中・前掲注(13)369頁。

との規定のうちの「すべての」という文言に含まれ得ると解釈することは十分可能であろうと思われる。

(8) **海賊行為の具体的態様（2条7号の行為）**

同条7号では、先の1号から4号までの海賊行為をする目的で、
  凶器を準備して船舶を航行させる行為
を対象としている。この場合も先の5号、6号の場合と同様に、国連海洋法条約との関係が問題となるが、同条約においては、海賊船舶の運航に自発的に参加するすべての行為も海賊行為に含まれている以上、その際に相手方に暴行を加えるための凶器等を所持している場合も当然に想定されるのであるから、凶器を準備して船舶を航行させる行為も、この条約の趣旨に含まれるものと考えられる。

3　前記の海賊行為に対する刑罰
(1)　**2条1号ないし4号の海賊行為に対する刑罰**

前記の海賊行為に対する刑罰については、3条及び4条において規定され、まず、先の1号から4号までの海賊行為に及んだ者については、無期又は5年以上の懲役に処することとされる上、それらのうち1号から3号までの海賊行為については、未遂も処罰の対象とされている。

さらに、それらの行為の結果、人を負傷させた場合には、無期又は6年以上の懲役に処せられ、また、死亡させた場合には、死刑又は無期懲役に処せられることとなる。なお、本罪には、死亡の結果について故意がある場合も含まれることから、刑法243条において同法240条の未遂罪（強盗殺人未遂罪）が設けられているのと同様に、未遂罪処罰規定が設けられている。

(2)　**2条5号ないし7号の海賊行為に対する刑罰**

次に、5号又は6号の海賊行為に及んだ者については、5年以下の懲役に処することとされ、7号の海賊行為に及んだ者については、3年以下の懲役に処することとされた。

なお、7号の罪については、実行の着手前に自首した場合は、その刑を減軽し、又は免除することとされている。

4 海上保安庁等による海賊行為への対処
(1) 基本的な対処行為

前記のような海賊行為への対処については、海上における人命、財産の保護や治安の維持を預かる海上保安庁が必要な措置を実施するものとしており、(5条1項)、具体的には、海賊行為を行っていると思料される不審な船舶を発見した場合には、当該船舶に対し、立入検査を実施する（海上保安庁法17条1項）、海賊行為を現認した場合に、危害の排除等を目的として、当該船舶の停止、海賊行為の制止等により海賊行為の鎮圧等を行う（同法18条）、海賊行為があると思料するときは、海賊被疑者の逮捕等所要の捜査を行う（同法31条、刑事訴訟法197条、198条等）などの措置を執ることが考えられよう。

ただ、海賊対処法は、公海上だけでなく、領海内の沿岸部等での海賊行為にも対処することを予定しているため、その場合には、警察が対応することも当然にあり得ることから、警察による権限行使が容認されることも明記されている（海賊対処法5条2項）。

(2) 武器使用が許容される場合

一定の場合には、武器を使用しての対処についても規定されている。6条においては、警察官職務執行法7条による場合と、2条6号による海賊行為（著しく接近、つきまとい、進路妨害行為）による3条3号違反の場合には、武器の使用を許している。

まず、海賊行為への対処は警察活動であり、それゆえ警察官職務執行法7条において、

> 警察官は、犯人の逮捕若しくは逃走の防止、自己若しくは他人に対する防護又は公務執行に対する抵抗の抑止のため必要であると認める相当な理由のある場合においては、その事態に応じ合理的に必要と判断される限度において、武器を使用することができる。（後略）

とされていることに照らし、この条項での基準に従って武器の使用が認められている。

ただ、同条項の解釈として、そこに規定する「抵抗」という行為の解釈として、暴行、脅迫等の積極的な抵抗行為が含まれることはもちろんであり、また、職務の執行を妨げるだけの消極的な抵抗行為もこれに該当すると解さ

れてはいるものの[68]、航行中の他の船舶への著しい接近等の海賊行為を行っている者が、単に、海上保安官等の行う制止の指示に従わず船舶の航行をさせて当該海賊行為を継続しようとするにとどまっている場合、この「抵抗」に該当するかどうか問題が生ずるおそれがあった。

そのため、そのような解釈上の疑念を生じさせないためにも、2条6号による海賊行為（著しく接近、つきまとい、進路妨害行為）による3条3号違反の場合には、警察官職務執行法7条の規定を補完するものとして、6条において、

> 当該船舶の進行を停止させるために他に手段がないと信ずるに足りる相当な理由のあるときには、その事態に応じ合理的に必要と判断される限度において、武器を使用することができる。

と規定されているのである。

5　自衛隊による海賊対処行動

上述したように、海賊行為への対処には、第一義的には海上保安庁等が必要な措置を実施することとなるが、海賊の中にはロケットランチャーなどの重火器を備えた者らもおり、また、日本から遠く離れた海域による場合であれば、海上保安庁等では当該海賊に対し適切に対応することが困難な場合もあり得る。そこで、7条1項では、

> 防衛大臣は、海賊行為に対処するため特別の必要がある場合には、内閣総理大臣の承認を得て、自衛隊の部隊に海上において海賊行為に対処するため必要な行動をとることを命ずることができる。この場合においては、自衛隊法第82条の規定は、適用しない。

として、「特別の必要がある場合」には、自衛隊が海上対処行動をとることができるとした。ソマリア沖海賊に対処する場合が、この「特別の必要がある場合」に該当することは論を俟たないところであろう。

そして、この条項において、自衛隊法82条の適用を除外していることから、自衛隊は、日本人が乗船していない外国籍船などをも保護対象として活

---

(68)　初又・前掲注(58)66頁。

動することが可能となった。

また、武器の使用については、8条2項により、警察官職務執行法7条の規定及び本法6条の規定によることとなっているので、先に述べた海上保安官等の場合と同様に扱われることとなる。

なお、この法律が制定されたことで、それまで自衛隊の護衛艦2隻が行っていた海上警備行動は、この法律による海賊対処行動となり、同様の活動が続けられた。

第8　ソマリア沖海賊によるグアナバラ号襲撃事件の事案の概要等

本件事案の概要については、公判廷で朗読された起訴状、冒頭陳述及び判決書等によれば、次のような事実関係が判明する。

1　公訴事実の要旨

被告人4名は、平成23年（2011年）3月5日午後10時12分ころ（現地時間2011年3月5日午後5時12分頃）、北緯16度00分、東経62度51分付近のアラビア海の公海上において、自動小銃を乱射しながら、乗船していた小型ボートで、バハマ船籍のオイルタンカーであるグアナバラ号に接近し、同船に乗り移った上、同船の船長室ドアに向けて自動小銃を発射するなどして、船長ら同船の乗務員24名を脅迫し、操舵室内に押し入って操舵ハンドルを操作するなどして、ほしいままに同船の運航を支配する海賊行為をしようとしたが、同月6日午後5時22分ころ（現地時間同月6日午後0時22分ころ）、北緯17度00分、東経58度50分付近のアラビア海の公海上において、同船の救援に駆けつけた米国海軍兵士に制圧されたため、その目的を遂げなかったものである。

2　判決結果等

前記のとおり、本件は、被告人4名による犯行であるところ、いずれも東京地裁において審理がなされ、被告人Aに対しては、2012年（平成25年）4月12日、懲役11年に（東京地判平成25・4・12公刊物等未登載）、被告人B及び

Cに対しては、同年2月1日、いずれも懲役10年に（東京地判平成25・2・1公刊物等未登載）、被告人Dに対しては、同月25日、懲役5年以上9年以下に（東京地判平成25・2・25公刊物等未登載）それぞれ処せられているところ（公刊物等未登載）、いずれも確定している（なお、被告人B及びCに対する控訴審については、東京高判平成25・12・18判タ1407号234頁参照）。

3　被害船舶グアナバラ号の概要
(1)　グアナバラ号の船籍等
　この船舶は、日本の商船会社の100％出資子会社が所有するバハマ国船籍船で、本件当時は、前記商船会社が借り受け、不定期船として運航していた。この船には、本件事件当時、船長以下24名（いずれも外国籍の民間人）が乗り組み、ウクライナで原油を積み、シンガポールに向かって航行していた。

(2)　グアナバラ号の海賊対策
　この船舶の海賊対策としては、船縁や船橋の外階段等に有刺鉄線を張り巡らせ、緊急用の無線や衛星電話等を準備してはいたものの、銃器類等を備え付けてはいなかった。
　また、海賊に乗り込まれた場合の対策として、甲板下の機関室に避難してその出入り口を溶接した上、操船機能を操舵室から機関室に切り替えることとしていた。

4　犯行状況等
　被告人4名は、海賊組織のリーダーの下に報酬目当てで集まり、2011年（平成23年）2月頃、母船となる漁船に、被告人らや前記リーダー等21名が乗り込み、自動小銃19丁、ロケットランチャー2丁、小型ボートなどを積み込んで出港した。
　その後、同年3月5日、前記海賊グループにおいて、グアナバラ号を発見したことから、同船を襲撃することとし、前記リーダーの指示の下、被告人4名が実行部隊として、各自自動小銃を携帯した上、小型ボートに乗り移り、同日の現地時間午後4時（日本時間同日午後9時）頃から、グアナバラ号

の追跡を開始した。

　一方、グアナバラ号も被告人らが海賊であると認識し、全速力で逃げ切りを図ったが、被告人らの小型ボートの方が速力に勝っており、追いつかれると考えたことから、グアナバラ号の船長の指示で、救難信号を発するとともに、機関室への避難を開始し、操船機能を操舵室から機関室に切り替えた。また、機関室への降り口を溶接した上、通路ドアにつっかい棒をするなどして、外部からの侵入を遮断する措置を講じた。

　被告人ら4名は、同日の現地時間午後5時過ぎころ（日本時間同日午後10時過ぎころ）、自動小銃を乱射してグアナバラ号の乗務員を威嚇しながら、前記小型ボートをグアナバラ号の船尾右舷に横付けした。そして、被告人ら4名は、長さ約6メートルの金属製組み立てはしごを使用して、小型ボートからグアナバラ号の船橋上部甲板に乗り移った[69]。

　被告人らは、自動小銃を乱射し、船橋のレーダーマストに設置されたレーダーやアンテナ等を破壊した。さらに、操舵室ガラス窓を割り、バールを使用して操舵室入り口のドアを損壊し、同室内に侵入した。同室内において、被告人らは、母船と合流するためグアナバラ号を停止させようと操舵装置等のハンドルを操作したものの、操舵機能が切り替えられていたため機能せず、そのためグアナバラ号を停止させることはできなかった。

　また、被告人らは、乗組員を人質にし、グアナバラ号を操縦させようとして、乗務員を捜すため、階下に通じる操舵室のドアを破壊し、自動小銃を持って降りた。その後、被告人らはドアの表示から船長室を発見し、同所に船長がいるものと考え、同室のドアに向けて自動小銃を発射した。その銃弾はドアを貫通し、同室内の窓ガラスやソファーを損壊した。さらに、同室内に侵入したほか、機関長室等のドアなどを損壊して乗務員を捜し回ったものの、乗務員を発見することはできなかった。

---

[69]　タンカーは積荷がない時は、喫水線が高く、乗り込みにくいので比較的安全であるが、原油を積んでいるときは、これが低くなり、乗り込みやすくなって、海賊の標的となるのである（本件ソマリア沖海賊事件の公判における商船会社管理職社員の証言）。

5 被告人らの制圧状況及び逮捕状況等

(1) 制圧状況

アラビア海を航行中の米国海軍護衛艦バークレー号は、グアナバラ号からの前記救難信号を受信し、直ちにグアナバラ号の救出に向かった。

そして、同月6日午後0時過ぎころ（日本時間同日午後5時過ぎころ）、アラビア海の公海上、北緯17度00分、東経58度50分付近において、グアナバラ号の救出活動を行い、被告人ら4名は、米国海軍により拘束され、被告人らが所持していた自動小銃4丁やそれに適合する弾薬等が押収された。

(2) 逮捕状況等

その後、東京海上保安部は、東京地方裁判所裁判官から被告人4名の逮捕状の発付を得た上、同年3月11日、アラビア海の公海上において、自衛隊護衛艦に乗船していた海上保安官が、米国海軍から引渡しを受けた被告人4名を海賊対処法違反により通常逮捕した。

被告人らは、同月12日、前記護衛艦によりジブチ共和国に運ばれ、同月13日、海上保安庁の航空機で日本に搬送され、同日、東京地方裁判所での勾留請求手続を経て、東京拘置所に勾留された。

第9 本件海賊事件における捜査上の問題点

1 外国に裁判を委ねるか否か

本件では、上述したように被告人4名を日本に搬送し、日本で裁判を実施することとしたものであるが、これまで述べてきたように、普遍的管轄権が認められる海賊行為である以上、必ずしも日本において裁判を行わなければならないというわけではない。それゆえ、沿岸国などの外国と必要な調整をした上で、当該外国の港等で海賊を下船させ、当該外国の官憲にその身柄を事実上引き渡し、当該国の法令に基づく処分に委ねることも可能である。このような措置は、当該外国との間で合意があれば可能であり、特に条約等の締結が必要とされるわけではない。

ただ、そのような場合、海賊を逮捕したまま外国の領域内に入ることは、当該外国の主権を侵害するおそれがあることから、もしそのような措置を執

るのであれば、我が国の刑事手続上、海賊を釈放した上で、艦長、船長の下船命令により当該海賊を当該外国の港等で下船させることにより、外国に事実上引き渡すという手続になるものと考えられる[70]。

もっとも、本件では、日本で裁判を実施することとしたので、このような手続が執られることはなかった。

2 刑事訴訟法上の身柄拘束に掛かる時間制限

刑事訴訟法上、司法警察員は、逮捕された被疑者を受け取った時は、被疑者の身体が拘束されてから48時間以内に検察官に送致しなければならず（刑事訴訟法203条1項）、検察官は、被疑者の身体が拘束されたときから通算して72時間を超えずに裁判官に勾留の請求をしなければならないという時間制限が規定されている（同法205条1項、2項）。そして、本件では、遠く離れたアラビア海上での逮捕であるため、その時間制限に従うことはできない状況下にあった。

しかしながら、同法206条1項には、「やむを得ない事情によつてこの時間の制限に従うことができなかったときには、検察官は、裁判官にその事由を疎明して、被疑者の勾留を請求する」ことができるとされている。そこで本件が、遠洋の洋上における海賊事案であり、我が国までの搬送状況を含めて時間制限に従うことができなかった「やむを得ない事由」を疎明することにより、勾留請求は可能であり、本件でも、時間制限に従うことはできかったものの、上記疎明により、前述したように勾留請求は認められた。

3 証拠収集上の問題

グアナバラ号はその目的地の関係上、来日の予定がなかったことから、我

---

[70] ちなみに、2009年（平成21年）4月3日、当時の中曽根外相とジブチ共和国のユスフ外務・国際協力大臣は、「ジブチ共和国における日本国の自衛隊等の地位に関する日本国政府とジブチ共和国政府との間の書簡」の署名と交換を行っている。同文書では、逮捕した者を護送するために、同国の領域を通過する場合、我が国の法執行機関において、必要な措置を執ることが認められている。つまり、同国との合意により、海上保安庁職員等が逮捕した者を護送するためにジブチ共和国の領域を通過する場合、必要な拘束の措置を執ることができるということである。

が国の捜査機関は、同船まで赴いての証拠収集活動が余儀なくされた。

　ただ、日本の捜査機関による証拠収集活動は、国家による捜査活動であることから、外国の領域内でこれを行う場合は、当該外国の主権を侵害するおそれがある。

　そのため、公海上でグアナバラ号内の実況見分等の証拠収集活動を実施するのであれば何等の問題も生じないが、どこかの国に寄港し、停船した状態でこの活動を行うのであれば、当該外国政府の了解を得る必要がある。

　また、被告人らの身柄を拘束したのは、米国海軍であることから、その関係者から被告人らの制圧状況等を聴取するためには、捜査共助の手続を執る必要があった。

4　通訳の問題

　被告人らは、米国海軍に制圧される前に口裏合わせをしており、漂流中に救助を求めただけで、自分たちは海賊ではないとの弁解をすることとしていた。そのような弁解を含めて、被告人らの取調べを実施する必要があったものの、被告人らにはソマリアの母国語であるソマリ語しか通じなかった。

　このような少数言語の通訳を必要とする場合、通訳人の確保は困難な問題となる。特にそのような場合、通訳人の能力が十分であるかどうか、その正確性等の担保が後の公判でも問題になることはしばしばであるので要注意である[71]。

5　被告人らの人定の問題

　被告人ら4名は、その生年月日等を証明できるような資料は何も持っておらず、また、TFGに照会しても公的な身上関係を確認することが期待できない状況であったことから、その人定は捜査上大きな問題となった。最も問題となるのは、被告人らが成年に達しているかどうかであり、そうでなければ少年法が適用されることから、家裁送致の手続が必要となるからである。

---

(71)　通訳人の通訳の正確性を担保する方法等の問題については、拙稿「来日外国人犯罪に対する長期的視野に立った捜査・公判対策について」研修722号（2008年）19頁以下参照。

被告人ら4名のうち、1名については、捜査段階から未成年の疑いもあったことから、最初から少年法の手続を適用し、東京家裁に送致し、その逆送を受けて公判請求したが、その他の3名については、いずれも20歳を超えている旨の供述であったことから、成年として扱い、東京地裁に公判請求した。

しかしながら、その3名のうち、1名については未成年であった疑いが残るとして東京地裁は公訴棄却決定をしたことから、改めて少年法による手続を経て、東京地裁に公判請求されるに至ったという事実経過も認められる。

このように、ソマリア沖海賊などのような事件では、人定に関し、少年法による手続が必要となるかどうかで問題となることは、今後も同様に起きるものと思われる。

第10　本件海賊事件における法律適用上の問題点

本件では、被告人4名を逮捕勾留した段階では、被告人らが自動小銃を乱射しながらグアナバラ号に乗り込んだ事実程度しか証拠に裏付けられる犯罪事実が認められなかった。そのため、海賊行為をする目的で、航行中の船舶に侵入する行為に係る海賊対処法3条3項、2条5号違反で逮捕状を得て、同事実により勾留請求がなされた。

しかしながら、その後、上述したように、被告人ら4名は、船長室のドアに向けて自動小銃を発射していること、同室内のソファーなどを損壊していること、同室内に船長らがいれば殺傷のおそれがあったこと、レーダーアンテナをいち早く損壊したこと、操舵室に押し入って操舵機器を動かしたことなどの事実関係に鑑みれば、その客観的行動からして、グアナバラ号の運航を支配しようとしたことは明らかであった。

そのため、起訴の際には、船舶の運航支配に係る海賊対処法3条1項、2条1号を適用し、ただ、最終的には、グアナバラ号の運航を支配しきれないまま、米国海軍により制圧されてその目的を達していないことから、その未遂と考えられた。

そこで、当初、勾留請求の際の海賊目的での船舶侵入罪と、船舶強取・運

航支配罪の関係をどのように考えるかが問題となる。もっとも、船舶侵入罪は、運航支配罪を犯すに当たっての前提となる行為であり、それは船舶の強取・運航支配に向けた一連の行為であると評することができるものであることから、船舶強取・運航支配罪が成立する場合には、船舶侵入罪は吸収されると考えるべきであろう。また、実際にももそのような判断に基づいて起訴されている（もっとも住居侵入とその後の強盗と同様に考えるのであれば牽連犯と考えることもできると思われる。）。

第11 本件海賊事件における公判上の問題点

1 被告人らの主張

本件の公判においては、被告人B、Cは事実関係を認めたものの、被告人Aは犯行を全面的に否認し、被告人Dは、共同正犯ではなく、幇助犯に過ぎないとの主張をしていた。これらは、いずれも事実認定上の問題であるが、これまでに述べてきた事実関係が法廷においても証拠上認められたことから、それらの主張はいずれも排斥されている。

その他に法律上の主張として、いずれの被告人についても、①海賊対処法の合憲性、②刑事裁判管轄権の有無、③被告人らの引受行為等の違法性が主張されたので、それらについて前記各判決では[72]、次のように判断している（なお、控訴審判決も概ね同様の判断をしている。）。

2 海賊対処法の合憲性について

まず、弁護人は、海賊対処法は、自衛隊が海賊対処行動を取ることや、その際、一定限度で武器を使用することを認めるもので（6条ないし8条）、国際紛争を解決する手段としての武力による威嚇又は武力の行使を禁じる憲法9条等に反する無効な法律であるから、本件は、起訴状に記載された事実が真実であっても、何らの罪となるべき事実を包含していないときに該当す

---

[72] 前記のとおり、被告人ら4名に対し、3件の判決が言い渡されているが、いずれも同じ裁判体によるものであり、以下の判決文は、いずれの判決でも全く同様である。

（刑訴法339条1項2号）と主張した。

　しかし、前記東京地裁判決では、「本件では、海賊対処法のうち、被告人に対する刑事処罰規定としての2条及び3条の適否が問題となるのであり、また、本件については自衛隊が海賊対処行動を取ったことも、武器を使用したこともないのであるから、海賊対処行動に関する同法6条ないし8条の憲法適合性を論じる余地はなく、この点に関する弁護人の主張は前提を欠くというほかない。」として一蹴している。この結論については議論の余地はないほど明らかであろう。

3　刑事裁判管轄権の有無について

　次に、弁護人は、国連海洋法条約105条は、「（海賊船舶等の）拿捕を行った国の裁判所は、科すべき刑罰を決定することができる」と規定しており、この規定は、海賊に対する刑事裁判管轄権を有するのは、文字どおり拿捕を行った国の裁判所に限ることを定めたものと解される。本件において被告人を拿捕したのは米国海軍であって、日本の海上保安庁や自衛隊ではないから、国際法上、日本には本件の管轄権が認められない。また、海賊対処法には国外犯処罰規定がなく、具体的にどのような海賊行為について管轄を及ぼす趣旨であるかは法文から明らかでないから、国内法上も日本には本件の管轄権が認められない。結局、本件は、被告人に対して裁判権を有しないときに該当する（刑訴法338条1号）と主張した。

　これに対し、前記東京地裁各判決では、「まず、国際法上の管轄権について、国連海洋法条約100条は、『すべての国は、最大限に可能な範囲で、公海その他いずれの国の管轄権にも服さない場所における海賊行為の抑止に協力する。』と定めている。海賊行為が公海上における船舶の航行の安全を侵害する重大な犯罪行為であることや、海賊行為をめぐる国際社会の対応等の歴史的な沿革を踏まえ、その規定の趣旨を勘案すると、海賊行為については、旗国主義の原則（公海において船舶は旗国の排他的管轄権に服するというもの）の例外として、いずれの国も管轄権を行使することができるという意味での普遍的管轄権が認められているものと解するのが相当であり、弁護人が指摘する国連海洋法条約105条の存在によっても、拿捕を行った国以外の国が刑事

裁判管轄権を行使することは妨げられないというべきである。

次に、国内法上の管轄権についてみると、海賊対処法は、公海等における一定の行為を海賊行為として処罰することを規定し（2条ないし4条）、国外での行為を取り込んだ形で犯罪類型を定めている。このような規定の仕方自体から、海賊対処法には国外犯を処罰する旨の「特別の規定」（刑法8条ただし書）があるものと解され、さらに、前記のとおり海賊行為については普遍的管轄権が認められることを併せ考えると、海賊対処法は、公海上で海賊行為を犯したすべての者に適用されるという意味で、その国外犯を処罰する趣旨に出たものとみることができる。したがって、海賊行為について国外犯処罰規定がないといえないことはもちろん、管轄を及ぼすべき具体的な行為が法文から明らかでないともいえない。」として、国連海洋法条約の解釈としても、海賊対処法の解釈としても、いずれも主張には理由がないとしている。

国連海洋法条約の解釈については、これまで述べてきたとおり、拿捕した国以外の国による裁判権の行使が認められることは当然であり、弁護人の主張が失当であることは明らかである[73]。

---

(73) もっとも、本件ソマリア海賊を拿捕したのが米国海軍であって、米国が国連海洋法条約に参加していないことから、この米国海軍の拿捕に基づく引渡しによる裁判管轄権の合法性を検討するに当たり、国連海洋法条約の規定を基にして議論するのは、前提を欠くのではないかとの問題点がある。
　しかしながら、そもそも国連海洋法条約の有無にかかわらず、普遍的管轄権は国際法上認められると考えられるのであるから、特に同条約の条文を根拠としなくとも、日本にも本件の普遍的管轄権は認められてしかるべきである（仮に、米国海軍の行為が国連海洋法条約の対象外であるとしても、そこから引渡しを受けた日本の司法機関の行為としては、きっかけが条約対象国外であるだけで、その後の自らの行為については同条約の適用下になるものと解することも不当ではないであろう。）。
　なお、控訴審判決では、この点をも考慮されたのか、本件の管轄権を認めるに当たって、「海賊行為は古くから海上交通の一般的安全を侵害するものとして人類共通の敵と考えられ、普遍主義に基づいて、慣習国際法上もあらゆる国において管轄権を行使することができるとされており、実際、ソマリア海賊に関しても海賊被疑者を拿捕した国が第三国に引き渡し、第三国もこれを受け入れ、訴追、審理を行った例が多数見られるところである。こうした慣習国際法上の実情及び国家実行に加えて、国連海洋法条約100条が、上記のとおり海賊行為に関し、すべての国に対する協力義務を規定していることも併せ考慮すれば、国際法上、いずれの国も海賊行為について管轄権を行使することができると解される。」という理由づけをしてい

また、海賊対処法において、管轄権の規定を置かなかったことについては、たしかにこれを批判する見解もあるが[74]、これに対しては、条約上は権能として定められている普遍的管轄権の行使であるが、国内法で国際法上の海賊行為を犯罪として規定することにより、公海上でも国内法上は処罰義務が発生することになるとの見解などがある[75]ことに照らしても、前記の判旨は正当であろう[76]。

4　被告人らを引き受けた行為等の違法性

　さらに、弁護人は、仮に、本件の管轄権が日本を含む複数の国に認められるとしても、被告人を拿捕した米国は、その中からあえて日本を選択して被告人の処罰を求めたことになる。しかし、逮捕に際して被告人は十分な理由を告げられておらず、法律で定める手続も十分に履践されていない上、ソマリ語の通訳人を伴う形で弁護人と接見することができたのは拘束されてから13日後のことであり、その後も、弁護人との意思疎通は二重通訳によらざるを得ないという事態を生じさせるなどしたもので、日本による被告人の引受行為は、被告人の直ちに弁護人に依頼する権利等の防御権を侵害する契機となったものであるから無効であり、これに引き続く本件公訴の提起も当然に無効となる（刑訴法338条4号）。また、公訴の提起自体が無効とまではいえないにしても、管轄権の行使の基準は、被告人の防御の利益を最大限保障することに求められるべきであるのに、本件では前記のとおり被告人の防御権を

　　る。
(74)　国際法上は普遍的管轄権が認められており処罰は可能であるが、日本がソマリア沖で外国籍の海賊を逮捕し、裁判のために日本まで連行するためには、罪刑法定主義からも明示の規定が必要であったとの批判である（森川幸一「海賊取締りと日本法——海賊対処法制定の意義と背景——」国際問題583号〈2009年〉59頁）。
(75)　第171回国会参議院外交防衛委員会会議録15号（2009年6月2日）4頁。中村功一「海賊行為への処罰及び海賊行為への対処に関する法律違反の罪の成立が認められた事例」研修780号（2013年）24頁。
(76)　後藤啓介「刑事裁判判例批評（283）」刑ジャ42号（2014年）142頁では、被告人Aに対する東京高判平成26・1・15判タ1422号142頁に関して、同判決の意義として、刑事裁判管轄権を認めた判断を評価している。なお、同旨のものとして、河村有教「日本における海賊対策とグアナバラ号事件」（海保大研究報告59巻2号〈2015年〉87頁）も参考になる。

著しく侵害することとなるような管轄の設定がなされているから、本件は、被告人に対して裁判権を有しないときに該当する（刑訴法338条1号）と主張した。

　これに対し、前記東京地裁判決では、「当裁判所の事実取調べの結果によれば、日本の海上保安官は、平成23年3月11日に被告人を逮捕するに当たって、逮捕状（写し）のほか、ソマリ語で「日本の法律に基づく海賊行為の容疑で逮捕する」旨の記載がある「逮捕手続き対話カード」や、「あなたには、弁護人を頼む権利がある」旨の記載がある「弁解録取対話カード」を示したが、被告人には識字能力がなかったため、翌12日、ソマリ語の通訳人を介し、口頭で被疑事実の要旨及び弁護人選任権を告げたことが認められる（これに反する被告人の供述は信用できない。）。そして、被告人は、航空機で日本に護送され、同月13日には東京地方裁判所で裁判官の勾留質問を受け、その翌日には弁護人が選任されている。また、被告人がアメリカ合衆国海軍に拘束されてから前記逮捕までには5日間を要しているが、この間に東京海上保安部は、アラビア海の公海上で行われた本件海賊行為の捜査をした上で東京地方裁判所に逮捕状の請求をし、裁判官から逮捕状の発付を受け、さらに、被告人を逮捕するためにアデン湾沖へ向かっていたのである。このように、被告人の引渡しと逮捕、その後の弁護人の選任までの一連の手続は、種々の制約がある中で可及的速やかになされたとみることができる上、その逮捕手続についても、海上保安官は、令状主義の精神に則り、被告人に対して逮捕の理由と弁護人選任権を告知するよう努めたことがうかがわれるから、弁護人が指摘する事情を考慮しても、被告人に対する逮捕手続等に公訴の提起を無効とするような違法があるとはいえない。また、その後の被告人との意思疎通が二重通訳になるなどしたからといって、そのことをもって本件公訴の提起が違法になるとは解されない。被告人の防御権の侵害を理由とする弁護人の主張は、いずれも理由がない。」として、その主張を排斥した。

　具体的な証拠関係に基づく認定であるが、上記認定に係る事実関係に照らせば、被告人の防御権が侵害されていたとはおよそ言えない状況であり、公訴提起に違法のおそれが生じる余地は全くないと言えるであろう。

第12　他国での海賊処罰事例

　2011年（平成23年）1月15日、韓国の企業が運航していたマルタ籍船である三湖（サムホ）ジェリー号において、ソマリア人海賊らが、韓国人である船長に銃を乱射して殺害しようとし、また船員21名を人質に取った海賊事件が発生した。その事件においては、実行犯である海賊8名が射殺されるとともに、5名のソマリア人海賊が拘束され、韓国において、海上強盗殺人未遂、海上強盗傷害、特殊公務執行妨害罪等の罪で起訴された。
　これに対し、同年5月27日、釜山地方法院は、主犯のソマリア人に無期懲役を、他の被告人らには、懲役15年等の判決を言い渡した。ただ、韓国では、日本のような海賊対処法はなく、既存の刑法等を適用して判決したものである。そして、そのような刑法等の適用が可能であったのは、傭船していたのが韓国の企業であり、被害者が韓国国民であったからである[77]。

第13　ソマリア沖海賊対策における最近の立法状況

　2013年（平成25年）11月13日、海賊多発海域における日本船舶の警備に関する特別措置法が成立し、同月20日公布され、同月30日に施行された。
　この法律は、海賊多発海域において、原油等の輸送の用に供する日本船舶の航行に危険が生じていることに鑑み、その航行の安全を確保するため、一定の要件を満たす警備員が小銃を所持した警備を行うことができるようにしたものである。
　これまでに述べてきたように、ソマリア沖海賊は高性能の武器等を用いてタンカー等を襲撃しており、各船舶はこれに対処する必要があるものの、日本船舶に対しては、銃刀法が適用され、銃器の所持が禁止されるため、銃器を用いた海賊行為への対処が困難であった。一方、多くの諸外国では民間武装警備員の乗船を認めており[78]、これが海賊被害の減少につながっている

---

(77)　坂元・前掲注(11)190頁。

ことも明らかであった。

　そのため、日本船主協会は、政府に対し、日本の国内法が適用される日本籍船への公的ガード（自衛官や海上保安官）及び民間武装警備員の乗船を可能にするよう求めてきた[79]。

　公的ガードについてはマンパワーの関係でハードルが高いものの、今回、民間武装警備員の乗船を可能にすることで、これが日本船舶の航行の安全に寄与することは当然であろう。

　ただ、そのためには厳格な要件も定められており、対象海域が海賊多発海域に限定され、船舶ごとに使用する警備会社、警備の実施方法等について記載した警備計画書の作成及び国土交通大臣の認可を義務付けるなどしている。

　その上で、同法14条により、一定の要件に該当する警備員は、小銃（ライフル銃）を所持することができ、警告を行うため合理的に必要とされる限度においてなど、一定の限定された場合において、小銃を発射して警備を実施することができるとされた。

第14　この章のおわりに

　これまでみてきたように、海賊対策は、全世界的に取り組まなければならない重要な課題である。海賊行為に対しては、普遍的管轄権が認められ、どの国家においても、その処罰の実施に向けた真摯な努力が求められる事柄である。

　たしかに日本の海賊法制は、国連海洋法条約100条の協力義務の理想型ともいえるものであるが、日本が一国でソマリア沖のすべての海賊を訴追し処罰するという負担を背負うことは不可能であることから、海賊の不処罰をな

---

(78)　主要海運国において、民間武装警備員の乗船を認めている国は、シンガポール、英国、米国、イタリア、ノルウェー、ドイツ、韓国、デンマーク、フィリピン、ベルギー、スペイン等であるところ、そのような制度がない国は、日本のほかは、ギリシャとスウェーデンくらいであり、その両国もこれを認める法案を作成中か審議中という状況である（国土交通省ホームページ）。

(79)　岡留・前掲注(53)68頁。

くすためにも、周辺国はもちろんのこと、他の海賊法制を有していない国々も海賊を犯罪化する法整備を急ぐべきであろう[80]。

　そのような世界的な潮流の中にあって、日本におけるソマリア沖海賊の裁判を実施することの国際法的意義は極めて大きいものがあり、今後、同様の事案が発生した場合には、躊躇することなく海賊対処法の積極的な適用を図ることが望まれるものと考える。

---

(80)　坂元・前掲注(11)191頁。

第12章

反捕鯨団体シー・シェパード構成員らによる捕鯨調査船妨害事件等

第1　はじめに

　ここで紹介しようとする事案は、先のソマリア沖海賊の事件と同様に、公海上を航行中の船舶上での威力業務妨害等の事件で、**東京地判平成22・7・7判時2111号138頁**の事案である。

　この事案では、上記海賊事件とは異なり、安保理決議等が存するわけではなく、その意味で国際法上固有の問題が存するものではない。しかしながら、属地主義に基づいて日本の刑法が適用されるかどうかなども検討すべき事案であり、その他に共通する問題もあるので、海賊事件に引き続いて検討することとする。

第2　反捕鯨団体シー・シェパードの概要

　シー・シェパードは、カナダ人ポール・ワトソンを代表として、1977年（昭和52年）に設立された団体で、米国に事務所を置き、海洋野生生物捕獲に対する妨害活動を繰り返している団体である。この団体は、2006年（平成18年）以降、財団法人 A 研究所が南極海に派遣する捕鯨調査船団に対し、酪酸等の薬品の投てき、スクリューに絡ませるためのロープの投下、調査船への不法侵入などの妨害行為を繰り返していた。

第3 上記判決により認定された犯行に至る経緯及び犯行状況

1 事案全体の犯行の概要

本件は、シー・シェパードの構成員である被告人が、同団体の関係者らと共謀の上、①財団法人A研究所が南極海で行っている調査捕鯨を妨害するため、調査捕鯨船団を構成する××丸に対し、同船左舷側甲板上に乗組員がいることを認識しながら、ランチャーを用いて酪酸入りのガラス瓶を発射し、これを船体に衝突・破裂させ、その酪酸を飛散させて、その悪臭等により威力をもって同船の乗組員らの業務遂行を妨害するとともに、乗組員1名に酪酸を付着させて顔面化学熱傷の傷害を負わせ、その後、②××丸の侵入防止ネットをナイフで切断し、器物を損壊して同船内に侵入したほか、③その侵入時、単独で、同船内において上記ナイフを不法に携帯したという事案である。なお、詳細は以下のとおりである。

2 威力業務妨害及び傷害の犯行に至る経緯

財団法人A研究所は、日本国籍船舶で編成される鯨類捕獲調査船団を南極海に派遣し、鯨類の捕獲調査を実施してきたが、平成17年（2005年）から同18年（2006年）にかけて行われた第19次調査において、シー・シェパードによる妨害を受け、その後の調査においても同団体による妨害行為が行われてきた。

被告人は、シー・シェパードに所属し、平成21年（2009年）12月ころから、船舶「アディ・ギル号」を使用して、上記調査に対する妨害を行うようになった。

同研究所は、平成21年（2009年）11月から同22年（2010年）4月にかけて実施した第23次調査において、日本国籍船舶5隻で編成された鯨類捕獲調査船団（以下「調査船団」という。）を南極海に派遣したが、このうちの××丸は、鯨類の目視調査のほか、シー・シェパード側の船舶であるスティーブ・アーウィン号及びアディ・ギル号等による妨害行為を事前に阻止し、あるいは排

除することを任務としていた。

　平成22年（2010年）1月6日、アディ・ギル号は、××丸と衝突し、大破して航行不能となり、以後、被告人は、スティーブ・アーウィン号等に乗船するなどして調査船団に対する妨害を行っていた。

　被告人は、同年2月11日午後10時55分頃、スティーブ・アーウィン号から降ろされたエンジン付きゴムボートに乗って××丸に接近し、他のシー・シェパードの関係者らと共に、同船に向けてガラス瓶様のものを投げ入れようとしたが、これらは同船に設置された侵入防止ネットに阻まれた。そこで、被告人らは、××丸と併走する上記ゴムボート上から、圧縮空気式発射装置を用いて、酪酸の入ったガラス瓶を××丸に撃ち込むこととした。

3　威力業務妨害及び傷害に関して認定された罪となるべき事実

　被告人は、反捕鯨団体シー・シェパードの構成員であるが、財団法人A研究所が農林水産大臣の許可を受けて実施中の南極海鯨類捕獲調査を妨害することを企て、上記団体の関係者である氏名不詳者らと共謀の上、平成22年（2010年）2月11日午後11時（日本時間）頃、南緯60度9分、東経60度9分付近の南極海（公海）上において、航行中の日本国籍船舶である××丸左舷側船橋甲板上及び左舷側上甲板上等で、同船船員らが、前記財団法人の要請を受けて実施していた南極海鯨類捕獲調査業務及びこれに付随する同船の操船業務並びにシー・シェパードの構成員らによる同調査への妨害行為の排除業務に従事しているのを現認しながら、前記ゴムボート上から、××丸左舷側船橋部をめがけて酪酸の入ったガラス瓶を圧縮空気式発射装置から発射して、同所に衝突させ、同ガラス瓶を破裂されてガラス片及び同ガラス瓶内の酪酸を、左舷側船橋甲板上及び左舷側上甲板等に飛散させ、当時、左舷側上甲板上で前記業務に従事していた同船船員D（当時24歳）に対し、その顔面等に酪酸を付着させる暴行を加えるとともに、左舷側船橋甲板上及び左舷側上甲板等に異臭を拡散させるなどし、同船船員らの前記業務の遂行を著しく困難にさせ、もって、威力を用いて人の業務を妨害するとともに、前記暴行により、Dに全治まで約1週間を要する顔面化学熱傷の傷害を負わせた。

4　器物損壊、艦船侵入及び銃刀法違反の犯行に至る経緯

被告人は、アディ・ギル号と××丸との前記衝突後、同船船長に対し衝突の責任を追及するとの名目の下に、同船に侵入することとし、平成22年（2010年）2月15日午前7時30分頃（日本時間）、シー・シェパードの関係者が操縦し、テレビ番組のカメラマンが同乗するジェットスキーに乗り、南極海（公海）上を航行中の××丸左舷側に秘かに接近した。

5　器物損壊、艦船侵入及び銃刀法違反に関して認定された罪となるべき事実

被告人は

(1)　シー・シェパードの関係者である氏名不詳者らと共謀の上、正当な理由がないのに、平成22年（2010年）2月15日午前7時30分（日本時間）ころ、南緯57度、東経65度付近の南極海（公海）上において、同海域を航行中の船長Eが看守する××丸の左舷側上甲板外縁部に両足を乗せて同所に設置されたB株式会社（代表取締役F）所有の侵入防止ネット（時価約13万円相当）を所携のナイフで切断して同船左舷側上甲板上に立ち入り、もって、他人の器物を損壊するとともに、人の看守する艦船に侵入し、

(2)　業務その他正当な理由による場合でないのに、前記第2の日時に、××丸左舷側上甲板上において、前記ナイフ（刃体の長さ約19センチメートル）1丁を携帯した。

第4　刑法の場所的適用範囲についての検討

まず、上記の威力業務妨害及び傷害の事案については、たしかに酪酸入りガラス瓶を発射した場所は、公海上であるものの、それを船内に飛翔させて内容物を飛散させたのであるから、実行行為の一部は日本船舶内で行われたと評価できる上、傷害結果は日本船舶内で発生していることから、いずれも刑法1条2項により、刑法の適用は可能である。

次に、器物損壊、艦船侵入及び銃刀法違反の事案については、被告人は、

××船の甲板外縁部に両足を乗せた状態から、所携のナイフでネットを切断していることから、日本船舶内でナイフを所持した事実が認められるし、併せて、そこで器物損壊の実行行為に及んだ事実、さらには、その結果発生が認められる上、その後、艦船に実際に侵入していることから、これが日本船舶内での行為であることは明らかであることなどに照らし、いずれも刑法1条2項及び8項により、刑法の適用は可能である。

第5　その他の事実認定上の問題について

1　弁護人の主張

　本件では、威力業務妨害、器物損壊、艦船侵入及び銃刀法違反の各罪体についてはほとんど争いはなく、もっぱら傷害罪の成否について争われた。

　弁護人は、被告人が圧縮空気式発射装置（以下「ランチャー」という。）を使用して酪酸入りのガラス瓶（以下「本件酪酸瓶」ともいう。）を発射し、これが××丸左舷側船橋部操舵区画の壁面に当たって割れ、瓶内の酪酸が流出したことは争わないものの、傷害の点につき、①Ｄの傷害が上記発射行為によって生じたと認めるには合理的な疑いがあり、傷害と被告人の行為との間に因果関係はない、②上記発射行為は人に向けられた有形力の行使、すなわち暴力に該当しない、③被告人は、本件酪酸瓶を発射するに当たり、本件酪酸瓶が乗組員を直撃し、あるいは、割れた瓶の破片が当たることのないよう人のいない場所をねらっており、Ｄが負傷したとする左舷側上甲板上の地点に乗組員がいるとの認識はなく、また、本件酪酸瓶の酸性度は低く、その有害性についての認識もなかったから、暴行あるいは傷害の故意もない、④Ｄの傷害の程度についても、全治約1週間と認定する根拠はないとして争った。

2　傷害が上記発射行為によって生じたもので因果関係が存するか否か

　この点について、本件判決では、本件犯行当時の××丸と被告人が乗船していたゴムボートとの位置関係、××丸の航行速度、当時の風速・風向、××丸上の乗組員の配置、被告人がランチャーを用いて発射した本件酪酸瓶の

着弾地点等について詳細に設定した上、本件酪酸瓶が飛翔した直後に目などに痛みを感じて負傷した旨の被害者Dの証言や、その付近にいた他の乗組員も同様の症状を来した旨の証言などの信用性を認め、「上記各証言等により認められる当時の具体的な被害状況のほか、乗組員の配置状況、甲板上の風向き、風速等を総合すれば、Dの傷害は、被告人がランチャーで発射した本件酪酸瓶が破裂し、その内容物の酪酸が空中に飛散し、その飛沫が左舷側上甲板上に降下し、Dの顔面等に付着して生じたものと認められる。」と判示した。

そもそも、酪酸は、中程度の強さの酸で、腐敗したバター様の不快なにおいがあり、短期暴露の影響として、眼、皮膚、気道に対し腐食性を有しており、皮膚への接触は、痛み、発赤、水疱、皮膚熱傷などを、眼への接触は、痛み、発赤、重度の熱傷、視力喪失などを惹起する危険な物質であることが認められるところ、Dらの前記症状は、酪酸を皮膚や目に浴びた場合に生ずる典型的な症状と同様のものであって、上記の傷害が酪酸によって引き起こされたものであることは疑いを容れないところであろう。

3　本件発射行為が暴行に該当するか否か

本件判決では、①そもそも、被告人は、××丸左舷側船橋部の目標地点を目がけて、ランチャーを使用して本件酪酸瓶を発射しており、被告人自身、上記行為により、同船の乗組員の近くで本件酪酸瓶を破裂させて酪酸の悪臭等を乗組員に及ぼし、その業務を妨害することを企図したことを認めていること、②Dの被害状況等からは、少なくとも、本件酪酸は、本件のような態様で破裂、飛散した場合には飛沫化して空中に拡散するような性状の液体であり、そして、その飛沫が皮膚等に付着した場合には人の生理的機能に障害を生じさせる有害性を有していたことが明らかであること、③被告人が使用したランチャーによる発射行為は、当時、左舷側船橋部付近に複数した乗組員に本件酪酸瓶を直撃させる危険が相当にあったこと、さらに、④これを船体に激突・破裂させることにより、粉砕されたガラス片や瓶内の酪酸を飛散させて、これらを左舷側船橋部付近にいた上記乗組員のほか、左舷側上甲板上に配置されていたDを含む乗組員の身体に浴びせ、人体に有害な影響

を及ぼす危険性もあったと認められることなどに照らせば、被告人の行為は、正に、人に向けられた不法な有形力に行使にほかならないものであって、客観的に暴行に該当することが明らかであると認定した。

4 被告人に暴行及び傷害の故意があったか否か

本件判決では、被告人が××丸に向けてランチャーで本件酪酸瓶を発射した時、同船左舷側甲板上には、複数の乗組員が妨害排除業務等に従事していたことをはっきりと確認できる状況にあったことがうかがわれるとし、また、被告人自身、本件発射行為当時、××丸の左舷側に複数の乗組員がいたことを認識したことを認めているところ、このような認識の下、被告人は、命中精度が高いとは言い難いランチャーを用い、左舷側船橋部の目標地点を目がけ、本件酪酸瓶を発射したという以上、当時、本件発射行為により、それら乗組員らに対する危険性を十分に認識していたものと認められるとして、暴行の故意に欠けるところはないと認定した。

また、被告人は、本件当時、酪酸はそもそも人体に無害であると思っていた上、本件で用いた酪酸は十分に希釈されたものであるから、乗組員に傷害の結果が生じることを全く想定していなかったとして、傷害の故意を否認していたが、本件判決では、「被告人は、酪酸を××丸の船内に飛散させ、その臭気等により乗組員の業務を妨害することを企図して本件発射行為に及んだことは前記のとおりであり、酪酸が酸性の液体であり、非常に強い臭気を放つ物質であることは認識していたものと認められる。したがって、被告人が酪酸の化学的性質の詳細を理解していなかったとしても、少なくとも、上記のような物質が人の目に入るなどした場合において、その生理的機能に障害を生じさせるといった程度の認識は十分にあったと認めることができる。」と認定した。

その上で、「そうすると、被告人は、本件発射行為時、自らが行おうとしている行為が、××丸左舷側船橋部付近や上甲板上にいた複数の乗組員に向けた不法な有形力の行使であるとの認識、即ち暴力の故意を有していたばかりでなく、これら乗組員のうちの誰かは分からないが、ガラス瓶そのもの、あるいは、飛散したガラス片及び酪酸の物理的、化学的作用により、その者

の人体の生理的機能に障害を生じさせる蓋然性を認識し、かつ、そのような障害が生じてもかまわないとの認容、すなわち傷害の未必的故意をも有していたと認められる。」として、傷害の未必的故意も認定した。

5　傷害の程度として全治約1週間もの傷害を負わせたのか否か

これについては、本件判決は、医師の診断書や被害者の証言などは十分に信用できるとして、全治までに約1週間を要する顔面化学熱傷の傷害を認めた。

すなわち、被害者Dも、「鏡で自分の顔を見たところ、目は充血し、両頬は赤くなり、左頬には水ぶくれができていた。左頬はじゅくじゅくして水ぶくれになっていた。」旨証言しており、「2月11日、Dの左頬に水ほうが生じ、その後かさぶたとなったこと、2月13日、J医師が、無線による問診と受傷部位を2月11日及び翌12日に撮影した各写真の観察により、Dの傷害につき、全治約1週間を要する2度の化学熱傷と診断したことが認められ」るとした。

この程度の障害を負わせたのであれば、傷害罪としての構成要件を満たすことは明らかであると思われるが、本判決に批判的な見解からは、「傷害が認めうる限界的事例であると思われる。それだけに判決はより合理性ある検討をなす必要があり、傷害の認定を厳格化しないまま、勢い傷害の未必の故意まで認定しているのは問題である。」とする見解もあるが[1]、傷害罪が成立するための傷害の程度としては十分であることは明らかであってり、また未必的故意を認定した上記判の論旨も的確であることから、この批判は当たらないものと考えられる。

6　結　　論

結局のところ、上記いずれの事実認定も証拠に基づいた緻密な認定であり、その判断過程に問題はない。傷害罪の認定をした本件判決は妥当なものと評価できるであろう[2]。

---

(1)　三枝有「判批」判評650号（2014年）40頁。

第6　シー・シェパードをめぐるその他の問題

　本件判決で認定された事実からも明らかなように、本件では、被告人以外にも共犯者がおり、共犯者と疑われる者のうちの1人としてシー・シェパードの代表であるポール・ワトソンがいる。
　しかしながら、同人の引渡し等については、前述したように、実現に至っていない。
　また、純然たる国内法の問題であるが、シー・シェパードは、和歌山県東牟婁郡太地町において、イルカ等の鯨類追込網漁業に伴う反捕鯨運動を展開しており、同町内での暴行事件等も発生している。

第7　この章のおわりに

　自然保護に名を借りた身勝手な犯行を繰り返すシー・シェパードに対しては、反捕鯨国は処罰も引渡しも応じていない。国際法上、大きな問題であるものの、政治的な決着がつかない限りは、国際刑事法上も如何ともしがたいという現実が突き付けられているところである。

（2）　丸山嘉代「刑事判例研究［435］」警論65巻7号（2012年）183頁以下も同旨である。

第13章

北朝鮮に対する国連安保理決議とその履行としての日本政府の制裁措置及び国内法による刑事処罰等について

第1 はじめに

　北朝鮮は、親子3代に渡って世襲により権力の移譲がなされた国家であり、様々な点で特異な面を有する国家であるといえよう。

　ここでは、北朝鮮による核実験を始めとする国際社会に対する種々の挑発行為と、それに対する国連安全保障理事会（以下、「安保理」と表記する。）による決議等の内容、それに応じた日本政府の対応、更には、その対応の一つとして国内法による刑事処分の実施状況等について概観することとしたい。

　なお、北朝鮮については、国連文書では、Democratic People's Republic of Korea（DPRK）と表記されているが、本書では、我が国での通常の呼称である「北朝鮮」という表記で行う。

第2　北朝鮮による対外的挑発活動及び安保理の対応

1　安保理決議825の採択

　北朝鮮は、1985年（昭和60年）12月12日、核不拡散条約（Treaty on the Non-Proliferation of Nuclear Weapons: NPT）に加入し、その後、1992年（平成4年）

1月20日、朝鮮半島非核化共同宣言に署名し（同年2月19日発効）、さらに、同月30日には、国際原子力機関（International Atomic Energy Agency: IAEA）との間の保障措置協定に署名するに至った（同年4月10日発効）。

ところが、保障措置協定に基づいて北朝鮮から出された報告に問題があることが判明し、北朝鮮が未申告の再処理（プルトニウム抽出）を行った疑惑が浮上した。

そこで、この問題に関して、IAEAが北朝鮮に対し、特別査察の要請を行ったところ、北朝鮮は、1993年（平成5年）3月12日、安保理議長に対して、この条約からの脱退を通知した。

これを受けて安保理は、同年5月11日、決議825を採択した[1]。ただ、その内容は、単に、北朝鮮に対し、その脱退についての再検討を求め（reconsider the announcement）、加盟国に対し、北朝鮮への説得を求めた（encourage the DPRK to respond positively to this resolution）にすぎないものであった。

2 安保理議長によるプレス声明

その後、北朝鮮は、1998年（平成10年）8月31日、弾道ミサイル・テポドン1号を発射し、このミサイルは、我が国の上空を通過して、三陸沖の公海に着弾した。

これに対して、安保理では、強い抗議に出ることはなく、安保理決議も議長声明も採択されず、単に、同年9月15日、安保理議長によるプレス声明が出されるにとどまった。議長声明でもそうであるが、プレス声明に至っては、国際法上、なんらの拘束力を有するものでもない。

なお、その内容としては、①北朝鮮による行動が地域における漁業及び航行活動に害を引き起こし、地域における国家間の信頼の促進に反するものであるとし、そのような行動を控えるよう北朝鮮に求めることなどであった[2]。

（1） S/RES/825（1993）.
（2） 中谷和弘「北朝鮮ミサイル発射」ジュリ1321号（2006年）49頁。

3　安保理決議1695の採択

しかしながら、北朝鮮は、再び2006年（平成18年）7月5日、弾道ミサイル合計7発（このうちの1発はテポドン2号）を発射した。

これを受けた安保理は、同月15日、決議1695を採択した[3]。ここでは、主文1において、弾道ミサイルを発射したことを非難した上（Condemns the multiple launches）、主文2において、弾道ミサイル計画に関連する全ての活動を停止するよう求めた（suspend all activities related to ist ballistic missile progaramme）。また、主文3において、加盟国に対しては、ミサイルやそれに関する資材等が北朝鮮に移転することのないように求めた（prevent missile and missile related items……being transfer to DPRK's）。さらに主文4においては、ミサイル計画等に関する資金の移動等についても禁止するよう求めた（prevent……the transfer of any financial resources in relation to DPRK's missile……）。

このように、この決議では、北朝鮮に対する輸出入・投資・送金等の全面禁止を求めるものではなく、ミサイル、大量破壊兵器計画に関連したものの禁止にとどまるものであって、本格的な経済制裁を発動したものではなかった。

また、この決議については、その法的拘束力の有無が議論となったが、我が国の伊藤外務政務官が、決議採択直後の演説において、法的拘束力があると述べていたことなどに照らして、我が国としては法的拘束力があるものと考えていた[4]。

（3）　S/RES/1695（2006）、国際連合安全保障理事会決議第1695号訳文（外務省ウェブサイト）
（4）　当時の麻生外相も同様の見解を述べている（中谷・前掲注(2)49頁）。もっとも、この法的拘束力の有無については、この決議1695の文中には登場しないものの、一般論としては、加盟国に対して、決議のうちどのパラグラフに拘束力があるかどうかにつき、「安保理はすべての加盟国が…すべきだと決定する」（decidesthat all Member States shall……）というパラグラフが拘束力を有する典型例であるとされる。ただ、拘束力を有するパラグラフはこのパターンには限らないとする（中谷和弘「経済制裁と国際法」法教338号〈2008年〉126頁）。もっとも、北朝鮮に対しては、安保理決議での表現が「決定」（Decides）であっても、「要求」（Demands）であっても、いずれも法的拘束力があるものと考えるべきであろう（浅田正彦「北

4　安保理決議1718の採択

そして、北朝鮮は、2006年（平成18年）10月9日、最初の地下核実験を実施した。

これに対する制裁措置として、同月14日、安保理決議1718が採択された[5]。この当時、我が国は、安保理議長国を務めており、決議の採択に大きな役割を果たした。

この決議の内容については、まず、前文において、

> ①　北朝鮮の発表した核実験が、国際の平和及び安全に対する明白な脅威と認定し（there is a clear threat to international peace and security）、国連憲章第7章の下で行動し、同憲章41条に基づく措置（非軍事的措置）をとること

が記載されたが、中国の強い要請により、国連憲章第7章に言及するに当たっては、武力行使につながる可能性のある42条を含まないようにするため、経済制裁措置等の非軍事的措置の規定である41条に限定することとなったという経緯が存する[6]。

　　　朝鮮の核問題と国連安保理の対応──制裁を中心に──」法セミ665号〈2010年〉38頁）。
(5)　S/RES/1718（2006）、国際連合安全保障理事会決議第1718号和訳（官報告示外務省第594号〈平成18年11月6日発行〉）。
(6)　ちなみに、国連憲章第7章は、「平和に対する脅威、平和の破壊及び侵略行為に関する行動」との表題が設けられ、その最初の条文である39条において、「安全保障理事会の一般的権能」について規定されている。すなわち、同条では、

> 安全保障理事会は、平和に対する脅威、平和の破壊又は侵略行為の存在を決定し、並びに国際の平和及び安全を維持し又は回復するために、勧告をし、又は第41条及び第42条に従っていかなる措置をとるかを決定する。

とし、そこで挙げられている41条については、「非軍事的措置」として、

> 安全保障理事会は、その決定を実施するために、兵力の使用を伴わないいかなる措置を使用すべきかを決定することができ、且つ、この措置を適用するように国際連合加盟国に要請することができる。この措置は、経済関係及び鉄道、航海、航空、郵便、電信、無線通信その他の運輸通信の手段の全部又は一部の中断並びに外交関係の断絶を含むことができる。

として、軍事力を用いないで圧力をかける場合について規定する一方、42条については、「軍事的措置」として、

> 安全保障理事会は、第41条に定める措置では不十分であろうと認め、又は不十分なことが判明したと認めるときは、国際の平和及び安全の維持又は回復に必要

次に、主文2ないし7において、

　② 北朝鮮に対し、核実験・弾道ミサイルの発射をしないことを要求し（not conduct any nuclear test or launch of a ballistic missile）、全ての核兵器、既存の核計画、大量破壊兵器及び弾道ミサイル計画の放棄を義務づけること（abandon all nuclear weapons and existing nuclear programme……）

が決定された。

そして、加盟国に対しては、主文8において、

　③ 軍関連物資、核・弾道ミサイル・大量破壊兵器関連物資を禁輸することや、奢侈品について北朝鮮の輸入を防止すること

が義務として求められ（Decides All Member Statestran shall prevent the direct or indirect supply, sale, or transfer to DPRK……）、また、

　④ 全ての加盟国内にある北朝鮮の核関連・大量破壊兵器及び弾道ミサイル関連の人物及び団体の資産を凍結すること

といった経済制裁措置も義務として求められた[7]。

その上で、主文8の最後に、全ての加盟国に対し、

　　　　な空軍、海軍又は陸軍の行動をとることができる。この行動は、国際連合加盟国の空軍、海軍又は陸軍による示威、封鎖その他の行動を含むことができる。
　　　としており、41条の非軍事的措置では足りない場合に、軍事的措置をも採り得ることを示しているものである。
　　　　なお、「非軍事的措置」といっても、武器の使用が全面的に禁じられているわけではなく、警察活動としての範囲にとどまるものであれば、武器の使用は認められる。
(7) 経済制裁措置は、一般には既存の経済関係条約との抵触の問題が生じ得ることになるが、安保理決議に基づく措置に関しては、国連憲章103条において、「国際連合加盟国のこの憲章に基づく義務と他のいずれかの国際協定に基づく義務とが抵触するときは、この憲章に基づく義務が優先する。」と規定されていることから、この点は問題とならず、さらに、各加盟国を拘束しない勧告的な経済制裁措置についても同様に解釈することが合理的であると考えられる（中谷・前掲注(4)126頁）。
　　　　なお、非軍事的制裁措置である経済制裁措置については、国家の単独の決定に基づく場合であっても、国際法上、「復仇」又は「報復」として認められるが、日本と北朝鮮の場合は、なんらの通商条約等が存しないことから、この場合の輸出入禁止措置等は「報復」に分類されることとなろう（中谷和弘「国家の単独の決定に基づく非軍事的制裁措置」國際法外交雑誌89巻3・4号〈1990年〉5頁）。

⑤　必要に応じて、自国の権限及び国内法令に従い、国際法に適合する範囲内で、貨物の検査を含めた協力行動をとることを要請すること（take……cooperative action including through inspection of cargo to and from the DPRK）

などが決議された。

なお、ここでいう「貨物の検査」（inspection of cargo）とは、洋上における検査（いわゆる船舶検査）に限らず、港や陸上における検査等をも含んでいると解される[8]。

このように、安保理決議1718は、国連憲章第7章とその中の41条に言及している上、具体的な制裁措置内容が明記されていることなどから、国連加盟国に対して法的拘束力を有する決定として採択されたものであることは明らかである。

この決定は、北朝鮮が行っている核及び弾道ミサイル関連の活動を網羅する形で、それまで北朝鮮が行ってきた活動を禁止し、義務づけられていなかった行為を義務づけるものとして、重大な措置であるといえよう[9]。

また、主文12において、安保理の理事国により構成される北朝鮮制裁委員会も設けられた。

5　安保理議長による議長声明の採択

その後、2009年（平成21年）4月5日、北朝鮮は、弾道ミサイルを発射した。このミサイルは、1段目は秋田県の西方の海域に落下し、2段目以降は、日本を越えて太平洋上に落下したと推定された。これについて、北朝鮮は、人工衛星の打ち上げであると主張していた。

これを受けて、国連安保理では、これまでの安保理決議1695、1718に違反したものとして、新たな決議案の採択を目指したものの、中国とロシアの反対により、議長声明によることとなった。そこで、同月13日、国連安保理は、北朝鮮の弾道ミサイル発射を非難する議長声明を採択した[10]。

（8）　寺林裕介「北朝鮮の各実験と国連安保理決議1718──核不拡散を目指す米国の布石──」立法と調査262号（2006年）10頁。
（9）　浅田・前掲注(4)38頁。

そこでは、安保理は、安保理決議1718に違反する北朝鮮による4月5日の発射を非難し（condemns the 5 April 2009 launch）、北朝鮮が決議1718の下での義務を完全に遵守しなければならないことを改めて述べ（must comply fully with its obligations under Security Council resolution1718（2006））、北朝鮮に対し、いかなる更なる発射を行わないよう要求した（mot conduct any further launch）。

ここでは、その議長声明全文を読んでも、「発射」（launch）について、それが何を発射したのか明記されておらず、その意味で玉虫色の決着が図られたわけであるが、「更なる発射」（any further launch）の内容として、「人工衛星ともロケットともミサイルとも書いていない」ことから[11]、今後については、たとえ北朝鮮が人工衛星であると強弁しても、今後幅広く「発射」を行わないよう北朝鮮に要求したものと解されると説明されている[12]。

このような議長声明により、国連加盟国に対しても、法的拘束力を有する安保理決議1718の法的義務の履行を改めて迫ったものである。

6　安保理決議1874の採択

その後、2009年（平成21年）5月25日、北朝鮮は、二度目の地下核実験を実施した。

これを受けて、同日のうちに、安保理に対して緊急会合の開催が要請され、中国が種々の反対をする中で、最終的に同年6月12日、安保理決議1874が採択された[13]。

この決議では、北朝鮮の核実験及びミサイル活動が国際社会の平和と安全に対する明白な脅威であると認定し（exist a clear threat to international peace and security）、国連憲章第7章の下で行動し、同第41条に基づく措置を採る

---

(10)　S/PRST/2009/7.
(11)　第171回国会参議院外交防衛委員会会議録第10号12頁（平成21年4月23日）伊藤信太郎外務副大臣答弁。
(12)　寺林裕介「北朝鮮の各実験と国連安保理決議1874――具体的な実効性を伴った対北朝鮮制裁決議――」立法と調査296号（2009年）68頁
(13)　S/RES/1874（2009）. 国際連合安全保障理事会決議第1874号和訳（官報告示外務省第328号〈平成21年6月19日発行〉）。

ことを明らかにした。

　ここでの北朝鮮に対する義務づけの内容は、先の1718とほぼ同一であり、具体的には、これ以上の核実験や弾道ミサイル発射を実施しないことを要求し（主文2）、すべての弾道ミサイル関連活動を停止することなどを決定し（主文3）、核不拡散条約からの脱退の発表を直ちに撤回してこれに復帰することを要求し（主文4）、全ての核兵器及び既存の核計画を放棄すること（主文8）などを決定している。

　そして、それらの要求や決定は、先の安保理決議1718と同様に法的拘束力を持つものと考えられる。

　その上で、この決議においても、一連の制裁措置を科している。

　具体的な制裁措置としては、まず、禁輸措置につき、安保理決議1718より、その範囲を広げ、主文9及び10において、武器禁輸措置として、北朝鮮からの全ての武器及びその関連物資の輸出の禁止（shall apply all arms and related materials……）、また、北朝鮮による全ての武器及びその関連物資の輸入が禁止された。

　そして、その禁輸の実効性を確保するため、この安保理決議1874では、詳細な貨物検査、船舶検査の制度が導入された。ただ、当初の案では、貨物検査を行うことを「決定する」（Decides）として、この検査を加盟国に義務づけるものとしていたところ、中国の反対で、義務化を取り下げ、要請するにとどまっている。

　まず、主文11において、貨物検査に関して、全ての国が、国内権限及び国際法に従い、海港及び空港を含む自国の領域内で、禁止物品（安保理決議1718及び1874により北朝鮮への輸出入が禁止される物品）の疑いのある貨物を検査することが要請されている（Calls upon all States to inspect……all cargo to and from DPRK）。

　また、主文12において、公海上でも、全ての加盟国が禁止物品の疑いのある貨物の検査のために、旗国の同意を得て、船舶の検査をすることが要請された（inspect vessels）。

　ただ、主文13において、上記のとおり、公海上における貨物の検査について、旗国が同意しない場合には、旗国は、当該船舶に対し、検査のため適当

かつ都合のよい港に航行するよう指示すること（the flag State shall direct the vessels to an appropriate and convenient port）が決定されている。

さらに、主文14において、全ての加盟国に対し、検査することによって特定された禁止物品の押収及び処分をすること（seize and dispose of items）も決定されている。

その上、主文17においては、禁止物品を運搬している疑いのある北朝鮮船舶への燃料供給等が禁止された。

このように、安保理決議1718においては、貨物検査を含む協力行動をとることが要請されるだけであったのに対し、安保理決議1874では、その履行を確保するため、領海内の場合と公海上とそれぞれ分けて具体的に求められる行為が記載されただけでなく、禁止物品の押収、処分まで言及されるに至っている[14]。

また、金融面の措置として、大量破壊兵器、ミサイル関連計画やその活動等に資するいかなる金融資産等の移転防止、全ての加盟国及び国際金融機関等に対する新規援助の禁止等が要請された。

7　安保理議長による議長声明の採択

その後、北朝鮮では、2011年（平成23年）12月17日、金正日が死亡し、その権力は、その三男である金正恩に承継された。

そして、2012年（平成24年）4月13日、北朝鮮は、弾道ミサイルの発射実験を敢行したものの、これは失敗した。この行為に対して、安保理は、同月16日、議長声明を採択し、厳しく非難した[15]。

同声明では、北朝鮮に対し、安保理決議1718及び1874による義務の完全な遵守等を強く求め、また、加盟国に対しても、それらに従った義務の完全な履行を求めた。加えて、更なる発射若しくは核実験の場合には、「それに応

---

(14)　この安保理決議1874の規定に従い、次のような押収の実例が存する。2009年（平成21年）5月には、イタリアがヨット（奢侈品）を、同年7月には、アラブ首長国連邦（UAE）が武器弾薬を、同年9月には、防護服を、同年11月には、南アフリカが戦車の部品等を、同年12月は、タイが武器弾薬をそれぞれ押収した（浅田・前掲注(4)39頁）。

(15)　S/PRST/2012/13。

じて行動をとる」(take action accordingly in the event of a further DPRK launch or nuclear test)と言及した。

8 安保理決議2087の採択

しかしながら、北朝鮮は、それらの決議や議長声明にもかかわらず、2012年（平成24年）12月12日、弾道ミサイルを発射した。北朝鮮当局の発表では、軌道に進入させることに成功したとのことであった。

これに対し、安保理では、この弾道ミサイルの発射は、安保理決議1718及び1874に違反するとして非難し、これまでの制裁を拡充・強化するために、新たに安保理決議2087を採択した[16]。

この決議では、北朝鮮に対し、更なる発射を実施しないこと（主文2）、安保理決議1718及び1874を遵守し（主文3）、全ての核兵器及び核計画を放棄すること（主文3）などが要求されている。

また、安保理決議1718及び1874に含まれる制裁措置が再確認された（主文4）が、さらに拡充・強化された措置としては、次のものが挙げられる。

まず、これまで見られなかったものとして、北朝鮮の大量破壊計画に関与している個人や団体の資産凍結及び個人の入国禁止に係る対象として、新たに4個人・6団体が決議別添の附属書によって直接指定された[17]。

また、制裁違反を支援すれば、それだけで北朝鮮制裁委員会がその個人や団体を制裁対象に指定できるようにした（designating entities and individuals that have assisted the evasion of sanctions）。さらに、そのように指定された個人・団体の関与が疑われる取引については、全ての品目の取引が禁止されることとなった（prohibition the transfer any items）（主文9）。

安保理決議1874では、貨物検査制度が詳細に規定されたものの、押収品目の処分方法が不明確であったため、この安保理決議2087では、その処分方法

---

(16) S/RES/2087 (2013)、国際連合安全保障理事会決議第2087号和訳（外務省告示第30号〈平成25年1月29日発行〉）。

(17) これまで北朝鮮制裁委員会が、5個人・11団体を指定していたことから、この安保理決議2087により、合計9個人・17団体となった（寺村裕介「北朝鮮の核実験と国連安保理決議2094――挑発行動を続ける北朝鮮への追加制裁――」立法と調査339号〈2013年〉61頁）。

として、破壊や他国への移転などが可能であることが明記され（destruction, rendering inoperable, storage or transferring to another State）（主文8）、各国の貨物検査への取組みを促すこととなった。

　さらに、この安保理決議2087では、北朝鮮による更なる発射若しくは核実験の場合には、先の2012年（平成24年）4月の議長声明より強い表現で、「重要な行動をとる」（take significant action in the event of a further DPRK launch or nuclear test）と決意を表明した。

9　安保理決議2094の採択

　上述したような度重なる安保理からの警告にもかかわらず、北朝鮮は、2013年（平成25年）2月12日、三回目の地下核実験を実施した。北朝鮮当局は、この核実験に関して、爆発力が大きく、なおかつ小型化、軽量化された原子爆弾を使い、高い水準で安全かつ完璧に実施されたと発表した。

　この核実験に関して、安保理は、同年3月7日、安保理決議1718、1874及び2087への違反と認定して非難するとともに、これまでの制裁を更に拡充・強化する安保理決議2094を採択した[18]。

　この決議においても、北朝鮮の核・ミサイル活動が国際の平和及び安全に対する明白な脅威であるとし、国連憲章第7章の下で行動し、同憲章41条に基づく措置を執ることが改めて述べられた。また、北朝鮮が核・ミサイル活動などのために外交特権を濫用しているのではないかとの懸念を示している（Concerned that the DPRK abusing the privileges and immunities）。

　ここでの新しい措置としては、次のようなものが挙げられる。

　まず、北朝鮮の大量破壊兵器計画に関与している個人・団体の資産凍結及び個人の入国禁止に係る対象として、新たに3個人・2団体が直接指定された（主文8）[19]。

　入国禁止に関しては、指定対象者以外であっても、各国が決議禁止行為に関与したとみなす者等にも適用されることとなり（shall also apply to any

---

(18)　S/RES/2094（2013）、国際連合安全保障理事会決議第2094号和訳（外務省告示第83号〈平成25年3月19日発行〉）。
(19)　この安保理決議2094により、合計12個人・19団体となった。

individuals……assisting the evasion of sanctions)、それが北朝鮮国民である場合には、人道上の苦慮等の例外を除いて北朝鮮へ送還のために追放することが決定された（主文10）。

また、先の前文での外交特権の濫用の懸念に関して、北朝鮮外交官が核・ミサイル関連活動を含む決議禁止行為に寄与することを防止するように警戒強化が要請された（enhance vigilance over DPRK diplomatic personnel）（主文24）。

金融面での措置としては、これまで各国に要請するにとどまっていた核・ミサイル関連計画・活動に関する金融資産等の移転の防止（prevent all such transactions）、これに資する公的金融支援（輸出信用、保証又は保険）の禁止（not provide public financial support for trade with DPRK）について、その対象を決議禁止行為や制裁回避行為に拡大した上で義務化された（Decides that Member States shall）（主文11、15）。また、決議禁止行為等に資する疑いがある場合には、各国において北朝鮮の銀行による新しい支店の開設、新しい合弁事業、コルレス契約等を禁止すること（prohibit DPRK banks from establishing new joint ventures……）、北朝鮮において各国の金融機関による視点の開設等を禁止すること（prohibit financial institutions within their territories）などが要請された（主文12、13）。

また、貿易面での措置としては、既存の武器禁輸対象リストに加えて、核・ミサイル・化学兵器関連の8品目が指定された（主文20）。加えて、各国が核・ミサイル関連計画・活動に寄与し得る品目であると決定する場合には、当該品目の禁輸措置を執ることが要請された。対北朝鮮制裁に特有の奢侈品（luxury goods）の輸出禁止については、これまで各国が独自のリストを作成することになっていたが、本決議において奢侈品に含まれるべき品目（宝石類、乗り物）が具体的に掲げられた。

貨物検査制度における措置としては、これまで自国の領域内で禁輸品目の疑いのある貨物を検査することが要請されていたが、これが義務化された（Decides that all States shall inspect all cargo）（主文16）。公海上においても、旗国の同意を得て船舶を検査することが要請されていたが、当該船舶がこれを拒否した場合には、緊急の場合などを除き、全ての国において、当該船舶が

自国の港へ入ることを拒むこと（all States shall deny such a vessel entry to their ports）が決定された（主文17）。また、各国の貨物検査は、空港を含む自国内で実施されるが、禁輸品目の積載の疑いのある航空機において、緊急着陸の場合を除き、離着陸又は上空通過の許可を与えないこと（deny permission to any aircraft）が要請された（主文18）。

さらに、この安保理決議2094では、北朝鮮による更なる発射若しくは核実験の場合には、先の安保理決議2087より強い表現で、「更なる重要な措置をとる」(take further significant measures in the event of a further DPRK launch and uclear test) と決意を表明した。

10　上記各決議等採択後の状況

上述したように、安保理は、これまで北朝鮮に対して合計6回の決議をしているが、それらで示された北朝鮮に対する要求や決定に対し、これを履行しているかどうか北朝鮮制裁委員会においてチェックされていた。

そのような状況下において、2013年（平成25年）7月15日、北朝鮮籍のChong Chon Gang号がパナマ政府により拿捕され、キューバで積んだ未申告の兵器を砂糖の下に隠して密輸を試みたことが発覚した。その積荷の兵器は、地対空ミサイルシステムの構成部品のほか、分解されたミグ21戦闘機2機、ミグ21戦闘機のエンジン15基、ミサイルやその他の兵器の部品であり、その総重量は約240トンに上っていた[20]。

キューバ政府は、それらは北朝鮮に修理に出すために運搬中であったに過ぎないとして、安保理決議にいう武器の供与や販売ではなく、それら決議に違反するものではないと主張したが、仮にこの主張どおりであったとしても、米国などは安保理決議に違反するものと述べている。

国連の北朝鮮制裁委員会では、この事案などは、制裁をすり抜けるテクニックを駆使したものと見ており、北朝鮮が依然として、付記取引や旧ソ連製兵器の製造・改良の技術支援によって大きな収入を得ていることが確認できるものと判断している。

---

(20)　治安フォーラム20巻6号（2014年）72頁、同19巻10号（2013年）79頁。

また、一方で、北朝鮮は、その後、2014年（平成26年）2月17日から同年7月13日までの間に、弾道ミサイルを合計12発発射し、その後、同年7月26日も短距離弾道ミサイルを発射している。

ただ、その後現在まで、北朝鮮に対する新たな安保理決議や議長声明等は出されていなかった。

11 安保理決議2270の採択

ところが、その後、平成28年（2016年）1月6日、北朝鮮は、四回目の核実験を敢行し、また、同年2月7日、弾道ミサイルの発射を行ったことから、安保理は、これまでの決議に違反するものとして、同年3月2日、新たに決議2270を採択した[21]。

ここでは、貿易、金融、人の往来、航空・海上輸送等に関する措置の大幅な追加。強化を定めて、包括的かつ強い内容の決議が出された。

具体的には、加盟国に対して、北朝鮮を出入りする全ての貨物の検査を義務化し（All States shall inspect the cargo within or transiting through their territory）（主文18）、また、北朝鮮産の石炭や鉄鉱石などの輸入を禁じ（the DPRK shall not supply sell……coal, iron, and iron ore）（主文29）（なお、金やレアアースについては、主文30で禁止している。）、北朝鮮に対する航空燃料等の販売、提供も禁じ（State shall prevent the saleor supply……of aviation fuel, including aviation gasoline, naphtha-type jetfuel）（本文31）、また、別紙に記載されている北朝鮮の12団体、個人16人に対する資産凍結（assetfPeeze）を実施すること（主文32）、さらには、加盟国における北朝鮮の銀行の新規支店。営業所開設を禁じること（States shall prohibit in their territories the opening and operation of new branches……of DPRK banks）（主文33）などが定められた。

この決議では、北朝鮮への航空機などの燃料輸出や、北朝鮮からの鉱物資源を原則禁止にするなどのこれまでに制裁の対象とされていなかった分野に制裁を広げており、制裁が強化されたものとなっている。

しかしながら、人道目的の場合（humanitarian purpose）の場合の除外を

---

(21) S/RES2270 (2016).

種々認めるなどしており、実際のところ、中国が北朝鮮からの石炭の輸入を増加させるなど、その制裁効果がどの程度のものであったかは、かなり疑問がもたれている。

12 安保理決議2321の採択

北朝鮮は、平成28年（2016年）中に短・中距離弾道ミサイルや潜水艦発射弾道ミサイルを含む大量破壊兵器の運搬手段となり得る20発以上の弾道ミサイルを発射し、国際社会にとって、その能力の増強は新たな段階の脅威であると認められた。そのような中で、北朝鮮は、同年9月9日、五回目の核実験を敢行した。

これを受けて、同年11月30日、安保理は、これまでの決議に違反するものとして、新たに決議2276を採択した[22]。

ここでは、北朝鮮による核実験が繰り返されたことに対し、これまで以上に厳しい制裁を課す必要があるとの考えから、決議に、核・ミサイル開発資金の締め付けを目的に、北朝鮮からの石炭輸出に上限を設け、銅、ニッケル、銀、亜鉛の禁輸などを盛り込んだ。具体的には、主文26(b)において、2017年（平成29年）1月からは、北朝鮮を原産地とする石炭の全ての加盟国への輸出の総計が年間400,870 018米ドル又は7,500,000メートルトンのいずれか低い方を超えないものとするとされた（do not exceed 400,870,018US dollars or 7,500,000 metric tons per year）。

実際にこの決議が履行されれば、北朝鮮が年間に輸出で得る約30億ドル（約3300億円）の4分の1に当たる8億ドルを削減できると推測されていた。

また、その他にも、主文30において、北朝鮮への新品のヘリコプター及び船舶の販売を禁止したほか、主文14において、外交特権を利用し外貨獲得に動く北朝鮮の海外駐在外交官らへの規制として、その職員の数を削減することも新たに盛り込んだ上（reduce the number of staff at DPPK diplomatic missions and consular posts）、主文16において、それらの者に対し、銀行口座の数を一人一口座とすることなどと決められた（limit the number of bank

---

(22) S/RES/2321（2016）.

accounts to one per……accredited DPPK diplomatic and consular officer）。

13　安保理決議2356号の採択

その後も北朝鮮は、何度も弾道ミサイルの発射を続けたことから、2017年（平成29年）6月2日、安保理決議2356号が採択された[23]。

ここでは、従来同様の強い非難をした上、これまでの決議内容を再確認していたほかには、新たに資産凍結や渡航禁止の対象者として、金正恩の資産管理を行っている部署とつながりがある高麗銀行や朝鮮人民軍の「戦略ロケット団」など4団体と14人の個人を挙げた。

14　安保理決議2371号の採択

北朝鮮は、2017年（平成29年）7月4日及び同月28日、ICBM級の弾道ミサイルを発射したことを受け、2017年8月5日、安保理決議2371号が採択された[24]。

この決議では、これまでの決議内容の再確認のほか、新たに4団体及び9人の資産凍結や渡航禁止を表明したほか、次のような経済追加的経済制裁措置を発動した。

例えば、主文8において、安保理決議2321号では、北朝鮮による石炭の輸出等に制限を設けていた一定の範囲で輸出を許容していたものの、それを変更して全面的に禁止することとなった。すなわち、北朝鮮から石炭、鉄及び鉄鉱石の輸出が禁じられ（DPRK shal not supply, sell or tansfer……coal, iron and iron ore……）、また、主文9において、海産物（魚、甲殻類、軟体動物等のすべての水性無脊椎動物を含む。）についても全面的にその輸出が禁じられることになった（DPRK shall not supply, sell or transfer……seafood (including fsih, crustaceans……）。

一方、これまでも経済制裁の対象として問題とされていた石油供給の遮断については、この決議の時も除外された。

---

(23)　S/RES/2356（2017）.
(24)　S/RES/2371（2017）.

また、主文10では、北朝鮮からの鉛及び鉛鉱石の輸出が禁じられている（DPRK shall not supply, sell or transfer……lead and lead ore……）。

さらに、主文11や12では、北朝鮮労働者の雇用制限、北朝鮮との新規の合弁企業若しくは共同事業体の開設等の禁止が設けられた。

15　安保理決議2375の採択

北朝鮮は、2017年（平成29年）9月3日、六回目となる核実験を実施した。この核実験は過去のそれと比較しても大きく、水爆である可能性も否定できないとされ、国際的な核不拡散体制に対する深刻な挑戦であると受け止められた。そのため、同月11日、安保理決議2356号が採択された[25]。

この決議では、これまで加盟国に対して全く制限されていなかった石油供給に制限が設けられることとなった。すなわち、主文14において、原則的に北朝鮮への石油精製品の輸出を禁止したが（all Member States shall prohibit……supply, sell or transfer to the DPRK……all refined petroleum products……）、ただ、北朝鮮の核若しくは弾道ミサイル計画と関係がなく、また、北朝鮮国民の生計目的のためであるなどの制約を付けた上で、年間200万バレルまでの範囲では北朝鮮への石油の輸出を認めることとしたものである。

また、主文16では、北朝鮮による繊維製品の輸出を禁じている（DPRK shall not supply sell or transfer……textiles……）。その他、北朝鮮労働者の労働許可の発給禁止による雇用制限なども含んでいる。

しかしながら、米国が主張していた金正恩の渡航禁止や資産凍結の追加や、原注・石油製品の全面禁輸は、ロシア及び中国の反対により実現しなかった。そのため、この決議をもってしても、制裁効果が十分であるかどうかは相当に疑問視されている。

---

(25)　S/RES/2356（2017）.

第3　日本政府による対北朝鮮制裁措置

1　法改正及び新規立法による対処

　我が国と北朝鮮との関係においては、拉致問題を始めとする種々の安全保障上の問題があり、北朝鮮に対して「対話と圧力」を基本としての外交活動が行われてきている。

　そうした状況下において、我が国を取り巻く環境に鑑み、我が国が主権国家として、安全保障上の必要から、特定の外国による国際法違反行為に対し、主体的に経済制裁措置を行い得るよう選択肢を持つ必要があるとの観点から[26]、①2004年（平成16年）2月9日、外国為替及び外国貿易法（以下「外為法」という。）の一部改正が議員立法によりなされ、我が国単独での経済制裁措置が可能となった。さらに、その後、同様の措置が可能になるように、②2004年（平成16年）6月18日公布、同月28日施行の「特定船舶の入港の禁止に関する特別措置法」（以下「特定船舶入港禁止法」という。）が議員立法として制定された。

　それら法改正及び新規立法の内容等については、後記第4「対北朝鮮制裁措置に関する法改正及び新規立法の概要等」の項において詳述する。

2　2006年（平成18年）7月5日の弾道ミサイル発射への制裁措置

　上記第2の3で述べた北朝鮮による2006年（平成18年）7月5日の弾道ミサイル発射への制裁措置として、日本政府は、直ちに北朝鮮に対する経済制裁措置を発動した。これは安保理決議に基づくものではないが、国際法上「報復」（retortion）として裁量的にとることができると説明されている[27]。

　そして、その措置として、上述した特定船舶入港禁止法3条1項により、同年7月5日から万景峰92号の入港を6か月間禁止した。また、在日北朝鮮

---

(26)　栗原理恵「安全保障上の観点から特走船舶の入港を禁止——北朝鮮を念頭に置いた『圧力』手段　特定船舶の入港の禁止に関する特別措置法」時の法令1731号（2005年）6頁。

(27)　中谷・前掲注(2)49頁。

当局職員の北朝鮮を渡航先とした再入国を原則として禁止し、その他の北朝鮮からの入国についても、北朝鮮当局の職員の入国は原則として認めないなど、その審査をより厳格に実施するようにした。

さらに、日本政府は、同年安保理決議1695号主文4に応じて、2006年（平成18年）9月19日、外為法に基づく支払規制及び資本取引規制として、北朝鮮のミサイル又は大量破壊兵器に関連する15団体及び1個人を指定し、それらの者に対して、資金の移転を防止する措置を実施した。なお、このような支払規制及び資本取引規制は、その後も何度も行われており、その後の安保理決議で核関連、弾道ミサイル関連等の活動等に関わる者として指定された者に対しては、日本政府も同様に上記の措置を執っていた。

3 最初の核実験への制裁措置

その後、上記第2の4で述べた2006年（平成18年）10月9日の北朝鮮による最初の核実験を受けて、日本政府は、同月13日、全ての北朝鮮籍船の入港禁止、輸入の全面禁止を含む措置を閣議決定した。

具体的には、外為法52条により、北朝鮮からの全ての貨物の輸入について経済産業大臣の承認を受ける義務を課すことにより輸入を禁止し、また、上記特定船舶の入港の禁止に関する特別措置法3条1項、6条1項により、北朝鮮籍の全船舶の入港を禁止する等の措置などが講じられた。

また、安保理決議1718に基づき、同年11月14日、北朝鮮に対する奢侈品の輸出に関して経済産業大臣の承認を要することとして、これの禁止措置を講じた。

さらに、同決議に基づき、船舶の貨物検査を実施しなければならないこととされたが、この実施に当たっては、周辺事態に際して実施する船舶検査活動に関する法律（以下「船舶検査活動法」という。）や、海上保安庁法などにより、それらを根拠に船舶検査を行い得るかどうか議論となった。というのは、それらの法律だけでは、安保理決議1718が予定しているような貨物検査ができないのではないかとの問題があったからである（この問題については、第4の3において詳述する。）。

そのため、この決議を履行するための恒久法を作る必要があるのではない

かとの議論があったものの、この段階では特段の動きはなかった。

4　2009年（平成21年）4月5日の弾道ミサイルの発射への制裁措置

　ア　その後、上記第2の5で述べたように、2009年（平成21年）4月5日の弾道ミサイルの発射を受けて、日本政府は、これまで行ってきた対北朝鮮経済制裁を1年間延長することとした。北朝鮮籍船の入港禁止と輸入禁止については、これまで半年ごとに延長されてきたところ、同月10日、この制裁措置を1年間延長することに閣議決定した（なお、その後は延長が繰り返されていた。）。

　また、その際に、併せて、追加措置が発表され、外為法に基づく北朝鮮への送金報告基準を、他の国の場合であれば、3,000万円超であるものを、これより引き下げて1,000万円超に、また、渡航者が携帯して持ち出す現金の額の届出基準を、他の国の場合であれば、100万円超であるものを、これを引き下げて30万円超にそれぞれ変更する措置が明らかにされ、同月17日、その旨の閣議決定がなされた。

　イ　なおここで支払報告義務の法令上の根拠について説明しておく。

　㈦　外国為替及び外国貿易法55条1項は、

　　　居住者若しくは非居住者が本邦から外国へ向けた支払若しくは外国から本邦へ向けた支払の受領をしたとき（中略）は、政令で定める場合を除き、当該居住者若しくは非居住者（中略）は、政令で定めるところにより、これらの支払等の内容、実行の時期その他の政令で定める事項を主務大臣に報告しなければならない。

として報告義務を課しており、同条2項において、

　　　前項の規定による報告は、当該報告に係る同項の支払等が銀行等（中略）が行う為替取引によってされるものである場合には、政令で定めるところにより、当該銀行等（中略）を経由してするものとする。（後略）」

とされている。

　そして、その報告が除外される場合として政令で定める場合とは、外国為替令18条の4第1項において、

　　　法第55条第1項に規定する政令で定める場合は、居住者又は非居住者

がした支払等が次に掲げる支払等のいずれかに該当する場合とする。
とし、同項1号において、
> 財務省令又は経済産業省令で定める小規模の支払等（後略）

などとされており、さらに、当時の外国為替の取引等の報告に関する省令1条1項では、
> 外国為替令（中略）第18条の4第1項第1号に規定する財務省令で定める小規模の支払等（中略）は、次の各号に掲げる支払等の区分に応じ、当該各号に定める金額に相当する額以下の支払等とする。

として、
> 1　北朝鮮に住所若しくは居所を有する自然人又は主たる事務所を有する法人その他の団体に対する支払1,000万円
> 2　前号以外の支払等3,000万円

とされたことから、通常の場合は、3,000万円を超える場合にその報告義務が課せられることになるのに対し、北朝鮮に対する場合には、1,000万円を超える場合にもその報告義務が課せられることとなった。

そして、これに違反した場合は、外為法71条により、
> 次の各号のいずれかに該当する者は、6月以下の懲役又は50万円以下の罰金に処する。

とされ、同条2号により、
> 第55条第1項の規定による報告をせず、又は虚偽の報告をした者

として処罰されることとなる。

　(イ)　次に、携帯輸出届出金額については、外為法19条3項は、
> 居住者又は非居住者は、（中略）支払手段（中略）を輸出し、又は輸入しようとするときは、当該支払手段（中略）の輸出又は輸入が（中略）政令で定める場合を除き、政令で定めるところにより、あらかじめ、当該輸出又は輸入の内容、実行の時期その他の政令で定める事項を財務大臣に届け出なければならない。

としており、支払手段の輸出等について、予めの届出を求めており、その上で、当時の外国為替令8条の2第1項によれば、
> 法第19条第3項に規定する政令で定める場合は、次のいずれかに該当

する支払手段等を携帯して輸出し、又は輸入しようとする場合以外の場合とする。

として、同項1号において、

> （前略）支払手段（中略）であって、その価額（中略）が100万円（我が国との経済取引の状況その他の事情を勘案し、特定の地域を仕向地又は積出地として当該支払手段又は証券を携帯して輸出し、又は輸入しようとする場合として財務大臣が定める場合にあっては、30万円）に相当する額を超えるもの

としていることから、一般的には、100万円を超える現金等を携帯して海外に持ち出すことは予めの届出が必要になる。ただ、そこに括弧書きで示されているように、「我が国との経済取引の状況その他の事情を勘案し、特定の地域を仕向地又は積出地として当該支払手段又は証券を携帯して輸出し、又は輸入しようとする場合として財務大臣が定める場合」というのは、北朝鮮への支払手段等の携帯輸出を指しているのであって、その金額は、他に比べて引き下げられており、30万円とされたのである。

なお、支払手段とは、外為法6条1項7号に定義規定が設けられており、「支払手段」とは、次に掲げるものをいう。

として、

　イ　銀行券、政府紙幣、小額紙幣及び硬貨
　ロ　小切手（旅行小切手を含む。）、為替手形、郵便為替及び信用状

などが挙げられている。

そして、その刑罰は、同法71条1号にあり、

> 次の各号のいずれかに該当する者は、6月以下の懲役又は50万円以下の罰金に処する。
> 1　第19条第3項の規定による届出をせず、又は虚偽の届出をして、（中略）支払手段（中略）を輸出し、又は輸入した者

とされている。

5　二度目の核実験への制裁措置

その後、上記第2の6で述べたように、2009年（平成21年）5月25日の北朝鮮による二度目の核実験に基づく安保理決議1874の採択を受け、同年6月

18日、北朝鮮に対する輸出を全面的に禁止する措置を執った。具体的には、外為法48条3項により、北朝鮮に対する全ての貨物の輸出について経済産業大臣の承認を受ける義務を課すことにより輸出を禁止した。

また、同様に上記決議に基づいて、同年7月7日、北朝鮮の核関連計画等に貢献し得る活動に寄与する目的で行われる支払又は支払の受領、支払手段等の輸出入、資本取引等、役務取引を許可制にするなどの措置を講じた。

さらに、同決議を履行するに当たって、安保理決議1718の履行に関して述べたように、船舶の貨物検査については、現行法上問題があったことから、立法的に解決することとして、2009年（平成21年）7月7日、領海及び公海における北朝鮮特定貨物を積載していると認められる船舶に対する検査等を規定した「北朝鮮特定貨物の検査等に関する特別措置法」案が国会に提出された。

しかしながら、同月14日、衆議院本会議で可決されたものの、同月21日、衆議院が解散されたため廃案となった。

もっとも、その後、第174回国会において、2010年（平成22年）5月27日、ほぼ同様の内容の法案が、「国際連合安全保障理事会決議第1874号を踏まえ我が国が実施する貨物検査等に関する特別措置法」（法律第43号）（以下「貨物検査等特別措置法」という。）として成立し、同年6月4日に公布されている（この法律での規定内容は、第4の4で詳述する。）。

6　北朝鮮による韓国哨戒艦沈没事件への制裁措置

その後、2010年（平成22年）3月26日、北朝鮮が韓国哨戒艦を沈没させた事案を受けて、日本政府は、これを契機に追加制裁に踏み切ることとし、同年7月6日、上記第3の4で述べたのと同様に、北朝鮮を仕向地とする支払手段等の携帯輸出について届出を要する金額の下限額を30万円超から10万円超に引き下げるとともに、北朝鮮に住所等を有する自然人等に対する支払についての報告を要する金額の下限額を1000万円超から300万円超に引き下げた[28]。

---

(28)　支払報告義務については、外国為替の取引等の報告に関する省令1条1項におい

7　三回目の核実験への制裁措置

その後、上記第2の9で述べたように、北朝鮮が三回目の核実験を実施したことを受けて、直ちに、我が国独自の追加制裁措置として、2013年（平成25年）2月、上記第3の2で述べた再入国の禁止に関し、在日北朝鮮当局職員のみならず、在日北朝鮮当局職員の活動を補佐する立場にある者の北朝鮮を渡航先とした再入国を禁止した。

さらに、同年4月、安保理決議2094を受けて、北朝鮮の核関連、その他の大量破壊兵器及び弾道ミサイル関連の計画等に関与する者として、安保理決議では指令されていない1団体及び4個人を資産凍結対象として追加指定した。

8　制裁措置の一部解除

その後、拉致問題が進展したかのように思われたことから、上述した制裁措置の一部が解除された。

2016年（平成26年）7月4日、内閣官房長官は、①北朝鮮との間の人的往来に関する措置を解除、②北朝鮮向けの支払報告及び支払手段等の携帯輸出届出の下限金額の引下げ措置を解除（これにより、外為法等で規制されていた支払報告義務や携帯輸出届出義務は、他の国に対するものと同様になった。）、③人道的観点からの北朝鮮籍船舶の入港の容認を、それぞれ発表し実施された。

9　四回目の核実験への制裁措置

しかしながら、その後、第2の11で述べたように、北朝鮮が四回目の核実験を実行したことで、平成28年（2016年）2月10日、我が国は、独自の制裁措置を実施することを発表し、同月19日において、これを閣議決定した。

そこで採られたt制裁措置として、次のような措置を講じた。

　　て、その報告を要しない金額として、「北朝鮮に住所若しくは居所を有する自然人又は主たる事務所を有する法人その他の団体に対する支払300万円」とされた。
　　また、携帯輸出届出金額についても、同様で、外国為替令8条の2第1項の中の括弧書きにおいて、「我が国との経済取引の状況その他の事情を勘案し、特定の地域を仕向地又は積出地として当該支払手段又は証券を携帯して輸出し、又は輸入しようとする場合として財務大臣が定める場合にあっては、10万円」とされた。

まず、人的往来の規制措置を実施し、北朝鮮籍者の入国の原則禁止、在日北朝鮮当局職員及び当該職員が行う当局職員としての活動を補佐する立場にある者の北朝鮮を渡航先とした再入国の原則禁止（対象者を従来より拡大した。）、我が国から北朝鮮への渡航自粛要請、我が国国家公務員の北朝鮮渡航の原則見合わせ、北朝鮮籍船舶の乗員等の上陸の原則禁止などを実施した。

次に、北朝鮮を仕向地とする支払手段等の携帯輸出届出の下限金額を上記8により解除されて100万円超となっていたものを、10万円超に引き下げるとともに、人道目的かつ10万円以下の場合を除き、北朝鮮向けの支払を原則禁止した。

さらに、人道目的の船舶を含む全ての北朝鮮籍船舶の入港を禁止するとともに、北朝鮮に寄港した第三国籍船舶の入港を禁止した。

その上、資産凍結の対象となる関連団体・個人を拡大することとしし、従来の39団体19個人に加えて、新たに1団体10個人を追加した。

10　五回目の核実験への制裁措置

その後、第2の12で述べたように、北朝鮮が五回目の核実験を敢行したことで、我が国は、平成28年（2016年）12月2日、独自の制裁措置として、次のような措置を講じた。

まず、人的往来の規制を強化するものとして、北朝鮮を渡航先とした再入国を原則禁止とした。また、在日の北朝鮮当局職員が行う当局職員としての活動を補佐する立場にある者の拡大し、北朝鮮を渡航先とした再入国の禁止の対象となる、在日外国人の核・ミサイル技術者の範囲を拡大した。

次に、北朝鮮に寄港した日本籍船舶の入港を禁止し、これにより北朝鮮に寄港した全ての船舶の入港を禁止した。

さらに、資産凍結の対象となる北朝鮮の核・ミサイル計画等に関連する団体・個人を拡大することとした。

11　近時における制裁措置

我が国政府は、平成29年（2017年）12月15日、北朝鮮に本社を置く19団体を資産凍結の対象に追加する措置を閣議で了解した[29]。なお、その19団体

の内訳は、金融3社、石炭や石油などの鉱物貿易2社、輸送10社、労働者海外派遣4社である。この結果、我が国が独自制裁を科す対象は、56団体、62個人に上り、安保理決議に基づく制裁も加えれば103団体、108個人となった。

第4　対北朝鮮制裁措置に関する法改正及び新規立法の概要等

1　外為法の改正
(1)　これまでの外為法による規制

まず、第3の1①で述べた2004年（平成16年）2月9日に改正された外為法の改正内容について述べる。

そもそも外為法では、これまで北朝鮮に対するものに限らず、一定金額以上の支払手段等の輸出入や資本取引に関しては、その事前の許可を求めたり（支払手段の輸出入について、平成10年以前の旧法18条等）、あらかじめの報告を求めたり（資本取引について、同旧法22条等）していた。また、その後、1998年（平成10年）4月に改正外為法が施行されてからは、それらの事前の報告などを事後にさせるなどしていた（平成10年改正の外為法55条、55条の3等）。

このように、その時々において規制の程度に差があったとはいえ、海外との資金等のやりとりについては一定の規制が存していた。そして、北朝鮮を特に規制対象としていたわけではないものの、北朝鮮に対する送金行為等が上記の旧法であれ、新法であれ、それら規制に違反する事案も存したところである（それらに対する刑事処分については、後記の第5において詳述する。）。

(2)　経済制裁をする上での外為法改正の必要性

しかしながら、これまでの外為法では、経済制裁を行う必要がある場合に、旧外為法の条文上にも規定されていた「我が国が締結した条約その他の国際約束を誠実に履行するため必要があると認めるとき」や「国際平和のための国際的な努力に我が国として寄与するため特に必要があると認めると

---
(29)　平成29年（2017年）12月16日付け産経新聞。

き」には、支払等を許可制にすることはできたものの(30)、それ以外の場合、特に、我が国固有の事情による経済制裁等が求められる場合には、そのような制限を設けることが認められるのか解釈上問題となっていた。

特に、北朝鮮という特定の国に対する我が国単独での経済制裁が可能かどうか懸念されたことから、このような問題を解決するため、議員立法により、第159回国会において、2004年（平成16年）2月9日、外為法の改正案が可決成立し、同月16日公布された。

ここでの改正点は、
> 第2章　我が国の平和及び安全の維持のための措置

の章の10条等に設けられ、まず、同条1項において、
> 我が国の平和及び安全の維持のため特に必要があるときは、閣議において、対応措置（この項の規定による閣議決定に基づき主務大臣により行われる第16条第1項、第21条第1項、第23条第4項、第24条第1項、第25条第6項、第48条第3項及び第52条の規定による措置をいう。）を講ずべきことを決定することができる。

とした。ここでは、これまで執ってきた国際協調主義による場合のみならず、「我が国の平和及び安全の維持のため特に必要があるとき」には、「閣議において」なされた決定に従い、主務大臣が有する許可権限を用いて一定の義務を課することができる、つまり、許可制にすることができるようにしたものである。

具体的には、まず、同法16条1項において、
> 主務大臣は、我が国が締結した条約その他の国際約束を誠実に履行するため必要があると認めるとき、国際平和のための国際的な努力に我が国として寄与するため特に必要があると認めるとき又は第10条第1項の閣議決定が行われたときは、（中略）、政令で定めるところにより、本邦

---

(30) 実際にも、2001年（平成13年）9月11日の同時多発テロ以降のテロ資金供用防止条約及びテロリストに対する資産凍結等を求める国連安保理決議（1267、1333、1373、1390）を受けて、これまでの外為法に基づいて経済制裁措置を執ってきた。これは国際社会の平和と安全を維持するため、安保理決議及び勧告等に基づく非軍事的対向措置を実施することとしたものである（村上暦造「外国船舶の入港制限と入港禁止措置」ジュリ1279号〈2004年〉66頁）。

から外国へ向けた支払をしようとする居住者若しくは非居住者又は非居住者との間で支払等をしようとする居住者に対し、当該支払又は支払等について、許可を受ける義務を課すことができる。

として、①我が国が締結した条約その他の国際約束を誠実に履行するため必要があると認めるとき、②国際平和のための国際的な努力に我が国として寄与するため特に必要があると認めるとき、③10条1項の閣議決定が行われたときにおいては、北朝鮮への送金による支払等について許可を受ける義務を課することができるとした。すなわち、改正前は、①及び②の場合にしか許可制にすることができなかったところ、この改正により、③の場合を加えたものである。

また、同法21条1項においては、

　　財務大臣は、居住者又は非居住者による資本取引（中略）が何らの制限なしに行われた場合には、我が国が締結した条約その他の国際約束を誠実に履行することを妨げ、若しくは国際平和のための国際的な努力に我が国として寄与することを妨げることとなる事態を生じ、この法律の目的を達成することが困難になると認めるとき又は第10条第1項の閣議決定が行われたときは、政令で定めるところにより、当該資本取引を行おうとする居住者又は非居住者に対し、当該資本取引を行うことについて、許可を受ける義務を課することができる。

として、①我が国が締結した条約その他の国際約束を誠実に履行することを妨げることとなる事態を生じ、この法律の目的を達成することが困難になると認めるとき、②国際平和のための国際的な努力に我が国として寄与することを妨げることとなる事態を生じ、この法律の目的を達成することが困難になると認めるとき、③10条1項の閣議決定が行われたときは、預金契約や金銭の貸借契約等の資本取引について、許可を受ける義務を課することができることとした。この場合も先と同様であり、それまで①と②の場合しか規定されていなかったところ、改正により③の場合を加えたものである。

また、10条1項に規定されているその他の規定については、23条4項は、財務大臣により対外直接投資の内容の変更又は中止を勧告することができるとしたものであり、24条1項は、特定資本取引[31]といわれる一部の資本取

引について、経済産業大臣がその許可を受ける義務を課することができるとしたものであり、25条6項は、役務取引[32]について、その主務大臣が許可を受ける義務を課することができるとしたものであり、48条3項は、経済産業大臣が、貨物の輸出に関して、承認を受ける義務を課することができるとしたものであり、さらに、52条は、輸入に関して承認を受ける義務が課せられることがあるとしたものである。

このようにこの外為法の改正は、特定の国を指定したものではなく、どの国に対しても同様の措置を執ることができるものであるが、念頭にあるのは、北朝鮮に対する制裁措置であり、これが実施できるようにするため、外為法を改正し、財務大臣等の主務大臣において、支払等、資本取引等についての許可を受けることや、輸出入について承認を受けることを、それぞれ義務づけることなどを可能にしたのである。

(3) **国会によるコントロール**

ただ、同法10条2項は、そのような措置について一定の制限を設けており、

　　政府は、前項の閣議決定に基づき同項の対応措置を講じた場合には、当該対応措置を講じた日から20日以内に国会に付議して、当該対応措置を講じたことについて国会の承認を求めなければならない。(後略)

としており、同条3項において、

　　政府は、前項の場合において不承認の議決があったときは、速やかに、当該対応措置を終了させなければならない。

として、国会によるコントロールが確保されるようになっている。

---

(31) 特定資本取引とは、外為法24条1項に規定されており、同法20条2号に掲げる資本取引(居住者と非居住者との間の金銭の貸借契約又は債務の保証契約に基づく債権の発生等に係る取引)のうち、貨物を輸出し、又は輸入する者が貨物の輸出又は輸入に直接伴ってする取引又は行為として政令で定めるもの及び鉱業権、工業所有権その他これらに類する権利の移転又はこれらの権利の使用権の設定に係る取引又は行為として政令で定めるものをいう。

(32) 役務取引とは、外為法25条6項に規定されており、労務又は便益の提供を目的とする取引をいう。

2 特定船舶入港禁止法の制定

(1) 本法の目的について

前記第3の1②で述べた特定船舶入港禁止法について述べる。

まず、同法の目的であるが、これは1条に規定されているところ、同条は、

> この法律は、近年における我が国を取り巻く国際情勢にかんがみ、我が国の平和及び安全を維持するため、特定船舶の入港を禁止する措置について定めるものとする。

とされている。同法は、先の改正外為法と同様に、北朝鮮情勢を背景に立案されたものであるが、法律上は特定の外国に限定したものではなく、いかなる国であったとしても、国際法違反行為があり、我が国の平和及び安全の維持のため特に必要があると認められるときは、本法による措置を実施することがあり得るものである[33]。

(2) 特定船舶の入港禁止の手続

特定船舶の入港の禁止については、同法3条1項により、

> 我が国の平和及び安全の維持のため特に必要があると認めるときは、閣議において、期間を定めて、特定船舶について、本邦の港への入港を禁止することを決定することができる。

とされた。沿岸国は、内水・港湾において外国船舶を排除できるのは当然であり、領海の無害通航とは場面を異にすることから、国際法上の問題が生じる余地はない。

この決定については、直ちにその内容を告示しなければならず（同法4条）、また、その告示の日から20日以内に国会に付議して、その承認を求めなければならない（同法5条1項）。

(3) 入港禁止措置及び罰則

上記決定がなされた場合の措置については、同法6条1項に規定されており、

> 第3条第1項（中略）の閣議決定があったときは、当該閣議決定で定

---

[33] 栗原・前掲注(21) 8頁。

める特定船舶の船長（中略）は、当該特定船舶に係る入港禁止の期間において、当該特定船舶を本邦の港に入港させてはなら（中略）ない。（後略）

として、当該特定船舶の船長に対する禁止行為として規定されている。この禁止規定に違反した場合の罰則は、同法9条に規定されており、

第6条第1項の規定に違反した船長は、3年以下の懲役若しくは300万円以下の罰金に処し、又はこれを併科する。

とされている。

3 船舶の貨物検査をめぐる法律上の問題

上記第3の3で述べた船舶の貨物検査を、当時の法律により実施することが可能であったかどうかについて述べる

(1) 船舶検査活動法による船舶の積荷に検査について

まず、船舶検査活動法では、この法が規定する「船舶検査活動」について、同法2条に定義規定を設けているが、そこには、

この法律において「船舶検査活動」とは、周辺事態に際し、貿易その他の経済活動に係る規制措置であって我が国が参加するものの厳格な実施を確保する目的で、当該厳格な実施を確保するために必要な措置を執ることを要請する国際連合安全保障理事会の決議に基づいて、又は旗国（海洋法に関する国際連合条約第91条に規定するその旗を掲げる権利を有する国をいう。）の同意を得て、船舶（中略）の積荷及び目的地を検査し、確認する活動並びに必要に応じ当該船舶の航路又は目的港若しくは目的地の変更を要請する活動であって、我が国領海又は我が国周辺の公海（海洋法に関する国際連合条約に規定する排他的経済水域を含む。）において我が国が実施するものをいう。

と規定されていた。この規定によれば、この法律により船舶の積荷の検査をすることができる場合を想定はしているものの、そもそもこの法律は、「周辺事態」が生じた場合にしか適用できないものであった。

そして、この「周辺事態」とは、周辺事態に際して我が国の平和及び安全を確保するための措置に関する法律（以下「周辺事態安全確保法」という。）1

条によれば、「周辺事態」について、

　　そのまま放置すれば我が国に対する直接の武力攻撃に至るおそれのある事態等我が国周辺の地域における我が国の平和及び安全に重要な影響を与える事態

を指すものとしている。

　ところが、これまでこの「周辺事態」が起きたとして認定されたことはなく、この安保理決議1718の際の北朝鮮による最初の核実験の場合ももちろんのこと、二度目の核実験の時においても「周辺事態」とは認定されていなかったのであるから、この安保理決議1718の要請を履行するために、この船舶検査活動法による「船舶検査活動」を適用するというには、およそ無理があるところといわざるを得ないという状況があった。

(2)　**海上保安庁法による船舶の立入検査について**

　また、海上保安庁法には、海上保安官による船舶への立入検査が、同法17条1項に規定されており、その規定は、

　　海上保安官は、その職務を行うため必要があるときは、船長又は船長に代わって船舶を指揮する者に対し、法令により船舶に備え置くべき書類の提出を命じ、船舶の同一性、船籍港、船長の氏名、直前の出発港又は出発地、目的港又は目的地、積荷の性質又は積荷の有無その他船舶、積荷及び航海に関し重要と認める事項を確かめるため船舶の進行を停止させて立入検査をし、又は乗組員及び旅客並びに船舶の所有者若しくは賃借人又は用船者その他海上の安全及び治安の確保を図るため重要と認める事項について知っていると認められる者に対しその職務を行うために必要な質問をすることができる。

とされており、立入検査をすることができる。しかし、それはあくまで海上保安官の職務の執行に当たって必要がある場合、つまり、海上の犯罪の予防等の場合であって、安保理決議1718の履行をするためという場合が含まれているとは解し難いのではないかという問題が同様に存したものである。

(3)　**立法の必要性**

　上記のような問題があったため、次に述べる貨物検査等特別措置法の制定が不可欠であると考えられたのである。

4 貨物検査等特別措置法の制定

(1) 本法の目的について

まず、この法律の目的であるが、これは同法1条に規定されており、

> この法律は、北朝鮮による核実験の実施、大量破壊兵器の運搬手段となり得る弾道ミサイルの発射等の一連の行為が国際社会の平和及び安全に対する脅威となっており、その脅威は近隣の我が国にとって特に顕著であること

から、この状況に対応し、国際連合安全保障理事会決議第1718号が核関連、弾道ミサイル関連その他の大量破壊兵器関連の物資、武器その他の物資の北朝鮮への輸出及び北朝鮮からの輸入の禁止を決定したことや、同理事会決議第1874号が当該禁止の措置を強化するとともに、国際連合加盟国に対し当該禁止の措置の厳格な履行の確保を目的とした貨物についての検査等の実施の要請をしていることを踏まえて、

> 我が国が特別の措置として実施する北朝鮮特定貨物についての検査その他の措置について定めること

により、

> 外国為替及び外国貿易法（中略）、関税法（中略）その他の関係法律による措置と相まって、北朝鮮の一連の行為をめぐる同理事会決議による当該禁止の措置の実効性を確保するとともに、我が国を含む国際社会の平和及び安全に対する脅威の除去に資することを目的とする。

としている。

(2) 貨物検査行為について――海上保安庁と税関――

ア 海上保安庁の関係では、同法3条1項及び2項に規定されており、まず、同条1項において、

> 海上保安庁長官は、我が国の内水にある船舶が北朝鮮特定貨物を積載していると認めるに足りる相当な理由があるときは、海上保安官に、次に掲げる措置をとらせることができる。

として、内水にある船舶に対し、次の4つ行為が掲げられており、

① 検査のため当該船舶の進行を停止させること。
② 当該船舶に立ち入り、貨物、書類その他の物件を検査し、又は当該船

舶の乗組員その他の関係者に質問すること。
③　検査のため必要な最小限度の分量に限り試料を収去すること。
④　検査のため必要な限度において、貨物の陸揚げ若しくは積替えをし、又は船長等に貨物の陸揚げ若しくは積替えをするよう指示すること。

とされている。

　これに対し、領海又は公海にある船舶に対する場合では、同条2項において、上記のいずれの行為についても、船長等の承諾が必要とされている[34]。

　ただ、公海の場合には、上記の船長等の承諾に加えて、同法8条で旗国の同意が必要とされている。

　イ　次に、税関の関係では、同法3条3項及び4項に規定されており、まず、同条3項において、

　　税関長は、我が国の港にある船舶又は我が国の空港にある航空機（中略）が北朝鮮特定貨物を積載していると認めるに足りる相当な理由があるときは、税関職員に、次に掲げる措置をとらせることができる。

として、
①　当該船舶若しくは当該航空機に立ち入り、貨物、書類その他の物件を検査し、又は当該船舶若しくは当該航空機の乗組員その他の関係者に質問すること。
②　検査のため必要な最小限度の分量に限り試料を収去すること。
③　検査のため必要な限度において、貨物の陸揚げ若しくは積替えをし、又は当該船舶の船長等若しくは当該航空機の機長若しくはこれに代わってその職務を行う者（中略）に貨物の陸揚げ若しくは積替えをするよう指示すること。

とされている。

　また、保税地域に置かれている貨物については、同条4項において、上記

---

(34)　この船長の承諾については、安保理決議上の要件ではないが、洋上での検査は荷積みの状況等によっては危険を伴うことも考えられるので、船舶側の事情を考慮する必要もあるからであると説明されている（瀬川謙一「安保理決議の実効性確保のために――北朝鮮特定貨物の検査等のための法整備――」時の法令1871号〈2010年〉24頁）。

①及び②の措置を税関職員にとらせることができるとされている。

(3) **検査妨害について**

そして、上記の各検査等に対する妨害等については、刑罰をもって臨むこととしており、同法14条1号に罰則が設けられている。

同条柱書きでは、

> 次の各号のいずれかに該当する者は、1年以下の懲役又は50万円以下の罰金に処する。

として、1年以下の懲役刑等を定め、その構成要件として、

> 第3条第1項、第3項又は第4項の規定による立入り、検査、収去若しくは貨物の陸揚げ若しくは積替えを拒み、妨げ、若しくは忌避し、又は質問に対し答弁をせず、若しくは虚偽の陳述をした者

と規定されている。ただ、3条2項が除外されていることから、領海又は公海上での妨害行為については、この規定は適用されない。

しかしながら、公海上の妨害行為で公務執行妨害などとなるような場合には、我が国の法令を適用して当該妨害行為に及んだ者を処罰することとして、同法15条により、

> 日本船舶以外の船舶で公海にあるものについての第3条第2項及び第4条から第7条までの規定による措置に関する日本国外における我が国の公務員の職務の執行及びこれを妨げる行為については、我が国の法令（罰則を含む。）を適用する。

とされている。したがって、公海上の船舶において、海上保安官等に対し、暴行等を加えてその職務の執行を妨害した場合などは、刑法95条1項の公務執行妨害罪が成立することとなる。

(4) **検査対象貨物について**

上記の立入検査等ができる規制対象となる貨物は、「北朝鮮特定貨物」であり、これについては、同法2条1号において定義規定が設けられている。

その内容としては、要するに、北朝鮮を仕向地・仕出地とする貨物のうち、安保理決議1718及び1874により、北朝鮮への輸出、北朝鮮からの輸入が禁止された核関連、ミサイル関連、その他の大量破壊兵器関連の物資、武器その他の物資であって、政令で定めるものを「北朝鮮特定貨物」として上述

した検査等の対象としたものである。

ただ、外為法により規制されているものについては、同法による規制に従えばよいことから、ここでいう「北朝鮮特定貨物」からは除外されている。

(5) 提出命令について

そして、上述した検査等により、北朝鮮特定貨物が確認された場合には、海上保安庁長官や税関長は、同法4条により、その提出を命ずることができる。

その際、その命令に従わなかった場合には、同法13条により、2年以下の懲役又は100万円以下の罰金に処せられることとなる。

(6) 回航命令について

上述したように、我が国の領海又は公海における検査等に当たっては、船長等の承諾を得る必要があるが、これが得られない場合などに、同法6条により、海上保安庁長官は、当該船舶の船長等に対し、検査等の措置を円滑かつ的確に実施することが認められる場所に回航すべきことを命ずることができる。

そして、この回航命令に従わなかった場合には、同法14条2号により、1年以下の懲役又は50万円以下の罰金に処せられる。

(7) 国際法上の問題点

なお、上記の一連の規定が国際法上有効なものと認められるかについて検討しておく。

国際法上、海洋についての沿岸国の主権が及ぶのは、沿岸国の内水及び領海であり(海洋法に関する国際連合条約2条)[35]、したがって、内水における貨

---

(35) 関連する海洋法条約の条文を掲げておく。
　　第2条　領海、領海の上空並びに領海の海底及びその下の法的地位
　　　　沿岸国の主権は、その領土若しくは内水又は群島国の場合にはその群島水域に接続する水域で領海といわれるものに及ぶ。(後略)
　　第17条　無害通航権
　　　　すべての国の船舶は、沿岸国であるか内陸国であるかを問わず、この条約に従うことを条件として、領海において無害通航権を有する。
　　第24条　沿岸国の義務
　　　　沿岸国は、この条約に定めるところによる場合を除くほか、領海における外国船舶の無害通航を妨害してはならない。(後略)

物検査等は、当然に主権の範囲内の行為として、国内法の問題であって、国際法上の問題は生じない。

これに対し、領海においては、主権は及ぶものの、領海上の外国船舶は無害通航権を有し（同条約17条）、沿岸国は領海における外国船舶の無害通航を妨害してはならない（同条約24条）とされていることをどのように考えるべきか問題となる。

これについては、安保理決議1874主文11が、全ての国に対し、領海を含む自国の領域内で、対象となる貨物の検査を要請していることから、仮に外国船舶が我が国の領海内で、本来であれば無害通航とみなされる航行を行った場合であっても、同決議で定められた要件の下で検査等を行うことは国際法上の問題は生じないと考えられる[36]。

一方、公海上では、航行の自由を含む公海自由の原則が適用され（前記条約87条）、公海上の船舶は、旗国の排他的管轄権に服するのが原則である（同条約92条）ことに照らして問題がないか検討を要する。

これについても、一般国際法の解釈として、執行管轄権は、基本的には自国の領域内に限り認められるものであるが、公海においても、安保理決議に基づき要請がされている場合や、旗国の同意がある場合には、例外的にその範囲内において他国船舶に対して執行管轄権を行使することは可能である。安保理決議1874主文12は、全ての加盟国に対し、旗国の同意を得て、公海上で船舶を検査することを要請していることから、この点においても、国際法

第87条　公海の自由
　　公海は、沿岸国であるか内陸国であるかを問わず、すべての国に開放される。公海の自由は、この条約及び国際法の他の規則に定める条件に従って行使される。この公海の自由には、沿岸国及び内陸国のいずれについても、特に次のものが含まれる。
　　（a）　航行の自由（後略）
第92条　船舶の地位
　　船舶は、一の国のみの旗を掲げて航行するものとし、国際条約又はこの条約に明文の規定がある特別の場合を除くほか、公海においてその国の排他的管轄権に服する。船舶は、所有権の現実の移転又は登録の変更の場合を除くほか、航海中又は寄港中にその旗を変更することができない。（後略）

(36)　瀬川・前掲注(29)23頁。

上の問題は生じないと考えられる[37]。

第5　対北朝鮮制裁措置に関連した刑事処分の実施状況

1　刑事処分の実施状況の概要

　前述したとおり、日本政府は、安保理決議等に基づき、北朝鮮に対し、様々な制裁措置を執ってきた。その中には、新たに制定した特別法の規定上、違反行為に対して刑罰をもって臨むものもあり、その内容については、第4までに述べたとおりである。しかしながら、実際に、北朝鮮に対する制裁措置に関して実施された国内法による刑事処分については、その全てが外為法違反によるものであり、その大半は不正輸出に係るものである。

　そもそも外為法は、北朝鮮に対するものに限らず、どの国に対するものであっても、多額にわたる送金や現金持出しなどについては規制を設けており、また、国際平和を害するおそれの物品の輸出入についても同様に規制している。

　そこで、北朝鮮に対するもので、それらの一般的な外為法違反行為について、まず検討し、その後、前記安保理決議による制裁措置に基づく外為法違反行為等について述べることとする。

2　北朝鮮に対する不正送金事案

　ここで紹介する事案は、平成6年12月27日、神戸簡易裁判所において、略式命令が出された外為法違反である（神戸簡略平成6・12・27公刊物未登載）。

　この事案では、被疑者は、有限会社A貿易という会社を経営し、北朝鮮との間で継続的に貿易していたものであるが、北朝鮮の取引先の会社であるB貿易会社が日本国内の会社から中古車を買い入れるに当たって、その資金として、A貿易会社の業務として、同社から、B貿易会社に対し、当時の大蔵大臣に届出をすることなく合計約50万ドル（当時の日本円で約5,400万円相当）を、貸付けのために送金したことなどが外為法に違反するものとされた

---

(37)　瀬川・前掲注(29)24頁。

ものである。

　この事案の当時は、1998年（平成10年）の外為法改正前であったため、金銭の貸借契約などの資本取引については、大蔵大臣に対する事前の届出や、事後の報告が義務づけられていた（ただ、一定金額以下（この当時は1,000万円以下）の場合には事前の届出が免除されていた。）。

　この事案では、特段の届出等をすることなく、日本国内にある外国為替公認銀行であるトマト銀行の非居住者外貨預金口座に上記送金をしたものである。これは、国内にある銀行の預金口座間の資金移動であるものの、本件当時、居住者と非居住者[38]との間の金銭の貸借契約等は、外為法上、大蔵大臣への届出が義務づけられていたことから、その届出違反等が問題とされたものである。

　この事案では、その資金移動等の外形的事実関係や必要な手続を執っていないことなど、証拠上の問題点はほとんどなく、Ａ貿易会社等に対して罰金刑が科せられたものである。

　なお、この事案では、その取引先が北朝鮮の会社であったが、同様のことは他の国の会社であっても起こり得ることであり、同様に処罰されることとなる。

3　北朝鮮に対する無許可輸出事案
(1)　国際的な平和及び安全の維持を妨げることとなると認められるものの無許可輸出について
　ア　外為法48条1項は、

　　　国際的な平和及び安全の維持を妨げることとなると認められるものとして政令で定める特定の地域を仕向地とする特定の種類の貨物の輸出をしようとする者は、政令で定めるところにより、経済産業大臣の許可を受けなければならない。

---

(38)　居住者と非居住者の区別については、外為法6条に定義規定があり、同条5号において、「『居住者』とは、本邦内に住所又は居所を有する自然人及び本邦内に主たる事務所を有する法人をいう。（後略）」とされ、同条6号において、「『非居住者』とは、居住者以外の自然人及び法人をいう。」とされている。

と規定しており、「国際的な平和及び安全の維持を妨げることとなると認められるもの」については、前述した安保理決議による輸出の禁止とは関係なく、それ以前から経済産業大臣の許可制にしている。

そして、同法による許可制の対象となるものについては、輸出貿易管理令1条1項により定められており、

> 外国為替及び外国貿易法（中略）第48条第1項に規定する政令で定める特定の地域を仕向地とする特定の種類の貨物の輸出は、別表第一中欄に掲げる貨物の同表下欄に掲げる地域を仕向地とする輸出とする。

とされており、その別表によれば、例えば、その表の一（一）では、

> 銃砲若しくはこれに用いる銃砲弾（発光又は発煙のために用いるものを含む。）若しくはこれらの附属品又はこれらの部分品

については、その輸出先が、

> 全地域

とされており、つまり、世界のどの国に対して輸出するに当たっても、経済産業大臣の許可が必要ということになっている。

イ　また、同表二（一）では、

> 核燃料物質又は核原料物質

がその対象となっているし、同表二（十二）では、

> 核兵器の開発又は製造に用いられる工作機械その他の装置であって、次に掲げるもの
> 1　数値制御を行うことができる工作機械
> 2　測定装置（工作機械であって、測定装置として使用することができるものを含む。）

とされており、いずれも全地域に対する輸出につき許可制が執られている。

このように、武器等や核開発に関わるような物質や装置等については、「国際的な平和及び安全の維持」という見地から、従来から許可制を敷いているものである。

そのため、それら別表に掲げられている物品について、許可を得ることなく北朝鮮に輸出したという事案も少なからず見受けられるところである。

なお、この違反行為に対する刑罰については、外為法69条の6に規定され

ており、同条1項2号において、

　　第48条第1項の規定による許可を受けないで同項の規定に基づく命令
　の規定で定める貨物の輸出をした者

に対しては、

　　7年以下の懲役若しくは700万円以下の罰金に処し、又はこれを併科
　する。(後略)

とされている。ただ、その輸出に係る貨物が、

　　核兵器等又はその開発等のために用いられるおそれが特に大きいと認
　められる貨物として政令で定める貨物

であった場合には、同条2項により、加重され、

　　10年以下の懲役若しくは1,000万円以下の罰金に処し、又はこれを併
　科する。(後略)

こととされている。

(2) 横浜地判平成16・5・10公刊物等未登載

　実際に、北朝鮮に対する不正輸出であるとして、上記の外為法違反により処罰された事案としては、横浜地判平成16・5・10公刊物等未登載などに見られる。

　これは、甲有限会社の代表取締役Aとその共犯者Bが共謀の上、経済産業大臣の輸出許可を受けないで、国際的な平和及び安全の維持を妨げることとなると認められるものとして政令で定める核兵器の開発又は製造に用いられるおそれのあるインバーター(周波数変換器)を、平成15年11月20日、共犯者Bにおいて、手荷物として携帯して中国を経由して北朝鮮向けに輸出をしたという事案である。

　この事案では、上記Aに対しては、懲役1年、3年間執行猶予の判決が、上記Bに対しては、懲役10月、3年間執行猶予の判決が、それぞれ言い渡されている。

(3) 東京地判平成21・7・16公刊物等未登載

　上記(1)で述べたように、この無許可輸出事案は、北朝鮮に対するものに限られないため、その他の国への無許可輸出として参考になるものとして、東京地判平成21・7・16公刊物等未登載の事案が参考になる。

この事案は、核兵器の開発に用いられるおそれのある数値制御工作機械が、韓国や中国に対して無許可で輸出されたものであり、主犯となる被告人に対して、懲役2年6月、3年間執行猶予の判決が言い渡されている。この判決において認定された罪となるべき事実は、次のとおりである。

　被告人株式会社甲は、広島県福山市内に本店を置き、工作機械の製造販売等の業務を目的とするもの、被告人乙は、同会社工機営業部海外営業課員として、工作機械の輸出に関する営業を担当していたものであるが、

第1　被告人乙は、ほか数名と共謀の上、株式会社甲の業務に関し、外国為替及び外国貿易法48条1項に基づき国際的な平和及び安全の維持を妨げることとなると認められるとして経済産業大臣の許可を受けなければならない輸出貿易管理令別表第1の2の項(12)の1に該当する貨物である核兵器の開発又は製造に用いられる数値制御工作機械である別紙一覧表1（省略）記載のマシニングセンタ6台を、同大臣の許可を受けないで、大韓民国に向けて輸出しようと企て、平成16年11月10日ころ、神戸市中央区内の神戸港ポートアイランドコンテナ第14号岸壁において、情を知らない○○港運株式会社係員らに、前記マシニングセンタ6台（本体価格合計1億2,256万8,000円）を船積みさせて、大韓民国に向けて輸出し、もって、同大臣の許可を受けないで貨物を輸出し

第2　被告人乙は、ほか数名と共謀の上、株式会社甲の業務に関し、経済産業大臣の許可を受けないで、前同様の数値制御工作機械である別紙一覧表2（省略）記載のマシニングセンタ10台を中華人民共和国に向けて輸出しようと企て

1　平成18年9月4日ころ、通関業者である神戸市中央区内の株式会社△△事務所において、電子情報処理組織による輸出申告を行うに当たり、情を知らない同社係員に、同区内の神戸税関ポートアイランド出張所長に対し、真実は前記マシニングセンタ10台が同大臣の許可を受けなければならない輸出管理貿易別表1の2の項(12)の1に該当する貨物であったにもかかわらず、電子情報処理組織の電子計算機に備え付けられたファイルに、同大臣の許可を受ける必要のない貨物である旨の虚偽の事実を入力させて、輸出申告を行い、もって、偽った輸出申

告をし

2 同月12日ころ、同区内の神戸港ポートアイランドコンテナ第15号岸壁において、情を知らない××株式会社係員らに、前記マシニングセンタ10台（本体価格合計約3億8,252万8,300円）を船積みさせて、中華人民共和国に向けて輸出し、もって、同大臣の許可を受けないで貨物を輸出し

たものである。

4　安保理決議に基づく対北朝鮮制裁措置に係る未承認輸入事案
(1)　北朝鮮からの輸入に関する法規制

外国からの輸入に関する規制のうち、外為法52条は、

> 外国貿易及び国民経済の健全な発展を図るため、我が国が締結した条約その他の国際約束を誠実に履行するため、国際平和のための国際的な努力に我が国として寄与するため、又は第10条第1項の閣議決定を実施するため、貨物を輸入しようとする者は、政令で定めるところにより、輸入の承認を受ける義務を課せられることがある。

と規定している。

そこで、上記第3の3で述べたように、2006年（平成18年）10月9日の北朝鮮による最初の核実験を受けて、日本政府が同月13日、北朝鮮からの輸入の全面禁止を含む措置を閣議決定したことから、この外為法52条により、北朝鮮からの全ての貨物の輸入について経済産業大臣の承認を受ける義務を課すことにより輸入を禁止することとなった。

具体的には、まず、上記外為法52条の「政令で定めるところにより」というのは、輸入貿易管理令3条1項であって、

> 経済産業大臣は、輸入割当てを受けるべき貨物の品目、輸入の承認を受けるべき貨物の原産地又は船積地域その他貨物の輸入について必要な事項を定め、これを公表する。（後略）

とされ、輸入の承認を受けるべき貨物等について必要な事項を定めて公表するとしているところ、その承認を受けるべき場合については、同管理令4条1項2号が規定しており、まず、同条1項柱書において、

貨物を輸入しようとする者は、次の各号のいずれかに該当するときは、経済産業省令で定める手続に従い、経済産業大臣の承認を受けなければならない。

とされた上で、同項2号では、

　当該貨物の品目について、貨物の原産地又は船積地域が前条第1項の規定により公表された場合において、その原産地を原産地とする貨物を輸入し、又はその船積地域から貨物を輸入しようとするとき。

とされていることから、承認等を受けるべき貨物の原産地等が同管理令3条1項の規定によって公表された場合に、その原産地等からの貨物の輸入については、同管理令4条1項2号により、経済産業大臣の承認を受けなければならないこととなる。

　そして、その公表された内容であるが、これは、「輸入割当てを受けるべき貨物の品目、輸入の承認を受けるべき貨物の原産地又は船積地域その他貨物の輸入について必要な事項の公表（昭和41年4月30日通商産業省告示第170号）」によることとなり、これは何度も改正されているところ、上記の閣議決定を受けて、2006年（平成18年）10月13日付け経済産業省告示第308号により、上記の「公表」に追加の規定が設けられ、北朝鮮からの貨物の輸入に関しては、全貨物について通商産業大臣の承認が必要とされた。

　具体的には、同「公表」中の項目2において、

　輸入貿易管理令（中略）第4条第1項第2号の規定による輸入の承認（中略）を受けるべき場合は、次の表の第1に掲げる貨物（中略）を輸入するときとする。

と規定され、その表の中で、北朝鮮を原産地又は船積地域とする場合には、「全貨物」について、経済産業大臣の承認を受けなければならないこととされている。

　このような法令の適用により、北朝鮮からの貨物の輸入について、経済産業大臣の承認を受けることが必要となるところ、閣議決定により輸入禁止措置をとるため、同大臣が輸入承認を与えることはないことから、北朝鮮からの貨物の輸入が全面的に禁止されたのである。

　そして、このような承認を得ずに北朝鮮からの貨物を輸入した違反行為に

対しては、外為法69条の7第1項5号により、

> 第52条の規定に基づく命令の規定による承認を受けないで貨物の輸入をした者

について、同項柱書において、

> 5年以下の懲役若しくは500万円以下の罰金に処し、又はこれを併科する。（後略）

とされている。

(2) 未承認輸入事案について

そこで、これらの規定が実際に適用された事案において輸入された貨物としては、活あさり、ステンレス製パイプ継手、生ウニ、ショートパンツなどであり、水産物や単純加工品が主である（なお、ステンレス製パイプ継手は、北朝鮮に対する経済制裁措置が執られる以前から、日本から原材料を送り、それを加工させて日本に輸入させていたものであるところ、その輸入が禁止された以降も同様の行為を続けたことから、外為法違反として摘発されたものである。）。

ア　例えば、上記生ウニの事案は、2008年（平成20年）3月28日、東京地裁において、主犯の被告人に対して、外為法違反及び関税法違反として、懲役1年6月、3年間執行猶予の判決が言い渡されたが（**東京地判平成20・3・28公刊物未登載**）、その際に認定された外為法違反に関する事実は、次のとおりである。

被告人らは、共謀の上、政令により経済産業大臣から輸入の承認を受ける義務を課せられる貨物として公表された北朝鮮を原産地とする生うにを、同大臣の承認を受けないで本邦に輸入しようと企て、平成19年4月6日、北朝鮮を原産地とする生うに約16キログラムを、中華人民共和国大連周水子国際空港から航空機で宮城県名取市の仙台空港に輸送し、同月11日、同大臣の承認を受けることなく、横浜税関仙台空港税関支署長に対し、通関業者であるN通運株式会社仙台航空支店担当者を介して、同生うにの原産地を中華人民共和国とする輸入申告手続きを行い、同月13日、前記支署長からその輸入許可を得た後、同月16日、同生うにを前記仙台空港内保税地域から搬出し、もって、同大臣の承認を受けずに貨物を輸入したものである。

イ　この事案からも明らかにうかがわれるように、北朝鮮から直接に輸入

すれば、それが輸入の禁止対象であることがすぐに判明することから、多くの場合は、中国を経由地とし、原産地が北朝鮮であるにもかかわらず、それを中国であると偽装するのが通常である。そのため、原産地を中国であるとする内容虚偽の文書が作成されることが多い。

　ウ　そして、このような輸入行為は、輸入申告手続において、必然的に、その記載内容として、輸入貨物の原産地等について虚偽の記載をすることとなるから、税関長に対して虚偽の申告をしたという関税法違反が付随することとなる。すなわち、関税法67条は、

　　　貨物を輸出し、又は輸入しようとする者は、政令で定めるところにより、当該貨物の品名並びに数量及び価格（中略）その他必要な事項を税関長に申告し、貨物につき必要な検査を経て、その許可を受けなければならない。

としているところ、ここでいう「政令で定めるところにより」の必要な事項については、関税法施行令59条1項により、

　　　輸入しようとする貨物についての法第67条（輸出又は輸入の許可）の規定による申告は、次の各号に掲げる事項を記載した輸入申告書を税関長に提出して、しなければならない。（中略）
　　　1　貨物の記号、番号、品名、数量及び価格（中略）
　　　2　貨物の原産地及び積出地並びに仕出人の住所又は居所及び氏名又は名称（後略）

とされていることから、貨物の原産地等や仕出人[39]の氏名等を記載しなければならない。

　しかしながら、経済産業大臣の承認を受けていないのであるから、仕出人や原産地などに北朝鮮を意味する文言の記載を避け、仕出人を中国の会社とし、原産地も同様に中国にするなどの内容虚偽の申告をすることになる。この事案においても、そのような虚偽申告がなされていた。

---

(39) 仕出人とは、本邦に貨物を輸入する際に、当該貨物を発送する側の外国の取引先の当事者を指す。また、仕向人という文言も使われるが、これは、関税法施行令58条2号に規定されており、本邦から輸出する際に、当該荷物を受け取る側の外国の取引先の当事者を指す。

そして、そのような虚偽申告に対しては、の関税法111条１項２号により、
　　　第67条の申告又は検査に際し、偽った申告若しくは証明をし、又は偽
　　　った書類を提出して貨物を輸出し、又は輸入した者
につき、同項柱書において、
　　　５年以下の懲役若しくは500万円以下の罰金に処し、又はこれを併科
　　　する。
とされている。そこで、本件においても、その法定刑の範囲内で、前述したような処罰がなされたのである。

　エ　なお、参考までに上記事案のうちのステンレス製パイプ継手の事案は、**神戸地判平成20・１・24公刊物等未登載**の事案であるが、この判決で認定された罪となるべき事実は、次のとおりである。

　被告人株式会社甲は、石川県に本店を置き、パイプ継手の製造販売等を営むものの、被告人乙は、甲の代表取締役として、同社の業務全般を統括するもの、被告人株式会社丙は、京都市内に本店を置き、ステンレス製品の販売及び輸出入業を営むもの、被告人丁は、乙の代表取締役として、同社の業務全般を統括するものであるが、被告人乙及び丁は、ほか数名と共謀の上、それぞれ甲及び丙の業務に関し、甲が北朝鮮所在のＡ合作社にステンレス製パイプ継手製品の一部製造工程を委託し、丙がその取引を仲介した際、

　第１　政令により経済産業大臣の承認を受ける義務を課せられた貨物として公表された北朝鮮を原産地とするステンレス製パイプ継手製品を、同大臣の承認を受けないで本邦に輸入しようと企て、平成18年12月14日ころ、Ａ合作社が製造加工した北朝鮮製ステンレス製パイプ継手製品２万7,285個を積載したキプロス共和国船籍「○○○」号を神戸市中央区内の神戸港ポートアイランドＥ岸壁に入港させ、同区内の指定保税地域ＰＩ－Ｄ岸壁に陸揚げして蔵置した上、同月15日、同大臣の承認を受けないで、神戸税関ポートアイランド出張所長に対し、情を知らない通関業者である株式会社△△の情業員を介して上記製品の輸入申告手続をなし、同月19日ころ、同出張所長の輸入許可を得て、これを保税地域から搬出し、もって輸入し

　第２　Ａ合作社との間でステンレス製パイプ継手製品等の輸出入取引を

するに当たり、中華人民共和国との間の貿易を装って虚偽内容の輸出申告又は輸入申告をしようと企て、別紙犯罪事実一覧表記載のとおり、同月11日から平成19年3月14日までの間、5回にわたり、神戸市中央区内の上記株式会社△△神戸支店ほか2か所において、いずれも情をを知らない同社従業員らをして、同神戸税関ポートアイランド出張所長らに対し、申告に必要な事項である同製品等の仕向人に関して、A合作社とすべきものを大連××国際物流有限公司とするなどの虚偽内容を電子情報処理組織を構成する電子計算機に備えられたファイルに入力させるなどして各申告し、もって、いずれも偽った輸出申告又は輸入申告をしたものである。

　この事案において、例えば、乙に対しては、懲役2年、3年間執行猶予の判決が言い渡されている。

　オ　また、その他に、北朝鮮からの未承認輸入事案として、近時、世間を騒がせた松茸の不正輸入について紹介する。

　これは、在日本朝鮮人総連合会（朝鮮総連）の議長の次男である被告人Xが、逮捕、起訴されたことでマスコミにも大きく取り上げられた事件である。

　ただ、事件としては特段の政治的背景などがあったわけではないようであり、通常の違法な商取引であっただけのようである。

　この事件については、平成27年（2015年）12月10日、京都地裁で判決が言い渡され、被告人許政道に対しては、懲役1年8月、執行猶予4年に処せられ、同月25日に確定した（京都地判平成27・12・10公刊物未登載）。

　この判決で認定された罪となるべき事実は、次のとおりである。

　被告人T販売株式会社（以下「被告会社」という。）は、東京都内に本店を置き、農畜水産物の輸出入等を業とするもの、被告人Kは、被告会社の代表取締役として、その業務全般を統括するもの、被告人Xは、被告会社の従業員であったものであるが、被告人K及びび同Xは、農畜水産物の輸出入等を業とする株式会社Hの代表取締役として、その業務全般を統括するR及び東方の従業員であるYらと共謀の上、政令により経済産業大臣の承

認を受ける義務を課せられた貨物として公表された北朝鮮を原産地とする生松茸を不正に本邦に輸入しようと企て

第1 被告会社の業務に関し、別表「入港日」欄記載のとおり、平成22年9月22日から同月25日までの間、4回にわたり、別表「輸入量」欄及び「輸入申告価格」欄記載の北朝鮮産生松茸合計約3,000キログラム（輸入申告価格合計760万2,300円）を別表「積出地」欄記載の中華人民共和国上海浦東国際空港ほか2か所からそれぞれ大阪府内の関西国際空港に空輸して同空港内保税地域に蔵置した上、別表「輸入申告日」欄記載のとおり、平成22年9月24日から同月27日までの間、4回にわたり、経済産業大臣の承認を受けないで、同府泉南市泉州空港南1番地所在の大阪税関関西空港税関支署長に対し、情を知らない通関業者○○を介して前記各生松茸の各輸入申告手続を行い、各同日、同支署長の各輸入許可を得た後、情を知らない運送業者の従業員をして、前記各生松茸を同空港内保税地域から搬出させ、もって経済産業大臣の承認を受けないで、前記各生松茸を輸入した

第2 被告会社の業務について、別表「輸入申告日」欄記載のとおり、平成22年9月24日から同月27日までの間、4回にわたり、電子情報処理組織により、前記第1記載の北朝鮮産生松茸合計約3,000キログラムの各貨物の輸入申告を行うに際し、前記第1記載の○○営業所において、情を知らない同社従業員をして、前記第1記載の大阪税関関西空港税関支署長に対し、電子情報処理組織の電子計算機に備えられたファイルに、前記各貨物の原産地が北朝鮮であったにもかかわらず、前記各貨物の原産地が中華人民共和国である旨の虚偽の事実を入力させるなどして申告した上、前記第1記載のとおり、前記各生松茸を同空港内保税地域から搬出させ、もって偽った申告をして貨物を輸入したものである。

5 安保理決議に基づく対北朝鮮制裁措置に係る未承認輸出事案
(1) 北朝鮮への輸出に関する法規制
北朝鮮との間で問題となる刑事事件で最も多いのがこの種事案である。

2006年（平成18年）11月14日、前述したように、北朝鮮に対する奢侈品の輸出禁止が閣議決定され、その後、2009年（平成21年）6月18日、北朝鮮に対する全ての貨物の輸出につき、経済産業大臣の承認を受ける義務を課すことにより、全面禁輸措置を執ったことに対する違反行為がこの未承認輸出事案となるものである。

ア　具体的には、外為法48条3項は、

　　経済産業大臣は、（中略）特定の種類の若しくは特定の地域を仕向地とする貨物を輸出しようとする者又は特定の取引により貨物を輸出しようとする者に対し、国際収支の均衡の維持のため、外国貿易及び国民経済の健全な発展のため、我が国が締結した条約その他の国際約束を誠実に履行するため、国際平和のための国際的な努力に我が国として寄与するため、又は第10条第1項の閣議決定を実施するために必要な範囲内で、政令で定めるところにより、承認を受ける義務を課することができる。

とされており、貨物の輸出をしようとする者に対して、経済産業大臣の承認を受ける義務を課することができるとしている。そして、ここでいう「政令で定めるところ」というのは、輸出貿易管理令であり、同管理令2条1項柱書において、

　　次の各号のいずれかに該当する貨物の輸出をしようとする者は、経済産業省令で定める手続に従い、経済産業大臣の承認を受けなければならない。

とされた上、同項1号の2において、

　　別表第2の2に掲げる貨物（中略）の北朝鮮を仕向地とする輸出

として、奢侈品が同別表に掲げられていることから、そこに記載のある奢侈品については、2006年（平成18年）11月15日（施行）以降、経済産業大臣の輸出承認を要するものとされていた。

その後、2009年（平成21年）6月以降は、全面的な禁輸措置を執るため、この規定の読み替えをすることとし、同管理令附則3項において、

　　平成27年4月13日までの間は、第2条第1項第1号の2中「別表第2の2に掲げる貨物（中略）の北朝鮮を仕向地とする」とあるのは「北朝

鮮を仕向地とする貨物（中略）の」と、（中略）と読み替えるものとする。とされたことから[40]、上記の輸出貿易管理令2条1項1号の2の記載が北朝鮮を仕向地とする貨物の輸出」と読み替えられることとなり、北朝鮮に対する全貨物が経済産業大臣の承認の対象となった。もちろん、閣議決定により対北朝鮮禁輸措置を執っていることから、その承認が出されることがないため、結論的に全面的な禁輸措置となっているのである。

　そして、このような承認を得ずに北朝鮮に貨物を輸出した違反行為に対しては、外為法69条の7第1項4号により、

　　第48条第3項の規定に基づく命令の規定による承認を受けないで貨物の輸出をした者

について、同項柱書において、

　　5年以下の懲役若しくは500万円以下の罰金に処し、又はこれを併科する。（後略）

とされている。

　イ　また、先に未承認輸入事案の項で述べたことと同様に、このような輸出行為は、輸出申告手続において、必然的に、その記載内容として、輸出貨物の仕向先等について虚偽の記載をすることとなるから、税関長に対して虚偽の申告をしたという関税法違反が付随することとなる。

　先に述べた関税法67条の規定により、貨物を輸出する者は、「政令で定めるところにより（中略）必要な事項を税関長に申告し、貨物につき必要な検査を経て、その許可を受けなければならない。」とされているところ、ここでいう「政令で定めるところ」の必要な事項については、関税法施行令58条1項により、

　　輸出しようとする貨物についての法第67条（輸出又は輸入の許可）の規定による申告は、次の各号に掲げる事項を記載した輸入申告書を税関長に提出して、しなければならない。（中略）

　　1　貨物の記号、番号、品名、数量及び価格（中略）

---

(40)　なお、この管理令附則については改正されており、現在では、「平成27年4月13日」が「平成31年4月13日」とされている。

2　貨物の仕向地並びに仕向人の住所又は居所及び氏名又は名称（後略）

とされていることから、貨物の仕向地や仕向人の氏名等を記載しなければならない。

しかしながら、経済産業大臣の承認を受けていないのであるから、仕向地や仕向人に関する事項について北朝鮮を意味する文言の記載を避け、仕向地を中国とし、仕向人も同様に中国の会社にするなどの内容虚偽の申告をすることになる。そして、そのような虚偽申告に対しては、先に述べた関税法111条1項2号により、先の不正輸入の際の場合と同様の刑罰が科されることとなる。

(2)　**未承認輸出事案**

そこで、これらの規定が実際に適用されて刑事処分された事案で輸出された貨物としては、まず、奢侈品として、中古ピアノ、化粧品、ベンツなどの乗用自動車、煙草、日本酒などがあり、それ以外の貨物としては、中古タイヤ、缶コーヒー、ノートパソコン、ニット生地などが見受けられる。

ア　例えば、上記中古タイヤの事案は、2014年（平成26年）5月12日、福岡地裁において、主犯の被告人に対して、外為法違反及び関税法違反として、懲役2年、3年間執行猶予の判決が言い渡されたが（**福岡地判平成26・5・12公刊物等未登載**）、その際に認定された外為法違反及び関税法違反に関する事実は、次のとおりである。

まず、関税法違反の事実については、「被告人は、平成23年3月9日、電子情報処理組織により、中古タイヤ1,042本の貨物（輸出申告価格90万7,270円）の輸出申告を行うに際し、通関業者である○○株式会社△△支社において、情を知らない同社係員をして、同市港町一丁目6番15号所在の函館税関苫小牧税関支署長に対し、電子情報処理組織の電子計算機に備えられたファイルに、前記貨物の最終仕向地が北朝鮮であったにもかかわらず、前記貨物の最終仕向地が中華人民共和国の大連である旨の虚偽の事実を入力させるなどして申告した上、同月15日、同市字弁天534番地所在の東港区中央埠頭3号岸壁において、情を知らない荷役作業員をして、前記貨物を船積みさせて、北朝鮮に輸出するための経由地として中華人民共和国に向けて輸出し、もっ

て、偽った申告をして貨物を輸出した」というものであり、次に、外為法違反の事実については、「経済産業大臣の承認を受けないで、上記のとおり、中古タイヤ1,042本の貨物を北朝鮮に輸出するための経由地として中華人民共和国に向けて輸出した」というものであった。

イ ここでも、先に未承認輸入事案について述べたように、真実の仕向地が北朝鮮であることを隠蔽するために、中国をその仕向地とするものが非常に多く見られるところである。

なお、捜査上の問題として、中国内のある場所を仕向地と仮装した場合、それが虚偽であることを立証しようとしても、その裏付けを捜査共助等によって実施することは困難を伴う場合が多い。しかしながら、日本国内に残された証拠によって、その仕向地が虚偽であり、真実は北朝鮮に向けたものであることは十分に立証が可能である場合も多い。例えば、外為法違反及び関税法違反の被告人に対して、平成26年3月20日に言い渡された**東京地判平成26・3・20公刊物等未登載**の事案では、北朝鮮に冷凍鱈約400トン（価格合計2,000万円相当）を不正に輸出したというものであったところ、乗組員の海員証に北朝鮮国内の港に入出国した認証印が押印されていたという事実や、乗組員や被疑者らがやりとりしたメールやチャットの内容、偽装するために用いた書類のコピーが発見されたという事実などから、書類上は中国の石島を仕向地と偽装されていたものの、真実は北朝鮮に輸出されたことを立証することができたものである。

ちなみに、上記判決において認定された罪となるべき事実は、次のとおりである。

被告人株式会社甲は、東京都中央区内に本店を置き、水産物等の輸出入業等を営むもの、被告人乙は、同会社の代表取締役としてその業務全般を統括するもの、被告人丙は、同会社の国際貿易部マネージャーとしてその輸出入手続等の業務に従事しているもの、被告人丁は、かつて同会社の業務に従事していたものであるが、被告人乙、丙及び丁は、北朝鮮を仕向地とする貨物を不正に輸出しようと企て、同会社の当時の取締役であった戊らと共謀の上、同会社の業務に関し、経済産業大臣の承認を受けないで、平成23年8月18日、青森県八戸市内の岸壁において、情を知らない荷役作業員をして、北

朝鮮を仕向地とする貨物である冷凍鱈約410.385トン（輸出申告価格合計2,051万9,250円）を貨物船「○○○」号に船積みさせ、もって、経済産業大臣の承認を受けないで北朝鮮を仕向地として貨物を輸出したものである。

なお、この事案において、主犯である被告人に対しては、懲役1年6月、3年間執行猶予の判決が言い渡されている。

第6　この章のおわりに

北朝鮮との対応は、国際的な協調行動が強く要請されるだけに、そこで加盟国に求められた義務については誠実に履行する必要がある。北朝鮮に対する不正輸出事案については、個々の事案をみると、さほど悪質なものではないのではないかという発想を持ってしまう場合がないではない。例えば、平成25年4月30日、津地裁で、外為法違反及び関税法違反により、懲役1年、3年間執行猶予の判決が言い渡された事案（**津地判平成25・4・30公刊物等未登載**）では、中古自動車2台を北朝鮮に向けて輸出したというものであり、事案として軽微なものであって、処罰の必要が本当に存するのかと考えてしまう方もいるであろう。

しかしながら、国際協調路線に則った上、「対話と圧力」により、北朝鮮と拉致問題など様々な問題の解決を図らなければならない日本の立場としては、安保理決議で要請された事項については、漏らすことなく遂行していく必要がある。このような観点からも、国際法と国内刑事法が着実に連動するように、その相互の法的な立場及び観点について、国際法的視点及び国内法的視点の双方からの複眼的思考が求められているというべきであろう。

【資料】日本国とアメリカ合衆国との間の犯罪人引渡しに関する条約

(昭和55年3月5日条約第3号)

日本国及びアメリカ合衆国は、
犯罪の抑圧のための両国の協力を一層実効あるものとすることを希望して、次のとおり協定した。

第1条
各締約国は、第2条1に規定する犯罪について訴追し、審判し、又は刑罰を執行するために他方の締約国からその引渡しを求められた者であつてその領域において発見されたものを、この条約の規定に従い当該他方の締約国に引き渡すことを約束する。当該犯罪が請求国の領域の外において行われたものである場合には、特に、第6条1に定める条件が適用される。

第2条
1 引渡しは、この条約の規定に従い、この条約の不可分の一部をなす付表に掲げる犯罪であつて両締約国の法令により死刑又は無期若しくは長期一年を超える拘禁刑に処することとされているものについて並びに付表に掲げる犯罪以外の犯罪であつて日本国の法令及び合衆国の連邦法令により死刑又は無期若しくは長期一年を超える拘禁刑に処することとされているものについて行われる。

前記犯罪の一が実質的な要素をなしている犯罪については、合衆国政府に連邦管轄権を認めるために州際間の輸送又は郵便その他州際間の設備の使用が特定の犯罪の要件とされている場合であつても、引渡しを行う。

2 引渡しを求められている者が1の規定の適用を受ける犯罪について請求国の裁判所により刑の言渡しを受けている場合には、その者が死刑の言渡しを受けているとき又は服すべき残りの刑が少なくとも四箇月あるときに限り、引渡しを行う。

第3条
引渡しは、引渡しを求められている者が被請求国の法令上引渡しの請求に係る犯罪を行つたと疑うに足りる相当な理由があること又はその者が請求国の裁判所により有罪の判決を受けた者であることを証明する十分な証拠がある場合に限り、行われる。

第4条
1 この条約の規定に基づく引渡しは、次のいずれかに該当する場合には、行われない。
(1) 引渡しの請求に係る犯罪が政治犯罪である場合又は引渡しの請求が引渡しを求められている者を政治犯罪について訴追し、審判し、若しくはその者に対し刑罰を執行する目的で行われたものと認められる場合。この規定の適用につき疑義が生じたときは、被請求国の決定による。
(2) 引渡しを求められている者が被請求国において引渡しの請求に係る犯罪について訴追されている場合又は確定判決を受けた場合
(3) 日本国からの引渡しの請求にあつては、合衆国の法令によるならば時効の完成によつて引渡しの請求に係る犯罪について訴追することができないとき。
(4) 合衆国からの引渡しの請求にあつては、次のいずれかに該当する場合であつて、日本国の法令によるならば時効の完成その他の事由によつて引渡しの請求に係る犯罪について刑罰を科し又はこれを執行することができないとき。
 (a) 日本国が当該犯罪に対する管轄権を有するとした場合
 (b) 日本国がその管轄権を現に有しており、かつ、その審判が日本国の裁判所において行われたとした場合

2　被請求国は、引渡しを求められている者が引渡しの請求に係る犯罪について第三国において無罪の判決を受け又は刑罰の執行を終えている場合には、引渡しを拒むことができる。
3　被請求国は、引渡しを求められている者が被請求国の領域において引渡しの請求に係る犯罪以外の犯罪について訴追されているか又は刑罰の執行を終えていない場合には、審判が確定するまで又は科されるべき刑罰若しくは科された刑罰の執行が終わるまで、その引渡しを遅らせることができる。

第5条

被請求国は、自国民を引き渡す義務を負わない。ただし、被請求国は、その裁量により自国民を引き渡すことができる。

第6条

1　引渡しの請求に係る犯罪が請求国の領域の外において行われたものである場合には、被請求国は、自国の法令が自国の領域の外において行われたそのような犯罪を罰することとしているとき又は当該犯罪が請求国の国民によつて行われたものであるときに限り、引渡しを行う。
2　この条約の適用上、締約国の領域とは、当該締約国の主権又は権力の下にあるすべての陸地、水域及び空間をいい、当該締約国において登録された船舶及び当該締約国において登録された航空機であつて飛行中のものを含む。この規定の適用上、航空機は、そのすべての乗降口が乗機の後に閉ざされた時からそれらの乗降口のうちいずれか一が降機のために開かれる時まで、飛行中のものとみなす。

第7条

1　請求国は、次のいずれかに該当する場合を除くほか、この条約の規定に従つて引き渡された者を、引渡しの理由となつた犯罪以外の犯罪について拘禁し、訴追し、審判し、若しくはその者に対し刑罰を執行しないものとし、又はその者を第三国に引き渡さない。ただし、この規定は、引渡しの後に行われた犯罪については、適用しない。
　(1)　引き渡された者が引渡しの後に請求国の領域から離れて当該請求国の領域に自発的に戻つてきたとき。
　(2)　引き渡された者が請求国の領域から自由に離れることができるようになつた日から四十五日以内に請求国の領域から離れなかつたとき。
　(3)　被請求国が、引き渡された者をその引渡しの理由となつた犯罪以外の犯罪について拘禁し、訴追し、審判し、若しくはその者に対し刑罰を執行すること又はその者を第三国に引き渡すことに同意したとき。
2　請求国は、引渡しの理由となつた犯罪を構成する基本的事実に基づいて行われる限り、第2条1の規定に従い引渡しの理由となるべきいかなる犯罪についても、この条約の規定に従つて引き渡された者を拘禁し、訴追し、審判し、又はその者に対し刑罰を執行することができる。

第8条

1　引渡しの請求は、外交上の経路により行う。
2　引渡しの請求には、次に掲げるものを添える。
　(a)　引渡しを求められている者を特定する事項を記載した文書
　(b)　犯罪事実を記載した書面
　(c)　引渡しの請求に係る犯罪の構成要件及び罪名を定める法令の条文
　(d)　当該犯罪の刑罰を定める法令の条文
　(e)　当該犯罪の訴追又は刑罰の執行に関する時効を定める法令の条文
3　引渡しの請求が有罪の判決を受けていない者について行われる場合には、次に掲げるものを添える。

(a) 請求国の裁判官その他の司法官憲が発した逮捕すべき旨の令状の写し
 (b) 引渡しを求められている者が逮捕すべき旨の令状にいう者であることを証明する証拠資料
 (c) 引渡しを求められている者が被請求国の法令上引渡しの請求に係る犯罪を行つたと疑うに足りる相当な理由があることを示す証拠資料
4 引渡しの請求が有罪の判決を受けた者について行われる場合には、次に掲げるものを添える。
 (a) 請求国の裁判所が言い渡した判決の写し
 (b) 引渡しを求められている者が当該判決にいう者であることを証明する証拠資料
 (c)(i) 有罪の判決を受けた者が刑の言渡しを受けていないときは、逮捕すべき旨の令状の写し
   (ii) 有罪の判決を受けた者が刑の言渡しを受けているときは、刑の言渡し書の写し及び当該刑の執行されていない部分を示す書面
5 引渡しの請求には、被請求国の法令により必要とされるその他の資料を添える。
6 この条約の規定に従い請求国が提出するすべての文書は、被請求国の法令の要求するところに従い正当に認証されるものとし、これらの文書には被請求国の国語による正当に認証された翻訳文を添付する。
7 被請求国の行政当局は、引渡しを求められている者の引渡請求の裏付けとして提出された資料がこの条約の要求するところを満たすのに十分でないと認める場合には、自国の裁判所に当該引渡請求を付託するかどうかを決定する前に請求国が追加の資料を提出することができるようにするため、請求国に対しその旨を通知する。被請求国の行政当局は、その資料の提出につき期限を定めることができる。

　　　第9条
1 緊急の場合において、請求国が外交上の経路により、被請求国に対し、引渡しを求める者につき第2条1の規定に従い引渡しの理由となる犯罪について逮捕すべき旨の令状が発せられ又は刑の言渡しがされていることの通知を行い、かつ、引渡しの請求を行うべき旨を保証して仮拘禁の要請を行つたときは、被請求国は、その者を仮に拘禁することができる。仮拘禁の要請においては、引渡しを求める者を特定する事項及び犯罪事実を明らかにするものとし、被請求国の法令により必要とされるその他の情報を含める。
2 仮拘禁が行われた日から四十五日以内に請求国が引渡しの請求を行わない場合には、仮に拘禁された者は、釈放される。ただし、この規定は、被請求国がその後において引渡しの請求を受けた場合に、引渡しを求められる者を引き渡すための手続を開始することを妨げるものではない。

　　　第10条
被請求国は、引渡しを求められている者が、被請求国の裁判所その他の権限のある当局に対し、その引渡しのために必要とされる国内手続における権利を放棄する旨を申し出た場合には、被請求国の法令の許す範囲内において、引渡しを促進するために必要なすべての措置をとる。

　　　第11条
被請求国は、同一の又は異なる犯罪につき同一の者について他方の締約国及び第三国から引渡しの請求を受けた場合には、いずれの請求国にその者を引き渡すかを決定する。

　　　第12条
1 被請求国は、請求国に対し、外交上の経路により引渡しの請求についての決定を速やかに通知する。
2 被請求国は、その権限のある当局が引渡状を発したにもかかわらず、その法令により定められた期限内に請求国が引渡しを求めている者の引渡しを受けない場合には、その者を釈放し、その後において同一の犯罪についてその者の引渡しを拒むことができる。請求国は、引渡しを受けた者を被請求国の領域から速やかに出国させる。

第13条
　引渡しが行われる場合において、犯罪行為の結果得られたすべての物又は証拠として必要とされるすべての物は、被請求国の法令の許す範囲内において、かつ、第三者の権利を害さないことを条件として、これを引き渡す。
　　第14条
1　被請求国は、引渡しの請求に起因する国内手続（引渡しを求められている者の拘禁を含む。）について必要なすべての措置をとるものとし、そのための費用を負担する。ただし、引渡しを命ぜられた者の護送に要した費用は、請求国が支払う。
2　被請求国は、請求国に対し、引渡しを求められた者がこの条約の規定に従い拘禁され、審問され、又は引き渡されたことによりその者が受けた損害につきその者に支払つた賠償金を理由とする金銭上の請求を行わない。
　　第15条
1　各締約国は、外交上の経路により請求が行われた場合には、次のいずれかに該当する場合を除くほか、第三国から他方の締約国に対し引き渡された者をその領域を経由の上護送する権利を他方の締約国に認める。
　(1)　引渡しの原因となつた犯罪行為が通過を求められている締約国の法令によるならば犯罪を構成しないとき。
　(2)　引渡しの原因となつた犯罪行為が政治犯罪であるとき又は引渡しの請求が引き渡された者を政治犯罪について訴追し、審判し、若しくはその者に対し刑罰を執行する目的で行われたものと認められるとき。この規定の適用につき疑義が生じたときは、通過を求められている締約国の決定による。
　(3)　通過により公共の秩序が乱されると認められるとき。
2　1の場合において、引渡しを受けた締約国は、その領域を経由の上護送が行われた締約国に対し、護送に関連してその要した費用を償還する。
　　第16条
1　この条約は、批准されなければならず、批准書は、できる限り速やかにワシントンで交換されるものとする。この条約は、批准書の交換の日の後三十日目の日に効力を生ずる。
2　この条約は、第二条1に規定する犯罪であつてこの条約の効力発生前に行われたものについても適用する。
3　日本国とアメリカ合衆国との間で千八百八十六年四月二十九日に東京で署名された犯罪人引渡条約及び千九百六年五月十七日に東京で署名された追加犯罪人引渡条約は、この条約の効力発生の時に終了する。ただし、この条約の効力発生の際被請求国において係属している引渡しに係る事件は、前記の犯罪人引渡条約及び追加犯罪人引渡条約に定める手続に従う。
4　いずれの一方の締約国も、他方の締約国に対し六箇月前に文書による予告を与えることによつていつでもこの条約を終了させることができる。

【資料】犯罪人引渡しに関する日本国と大韓民国との間の条約

(平成14年6月7日条約第4号)

日本国及び大韓民国(以下「締約国」という。)は、
犯罪人引渡しに関する条約を締結することにより、犯罪の抑圧のための両国の協力を一層実効あるものとすることを希望して、
次のとおり協定した。

第1条 引渡しの義務

一方の締約国は、引渡犯罪について訴追し、審判し、又は刑罰を執行するために他方の締約国からその引渡しを求められた者であって当該一方の締約国の領域において発見されたものを、この条約の規定に従い当該他方の締約国に引き渡すことに同意する。

第2条 引渡犯罪

1 この条約の適用上、両締約国の法令における犯罪であって、死刑又は無期若しくは長期一年以上の拘禁刑に処することとされているものを引渡犯罪とする。
2 引渡しを求められている者が引渡犯罪について請求国の裁判所により刑の言渡しを受けている場合には、その者が死刑の言渡しを受けているとき又は服すべき残りの刑が少なくとも四箇月あるときに限り、引渡しを行う。
3 この条の規定の適用において、いずれかの犯罪が両締約国の法令における犯罪であるかどうかを決定するに当たっては、次の(a)及び(b)に定めるところによる。
 (a) 当該いずれかの犯罪を構成する行為が、両締約国の法令において同一の区分の犯罪とされていること又は同一の罪名を付されていることを要しない。
 (b) 引渡しを求められている者が犯したとされる行為の全体を考慮するものとし、両締約国の法令上同一の構成要件により犯罪とされることを要しない。
4 3の規定にかかわらず、租税、関税その他の歳入事項又は外国為替に係る規制に関する法令上の犯罪について引渡しの請求が行われる場合にあっては、同一の種類の租税、関税その他の歳入事項又は外国為替に係る規制について当該犯罪に相当する犯罪が被請求国の法令において規定されている場合に限り、両締約国の法令における犯罪とされる。
5 そのいずれもが両締約国の法令における犯罪である複数の犯罪について引渡しの請求が行われる場合には、そのうち一部の犯罪が1又は2に規定する条件を満たしていないときであっても、被請求国は、少なくとも一の引渡犯罪について引渡しを行うことを条件として、当該一部の犯罪について引渡しを行うことができる。

第3条 引渡しを当然に拒むべき事由

この条約に基づく引渡しは、次のいずれかに該当する場合には、行われない。
(a) 引渡しを求められている者が請求国において引渡しの請求に係る犯罪について有罪の判決を受けていない場合にあっては、被請求国の法令上当該犯罪をその者が行ったと疑うに足りる相当な理由がない場合
(b) 引渡しを求められている者に裁判が行われることが十分に通知されておらず、又は法廷における防御の機会を与えられておらず、かつ、自ら出席して再審を受ける機会を与えられておらず、又はそのような機会を今後与えられることのない場合において、その者が請求国において引渡しの請求に係る犯罪について欠席裁判により有罪の判決を受けているとき。
(c) 引渡しの請求に係る犯罪が政治犯罪であると被請求国が認める場合又は引渡しの請求が引渡しを求められている者を政治犯罪について訴追し、審判し、若しくはその者に対し刑罰を科する目的で行われたものと被請求国が認める場合。この場合において、次の犯罪は、それ自体を

政治犯罪と解してはならない。
　(i) いずれかの締約国の元首若しくは政府の長若しくはそれらの家族に対し、そのような者であることを知りながら行った殺人その他故意に行う暴力的犯罪又はそれらの犯罪の未遂（当該未遂が犯罪とされる場合に限る。）
　(ii) 両締約国が当事国である多数国間の条約により、引渡犯罪に含めることを両締約国が義務付けられている犯罪
(d) 引渡しを求められている者が被請求国において引渡しの請求に係る犯罪について訴追されている場合又は確定判決を受けた場合
(e) 引渡しの請求に係る犯罪について、被請求国の法令によるならば時効の完成その他の事由によって引渡しを求められている者に対し刑罰を科し又はこれを執行することができないと認められる場合（当該犯罪についての管轄権を有しないことが理由である場合を除く。）
(f) 引渡しを求められている者を人種、宗教、国籍、民族的出身、政治的意見若しくは性を理由に訴追し若しくは刑罰を科する目的で引渡しの請求がなされていると、又はその者の地位がそれらの理由により害されるおそれがあると被請求国が認めるに足る十分な理由がある場合
　　第4条　引渡しを裁量により拒むことのできる事由
この条約に基づく引渡しは、次のいずれかに該当する場合には、拒むことができる。
(a) 被請求国の法令により、引渡しの請求に係る犯罪の全部又は一部が被請求国の領域又は船舶若しくは航空機において犯されたものと認められる場合
(b) 引渡しを求められている者が第三国において引渡しの請求に係る犯罪について無罪の判決を受けた場合又は有罪の判決を受け、科された刑罰の執行を終えているか若しくは執行を受けないこととなった場合
(c) 引渡しを求められている者の年齢、健康その他個人的な事情にかんがみ、引渡しを行うことが人道上の考慮に反すると被請求国が認める場合
(d) 引渡しを求められている者に関し、引渡しの請求に係る犯罪について訴追をしないこと又は訴えを取り消すことを被請求国が決定した場合
　　第5条　手続の延期
被請求国は、引渡しを求められている者が自国において引渡しの請求に係る犯罪以外の犯罪について訴追されているか又は刑罰の執行を終えていない場合には、審判が確定するまで又は科されるべき刑罰若しくは科された刑罰の執行を終えるまで若しくは執行を受けないこととなるまで、引渡しを遅らせることができる。
　　第6条　自国民の引渡し
1　被請求国は、この条約に基づいて自国民を引き渡す義務を負うものではない。もっとも、被請求国は、その裁量により自国民を引き渡すことができる。
2　被請求国は、引渡しを求められている者が自国民であることのみを理由として引渡しを拒んだ場合であって、請求国の求めのあるときは、被請求国の法令の範囲内において、訴追のためその当局に事件を付託する。
　　第7条　領域外の犯罪
引渡しの請求に係る犯罪が請求国の領域の外において行われたものであって、請求国の船舶又は航空機の中において行われたものでない場合には、被請求国は、自国の法令が自国の領域の外において行われたそのような犯罪を罰することとしているとき又は当該犯罪が請求国の国民によって行われたものであるときに限り、引渡しを行う。もっとも、被請求国の法令がそのように規定しておらず、かつ、当該犯罪が請求国の国民でない者によって行われたものである場合であっても、被請求国は、その裁量により、この条約の規定に従って引渡しを行うことができるものとする。

第8条　特定性の原則
1　請求国は、次のいずれかに該当する場合を除くほか、引渡しの理由となった犯罪以外の犯罪であって引渡しの前に行われたものについて、この条約の規定に従って引き渡された者を拘禁し、訴追し、若しくは審判し、又はその者に対し刑罰を執行してはならず、また、その者を第三国に引き渡してはならない。
   (a)　引き渡された者が、引渡しの後に請求国の領域から離れて、当該領域に自発的に戻ってきた場合
   (b)　引き渡された者が、請求国の領域から自由に離れることができるようになった後四十五日以内に当該領域から離れなかった場合
   (c)　被請求国が、引き渡された者をその引渡しの理由となった犯罪以外の犯罪について拘禁し、訴追し、審判し、若しくはその者に対し刑罰を執行すること又はその者を第三国に引き渡すことに同意した場合。この(c)の規定の適用上、被請求国は、次条に掲げる文書に類する文書及び引き渡された者が当該犯罪について行った供述の記録がある場合において、当該記録の提出を求めることができる。
2　請求国は、引渡しの理由となった犯罪を構成する基本的事実に基づいて行われる限り、いかなる引渡犯罪についても、この条約の規定に従って引き渡された者を拘禁し、訴追し、審判し、又はその者に対し刑罰を執行することができる。

　　　第9条　引渡手続及び必要な文書
1　引渡しの請求は、外交上の経路により書面で行う。
2　引渡しの請求には、次に掲げるものを添える。
   (a)　引渡しを求められている者を特定する事項及びその者の予想される所在地を記載した文書
   (b)　犯罪事実を記載した書面
   (c)　引渡しの請求に係る犯罪の構成要件及び罪名を定める法令の条文
   (d)　当該犯罪の刑罰を定める法令の条文
   (e)　当該犯罪の訴追又は刑罰の執行に関する時効を定める法令の条文
3　引渡しの請求が有罪の判決を受けていない者について行われる場合には、次に掲げるものを添える。
   (a)　請求国の裁判官その他の司法官憲が発した逮捕すべき旨の令状の写し
   (b)　引渡しを求められている者が逮捕すべき旨の令状にいう者であることを証明する情報
   (c)　引渡しを求められている者が被請求国の法令上引渡しの請求に係る犯罪を行ったと疑うに足りる相当な理由があることを示す情報
4　引渡しの請求が有罪の判決を受けた者について行われる場合には、次に掲げるものを添える。
   (a)　請求国の裁判所が言い渡した判決の写し
   (b)　引渡しを求められている者が当該判決にいう者であることを証明する情報
   (c)　言い渡された刑の執行されていない部分を示す書面
5　請求の裏付けとしてこの条約の規定に従い請求国が提出することを求められるすべての文書は、認証され、被請求国の国語による翻訳文が添付されるものとする。
6 (a)　被請求国は、引渡請求の裏付けとして提供された情報が、引渡しを行う上でこの条約上の要求を十分に満たしていないと認める場合には、自らが定める期限内に追加的な情報を提供するよう要求することができる。
   (b)　被請求国は、引渡しを求められている者を拘禁している場合であっても、追加的な情報が期限内に提供されず、又は提供された情報がこの条約上の要求を十分に満たすこととならなくなったときは、その者を釈放することができる。

(c) 被請求国は、(b)の規定に従い当該者を釈放した場合には、請求国に対し、できる限り速やかにその旨を通知しなければならない。
　　　第10条　仮拘禁
1　緊急の場合において、締約国は、外交上の経路により、引渡しを求められることとなる者につき引渡しの請求に係る犯罪について逮捕すべき旨の令状が発せられ又は刑の言渡しがされていることの通知を行い、かつ、引渡しの請求を行う旨を保証して、仮拘禁の請求を行うことができる。
2　仮拘禁の請求は、書面によるものとし、次の事項を含める。
　(a)　引渡しを求められることとなる者についての記述
　(b)　引渡しを求められることとなる者の予想される所在地
　(c)　犯罪事実についての簡潔な説明（可能な場合には、犯罪の行われた時期及び場所についての記述を含む。）
　(d)　違反した法令についての記述
　(e)　引渡しを求められることとなる者につき逮捕すべき旨の令状又は有罪の判決がある旨の記述
　(f)　引渡しを求められることとなる者につき引渡しの請求を行う旨の保証
3　被請求国は、自国の法令に基づき仮拘禁請求についての決定を行い、請求国に対し速やかにその結果を通知する。
4　仮拘禁が行われた日から四十五日以内に請求国が引渡しの請求を行わない場合には、仮に拘禁された者は、釈放されるものとする。ただし、この4の規定は、被請求国がその後において引渡しの請求を受けた場合に、引渡しを求められている者を引き渡すための手続を開始することを妨げるものではない。
　　　第11条　引渡請求の競合
1　同一の又は異なる犯罪に関し、同一の者について他方の締約国及び第三国から引渡しの請求を受けた場合において、いずれの請求国にその者を引き渡すかについては、被請求国が、これを決定する。
2　被請求国は、引渡しを求められている者をいずれの国に引き渡すかを決定するに当たっては、次に掲げる事項その他関連するすべての事情を考慮する。
　(a)　関係する犯罪の行われた時期及び場所
　(b)　犯罪の重大性
　(c)　それぞれの請求の日付
　(d)　引渡しを求められている者の国籍及び通常の居住地
　(e)　条約に基づく請求であるかどうか。
　　　第12条　引渡しの決定及び実施
1　被請求国は、外交上の経路により、引渡しの請求についての決定を請求国に対し速やかに通知する。引渡しの請求の全部又は一部を拒む場合には、この条約中の関係規定を特定して、理由を示すものとする。
2　被請求国は、被請求国の領域内の、かつ、両締約国にとり受入れ可能な場所において、引渡しを求められている者を請求国の適当な当局に引き渡す。
3　被請求国は、その権限のある当局が引渡状を発したにもかかわらず、引渡しを求められている者の引渡しを被請求国の法令により定められた期限内に請求国が受けない場合には、その者を釈放し、その後において当該引渡しに係る犯罪についてその者の引渡しを拒むことができる。請求国は、引き渡された者を、被請求国の領域から速やかに出国させる。
　　　第13条　物の提供

1　引渡しが行われる場合において、犯罪行為の結果得られた又は証拠として必要とされるすべての物は、請求国の求めのあるときは、被請求国の法令の範囲内において、かつ、第三者の権利を十分に尊重し、その権利を害さないことを条件として、これを提供するものとする。引渡しを求められている者の逃走によりその者の引渡しを行うことができない場合にあっても、同様とする。
2　1の規定により提供された物は、被請求国の求めのある場合は、関係手続の終了後に請求国による経費の負担において被請求国に返還されるものとする。

第14条　経費

1　被請求国は、引渡しの請求に起因する国内手続について必要なすべての措置をとるものとし、そのためのすべての経費を負担する。
2　被請求国は、特に、引渡しを求められている者を拘禁し、その者を請求国の指名する者に引き渡すときまで抑留するために被請求国の領域において生ずる経費を負担する。
3　請求国は、引き渡された者を被請求国の領域から移送するための経費を負担する。

第15条　通過

1　一方の締約国は、外交上の経路により請求が行われた場合には、次のいずれかに該当するときを除くほか、他方の締約国に対し、第三国から当該他方の締約国に引き渡された者を当該一方の締約国の領域を経由の上護送する権利を認める。
(a)　引渡しの原因となった犯罪行為が、通過を求められている締約国の法令によるならば犯罪を構成しない場合
(b)　引渡しの原因となった犯罪行為が政治犯罪である場合又は引渡しの請求が引き渡された者を政治犯罪について訴追し、審判し、若しくはその者に対し刑罰を執行する目的で行われたものと認められる場合。この規定の適用につき疑義が生じたときは、通過を求められている締約国の決定による。
(c)　通過により公共の秩序が害される場合
2　1の規定により護送が行われる場合において、その領域を経由の上護送が行われた締約国が当該護送に関連して要した費用については、引渡しを受けた締約国が、これを償還する。

第16条　協議

1　両締約国は、いずれか一方の締約国の要請により、この条約の解釈及び適用に関し協議する。
2　日本国の権限のある当局及び大韓民国法務部は、個別の事案の処理に関連して、並びにこの条約を実施するための手続の維持及び改善を促進するため、直接に相互間の協議を行うことができる。

第17条　最終規定

1　この条約中の条の見出しは、引用上の便宜のためにのみ付されたものであって、この条約の解釈に影響を及ぼすものではない。
2　この条約は、批准されなければならず、批准書は、できる限り速やかに東京で交換されるものとする。
　　この条約は、批准書の交換の日の後十五日目の日に効力を生ずる。
3　この条約は、この条約の効力発生の日以後に行われた引渡しの請求（当該請求がこの条約の効力発生の日の前に行われた犯罪に係るものである場合を含む。）について適用する。
4　いずれの一方の締約国も、他方の締約国に対し書面による通告を行うことにより、いつでもこの条約を終了させることができる。この条約の終了は、通告が行われた日の後六箇月で効力を生ずる。

【資料】刑事に関する共助に関する日本国とアメリカ合衆国との間の条約

(平成18年6月23日条約第9号)

日本国及びアメリカ合衆国は、
刑事に関する共助の分野における両国の協力を一層実効あるものとすることを希望し、
そのような協力が両国において犯罪と戦うことに貢献することを希望して、
次のとおり協定した。

第1条
1　各締約国は、他方の締約国の請求に基づき、捜査、訴追その他の刑事手続についてこの条約の規定に従って共助を実施する。
2　共助には、次の措置をとることを含む。この条約において「物件」とは、証拠となる書類、記録その他の物をいう。
(1) 証言、供述又は物件の取得
(2) 人、物件又は場所の見分
(3) 人、物件若しくは場所又はこれらの所在地の特定
(4) 国又は地方の立法機関、行政機関又は司法機関の保有する物件の提供
(5) 請求国における出頭が求められている者に対する招請についての伝達
(6) 拘禁されている者の身柄の移動であって証言の取得その他の目的のためのもの
(7) 犯罪の収益又は道具の没収及び保全並びにこれらに関連する手続についての共助
(8) 被請求国の法令により認められるその他の共助であって両締約国の中央当局で合意されたもの
3　各締約国は、他方の締約国の請求に基づき、当該他方の締約国の中央当局が次のことを保証する場合であって、適当と認めるときは、犯罪の疑いのある行為についての行政機関による犯則調査について、適当と認める条件を付して、この条約の規定に従って共助を実施する。
(1) 当該犯則調査を行う当局が、犯罪を構成し得る事実についての犯則調査を行う法令上の権限に加えて、特別の手続に従い、訴追のために検察官に対して事件を送付する法令上の権限又は犯則調査において得た証言若しくは供述を文書化し若しくは記録した物その他の物件を検察官に対して提供する法令上の権限を有すること。
(2) 証言又は供述を文書化し又は記録した物その他の物件を請求国における捜査、訴追その他の刑事手続において使用（訴追を行うか否かの決定のための使用を含む。）すること。
4　被請求国は、この条約に別段の定めがある場合を除くほか、請求国における捜査、訴追その他の手続の対象となる行為が自国の法令によれば犯罪を構成するか否かにかかわらず、共助を実施する。
5　この条約は、両締約国間での共助のみを目的とする。この条約の規定は、請求された共助の実施を妨げること又は証拠を排除することに関し、私人の権利を新たに創設するものではなく、また、私人の既存の権利に影響を及ぼすものではない。

第2条
1　各締約国は、この条約に規定する任務を行う中央当局を指定する。
(1) アメリカ合衆国については、中央当局は、司法長官又は同長官が指定する者とする。
(2) 日本国については、中央当局は、法務大臣若しくは国家公安委員会又はこれらがそれぞれ指定する者とする。
2　この条約に基づく共助の請求は、請求国の中央当局から被請求国の中央当局に対して行われる。

3 両締約国の中央当局は、この条約の実施に当たって、相互に直接連絡する。
　　　第3条
1 被請求国の中央当局は、次のいずれかの場合には、共助を拒否することができる。
 (1) 被請求国が、請求された共助が政治犯罪に関連すると認める場合
 (2) 被請求国が、請求された共助の実施により自国の安全その他の重要な利益が害されるおそれがあると認める場合
 (3) 被請求国が、共助の請求がこの条約に定める要件に適合していないと認める場合
 (4) 被請求国が、請求国における捜査、訴追その他の手続の対象となる行為が自国の法令によれば犯罪を構成しないと認める場合であって、請求された共助の実施に当たり自国の法令に従って裁判所若しくは裁判官が発する令状に基づく強制措置又は自国の法令に基づくその他の強制措置が必要であると認めるとき。
2 被請求国の中央当局は、1の規定に基づき共助を拒否するに先立ち、自国が必要と認める条件を付して共助をすることができるか否かについて検討するために、請求国の中央当局と協議する。請求国は、当該条件を受け入れる場合には、これに従う。
3 被請求国の中央当局は、共助を拒否する場合には、請求国の中央当局に拒否の理由を通報する。
　　　第4条
1 請求国の中央当局は、共助の請求を書面によって行う。ただし、請求国の中央当局は、被請求国の中央当局が適当と認める場合には、書面以外の信頼し得る通信の方法により共助の請求を行うことができる。この場合には、被請求国の中央当局は、共助の請求を確認する書面を追加的に提出するよう請求国の中央当局に要請することができる。共助の請求は、両締約国の中央当局間で別段の合意がある場合を除くほか、被請求国の言語によって行う。
2 共助の請求に当たっては、次の事項について通報する。
 (1) 捜査、訴追その他の手続を行う当局の名称
 (2) 捜査、訴追その他の手続の内容及び段階、その対象となる事実並びに請求国の関係法令の条文
 (3) 請求する共助についての説明
 (4) 請求する共助の目的についての説明
3 共助の請求に当たっては、次の事項のうち必要と認めるものについて可能な範囲で通報する。
 (1) 証言、供述又は物件の提出が求められている者の特定及び所在地に関する情報
 (2) 証言、供述又は物件の取得又は記録の方法についての説明
 (3) 証言、供述又は物件の提出が求められている者に対する質問表
 (4) 取得されるべき物件及びその身体が捜索されるべき人又は捜索されるべき場所についての正確な説明
 (5) 見分されるべき人、物件又は場所に関する情報
 (6) 人、物件又は場所の見分の実施及び記録の方法（見分に関して作成されるべき文書による記録の様式を含む。）についての説明
 (7) 特定されるべき人、物件若しくは場所又は特定されるべきこれらの所在地に関する情報
 (8) 請求する共助の実施の際に従うべき特定の方法についての説明
 (9) 請求国の関係当局への出頭が求められている者に支払うことを認める手当及び経費に関する情報
 (10) 請求する共助の実施を容易にするために被請求国の注意を喚起すべきその他の情報
　　　第5条

1 被請求国の中央当局は、請求された共助をこの条約の関連規定に従って速やかに実施し、又は当該共助の実施のため権限のある他の当局に当該共助の請求を速やかに送付する。被請求国の権限のある当局は、当該共助を実施するためにその権限の範囲内で可能なすべてのことを行う。
2 被請求国の中央当局は、請求された共助の実施のため自国において必要なすべての調整を行う。
3 被請求国は、請求された共助をこの条約の規定及び自国の法令に従って実施する。被請求国は、自国の法令の範囲内で、適当と認める場合には、前条3(2)、(6)又は(8)に規定する方法で共助の請求に示されたものに従う。
4 1の規定に従い請求された共助を実施するに当たり、アメリカ合衆国については、裁判所が、請求された共助の実施に必要な罰則付召喚令状、捜索又は差押えに係る令状その他の命令を発する権限を有する。日本国については、裁判官が、請求された共助の実施に必要な令状又は命令を発する権限を有する。
5 被請求国の中央当局は、請求された共助の実施が自国において進行中の捜査、訴追その他の手続を妨げると認める場合には、当該実施を保留し、又は必要と認める条件を両締約国の中央当局間での協議の後に付すことができる。請求国は、当該条件を受け入れる場合には、これに従う。
6 被請求国は、請求国の中央当局が要請する場合には、共助の請求が行われた事実、請求された共助の内容、共助の実施の成果その他共助の実施に関する関連情報を秘密のものとして取り扱うよう最善の努力を払う。被請求国の中央当局は、これらの情報を開示することなく請求された共助を実施することができない場合には、請求国の中央当局にその旨を通報するものとし、請求国の中央当局は、このような状況にもかかわらず当該共助が実施されるべきかどうかを決定する。
7 被請求国の中央当局は、請求された共助の実施の状況に関する請求国の中央当局による合理的な照会に回答する。
8 被請求国の中央当局は、請求国の中央当局の要請に応じ、請求された共助の実施の日及び場所につき請求国の中央当局に事前に通報する。
9 被請求国の中央当局は、請求国の中央当局に対し、請求された共助を実施することができたか否かにつき速やかに通報し、また、その実施の結果得られた証言又は供述を文書化し又は記録した物その他の物件を提供する。被請求国の中央当局は、請求された共助の全部又は一部を実施することができなかった場合には、その理由につき請求国の中央当局に通報する。

第6条

1 被請求国は、両締約国の中央当局間で別段の合意がある場合を除くほか、請求された共助の実施に要するすべての費用を支払う。ただし、鑑定人に支払う手数料、翻訳、通訳及び記録に要する費用並びに第14条及び第15条の規定に基づく人の移動に要する手当及び経費については、請求国が支払う。
2 両締約国の中央当局は、請求された共助を実施するために特別な費用が必要であることが明らかになった場合には、当該共助を実施するための条件について決定するために協議を行う。

第7条

1 被請求国の中央当局は、請求国が当該中央当局の事前の同意なしに共助の請求に示された捜査、訴追その他の手続以外の手続においてこの条約の規定に従って提供される証言又は供述を文書化し又は記録した物その他の物件を使用しないことを要請することができる。請求国は、この場合には、その要請に従う。
2 被請求国の中央当局は、請求国がこの条約の規定に従って提供される証言又は供述を文書化し又は記録した物その他の物件を秘密のものとして取り扱うこと又は当該中央当局が定めるその他の条件に従う場合にのみ使用することを要請することができる。請求国は、当該物件を秘密のも

のとして取り扱うことに同意した場合にはこれに従い、また、当該条件を受け入れた場合にはこれに従う。
3 この条のいかなる規定も、請求国が自国の憲法上の義務の範囲内で、この条約の規定に従って提供された証言又は供述を文書化し又は記録した物その他の物件を訴追において使用し又は開示することを妨げるものではない。請求国の中央当局は、その使用又は開示につき被請求国の中央当局に事前に通報する。
4 この条約の規定に従って提供された証言又は供述を文書化し又は記録した物その他の物件については、請求国においてこの条の規定に反しないで公開された場合には、その後いかなる目的のためにも使用することができる。

第8条
1 被請求国の中央当局は、請求国がこの条約の規定に従って提供された物件を当該中央当局が定める条件（当該物件に係る第三者の利益を保護するために必要と認めるものを含む。）に従って輸送し及び保管することを要請することができる。
2 被請求国の中央当局は、この条約の規定に従って提供された物件が共助の請求に示された目的のために使用された後、請求国が当該中央当局が定める条件に従って当該物件を返還することを要請することができる。
3 請求国は、1又は2の規定に従って行われた要請に従う。請求国は、当該要請が行われた場合において、見分により物件を損傷し又は損傷するおそれがあるときは、被請求国の中央当局の事前の同意なしに当該物件を見分してはならない。

第9条
1 被請求国は、証言、供述又は物件を取得する。このため、必要があるときは、被請求国は、強制措置をとる。
2 被請求国は、証言、供述又は物件の取得に係る共助の請求に示された特定の者が当該共助の実施の間立ち会うことを可能とするよう、及び当該者が証言、供述又は物件の提出を求められる者に対して質問することを認めるよう、最善の努力を払う。当該共助の請求に示された特定の者は、直接質問することが認められない場合には、当該証言、供述又は物件の提出を求められる者に対して発せられるべき質問を提出することが認められる。
3 被請求国は、請求国のために物件の取得のための捜索及び差押えを実施する。ただし、このような措置が必要であり、かつ、物件の取得に係る共助の請求が被請求国の法令に基づいて当該措置をとることを正当化する情報を含む場合に限る。
4(1) 被請求国は、この条の規定に従って証言、供述又は物件の提出を求められた者が請求国の法令に基づいて免除、不能又は特権を主張した場合であっても、当該証言、供述又は物件を取得する。
 (2) 被請求国は、証言、供述又は物件を取得するに当たり＊＊の主張がなされた場合には、請求国の手続に関して権限を有する当局が当該主張を処理するよう、当該主張を付して当該証言又は供述を文書化し又は記録した物その他の物件を請求国の中央当局に提供する。

第10条
1 被請求国は、人、物件又は場所の見分を行う。このため、必要があるときは、被請求国は、強制措置をとる。当該措置には、物件の全部又は一部の破壊及び場所への立入りを含む。
2 被請求国は、この条の規定に基づく見分において、人、物件若しくは場所の写真の撮影又はビデオによる記録の作成を行うことができ、また、鑑定人の参加を得ることができる。
3 被請求国は、人、物件又は場所の見分に係る共助の請求に示された特定の者が当該共助の実施の間立ち会うことを可能とするよう最善の努力を払う。

第11条
　被請求国は、自国に所在する人、物件若しくは場所を特定し又はこれらの所在地を特定するよう最善の努力を払う。
　　第12条
1　被請求国は、自国の国又は地方の立法機関、行政機関又は司法機関が保有する物件であって公衆が入手可能なものを請求国に提供する。
2　被請求国は、自国の国又は地方の立法機関、行政機関又は司法機関が保有する物件であって公衆が入手できないものについては、捜査又は訴追について権限を有する自国の当局が入手できる範囲及び条件と同等の範囲及び条件で、請求国に提供することができる。
　　第13条
1　被請求国は、この条約の不可分の一部である附属書に定める様式により、この条約の規定に従って提供される証言又は供述を文書化し又は記録した物その他の物件が真正であると証明することができる。請求国は、附属書の関連する規定に従って、当該様式により真正であると証明された証言又は供述を文書化し又は記録した物その他の物件を自国の手続において証拠とし得るものであると認める。
2　被請求国は、附属書に定める様式により、差し押さえた物件の保管の継続性及び特定性並びにその保全の状態を証明することができる。請求国は、附属書の関連する規定に従って、当該様式により作成された証明書を自国の手続において証拠とし得るものであると認める。
　　第14条
1　被請求国は、自国に所在し、請求国の関係当局への出頭が求められている者に対し当該者が招請されていることについて伝達する。請求国の中央当局は、自国が当該出頭のために支払う手当及び経費の限度につき被請求国の中央当局に通報する。被請求国の中央当局は、当該者の回答につき請求国の中央当局に速やかに通報する。
2　1に規定する招請に従って請求国の関係当局に出頭することに同意した者は、被請求国を離れる前のいかなる行為又は有罪判決を理由としても、請求国の領域内において拘禁されず、また、身体の自由についての制限の対象とはならない。
3⑴　1に規定する招請に従って請求国の関係当局に出頭することに同意した者につき2の規定に従って与えられる保護措置は、次のいずれかの時に終了する。
　　⒜　当該者が自らの出頭が必要でなくなった旨を関係当局によって通知された後七日が経過した時
　　⒝　当該者が請求国から離れた後、任意に請求国に戻った場合にあってはその時
　　⒞　当該者が出頭期日に関係当局に出頭しなかった場合にあってはその時
　⑵　請求国の中央当局は、の通知が行われた場合又は当該保護措置が若しくはに規定する時に終了した場合には、被請求国の中央当局にその旨を遅滞なく通報する。
　　第15条
1　証言の取得その他の目的のため、いずれか一方の締約国において拘禁されている者の身柄が他方の締約国の領域にあることが必要とされる場合において、被請求国は、当該目的のため、当該者の身柄を自国の領域へ移すことを認め又は請求国の領域へ移す。ただし、被請求国の法令において認められる場合であって、当該者が同意し、かつ、両締約国の中央当局が合意したときに限る。
2⑴　受入国は、1の規定に従って身柄を移された者を拘禁する権限を有するものとし、送出国が当該者を拘禁しないことについての承認を与える場合を除くほか、当該者を拘禁する義務を負う。

(2)　受入国は、両締約国の中央当局による事前の又は別段の合意に従い、当該者を送出国による拘禁のため速やかに送還する。
　(3)　受入国は、送出国に対し、当該者の送還のために犯罪人引渡手続を開始するよう要請してはならない。
　(4)　受入国によって当該者が拘禁された期間は、送出国における当該者の刑期に算入する。
3　この条の規定に従って受入国に身柄を移された者は、受入国から送出国に送還されるまでの間、受入国において、前条に規定する保護措置を享受する。ただし、当該者が当該保護措置を享受しないことについての同意を与え、かつ、両締約国の中央当局がそれについて合意する場合は、この限りでない。この3の規定を実施するに当たっては、前条の「請求国」及び「被請求国」は、それぞれ「受入国」及び「送出国」と読み替える。

　　　第16条
1　被請求国は、自国の法令が認める範囲内で、犯罪の収益又は道具の没収及びこれに関連する手続について共助を実施する。当該共助には、当該収益又は道具を保全する措置を含めることができる。
2　一方の締約国の中央当局は、他方の締約国の領域内にある犯罪の収益又は道具が当該他方の締約国の法令に従って没収又は差押えの対象となる可能性があることを知った場合には、当該他方の締約国の中央当局にその旨を通報することができる。当該他方の締約国の中央当局は、自国が当該収益又は道具の没収又は差押えに係る権限を有する場合には、何らかの措置をとることが適当であるか否かを決定するために当該通報の内容を自国の関係当局に提供することができる。当該他方の締約国の中央当局は、当該関係当局がとった措置につき当該一方の締約国の中央当局に報告する。
3　1又は2の規定の実施の結果犯罪の収益又は道具を保管している締約国は、自国の法令に従って当該収益又は道具を保有し又は処分する。当該締約国は、自国の法令が認める範囲内で、自国が適当と認める条件を付して当該収益又は道具の全部又は一部を他方の締約国に移転することができる。

　　　第17条
この条約のいずれの規定も、いずれか一方の締約国が他の適用可能な国際協定又は適用可能な自国の法令に従って他方の締約国に対し、共助を要請し又は実施することを妨げるものではない。

　　　第18条
1　両締約国の中央当局は、この条約に基づく迅速かつ効果的な共助の実施を促進する目的で協議するものとし、当該目的に必要な措置について決定することができる。
2　両締約国は、必要に応じ、この条約の解釈又は実施に関して生ずるいかなる問題についても協議する。

　　　第19条
1　この条約は、批准されなければならず、批准書は、できる限り速やかに東京で交換されるものとする。
2　この条約は、批准書の交換の日の後三十日目の日に効力を生ずる。
3　この条約は、この条約の効力発生の日の前又は以後に行われた行為に関連する共助の請求について適用する。
4　いずれの一方の締約国も、六箇月前に他方の締約国に対して書面による通告を与えることにより、いつでもこの条約を終了させることができる。

【資料】刑を言い渡された者の移送に関する条約

(平成15年2月18日条約第1号)

　この条約の署名国である欧州評議会の加盟国及び他の国は、
　欧州評議会の目的がその加盟国の一層強化された統合を達成することであることを考慮し、
　刑事法の分野における国際協力が更に発展することを希望し、
　このような協力が司法の目的及び刑を言い渡された者の社会復帰を促進すべきであることを考慮し、
　これらを促進するためには、犯罪を行った結果として自由を奪われている外国人に対し自己の属する社会においてその刑に服する機会を与えることが求められていることを考慮し、
　これらの外国人をその本国に移送することによりそのような要請に最もよく応ずることができることを考慮して、
　次のとおり協定した。

第1条　定義

　この条約の適用上、
　a　「刑」とは、裁判所が犯罪を理由として命ずる有期又は無期のあらゆる刑罰又は措置であって自由の剥奪を伴うものをいう。
　b　「判決」とは、刑を命ずる裁判所の決定又は命令をいう。
　c　「裁判国」とは、移送され得る者又は移送された者に刑を命じた国をいう。
　d　「執行国」とは、刑を言い渡された者がその刑に服するために移送され得る国又は移送された国をいう。

第2条　一般原則

1　締約国は、刑を言い渡された者の移送に関してこの条約に従い協力のための最大限の措置を相互にとることを約束する。
2　一の締約国の領域において刑を言い渡された者は、自己に命ぜられた刑に服するため、この条約に従い他の締約国の領域に移送されることができる。このため、当該者は、裁判国又は執行国に対し、この条約に従い移送されることについて自己の関心を表明することができる。
3　裁判国又は執行国のいずれの国も移送について要請することができる。

第3条　移送の条件

1　刑を言い渡された者については、次の条件が満たされる場合に限り、この条約に基づいて移送することができる。
　a　当該者が執行国の国民であること。
　b　判決が確定していること。
　c　移送の要請があった時に、当該者が刑に服する期間として少なくとも六箇月の期間が残っていること又は刑の期間が定められていないこと。
　d　当該者が移送に同意していること又は裁判国若しくは執行国のいずれかの国が当該者の年齢、身体の状態若しくは精神の状態を考慮して必要と認める場合には当該者の法律上の代理人が移送に同意していること。
　e　刑が命ぜられたことの理由となった作為又は不作為が、執行国の法令により犯罪を構成すること又は執行国の領域において行われたとした場合において犯罪を構成すること。
　f　裁判国及び執行国が移送に同意していること。
2　締約国は、例外的な場合には、刑を言い渡された者が刑に服すべき期間が1cに規定する期間より短いときにおいても、移送に同意することができる。

3 いずれの国も、この条約への署名の時又はこの条約の批准書、受諾書、承認書若しくは加入書の寄託の時に、欧州評議会事務局長にあてた宣言により、他の締約国との関係において第九条1a及びbに規定するいずれかの手続の適用を除外する意思を有することを明示することができる。
4 いずれの国も、欧州評議会事務局長にあてた宣言により、当該国に関する限りにおいて、この条約の適用上、「国民」という語をいつでも定義することができる。

第4条 情報を提供する義務

1 裁判国は、刑を言い渡された者であってこの条約の適用を受けることのできるすべてのものに対し、この条約の内容を通知する。
2 裁判国は、刑を言い渡された者がこの条約に基づき移送されることについて裁判国に対して関心を表明した場合には、判決が確定した後できる限り速やかに、執行国にその旨を通報する。
3 2の通報には、次の事項を含む。
 a 刑を言い渡された者の氏名、生年月日及び出生地
 b 当該者が執行国に住所を有する場合には、執行国における住所
 c 刑の根拠となった事実
 d 刑の性質、期間及び開始日
4 裁判国は、刑を言い渡された者がその移送について執行国に対し関心を表明した場合には、当該執行国の要請により3に掲げる事項を執行国に通報する。
5 裁判国又は執行国は、刑を言い渡された者に対し、1から4までの規定に従ってとったすべての措置及びいずれかの国が移送の要請について行ったすべての決定を書面により通知する。

第5条 要請及び回答

1 移送の要請及び回答は、書面により行う。
2 要請は、要請国の法務省が要請を受ける国の法務省あてに行う。回答は、要請の場合と同一の経路により通報される。
3 いずれの締約国も、欧州評議会事務局長にあてた宣言により、通報のための他の経路を利用することを明示することができる。
4 要請を受けた国は、要請された移送に同意するかしないかについての決定を速やかに要請国に通報する。

第6条 補助的な文書

1 執行国は、裁判国の要請があった場合には、裁判国に次の文書を提供する。
 a 刑を言い渡された者が執行国の国民であることを示す文書又は説明書
 b 裁判国において刑が命ぜられたことの理由となった作為又は不作為が執行国の法令により犯罪を構成すること又は執行国の領域において行われたとした場合において犯罪を構成することを示す関係法令の写し
 c 第9条2に規定する通報の内容を記載した説明書
2 裁判国は、移送の要請が行われた場合において、裁判国又は執行国が移送に同意しない旨を明示するときを除くほか、執行国に次の文書を提供する。
 a 判決及び判決の根拠となった法令の認証謄本
 b 既に刑に服した期間を明示する説明書(裁判の前の拘禁、刑の減免その他刑の執行に関連する事項についての情報に係るものを含む。)
 c 第3条1dに規定する移送についての同意を記載した宣言
 d 適当な場合には、刑を言い渡された者の医療又は社会生活に関する報告書並びに裁判国における当該者の処遇に関する情報及び執行国における移送後の処遇に関する意見に関する文書

3 　裁判国又は執行国は、移送について要請する前又は移送に同意するかしないかを決定する前に、1又は2に掲げる文書又は説明書の提供を求めることができる。

第7条　同意及びその確認

1 　裁判国は、第3条1dの規定に従って移送について同意する者が任意に、かつ、移送の法的な効果について十分な知識をもって、同意することを確保する。同意の付与に関する手続は、裁判国の法令により規律される。

2 　裁判国は、執行国に対し、同意が1に定める条件に従って行われたことを領事又は執行国と合意した他の公務員を通じて確認する機会を与える。

第8条　裁判国に対する移送の効果

1 　執行国の当局による刑を言い渡された者の身柄の受領は、裁判国における刑の執行を停止する効力を有する。

2 　裁判国は、執行国が刑の執行を終了したと認める場合には、当該刑をもはや執行することができない。

第9条　執行国に対する移送の効果

1 　執行国の権限のある当局は、次のいずれかのことを行う。
  a 　次条に規定する条件の下で、直接に又は裁判所の若しくは行政上の命令に従い、裁判国の刑の執行を継続すること。
  b 　裁判国において命ぜられた制裁を同一の犯罪行為について執行国の法令が規定する制裁に代えるために、第11条に規定する条件の下で、司法手続又は行政手続に従い裁判国の刑を執行国の決定に転換すること。

2 　執行国は、要請がある場合には、刑を言い渡された者の移送の前に、1a又はbのいずれの手続に従うかについて裁判国に通報する。

3 　刑の執行については、執行国の法令により規律され、及び執行国のみがすべての適当な決定を行う権限を有する。

4 　精神の状態を理由として犯罪を行ったことについて刑事上の責任を有しないとされた者に対して他の締約国の領域においてとられた措置を実施するに当たり、自国の法令上1に定める手続をとることができない国であって自国において処遇するため当該者を受け入れる用意のあるものは、欧州評議会事務局長にあてた宣言により、このような場合において従う手続について明示することができる。

第10条　刑の執行の継続

1 　刑の執行を継続する場合には、執行国は、裁判国において決定された刑の法的な性質及び期間を受け入れなければならない。

2 　もっとも、執行国は、刑の性質若しくは期間が自国の法令に適合しない場合又は自国の法令が要求する場合には、裁判所の又は行政上の命令により、当該刑による制裁を同一の犯罪行為について自国の法令が規定する刑罰又は措置に合わせることができる。刑罰又は措置は、その性質に関して、執行されるべき刑として命ぜられた刑罰又は措置にできる限り合致するものとする。刑罰又は措置は、その性質又は期間について、裁判国において命ぜられた制裁より重いものとしてはならず、かつ、執行国の法令に規定する最も重いものを超えてはならない。

第11条　刑の転換

1 　刑の転換を行う場合には、執行国の法令に規定する手続を適用する。刑の転換を行う場合において、権限のある当局は、次の条件に従う。
  a 　裁判国において言い渡された判決から明示的又は黙示的に認められる限りにおいて、その判決の事実の認定に拘束される。

b 自由の剥奪を伴う制裁を財産上の不利益を課する制裁に転換することはできない。
   c 刑を言い渡された者が服した、自由を剥奪されたすべての期間を差し引く。
   d 刑を言い渡された者の制裁の状態をより重いものとしてはならず、かつ、当該者の行った犯罪行為について執行国の法令が定める最も軽いものに拘束されない。
2 執行国は、刑を言い渡された者の移送の後に刑の転換のための手続を行う場合には、その手続の結果が出るまでの間、当該者を抑留し、又は他の方法により執行国における当該者の所在を確実にする。

第12条 特赦、大赦及び減刑
締約国は、自国の憲法又は他の法令に従い、特赦、大赦又は減刑を認めることができる。

第13条 判決に対する再審
裁判国のみが判決に対する再審の請求について決定する権利を有する。

第14条 刑の執行の終了
執行国は、決定又は措置であってその結果として刑を執行することが不可能となるものについて裁判国からの通報を受けた場合には、直ちにその刑の執行を終了する。

第15条 刑の執行に関する情報
執行国は、次の場合には、裁判国に対して刑の執行に関する情報を提供する。
   a 刑の執行が終了したと認める場合
   b 刑を言い渡された者がその刑の執行が終了する前に逃走した場合
   c 裁判国が特に報告を求める場合

第16条 通過
1 締約国は、その領域を刑を言い渡された者が通過することにつき、他の締約国から要請された場合において、当該他の締約国がその領域へ又はその領域から当該者を移送することについて第三国（締約国であるかないかを問わない。）との間で合意しているときは、国内法令に従って当該要請を認める。
2 締約国は、次の場合には、通過を認めることを拒否することができる。
   a 刑を言い渡された者が自国民である場合
   b 刑が命ぜられる原因となった犯罪が自国の法令によるならば犯罪とならない場合
3 通過の要請及び回答は、第5条2及び3に規定する経路によって行う。
4 締約国は、その領域を刑を言い渡された者が通過することにつき、非締約国から要請された場合において、当該非締約国がその領域へ又はその領域から当該者を移送することについて他の締約国との間で合意しているときは、当該要請を認めることができる。
5 通過を認めることを要請された締約国は、その領域を通過するために必要とする限度において、その間、刑を言い渡された者を抑留することができる。
6 通過を認めることを要請された締約国は、自国の領域において、刑を言い渡された者が裁判国の領域から出発する前に行った犯罪行為又は命ぜられた刑を理由として、訴追されず、5に規定する場合を除くほか、拘禁されず又は他の方法により自由を制限されないことを保証するよう要請されることがある。
7 締約国の領域を空路によって護送する場合において、その領域内に着陸する予定がないときは、通過の要請は必要としない。もっとも、各国は、この条約への署名の時又はこの条約の批准書、受諾書、承認書若しくは加入書の寄託の時に、欧州評議会事務局長にあてた宣言により、当該領域のこのような通過について通報するよう要請することができる。

第17条 言語及び費用
1 第4条2から4までの規定に従って提供する情報は、そのあて先となる締約国の言語又は欧州

評議会の公用語の一により提供する。
2　3の規定に従うことを条件として、移送の要請又は補助的な文書の翻訳は必要としない。
3　いずれの国も、この条約への署名の時又はこの条約の批准書、受諾書、承認書若しくは加入書の寄託の時に、欧州評議会事務局長にあてた宣言により、移送の要請又は補助的な文書に自国の言語、欧州評議会の公用語の一又は当該国が明示するこれらの言語の一による翻訳を添付するよう求めることができる。当該国は、その機会に、欧州評議会の公用語以外の言語による翻訳も受け入れる用意があることを宣言する
ことができる。
4　第六条2aに掲げる文書を除くほか、この条約の適用に当たり送付される文書は、認証を必要としない。
5　この条約の適用に当たり要する費用は、専ら裁判国の領域において要する費用を除くほか、執行国が負担する。

第18条　署名及び効力発生

1　この条約は、欧州評議会の加盟国及びこの条約の作成に参加した欧州評議会の非加盟国の署名のために開放しておく。この条約は、批准され、受諾され又は承認されなければならない。批准書、受諾書又は承認書は、欧州評議会事務局長に寄託する。
2　この条約は、欧州評議会の三の加盟国が、この条約に拘束されることに同意する旨を1の規定に従って表明した日の後三箇月の期間が満了する日の属する月の翌月の初日に効力を生ずる。
3　この条約は、この条約に拘束されることに同意する旨を2の要件が満たされた日以後に表明する署名国については、批准書、受諾書又は承認書の寄託の日の後三箇月の期間が満了する日の属する月の翌月の初日に効力を生ずる。

第19条　欧州評議会の非加盟国の加入

1　この条約の効力発生の後、欧州評議会閣僚委員会は、この条約の締約国との協議の後に、欧州評議会規程第20二十条dに規定する多数の議決であって同委員会に出席する資格を有するすべての締約国の代表の賛成票を含むものによる決定により、欧州評議会の非加盟国で前条1の規定に該当しない国に対してこの条約に加入するよう要請することができる。
2　この条約は、この条約に加入する国については、加入書を欧州評議会事務局長に寄託した日の後三箇月の期間が満了する日の属する月の翌月の初日に効力を生ずる。

第20条　領域的適用範囲

1　いずれの国も、署名の時又は批准書、受諾書、承認書若しくは加入書の寄託の時に、この条約を適用する領域を特定することができる。
2　いずれの国も、その後いつでも、欧州評議会事務局長にあてた宣言により、その宣言において特定された他の領域についてこの条約の適用を拡大することができる。この条約は、当該他の領域については、同事務局長が当該宣言を受領した日の後三箇月の期間が満了する日の属する月の翌月の初日に効力を生ずる。
3　1及び2の規定に基づき行われたいかなる宣言も、その宣言において特定された領域について、欧州評議会事務局長にあてた通告により撤回することができる。撤回は、同事務局長が当該通告を受領した日の後三箇月の期間が満了する日の属する月の翌月の初日に効力を生ずる。

第21条　時間的適用範囲

この条約は、その効力発生の日の前又は以後に命ぜられた刑の執行について適用する。

第22条　他の条約及び協定との関係

1　この条約は、刑事についての国際協力に関する他の条約であって対質又は証言の目的のための拘禁された者の移送について規定するもの及び犯罪人の引渡しに関する条約から生ずる権利及び

義務に影響を及ぼすものではない。
2 二以上の締約国が、刑を言い渡された者の移送に関する協定若しくは条約を締結し若しくは刑を言い渡された者の移送に関する他の方法による固有の関係を設定している場合又は将来そのような協定若しくは条約を締結し若しくはそのような関係を設定する場合には、この条約に代えて当該協定若しくは条約を適用し又は当該他の方法による関係を規律する権利を有する。
3 この条約は、刑事の判決の国際的な効力に関する欧州条約の締約国が同条約の規定を補足し又は同条約に定める原則の適用を促進するために同条約の取り扱う事項について二国間又は多数国間の協定を締結する権利に影響を及ぼすものではない。
4 移送の要請が、この条約に加えて、刑事の判決の国際的な効力に関する欧州条約又は刑を言い渡された者の移送に関する他の協定若しくは条約の適用を受ける場合には、要請国は、要請の時にいずれの条約に基づいて要請を行うかを明示する。

第23条 友好的な解決

欧州評議会の犯罪問題に関する欧州委員会は、この条約の適用に関して常時通報を受けるものとし、この条約の適用から生ずるいかなる問題についても友好的な解決を促進するために必要なことを行う。

第24条 廃棄

1 いずれの締約国も、欧州評議会事務局長にあてた通告により、いつでもこの条約を廃棄することができる。
2 廃棄は、欧州評議会事務局長が通告を受領した日の後三箇月の期間が満了する日の属する月の翌月の初日に効力を生ずる。
3 この条約は、廃棄が効力を生ずる日の前にこの条約の規定に従って移送された者の刑の執行について引き続き適用する。

第25条 通報

欧州評議会事務局長は、欧州評議会の加盟国、この条約の作成に参加した非加盟国及びこの条約に加入した国に対して次の事項を通報する。
  a 署名
  b 批准書、受諾書、承認書又は加入書の寄託
  c 第18条2及び3、第19条2並びに第20条2及び3の規定に従う効力発生の日
  d この条約に関して行われるその他の行為、宣言、通告又は通報

【資料】FATF 勧告（仮訳）

2012年2月16日採択

A. 資金洗浄及びテロ資金供与対策及び協力

1．リスクの評価及びリスク・ベース・アプローチの適用*【新規】

各国は、自国における資金洗浄及びテロ資金供与のリスクを特定、評価及び把握すべきであり、当該リスクを評価するための取組を調整する関係当局又はメカニズムを指定することを含み、当該リスクの効果的な軽減を確保するために行動し、資源を割り当てるべきである。各国は、当該評価に基づき、資金洗浄及びテロ資金供与を防止し又は低減するための措置が、特定されたリスクに整合的なものとなることを確保するため、リスク・ベース・アプローチ（RBA）を導入すべきである。この方法は、資金洗浄及びテロ資金供与対策の体制やFATF勧告全体にわたるリスクに応じた措置の実施における資源の効率的な配分にあたっての本質的基礎とならなければならない。

各国は、リスクが高いと判断する場合、自国の資金洗浄・テロ資金供与対策の体制が当該リスクに十分に対処することを確保しなければならない。各国は、リスクが低いと判断する場合、一定の条件の下で、いくつかのFATF勧告の適用に当たって、簡素化された措置を認めることを決定してもよい。

各国は、金融機関及び特定非金融業者及び職業専門家（DNFBPs）に対し、資金洗浄及びテロ資金供与のリスクを特定、評価及び低減するための効果的な行動をとることを求めるべきである。

2．国内の協力及び協調【旧勧告31】

各国は、特定されたリスクに基づき、定期的に見直しが行われる独自の資金洗浄・テロ資金供与対策に関する政策を有するべきであり、当該政策を担当する当局を指定するか、若しくは協力体制又はその他のメカニズムを有するべきである。

各国は、政策の企画・立案及び実施の段階において、政策立案者、FIU、法執行機関、監督者及び他の関連する権限ある当局が、資金洗浄対策、テロ資金供与対策及び大量破壊兵器の拡散に対する資金供与対策の方策及び活動の発展や実施に関して協力し、適切な場合には国内的に調整できるよう効果的な制度を有することを確保
すべきである。

B. 資金洗浄及び没収

3．資金洗浄の罪*【旧勧告1、2】

各国は、1988年の麻薬及び向精神薬の不正取引の防止に関する国際連合条約（ウィーン条約）及び2000年の国際的な組織犯罪の防止にする国際連合条約（パレルモ条約）に則り、資金洗浄を犯罪化すべきである。各国は、できる限り広範な前提犯罪を含む観点から、あらゆる重大犯罪について資金洗浄罪を適用すべきである。

4．没収及び予防的措置*【旧勧告3】

各国は、権限ある当局が、善意の第三者の権利を侵害することなく、次に掲げるものを凍結又は差押え、及び没収することを可能とするため、法的措置を含め、ウィーン条約、パレルモ条約及びテロ資金供与防止条約に規定されているのと同様の措置をとるべきである：(a)洗浄された財産、(b)資金洗浄若しくは前提犯罪から得た収益、又はこれらの犯罪に使用された若しくは使用を企図された犯罪供用物、(c)テロリズム、テロ行為若しくはテロ組織に対する資金供与から得た収益、又はこれ

らの犯罪に使用され、使用を企図され、若しくは使用のために配分された財産、又は(d)これらの価値に相当する財産。

当該措置には、(a)没収の対象となる財産を特定し、追跡し、評価する権限、(b)当該財産の取引、移転又は処分を防止するため、凍結、差押などの暫定的な措置をとる権限、(c)没収の対象となる財産を回復する国家の権能を侵害する行為を防止又は無効化する措置をとる権限、及び(d)捜査のためにあらゆる適切な措置をとる権限が含まれるべきである。

各国は、国内法の原則に一致する限りにおいて、刑事上の有罪判決がなくても当該収益又は犯罪供用物を没収することを認める措置（有罪判決に基づかない没収）や、被告人に、没収の対象として申し立てられた財産の合法的な起源を示すよう要求する措置を採用することについて検討すべきである。

C．テロ資金供与及び大量破壊兵器の拡散に対する資金供与

5．テロ資金供与の罪*【旧 SRII】

各国は、テロ資金供与防止条約に基づき、テロ資金供与を犯罪化するとともに、テロ行為に対する資金供与のみならず、特定のテロ行為との結びつきなく行われるテロ組織及び個々のテロリストに対する資金供与についても、これを犯罪化すべきである。

各国は、これらの犯罪が資金洗浄の前提犯罪として指定されることを確保すべきである。

6．テロリズム及びテロ資金供与に関する対象を特定した金融制裁*【旧 SRIII】

各国は、テロ行為に対する資金供与の防止・抑止に関する国際連合安全保障理事会の決議に従い、対象を特定した金融制裁を実施すべきである。当該決議は各国に対し、(i)安保理決議第1267号（1999年）及びその後継の決議による場合を含み、国連憲章第7章に基づく国連安保理により指定されたあらゆる個人又は団体、又は(ii)安保理決議第1373号（2001年）に基づき、各国により指定されたあらゆる個人又は団体が保有する資金その他資産を遅滞なく凍結するとともに、いかなる資金その他資産も、直接又は間接に、これらの指定された個人又は団体によって、若しくはこれらの個人又は団体の利益のために利用されることのないよう求めている。

7．大量破壊兵器の拡散に関する対象を特定した金融制裁*【新規】

各国は、大量破壊兵器の拡散及びこれに対する資金供与の防止・抑止・撲滅に関する国連安保理決議を遵守するため、対象を特定した金融制裁措置を実施しなければならない。当該決議は各国に対し、国連憲章第7章に基づく安保理により指定されたあらゆる個人又は団体が保有する資金その他資産を遅滞なく凍結するとともに、いかなる資金その他資産も、直接又は間接に、これらの指定された個人又は団体によって、若しくはこれらの個人又は団体の利益のために利用されることのないよう求めている。

8．非営利団体*【旧 SRVIII】

各国は、テロリズムに対する資金供与のために悪用され得る団体に関する法律・規則が十分か否かを見直すべきである。非営利団体は特に無防備であり、各国は、これらが以下の形で悪用されないことを確保すべきである。

(a)合法的な団体を装うテロリスト団体による悪用

(b)合法的な団体を、資産凍結措置の回避目的を含め、テロ資金供与のためのパイプとして用いること、及び

(c)合法目的の資金のテロリスト団体に対する秘かな横流しを、秘匿・隠蔽するために用いること。

D. 予防的措置

9. 金融機関の守秘義務との関係【旧勧告4】
各国は、金融機関の守秘義務に関する法規がFATF勧告の実施を妨げないことを確保すべきである。

顧客管理及び記録の保存

10. 顧客管理*【旧勧告5】
金融機関は、匿名口座及び明らかな偽名による口座を保有することを禁止されるべきである。
金融機関は、以下の場合には、顧客管理措置をとることが求められるべきである。

(i) 業務関係の確立
(ii) 一見取引であって、i) 特定の敷居値（15,000米ドル・ユーロ）を超えるもの、またはii) 勧告16の解釈ノートに規定する状況下の電信送金
(iii) 資金洗浄又はテロ資金供与の疑いがあるとき、又は
(iv) 金融機関が過去に取得した顧客の本人確認データについての信憑性又は適切性に疑いを有するとき。

金融機関が顧客管理を実施すべきという原則は、法律で規定されるべきである。各国は、法律又は他の強制力ある方法のいずれかを通じて、どのように特定の顧客管理義務を実施するか、について決めることができる。
措置すべき顧客管理は次のとおりである。

(a) 信頼できる独立した情報源に基づく文書、データ又は情報4を用いて、顧客の身元を確認し、照合すること。
(b) 受益者の身元を確認し、金融機関が当該受益者が誰であるかについて確認できるように、受益者の身元を照合するための合理的な措置をとる。この中には、金融機関が、法人及び法的取極めについて当該顧客の所有権及び管理構造を把握することも含まれるべきである。
(c) 業務関係の目的及び所与の性質に関する情報を把握し、必要に応じて取得する。
(d) 顧客、業務、リスク、及び必要な場合には資金源について、金融機関の認識と整合的に取引が行われることを確保するため、業務関係に関する継続的な顧客管理及び当該業務関係を通じて行われた取引の精査を行う。

金融機関は、上記 a) から d) のそれぞれの顧客管理措置を適用することが求められるべきであるが、この勧告及び勧告1の解釈ノートに基づくリスク・ベース・アプローチにより、当該措置の程度を決定するべきである。
金融機関は、業務関係の確立若しくは一見顧客に対する取引の実施前又はその過程において、顧客及び受益者の身元を照合することを求められるべきである。各国は、資金洗浄及びテロ資金供与のリスクを効果的に管理でき、かつ、通常の業務遂行を阻害しないために不可欠である場合には、金融機関が実務上合理的な範囲で業務関係確立後速やかに照合措置を完了することを容認できる。
金融機関は、上記(a)から(d)の適用されるべき義務（ただし、リスク・ベース・アプローチにより、措置の程度について適切な修正が加えられる）を遵守できない場合には、口座開設、業務関係の開始又は取引の実施をすべきではない。あるいは、業務関係を終了すべきことが求められるべきである。また、当該顧客に関する疑わしい取引の届出を行うことを検討すべきである。
これらの義務は全ての新規顧客に適用すべきである。なお、金融機関は重要性及びリスクに応じて既存顧客にもこの勧告を適用し、また、適切な時期に既存の業務関係についての顧客管理措置を行うべきである。

11. 記録の保存【旧勧告10】

金融機関は、権限ある当局からの情報提供の要請に対し迅速に応ずることができるよう、国内取引及び国際取引に関する全ての必要な記録を最低五年間保存することが求められるべきである。この記録は、必要であれば犯罪行為の訴追のための証拠を提供できるよう、(金額及び使われた通貨の種類を含めて) 個々の取引の再現を可能とするほど十分なものでなければならない。

金融機関は、顧客管理措置を通じて取得したすべての記録(例えば、旅券、身分証明書、運転免許証又は同様の書類など公的な身元確認書類の写し又は記録)、取引内容の分析結果(例えば、複雑で異常に多額な取引の背景及び目的に関する照会結果)を含む口座記録及び通信文書を、業務関係又は一見取引の終了から最低5年間保存すべきである。

金融機関は、取引記録及び顧客管理措置によって得た情報に関する記録を保存することを、法律により求められるべきである。

顧客管理情報及び取引記録は、国内の権限ある当局が適切な権能に基づき利用し得るものとすべきである。

個別の顧客及び行為に対する追加的な措置

12. 重要な公的地位を有する者*【旧勧告6】

金融機関は、外国の重要な公的地位を有する者(Politically Exposed Persons: PEPs)に関しては、(それが顧客又は受益者のいずれであっても)通常の顧客管理措置の実施に加えて、以下のことを求められるべきである。

(a) 顧客又は受益者がPEPか否かを判定するための適切なリスク管理システムを有すること。
(b) 当該顧客と業務関係を確立(又は既存顧客と既契約の業務関係を継続)する際に上級管理者の承認を得ること。
(c) 財源及び資金源を確認するための合理的な措置をとること。
(d) 業務関係についてより厳格な継続的監視を実施すること。

金融機関は、顧客又は受益者が国内PEPであるか、または現在又は過去に国際機関で主要な役割を与えられた者であるかを判定するための適切な措置をとるよう求められるべきである。これらの者との業務関係でリスクが高い場合、金融機関は上記(b)(c)及び(d)の措置を適用することを求められなければならない。

全てのタイプのPEPに求められる措置は、当該PEPsの家族又は近しい間柄にある者にも適用される。

13. コルレス取引*【旧勧告7】

金融機関は、海外とのコルレス銀行業務その他同様の関係について、通常の顧客管理措置の実施に加えて、以下のことが求められるべきである。

a) 相手方機関の業務の性質を十分に理解するため、また、公開情報から、資金洗浄及びテロ資金供与に関する捜査又は行政処分の対象となっていないかどうかを含め、当該機関の評判や監督体制の質について判定するため、相手方機関についての十分な情報を収集する。
b) 相手方機関の資金洗浄対策及びテロ資金供与対策を評価する。
c) 新たなコルレス契約を確立する前に上級管理者の承認を得る。
d) 契約する両機関の責任を明確に把握する。
e) 「payable-through-accounts」については、相手方機関がコルレス機関の口座に直接アクセスする顧客の顧客管理を実施し、また、相手方機関が要請に応じて関連する顧客管理情報をコルレス機関に提供できることを確認する。

金融機関は、シェルバンクとのコルレス契約の確立又は継続が禁止されるべきである。金融機関は、コルレス先機関が自行の口座をシェルバンクに利用されることを容認していない旨の確認も求められるべきである。

14. 資金移動業*【旧SRVI】

各国は、資金移動業（Money or value transfer services: MVTS）を行う自然人又は法人に免許制又は登録制を課すとともに、FATF勧告において求められる関連措置の遵守を確保し、モニタリングするための効果的なシステムを適用するための措置を講ずるべきである。各国は、無免許又は無登録で資金移動業を営む自然人又は法人を特定し、これに対する適切な制裁措置を講ずるべきである。

資金移動業者のエージェント（agent）として業務を行う自然人又は法人については、権限ある当局による免許又は登録義務が課され、又は、資金移動業者において、資金移動業者及びそのエージェントが業務を営む国の権限ある当局によりアクセス可能な最新のエージェントリストを保有していなければならない。各国は、エージェントを使う資金移動業者が、自社の資金洗浄及びテロ資金供与対策のプログラムをエージェントにも適用し、それらエージェントのプログラム遵守について監視することを確保するよう措置を講じなければならない。

15. 新しい技術【旧勧告8】

各国及び金融機関は、(a)新たな伝達方法を含む新たな商品や取引形態の開発、及び(b)新規及び既存商品に関する新規の又は開発途上にある技術の利用に関連して存在する資金洗浄及びテロ資金供与のリスクを特定し、評価しなければならない。

金融機関の場合、このようなリスクの評価は、新たな商品、取引又は技術を導入する前に行わなければならない。金融機関は、これらのリスクを管理し低減させる適切な措置を講じなければならない。

16. 電信送金*【SRVII】

各国は、金融機関が、正確な必須送金人情報、及び必須受取人情報を電信送金及び関連する通知文（related message）に含めること、また、当該情報が一連の送金プロセスを通じて電信送金、又は関連電文メッセージに付記されることを確保しなければならない。

各国は、金融機関が所要の送金人及び／又は受取人情報の欠如を見つけるため、電信送金を監視することを確保し、適切な措置を講じなければならない。

各国は、電信送金を処理するに当たり、テロリズム及びテロ資金供与の防止・抑止に関連する国連安保理決議1267並びにその後継決議及び決議1373など、国連安保理決議で規定される義務に基づき、金融機関が凍結措置を講じることを確保するとともに、指定された個人及び団体との取引を禁止しなければならない。

委託、管理及び金融グループ

17. 第三者への依存*【旧勧告9】

各国は、以下の基準が満たされる場合には、a）からc）の顧客管理措置の実施又は業務紹介について第三者機関に依存することを金融機関に容認することができる。

第三者機関への依存が容認される場合、顧客管理措置に関する最終的な責任は第三者機関に依存する金融機関にある。

満たされるべき基準は以下のとおりである。

a）第三者機関に依存する金融機関は、勧告10に定める顧客管理措置の(a)から(c)に関する必要な情

報を速やかに取得すべきである。
b）金融機関は、本人確認データの写し、その他顧客管理義務に関する書類を要請に応じて遅滞なく第三者機関から入手し得ること。
c）金融機関は、勧告10及び11に沿った顧客管理及び記録保存義務のために第三者機関が規制され、監督又は監視され、当該義務を遵守するための適切な措置を有していることを確保すべきである。
d）条件を満たす第三者機関をどの国に設置することができるかを決定する際には、国のリスクレベルに関する入手可能な情報を参照すべきである。

金融機関が同じ金融グループの一部である第三者機関に顧客管理を依存する場合であって、(i)当該金融グループが勧告10、11、12に即した顧客管理及び記録保存を行い、かつ、勧告18に即した資金洗浄・テロ資金供与対策のプログラムを行っている場合、(ii)顧客管理義務及び取引記録の保存義務が効果的に実施され、資金洗浄・テロ資金供与対策のプログラムが権限ある当局によってグループレベルで監督されている場合には、関係する権限ある当局は、金融機関が上記(b)及び(c)の措置をグループのプログラムにより適用することを検討することができ、かつ、グループの資金洗浄・テロ資金供与対策によって、高いカントリーリスクが適切に低減されている場合には、上記(d)は、依存する際の必要前提条件ではないことを決定することができる。

18．内部管理、外国の支店及び子会社*【旧勧告15、22】
金融機関は、資金洗浄及びテロ資金供与対策プログラムの実施が求められなければならない。金融グループは、資金洗浄及びテロ資金供与対策目的のため、グループ全体として、情報共有に関する政策及び手続きを含む資金洗浄及びテロ資金供与対策に関するプログラムの実行が求められるべきである。
金融機関は、金融グループの資金洗浄及びテロ資金供与に対するプログラムを通じて、海外支店及び過半数の資本を所有している子会社に対し、本国のFATF勧告の実施義務と整合的な資金洗浄及びテロ資金供与対策の措置が適用されることを確保することが求められるべきである。

19．リスクの高い国*【旧勧告21】
金融機関は、FATFが求めるところにしたがって、特定の国の自然人、法人及び金融機関との取引において厳格な顧客管理を行うことを求められなければならない。適用される厳格な顧客管理の種類は、当該リスクに対して効果的かつ整合的なものでなければならない。
各国は、FATFによって求められた場合には、適切な対抗措置を講じることが可能であるべきである。また各国は、FATFからの要請とは別に、独自の対抗措置を講ずることができなければならない。対抗措置は、リスクに対して効果的かつ整合的でなければならない。

疑わしい取引の届出
20．疑わしい取引の届出*【旧勧告13、SRIV】
金融機関は、資金が犯罪活動の収益ではないか、又はテロ資金供与と関係しているのではないかと疑うか又は疑うに足る合理的な根拠を有する場合には、その疑いを資金情報機関（FIU）に速やかに届出るよう法律によって義務づけられなければならない。

21．内報及び秘匿性【旧勧告14】
金融機関、その取締役、職員及び従業員は、(a)たとえ内在する犯罪活動が何であるかを正確に認識していなくても、また不法な活動が実際に行われたか否かにかかわらず、その疑いをFIUに善意

で報告する場合には、契約若しくは法律、規則、又は行政規定により課されている情報開示に関する制限に違反したことから生じる刑事上及び民事上の責任から、法律によって保護されるべきである。
(b)疑わしい取引の届出又はその関連情報がFIUに提出されている事実を開示すること（内報）は法律で禁止されるべきである。

指定非金融業者及び職業専門家
22. DNFBPs：顧客管理*【旧勧告12】
勧告10、11、12、15及び17に定められている顧客管理義務及び記録保存義務は、以下の状況下において、指定非金融業者及び職業専門家（DNFBPs）に適用される。
(a)カジノ：顧客が一定の基準額以上の金融取引に従事する場合
(b)不動産業者：顧客のための不動産売買の取引に関与する場合
(c)貴金属商及び宝石商：顧客と一定の基準額以上の現金取引に従事する場合
(d)弁護士、公証人、他の独立法律専門家及び会計士：顧客のために以下の活動に関する取引を準備又は実行する場合
・不動産の売買
・顧客の金銭、証券又はその他の資産の管理
・銀行口座、貯蓄口座又は証券口座の管理
・会社の設立、運営又は管理のための出資の取りまとめ
・法人又は法的取極めの設立（設定）、運営又は管理及び企業の買収又は売却
(e)トラスト・アンド・カンパニー・サービスプロバイダー：顧客のために以下の活動に関する取引を準備又は実行する場合
・法人の設立代理人として行動すること
・会社の取締役や秘書、パートナーシップのパートナー、他の法人の関係でこれらと同様の立場の者として行動すること（又は他人がそのような立場で行動することを手配すること）
・会社、パートナーシップ、その他の法人又は法的取極めのために、登録された事務所、事業上の住所や施設、連絡先としての又は管理上の住所を提供すること
・明示信託の受託者として行動すること（又は他人がそのような立場で行動することを手配すること）又は他の法的取極めの設定のために同等の役割を果たすこと
・他人のために名目上の株主として行動すること（又は他人がそのような立場で行動することを手配すること）

23. DNFBPs：その他の措置*【旧勧告16】
勧告18から21に定められている義務は、全ての指定非金融業者及び職業専門家に以下の条件で適用される。
(a)弁護士、公証人、他の独立法律専門家及び会計士は、顧客の代理として又は顧客のために、勧告22のパラグラフ(d)に示されている活動に関する金融取引に従事する場合には、疑わしい取引の届出を行うよう義務づけられるべきである。各国は、監査を含む会計士によるその他の専門的活動にも報告義務を拡大することが強く奨励される。
(b)貴金属商及び宝石商は、顧客と一定の基準額以上の現金取引に従事する場合には、疑わしい取引の届出を行うよう義務づけられるべきである。
(c)トラスト・アンド・カンパニー・サービスプロバイダーは、顧客の代理として又は顧客のために、勧告22のパラグラフ(e)に示されている活動に関する取引に従事する場合には、顧客のために

疑わしい取引の届出を行うよう義務づけられるべきである。

E. 法人及び法的取極めの透明性及び真の受益者

24. 法人の透明性及び真の受益者*【旧勧告33】
各国は、資金洗浄又はテロ資金供与のための法人の悪用を防止するための措置を講じるべきである。各国は、権限ある当局が、適時に、法人の受益所有及び支配について、十分で、正確かつ時宜を得た情報を入手することができ、又はそのような情報にアクセスできることを確保すべきである。とりわけ、無記名株券又は無記名新株予約券の発行を可能とする、或いは名目上の株主又は名目上の取締役を許容する法人制度を有する国は、これらが資金洗浄又はテロ資金供与のために悪用されないことを確保するための効果的な措置を講じるべきである。各国は、勧告10及び22に定められている義務を実施する金融機関及び指定非金融業者及び職業専門家による受益所有及び支配に関する情報へのアクセスを促進するための措置を検討すべきである。

25. 法的取極めの透明性及び真の受益者*【旧勧告34】
各国は、資金洗浄又はテロ資金供与のための法的取極めの悪用を防止するための措置を講じるべきである。とりわけ、各国は、権限ある当局が、適時に、信託設定者、受託者及び受益者に関する情報を含む明示信託に関する十分で、正確かつ時宜を得た情報を得ることができ、又はそのような情報にアクセスできるよう確保すべきである。各国は、勧告10及び22に定められている義務を実施する金融機関及び指定非金融業者及び職業専門家による受益所有及び支配に関する情報へのアクセスを促進するための措置を検討すべきである。

F. 当局の権限及び責任、及びその他の制度的な措置規制と監督

26. 金融機関の規制及び監督*【旧勧告23】
各国は、金融機関が適切な規制及び監督に服し、FATF勧告を効果的に実施していることを確保すべきである。権限ある当局又は金融監督当局は、犯罪者又はその関係者が金融機関の重要な又は支配的な資本持分を所有し、又は受益者とならないよう、若しくは金融機関の経営機能を所有することのないように、必要な法律上又は規制上の措置を講ずるべきである。各国は、実態のない銀行（シェルバンク）の設立又はその業務の継続を容認すべきでない。
コア・プリンシプルの対象となる金融機関に関しては、健全性確保を目的とした規制上及び監督上の措置のうち、資金洗浄及びテロ資金供与にも関連する措置は、資金洗浄・テロ資金供与対策のためにも、同様に適用すべきである。これには、資金洗浄・テロ資金供与対策目的のための連結ベースのグループ監督の適用も含むべきである。
その他の金融機関は、当該セクターにおける資金洗浄又はテロ資金供与のリスクを考慮して、免許制又は登録制とされ、かつ適切に規制され、資金洗浄・テロ資金供与対策目的のための監督又は監視の対象となるべきである。少なくとも、資金移動又は両替を業とする金融機関は、免許制又は登録制とされ、国内の資金洗浄・テロ資金供与対策義務の遵守を監視及び確保するための実効性のある制度の対象とすべきである。

27. 監督機関の権限【旧勧告29】
監督機関は、検査権限を含め、金融機関の資金洗浄・テロ資金供与対策のための義務の遵守を監督又は監視し、確保するための適切な権限を有すべきである。監督機関は、遵守状況の監視に関する全ての情報を金融機関から提出させる権限、及びそれらの義務を遵守しない場合には、勧告35に沿った処分を課す権限を与えられるべきである。監督当局は、該当する場合には、金融機関の免許の

取消し、制限又は停止を含む幅広い懲戒処分及び金融制裁を課す権限を持つべきである。

28. 指定非金融業者及び職業専門家の規制及び監督*【旧勧告24】
指定非金融業者及び職業専門家は、以下に定める規制措置及び監督措置の対象となるべきである。
(a)カジノは、必要な資金洗浄・テロ資金供与対策を効果的に実施していることを確保するための包括的な規制制度及び監督体制の対象となるべきである。少なくとも、
・カジノは免許制とすべきである
・権限ある当局は、犯罪者又はその関係者が、カジノの所有者又は受益所有者にならないよう、カジノの重要な又は支配的な資本持分を所有し、カジノの経営機能を所有することのないように、またカジノの運営者とならないように、必要な法律上又は規制上の措置を講ずるべきである。
・権限ある当局は、カジノが資金洗浄・テロ資金供与対策の義務を遵守するために効果的に監督されることを確保すべきである。
(b)各国は、その他の指定非金融業者及び職業専門家が、資金洗浄・テロ資金供与対策の義務の遵守を監視し、確保するための効果的な制度の対象となっていることを確保すべきである。これは、リスクに応じて行われるべきである。これは、(a)監督当局、又は(b)適切な自主規制機関（当該自主規制機関がその所属会員の資金洗浄対策・テロ資金供与対策の義務の遵守を確保できる場合）によって行うことができる。
監督当局又は自主規制機関は、(a)犯罪者又はその関連者が専門家として認定されないよう、重要な又は支配的な資本持分の所有者又は受益所有者にならないよう、又は経営機能を所有しないよう、例えば適格性の審査（フィット・アンド・プロパー・テスト）に基づいた人物評価を通じて、必要な措置を講じるとともに、(b)資金洗浄・テロ資金供与対策の不遵守に対処するために利用可能な勧告35に沿った効果的で、整合的かつ抑止力のある制裁を有しなければならない。

実務及び法執行
29. Financial Intelligence Unit*【旧勧告26】
各国は、(a)疑わしい取引の届出、及び(b)資金洗浄、関連する前提犯罪及びテロ資金供与に関する他の情報を受理し分析すること、及びその分析結果を提供するための国の中央機関として、Financial Intelligence Unit（FIU）を設立すべきである。FIUは、届出機関から追加的な情報の入手が可能であるとともに、その機能を適切に遂行する上で必要となる金融情報、行政情報及び法執行に関する情報に、時機を失することなく、アクセスできるべきである。

30. 法執行及び捜査当局の権限*【旧勧告27】
各国は、自国の資金洗浄・テロ資金供与対策の政策の枠組みの範囲内で、指定された法執行機関が資金洗浄及びテロ資金供与の捜査に権限を有することを確保すべきである。少なくとも収益性のある主要な犯罪に関連する全ての事件について、これらの指定された法執行当局は、資金洗浄、関連する前提犯罪及びテロ資金供与を追跡する場合、能動的かつ並行的な財務捜査を展開すべきである。これには関連する前提犯罪が、司法管轄権外で発生した場合を含むべきである。各国は、権限ある当局が、没収の対象又は対象となり得る財産、又は犯罪収益と疑われる財産を、迅速に特定、追跡、並びに凍結及び差押えするための行動を開始する権限を有することを確保すべきである。各国は、必要であれば、財務又は財産捜査を専門に扱う恒常的又は一時的なマルチ・ディシプリナリー・グループ（様々な分野の専門家で構成されるグループ）を利用すべきである。各国は、必要であれば、他国の適当な権限ある当局との共同捜査の実施を確保すべきである。

31. 法執行及び捜査当局の能力【旧勧告28】
資金洗浄、関連する前提犯罪及びテロ資金供与の捜査を行う際に、権限ある当局は、捜査並びに訴追及びその関連行為で使用するために必要なあらゆる書類及び情報にアクセスできるようにすべきである。これには、金融機関、指定非金融業者及び職業専門家及びその他の自然人又は法人により所有されている記録の提示、人物及び建物の捜索、証人証言の取得、差押及び証拠入手のための強制的な措置を使用するための権限が含まれるべきである。

各国は、捜査を行う権限ある当局が、資金洗浄、関連する前提犯罪及びテロ資金供与の捜査に適した広範な捜査手法を利用することができるよう確保すべきである。これらの捜査手法には、潜入して行う捜査、通信傍受、コンピューターシステムへのアクセス及び監視付移転などがある。加えて、各国は、自然人又は法人が銀行口座を保有又は管理しているか否かを、タイムリーに特定するための有効なメカニズムを設けるべきである。各国はまた、財産の所有者への事前の通知なしに、権限ある当局が当該財産を特定する手続きを有することを確保するためのメカニズムを有するべきである。資金洗浄、関連する前提犯罪及びテロ資金供与に関する捜査を行う際に、権限ある当局が、FIUに対して、FIUが保有するあらゆる関連情報を求めることができるようにすべきである。

32. キャッシュ・クーリエ*【旧 SR Ⅸ】
各国は、申告制度及び／又は開示制度によるものを含む、通貨及び持参人払い式の譲渡可能支払手段の物理的な越境運搬を探知するための措置を有するべきである。

各国は、権限ある当局が、テロ資金供与、資金洗浄又は前提犯罪に関係する疑いのある又は虚偽の申告若しくは開示がなされた通貨及び持参人払い式の譲渡可能支払手段を阻止し又は制止する法的権限を有することを確保すべきである。

各国は、虚偽の申告又は開示を行った者に対処するために、効果的で、整合的かつ抑止力のある制裁措置が利用可能であることを確保すべきである。通貨又は持参人払い式の譲渡可能支払手段がテロ資金供与、資金洗浄又は前提犯罪に関係する場合には、各国はまた、勧告4と整合的な法的措置を含む、それらの通貨又は支払手段の没収を可能とする措置をとるべきである。

一般的な義務
33. 統計【旧勧告32】
各国は、資金洗浄・テロ資金供与対策制度の有効性及び効率性に関する包括的な統計を整備すべきである。これには、受理及び提供された疑わしい取引の届出に関する統計、並びに資金洗浄及びテロ資金供与の捜査、起訴及び有罪に関する統計、凍結、差押及び没収された財産に関する統計、法律上の相互援助又その他の国際的な協力要請に関する統計が含まれるべきである。

34. ガイダンス及びフィードバック【旧勧告25】
権限ある当局、監督当局及び自主規制機関（SRBs）は、資金洗浄対策及びテロ資金供与対策についての国内的措置を適用するに際し、とりわけ疑わしい取引の発見及び届出を実施するに当たり、金融機関、指定非金融業者及び職業専門家を支援するために、ガイドラインの策定及びフィードバックを実施すべきである。

制裁
35. 制裁【旧勧告17】
各国は、資金洗浄・テロ資金供与対策の義務を遵守しない、勧告6、及び8から23までの対象となる自然人又は法人に対処するために、効果的で、整合的かつ抑止力のある刑事上、民事上又は行政

上の幅広い制裁措置が利用可能であることを確保すべきである。制裁措置は、金融機関及び指定非金融業者及び職業専門家だけでなく、れらの取締役及び幹部に対しても適用されるべきである。

G. 国際協力

36. 国際的な文書【旧勧告35、SR Ⅰ】
各国は、ウィーン条約（1988年）、パレルモ条約（2000年）、国連腐敗防止条約（2003年）、及びテロ資金供与防止条約（1999年）の締約国となり及び完全に実施するための措置を速やかにとるべきである。各国は、該当する場合には、その他の関連国際条約、例えば、欧州評議会サイバー犯罪に関する条約（2001年）、米州テロ対策条約（2002年）、犯罪収益の洗浄、捜索、差押え及び没収に関する欧州評議会条約（2005年））を批准し実施することも奨励される。

37. 法律上の相互援助【旧勧告36、SR Ⅴ】
各国は、資金洗浄、関連する前提犯罪及びテロ資金供与の捜査、訴追及び関連手続について、できる限り広範な法律上の相互援助を迅速、建設的かつ効果的に提供すべきである。各国は、援助を提供するための十分な法的根拠を有するべきであるとともに、適当な場合には、協力強化のために条約、取極め又はその他のメカニズムを有するべきである。とりわけ各国は、
(a)法律上の相互援助を妨げ、あるいはこれに不合理又は不当に制限的な条件を課すべきではない。
(b)法律上の相互援助の要請のタイムリーな優先順位付け及び実施のための明確かつ効率的な手続を確保すべきである。各国は、要請の効果的な伝達及び実施のために、中央当局又はその他の確立した公式なメカニズムを利用すべきである。要請の進捗を監視するため、案件管理システムを維持すべきである。
(c)犯罪が租税上の問題に関連することが考えられることのみを理由として、法律上の相互援助の要請の実施を拒否すべきではない。
(d)法律が金融機関に守秘を要求していることのみを理由として、法律上の相互援助の要請の実施を拒否すべきではない。
(e)捜査又は調査の健全性を保護するために、国内法の原則に従い、要請を受けた法律上の相互援助及び当該要請に含まれる情報の秘匿性を保持すべきである。要請を受けた国が守秘義務を遵守できない場合、当該被要請国はその旨を要請国に速やかに通知しなければならない。
各国は、双罰性がない場合であっても、援助が強制的な措置を伴わない場合には、法律上の相互援助を行うべきである。各国は、双罰性がない場合において、広範な援助の提供を可能にするために必要な措置の採用を検討すべきである。
法律上の相互援助のために双罰性が要求される場合には、両国が前提となる行為を犯罪化していれば、両国が当該犯罪を同一類型の犯罪としているか否か、又は同一の用語で定義しているか否かにかかわらず、当該要件は満たされているものとみなされるべきである。
各国は、勧告31で求められる能力及び捜査手法、並びに権限ある当局が利用できるその他のあらゆる能力及び捜査手法のうち、
(a)金融機関又はその他の者からの情報、書類又は証拠（取引記録を含む）の提示、捜索及び差押え、並びに証言の入手に関するあらゆる能力及び捜査手法、及び
(b)その他の広範な能力及び捜査手法が、法律上の相互援助の要請に応じる際や、国内の枠組みと整合的な場合における、他国の司法又は法執行当局から国内のカウンターパートへの法律上の相互援助の直接の要請に応じる際にも、権限ある当局によって利用可能であることを確保すべきある。
管轄権上の争いを避けるため、二つ以上の国で訴追の対象となる事件の場合には、司法の利益のた

めに容疑者を訴追する最善の場所を決定する制度を考案し活用することに対して考慮が払われるべきである。

各国は、法律上の相互援助を要請する際、タイムリーで効果的な要請の実行を可能とするため、緊急性の有無を含む完全な事実上及び法律上の情報を提供する努力を最大限に行うとともに、迅速な方法により要請を送付すべきである。各国は、要請を送付する前に、援助を得るために必要な法的要件や形式を確認する努力を最大限に行うべきである。

法律上の相互援助を担当する当局（例えば、中央当局）は、十分な財政的、人的及び技術的資源を与えられるべきである。各国は、これらの当局の職員が、守秘義務に関する規範を含む高い職業規範を維持するとともに、高い廉潔性と十分な能力を備えていることを確保するための制度を有するべきである。

38. 法律上の相互援助：凍結及び没収* 【旧勧告38】

各国は、外国の要請に応じて、洗浄された財産、資金洗浄、前提犯罪及びテロ資金供与から得た収益、これらの犯罪の実行において使用された若しくは使用を企図された犯罪供用物、又はこれらの価値に相当する財産を特定し、凍結し、差押え、没収するための迅速な行動をとる権限を有することを確保すべきである。この権限には、国内法の原則に反しない限り、有罪判決に基づかない没収手続及び関連する保全措置に基づく要請に応じることができる権限が含まれるべきである。各国は、これらの財産、犯罪共用物又は相当する価値の財産を管理するための有効なメカニズムを有するとともに、没収財産の分配を含む差押え及び没収手続の調整のための取極めを有するべきである。

39. 犯罪人引渡し【旧勧告39】

各国は、不当に遅滞することなく、建設的かつ効果的に、資金洗浄及びテロ資金供与に関する犯罪人引渡し請求を実施すべきである。各国はまた、テロリズム、テロ行為、テロ組織に対する資金供与罪で起訴された者にセーフ・ヘイブン（逃避地）を提供しないことを確保するため、あらゆる可能な措置を講ずべきである。とりわけ各国は、

(a) 資金洗浄及びテロ資金供与が引渡し可能な犯罪であることを確保すべきである。
(b) 適当な場合における優先順位付けを含む、引渡し請求のタイムリーな実施のための明確かつ効果的なプロセスを確保すべきである。請求の進捗を監視するため、案件管理システムを維持すべきである。
(c) 請求の実施にあたり、不合理又は不当に制限的な条件を付すべきでない。及び
(d) 引渡しのための十分な法的枠組を有することを確保すべきである。

各国は、自国民を引き渡すか、或いは、自国民であることのみを理由として引渡しを行わない場合には、引渡しを求める国からの要請により、不当に遅滞することなく、請求された犯罪の訴追のため自国の権限ある当局に付託しなければならない。これらの当局は、自国の国内法に規定する重大性を有する他の犯罪と同様に、決定を行い、手続を実施しなければならない。各国は、訴追の効率性を確保するために、特に手続及び証拠に係る側面において、相互に協力すべきである。

犯罪人引渡しのために双罰性が要求される場合には、両国が前提となる行為を犯罪化していれば、両国が当該犯罪を同一類型の犯罪としているか否か、又は同一の用語で定義しているか否かにかかわらず、当該要件は満たされているものとみなされるべきである。

国内法の基本原則と整合的に、各国は、適当な当局間における直接的な仮拘禁請求の伝達、逮捕令状又は判決文書のみに基づく犯罪人引渡し、又は正式な引渡し手続の放棄に同意する者に対する簡素化された引渡手続の導入等、簡素化された引渡しのメカニズムを有するべきである。引渡しを担当

する当局は、十分な財政的、人的及び技術的資源を与えられるべきである。各国は、これらの当局の職員が、守秘義務に関する規範を含む高い職業規範を維持するとともに、高い廉潔性と十分な能力を備えていることを確保するための制度を有するべきである。

40. その他の形態の国際協力*【旧勧告40】
各国は、権限ある当局が、資金洗浄、関連する前提犯罪及びテロ資金供与に関し、迅速、建設的かつ効果的に最も広範な国際協力を提供することができるよう確保すべきである。各国は、自発的及び要請に基づくもののいずれであっても国際協力を提供すべきであり、協力の提供にあたっては法的根拠を有するべきである。各国は、権限ある当局に協力のための最も効果的な手段を利用する権限を与えるべきである。

権限ある当局が、例えば覚書（MOU）のような二国間又は多国間の合意又は取極めを必要とする場合、これらの合意又は取極めは最も広範な外国のカウンターパートとの間で、時宜を得た方法によって交渉及び調印されるべきである。

権限ある当局は、情報提供要請又はその他の形態の援助要請の効果的な伝達及び実行のために明確な経路及びメカニズムを利用すべきである。権限ある当局は、要請の優先順位付け及びタイムリーな実行、及び受領した情報を保護するための明確かつ効果的なプロセスを有すべきである。

【資料】国際的な組織犯罪の防止に関する国際連合条約

(平成29年7月14日条約第21号)

第1条　目的

この条約の目的は、一層効果的に国際的な組織犯罪を防止し及びこれと戦うための協力を促進することにある。

第2条　用語

この条約の適用上、

(a) 「組織的な犯罪集団」とは、三人以上の者から成る組織された集団であって、一定の期間存在し、かつ、金銭的利益その他の物質的利益を直接又は間接に得るため一又は二以上の重大な犯罪又はこの条約に従って定められる犯罪を行うことを目的として一体として行動するものをいう。
(b) 「重大な犯罪」とは、長期四年以上の自由を剥奪する刑又はこれより重い刑を科することができる犯罪を構成する行為をいう。
(c) 「組織された集団」とは、犯罪の即時の実行のために偶然に形成されたものではない集団をいい、その構成員について正式に定められた役割、その構成員の継続性又は発達した構造を有しなくてもよい。
(d) 「財産」とは、有体物であるか無体物であるか、動産であるか不動産であるか及び有形であるか無形であるかを問わず、あらゆる種類の財産及びこれらの財産に関する権原又は権利を証明する法律上の書類又は文書をいう。
(e) 「犯罪収益」とは、犯罪の実行により生じ又は直接若しくは間接に得られた財産をいう。
(f) 「凍結」又は「押収」とは、裁判所その他の権限のある当局が出した命令に基づき財産の移転、転換、処分若しくは移動を一時的に禁止すること又は当該命令に基づき財産の一時的な保管若しくは管理を行うことをいう。
(g) 「没収」とは、裁判所その他の権限のある当局の命令による財産の永久的な剥奪をいう。
(h) 「前提犯罪」とは、その結果として第六条に規定する犯罪の対象となり得る収益が生じた犯罪をいう。
(i) 「監視付移転」とは、犯罪を捜査するため及び犯罪を実行し又はその実行に関与した者を特定するため、一又は二以上の国の権限のある当局が、事情を知りながら、かつ、その監視の下に、不正な又はその疑いがある送り荷が当該一又は二以上の国の領域を出、これを通過し又はこれに入ることを認めることとする方法をいう。
(j) 「地域的な経済統合のための機関」とは、特定の地域の主権国家によって構成される機関であって、この条約が規律する事項に関しその加盟国から権限の委譲を受け、かつ、その内部手続に従ってこの条約の署名、批准、受諾若しくは承認又はこれへの加入の正当な委任を受けたものをいう。この条約において「締約国」についての規定は、これらの機関の権限の範囲内でこれらの機関について適用する。

第3条　適用範囲

1　この条約は、別段の定めがある場合を除くほか、次の犯罪であって、性質上国際的なものであり、かつ、組織的な犯罪集団が関与するものの防止、捜査及び訴追について適用する。
(a) 第5条、第6条、第8条及び第23条の規定に従って定められる犯罪
(b) 前条に定義する重大な犯罪
2　1の規定の適用上、次の場合には、犯罪は、性質上国際的である。
(a) 二以上の国において行われる場合
(b) 一の国において行われるものであるが、その準備、計画、指示又は統制の実質的な部分が他

の国において行われる場合
(c) 一の国において行われるものであるが、二以上の国において犯罪活動を行う組織的な犯罪集団が関与する場合
(d) 一の国において行われるものであるが、他の国に実質的な影響を及ぼす場合

第4条 主権の保護

1 締約国は、国の主権平等及び領土保全の原則並びに国内問題への不干渉の原則に反しない方法で、この条約に基づく義務を履行する。
2 この条約のいかなる規定も、締約国に対し、他の国の領域内において、当該他の国の当局がその国内法により専ら有する裁判権を行使する権利及び任務を遂行する権利を与えるものではない。

第5条 組織的な犯罪集団への参加の犯罪化

1 締約国は、故意に行われた次の行為を犯罪とするため、必要な立法その他の措置をとる。
(a) 次の一方又は双方の行為(犯罪行為の未遂又は既遂に係る犯罪とは別個の犯罪とする。)
 (i) 金銭的利益その他の物質的利益を得ることに直接又は間接に関連する目的のため重大な犯罪を行うことを一又は二以上の者と合意することであって、国内法上求められるときは、その合意の参加者の一人による当該合意の内容を推進するための行為を伴い又は組織的な犯罪集団が関与するもの
 (ii) 組織的な犯罪集団の目的及び一般的な犯罪活動又は特定の犯罪を行う意図を認識しながら、次の活動に積極的に参加する個人の行為
  a 組織的な犯罪集団の犯罪活動
  b 組織的な犯罪集団のその他の活動(当該個人が、自己の参加が当該犯罪集団の目的の達成に寄与することを知っているときに限る。)
(b) 組織的な犯罪集団が関与する重大な犯罪の実行を組織し、指示し、ほう助し、教唆し若しくは援助し又はこれについて相談すること。
2 1に規定する認識、故意、目的又は合意は、客観的な事実の状況により推認することができる。
3 1(a)(i)の規定に従って定められる犯罪に関し自国の国内法上組織的な犯罪集団の関与が求められる締約国は、その国内法が組織的な犯罪集団の関与するすべての重大な犯罪を適用の対象とすることを確保する。当該締約国及び1
(a) (i)の規定に従って定められる犯罪に関し自国の国内法上合意の内容を推進するための行為が求められる締約国は、この条約の署名又は批准書、受諾書、承認書若しくは加入書の寄託の際に、国際連合事務総長にその旨を通報する。

第6条 犯罪収益の洗浄の犯罪化

1 締約国は、自国の国内法の基本原則に従い、故意に行われた次の行為を犯罪とするため、必要な立法その他の措置をとる。
(a)(i) その財産が犯罪収益であることを認識しながら、犯罪収益である財産の不正な起源を隠匿し若しくは偽装する目的で又は前提犯罪を実行し若しくはその実行に関与した者がその行為による法律上の責任を免れることを援助する目的で、当該財産を転換し又は移転すること。
 (ii) その財産が犯罪収益であることを認識しながら、犯罪収益である財産の真の性質、出所、所在、処分、移動若しくは所有権又は当該財産に係る権利を隠匿し又は偽装すること。
(b) 自国の法制の基本的な概念に従うことを条件として、
 (i) その財産が犯罪収益であることを当該財産を受け取った時において認識しながら、犯罪収益である財産を取得し、所持し又は使用すること。

(ii) この条の規定に従って定められる犯罪に参加し、これを共謀し、これに係る未遂の罪を犯し、これをほう助し、教唆し若しくは援助し又はこれについて相談すること。
2 1の規定の実施上又は適用上、
 (a) 締約国は、最も広範囲の前提犯罪について1の規定を適用するよう努める。
 (b) 締約国は、第2条に定義するすべての重大な犯罪並びに前条、第8条及び第23条の規定に従って定められる犯罪を前提犯罪に含める。自国の法律が特定の前提犯罪を列記している締約国の場合には、その列記には、少なくとも、組織的な犯罪集団が関連する犯罪を包括的に含める。
 (c) (b)の規定の適用上、前提犯罪には、締約国の管轄の内外のいずれで行われた犯罪も含まれる。ただし、締約国の管轄外で行われた犯罪は、当該犯罪に係る行為がその行為の行われた国の国内法に基づく犯罪であり、かつ、この条の規定を実施し又は適用する締約国において当該行為が行われた場合にその行為が当該締約国の国内法に基づく犯罪となるときに限り、前提犯罪を構成する。
 (d) 締約国は、この条の規定を実施する自国の法律の写し及びその法律に変更があった場合にはその変更後の法律の写し又はこれらの説明を国際連合事務総長に提出する。
 (e) 締約国は、自国の国内法の基本原則により必要とされる場合には、1に規定する犯罪についての規定を前提犯罪を行った者について適用しないことを定めることができる。
 (f) 1に規定する犯罪の要件として求められる認識、故意又は目的は、客観的な事実の状況により推認することができる。

　　　第7条　資金洗浄と戦うための措置
1 締約国は、次の措置をとる。
 (a) すべての形態の資金洗浄を抑止し及び探知するため、その権限の範囲内で、銀行及び銀行以外の金融機関並びに適当な場合には特に資金洗浄が行われやすい他の機関についての包括的な国内の規制制度及び監督制度を設けること。これらの制度は、顧客の身元確認、記録保存及び疑わしい取引の報告を求めることに重点を置くものとする。
 (b) 第18条及び第27条の規定の適用を妨げることなく、資金洗浄との戦いに従事する行政当局、規制当局、法執行当局その他の当局（国内法に基づき適当な場合には、司法当局を含む。）が、自国の国内法に定める条件の範囲内で、国内的及び国際的に協力し及び情報を交換するための能力を有することを確保し、並びにそのために潜在的な資金洗浄に関する情報の収集、分析及び提供について自国の中心としての役割を果たす金融情報機関の設立を考慮すること。
2 締約国は、情報の適正な使用を確保するための保障を条件とし、かつ、合法的な資本の移動を何ら妨げることなく、現金及び適当な譲渡可能な証書の国境を越えた移動を探知し及び監視するための実行可能な措置をとることを考慮する。これらの措置には、相当な量の現金及び適当な譲渡可能な証書の国境を越える移送について報告することを個人及び企業に求めることを含めることができる。
3 締約国は、この条の規定に基づき国内の規制制度及び監督制度を設けるに当たり、他の条の規定の適用を妨げることなく、地域機関、地域間機関及び多数国間機関であって資金洗浄と戦うためのものが行った関係する提案を指針として使用するよう求められる。
4 締約国は、資金洗浄と戦うため、司法当局、法執行当局及び金融規制当局の間の世界的、地域的及び小地域的な協力並びに二国間の協力を発展させ及び促進するよう努める。

　　　第8条　腐敗行為の犯罪化
1 締約国は、故意に行われた次の行為を犯罪とするため、必要な立法その他の措置をとる。
 (a) 公務員に対し、当該公務員が公務の遂行に当たって行動し又は行動を差し控えることを目的

として、当該公務員自身、他の者又は団体のために不当な利益を直接又は間接に約束し、申し出又は供与すること。
  (b) 公務員が、自己の公務の遂行に当たって行動し又は行動を差し控えることを目的として、当該公務員自身、他の者又は団体のために不当な利益を直接又は間接に要求し又は受領すること。
2 締約国は、外国公務員又は国際公務員が関与する1に規定する行為を犯罪とするため、必要な立法その他の措置をとることを考慮する。締約国は、同様に、他の形態の腐敗行為を犯罪とすることを考慮する。
3 締約国は、また、この条の規定に従って定められる犯罪に加担する行為を犯罪とするために必要な措置をとる。
4 1及び次条の規定の適用上、「公務員」とは、その者が職務を遂行する締約国の国内法において定義され、かつ、当該締約国の刑事法の適用を受ける公務員その他の公的役務を提供する者をいう。

第9条　腐敗行為に対する措置

1 締約国は、前条に規定する措置に加え、適当なかつ自国の法制に適合する範囲内で、公務員の誠実性を高め並びに公務員の腐敗行為を防止し、探知し及び処罰するため、立法上、行政上その他の効果的な措置をとる。
2 締約国は、公務員の腐敗行為の防止、探知及び処罰について、自国の当局による効果的な活動を確保するための措置（当該当局の活動に対して不適当な影響が及ぼされることを抑止するために当該当局に十分な独立性を与えることを含む。）をとる。

第10条　法人の責任

1 締約国は、自国の法の原則に従い、組織的な犯罪集団が関与する重大な犯罪への参加並びに第5条、第6条、第8条及び第23条の規定に従って定められる犯罪について法人の責任を確立するために必要な措置をとる。
2 法人の責任は、締約国の法の原則に従って、刑事上、民事上又は行政上のものとすることができる。
3 法人の責任は、犯罪を行った自然人の刑事上の責任に影響を及ぼすものではない。
4 締約国は、特に、この条の規定に従って責任を負う法人に対し、効果的な、均衡のとれたかつ抑止力のある刑罰又は刑罰以外の制裁（金銭的制裁を含む。）が科されることを確保する。

第11条　訴追、裁判及び制裁

1 締約国は、第5条、第6条、第8条及び第23条の規定に従って定められる犯罪の実行につき、これらの犯罪の重大性を考慮した制裁を科する。
2 締約国は、この条約の対象となる犯罪を行った者の訴追に関する国内法における法律上の裁量的な権限が、これらの犯罪に関する法の執行が最大の効果を上げるように、かつ、これらの犯罪の実行を抑止することの必要性について妥当な考慮を払って、行使されることを確保するよう努める。
3 締約国は、第5条、第6条、第8条及び第23条の規定に従って定められる犯罪については、自国の国内法に従い、かつ、防御の権利に妥当な考慮を払って、裁判までの間又は上訴までの間に行われる釈放の決定に関連して課される条件においてその後の刑事手続への被告人の出頭を確保する必要性が考慮されることを確保するよう努めるため、適当な措置をとる。
4 締約国は、裁判所その他の権限のある当局が、この条約の対象となる犯罪について有罪とされた者の早期釈放又は仮釈放の可否を検討するに当たり、このような犯罪の重大性に留意することを確保する。

5　締約国は、適当な場合には、自国の国内法により、この条約の対象となる犯罪につき、公訴を提起することができる長期の出訴期間を定めるものとし、また、容疑者が裁判を逃れているときは、一層長期の期間を定める。

6　この条約のいかなる規定も、この条約に従って定められる犯罪並びに適用可能な法律上の犯罪阻却事由及び行為の合法性を規律する他の法的原則は締約国の国内法により定められるという原則並びにこれらの犯罪は締約国の国内法に従って訴追され及び処罰されるという原則に影響を及ぼすものではない。

第12条　没収及び押収

1　締約国は、次のものの没収を可能とするため、自国の国内法制において最大限度可能な範囲で必要な措置をとる。
　(a)　この条約の対象となる犯罪により生じた犯罪収益又はその収益に相当する価値を有する財産
　(b)　この条約の対象となる犯罪において、用い又は用いることを予定していた財産、装置又は他の道具

2　締約国は、1に規定するものを最終的に没収するために特定し、追跡し及び凍結し又は押収することができるようにするため、必要な措置をとる。

3　犯罪収益の一部又は全部が他の財産に変形し又は転換した場合には、当該犯罪収益に代えて当該他の財産につきこの条に規定する措置をとることができるものとする。

4　犯罪収益が合法的な出所から取得された財産と混同した場合には、凍結又は押収のいかなる権限も害されることなく、混同した当該犯罪収益の評価価値を限度として、混同が生じた財産を没収することができるものとする。

5　犯罪収益、犯罪収益が変形し若しくは転換した財産又は犯罪収益が混同した財産から生じた収入その他の利益については、犯罪収益と同様の方法により及び同様の限度において、この条に規定する措置をとることができるものとする。

6　この条及び次条の規定の適用上、締約国は、自国の裁判所その他の権限のある当局に対し、銀行、財務又は商取引の記録の提出又は押収を命令する権限を与える。締約国は、銀行による秘密の保持を理由としては、この6の規定に基づく行動をとることを拒否することができない。

7　締約国は、自国の国内法の原則及び司法その他の手続の性質に適合する範囲内で、犯人に対し、没収の対象となる疑いがある犯罪収益その他の財産の合法的な起源につき明らかにするよう要求することの可能性を検討することができる。

8　この条の規定は、善意の第三者の権利を害するものと解してはならない。

9　この条のいかなる規定も、この条に規定する措置が締約国の国内法に従って、かつ、これを条件として定められ及び実施されるという原則に影響を及ぼすものではない。

第13条　没収のための国際協力

1　締約国は、前条1に規定する犯罪収益、財産、装置又は他の道具が自国の領域内にある場合において、この条約の対象となる犯罪についての裁判権を有する他の締約国から没収の要請を受けたときは、自国の国内法制において最大限度可能な範囲で、次のいずれかの措置をとる。
　(a)　没収についての命令を得るため、当該要請を自国の権限のある当局に提出し、当該命令が出されたときは、これを執行すること。
　(b)　当該要請を行った締約国の領域内にある裁判所により出された前条1の規定に基づく没収についての命令が自国の領域内にある同条1に規定する犯罪収益、財産、装置又は他の道具に関するものであるときは、要請される範囲内で当該命令を執行するため、自国の権限のある当局にこれを提出すること。

2　締約国は、この条約の対象となる犯罪についての裁判権を有する他の締約国による要請を受け

た場合には、当該他の締約国又は1に規定する要請に従い自国が没収についての命令を最終的に出すために前条1に規定する犯罪収益、財産、装置又は他の道具を特定し、追跡し及び凍結し又は押収することができるようにするための措置をとる。
3　第18条の規定は、この条の規定を適用する場合について準用する。この条に規定する要請には、第18条15に規定する情報のほか、次の事項を含む。
　(a)　1(a)の規定に関する要請にあっては、没収されるべき財産についての記載及び当該要請を行った締約国が基礎とする事実であって、当該要請を受けた締約国がその国内法に従い命令を求めることを可能とするに足りるものの記述
　(b)　1(b)の規定に関する要請にあっては、当該要請を行った締約国が出した当該要請に係る没収についての命令の法律上認められる謄本、事実の記述及び命令の執行が要請される範囲に関する情報
　(c)　2の規定に関する要請にあっては、当該要請を行った締約国が基礎とする事実の記述及び要請する措置についての記載
4　1及び2に規定する処分又は行為は、要請を受けた締約国の国内法及び手続規則又は当該要請を受けた締約国を当該要請を行った締約国との関係において拘束する二国間若しくは多数国間の条約、協定若しくは取極に従って、かつ、これらを条件として行う。
5　締約国は、この条の規定を実施する自国の法令の写し及びその法令に変更があった場合にはその変更後の法令の写し又はこれらの説明書を国際連合事務総長に提出する。
6　関連する条約の存在を1及び2の措置をとるための条件とする締約国は、この条約を必要かつ十分な根拠となる条約として取り扱う。
7　締約国は、要請に係る犯罪がこの条約の対象となる犯罪でない場合には、この条の規定に基づく協力を拒否することができる。
8　この条の規定は、善意の第三者の権利を害するものと解してはならない。
9　締約国は、この条の規定に基づく国際協力の実効性を高めるため、二国間又は多数国間の条約、協定又は取極を締結することを考慮する。

第14条　没収した犯罪収益又は財産の処分
1　締約国が第12条又は前条1の規定に基づいて没収した犯罪収益又は財産は、当該締約国の国内法及び行政手続に従って処分する。
2　締約国は、前条の規定に基づく他の締約国の要請により行動する場合において、没収した犯罪収益又は財産を当該要請を行った締約国に返還するよう求められたときは、当該要請を行った締約国が犯罪の被害者に補償し又は当該犯罪収益若しくは財産をその正当な所有者に返還することができるようにするため、自国の国内法により認められる範囲内で、当該犯罪収益又は財産を当該要請を行った締約国に返還することを優先的に考慮する。
3　締約国は、前二条に規定する他の締約国の要請により行動する場合には、次のことについての協定又は取極を締結することを特に考慮することができる。
　(a)　没収した犯罪収益若しくは財産の価値、没収した犯罪収益若しくは財産の売却により生じた資金又はこれらの価値若しくは資金の一部を、第30条2(c)に規定する指定された口座に支払い、又は組織犯罪の防止に専ら取り組んでいる政府間機関に寄附すること。
　(b)　定期的に又は個々の場合に応じて、没収した犯罪収益若しくは財産又はこれらの売却により生じた資金を自国の国内法又は行政手続に従い他の締約国との間で配分すること。

第15条　裁判権
1　締約国は、次の場合において第5条、第6条、第8条及び第23条の規定に従って定められる犯罪についての自国の裁判権を設定するため、必要な措置をとる。

(a) 犯罪が自国の領域内で行われる場合
   (b) 犯罪が、当該犯罪の時に自国を旗国とする船舶内又は自国の法律により登録されている航空機内で行われる場合
2 締約国は、第四条の規定に従うことを条件として、次の場合において1に規定する犯罪についての自国の裁判権を設定することができる。
   (a) 犯罪が自国の国民に対して行われる場合
   (b) 犯罪が自国の国民又は自国の領域内に常居所を有する無国籍者によって行われる場合
   (c) 次の場合
      (i) 第5条1の規定に従って定められる犯罪が、重大な犯罪を自国の領域内において行うために、自国の領域外において行われる場合
      (ii) 第6条1(b)(ii)の規定に従って定められる犯罪が、同条1の(a)(i)若しくは(ii)又は(b)(i)の規定に従って定められる犯罪を自国の領域内において行うために、自国の領域外において行われる場合
3 次条10の規定の適用上、締約国は、容疑者が自国の領域内に所在し、かつ、容疑者が自国の国民であることのみを理由として当該容疑者の引渡しを行わない場合においては、この条約の対象となる犯罪についての自国の裁判権を設定するため、必要な措置をとる。
4 締約国は、容疑者が自国の領域内に所在し、かつ、当該容疑者の引渡しを行わない場合においては、この条約の対象となる犯罪についての自国の裁判権を設定するため、必要な措置をとることができる。
5 1又は2の規定に基づいて裁判権を行使する締約国が、一又は二以上の他の締約国が同一の行為に関して捜査、訴追又は司法手続を行っていることを通報され又はその他の方法で知った場合には、これらの締約国の権限のある当局は、それぞれの行動を調整するため、相互に適宜協議する。
6 この条約は、一般国際法の規範が適用される場合を除くほか、締約国が自国の国内法に従って設定した刑事裁判権の行使を排除するものではない。

　　　第16条　犯罪人引渡し
1 この条の規定は、第3条1(a)又は(b)に規定する犯罪であって組織的な犯罪集団が関与し、かつ、犯罪人引渡しの請求の対象となる者が当該請求を受けた締約国の領域内に所在するもの及びこの条約の対象となる犯罪について適用する。ただし、当該請求に係る犯罪が当該請求を行った締約国及び当該請求を受けた締約国の双方の国内法に基づいて刑を科することができる犯罪であることを条件とする。
2 犯罪人引渡しの請求が二以上の別個の重大な犯罪に係るものである場合において、これらの犯罪の一部についてこの条の規定が適用されないときは、当該請求を受けた締約国は、そのような犯罪についてもこの条の規定を適用することができる。
3 この条の規定の適用を受ける犯罪は、締約国間の現行の犯罪人引渡条約における引渡犯罪とみなされる。締約国は、相互間で将来締結されるすべての犯罪人引渡条約にこの条の規定の適用を受ける犯罪を引渡犯罪として含めることを約束する。
4 条約の存在を犯罪人引渡しの条件とする締約国は、自国との間に犯罪人引渡条約を締結していない他の締約国から犯罪人引渡しの請求を受けた場合には、この条約をこの条の規定の適用を受ける犯罪に関する犯罪人引渡しのための法的根拠とみなすことができる。
5 条約の存在を犯罪人引渡しの条件とする締約国は、次の措置をとる。
   (a) この条約の批准書、受諾書、承認書又は加入書の寄託の際に、国際連合事務総長に対し、この条約を他の締約国との間における犯罪人引渡しに関する協力のための法的根拠とするか否か

を通報すること。
　(b) この条約を犯罪人引渡しに関する協力のための法的根拠としない場合において、適当なときは、この条の規定を実施するため、他の締約国と犯罪人引渡しに関する条約を締結するよう努めること。
6　条約の存在を犯罪人引渡しの条件としない締約国は、相互間で、この条の規定の適用を受ける犯罪を引渡犯罪と認める。
7　犯罪人引渡しは、請求を受けた締約国の国内法に定める条件又は適用可能な犯罪人引渡条約に定める条件に従う。これらの条件には、特に、犯罪人引渡しのために最低限度必要とされる刑に関する条件及び請求を受けた締約国が犯罪人引渡しを拒否することができる理由を含む。
8　締約国は、自国の国内法に従うことを条件として、この条の規定の適用を受ける犯罪につき、犯罪人引渡手続を迅速に行うよう努めるものとし、また、この手続についての証拠に関する要件を簡易にするよう努める。
9　請求を受けた締約国は、状況が正当かつ緊急であると認められる場合において、当該請求を行った締約国の請求があるときは、自国の国内法及び犯罪人引渡条約に従うことを条件として、その引渡しが求められている自国の領域内に所在する者を抑留することその他犯罪人引渡手続へのその者の出頭を確保するための適当な措置をとることができる。
10　容疑者が自国の領域内において発見された締約国は、この条の規定の適用を受ける犯罪につき当該容疑者が自国の国民であることのみを理由として引渡しを行わない場合には、犯罪人引渡しの請求を行った締約国からの要請により、不当に遅滞することなく、訴追のため自国の権限のある当局に事件を付託する義務を負う。当該権限のある当局は、自国の国内法に規定する重大性を有する他の犯罪の場合と同様の方法で決定を行い、及び手続を実施する。関係締約国は、このような訴追の効率性を確保するため、特に手続及び証拠に係る側面に関して相互に協力する。
11　締約国は、自国の国内法が、引渡しの請求に係る裁判又は手続の結果科された刑に服するために自国の国民が自国に送還されるとの条件下においてのみ当該自国の国民の引渡しを認める場合において、当該引渡しの請求を行う締約国との間でそのような方法をとること及び他の適当と認める条件について合意するときは、そのような条件付の引渡しによって10に規定する義務を履行することができる。
12　請求を受けた締約国は、刑の執行を目的とする犯罪人引渡しをその引渡しの対象となる者が自国の国民であるという理由により拒否した場合において、当該請求を行った締約国からの申出があるときは、自国の国内法が認め、かつ、その法律の要件に適合する限りにおいて、当該請求を行った締約国の国内法に従って言い渡された刑又はその残余の執行について考慮する。
13　いずれの者も、自己につきこの条の規定の適用を受ける犯罪のいずれかに関して訴訟手続がとられている場合には、そのすべての段階において公正な取扱い（当該者が領域内に所在する締約国の国内法に定められたすべての権利及び保障の享受を含む。）を保障される。
14　この条約のいかなる規定も、犯罪人の引渡しの請求を受けた締約国が、性、人種、宗教、国籍、民族的出身若しくは政治的意見を理由として当該請求の対象となる者を訴追し若しくは処罰するために当該請求が行われたと信じ又は当該請求に応ずることにより当該者の地位がこれらの理由によって害されると信ずるに足りる実質的な根拠がある場合には、引渡しを行う義務を課するものと解してはならない。
15　締約国は、犯罪が財政上の問題にも関連すると考えられることのみを理由として、犯罪人引渡しの請求を拒否することはできない。
16　犯罪人引渡しの請求を受けた締約国は、その引渡しを拒否する前に、適当な場合には、請求を行った締約国がその意見を表明し及びその主張に関する情報を提出する機会を十分に与えるた

め、当該請求を行った締約国と協議する。
17　締約国は、犯罪人引渡しを行い又はその実効性を高めるための二国間又は多数国間の協定又は取極を締結するよう努める。

第17条　刑を言い渡された者の移送

　締約国は、この条約の対象となる犯罪につき拘禁刑その他の形態の自由を剥奪する刑を言い渡された者が自国の領域においてその刑を終えることを可能とするため、これらの者の自国の領域への移送に関する二国間又は多数国間の協定又は取極を締結することを考慮することができる。

第18条　法律上の相互援助

1　締約国は、第三条に規定するこの条約の対象となる犯罪に関する捜査、訴追及び司法手続において、最大限の法律上の援助を相互に与え、また、同条1(a)又は(b)に規定する犯罪が性質上国際的であり（当該犯罪の被害者、証人、収益、道具又は証拠が要請を受けた締約国内に所在する場合を含む。）、かつ、当該犯罪に組織的な犯罪集団が関与していると要請を行う締約国が疑うに足りる合理的な理由がある場合には、同様の援助を相互に与える。

2　法律上の相互援助は、要請を行う締約国において第十条の規定に基づいて法人が責任を負う可能性のある犯罪に関して行われる捜査、訴追及び司法手続について、要請を受けた締約国の関連する法律、条約、協定及び取極の下で、最大限度可能な範囲で与えられる。

3　この条の規定に従って与えられる法律上の相互援助については、次の事項のために要請することができる。
　(a)　供述の取得
　(b)　裁判上の文書の送達の実施
　(c)　捜索、押収及び凍結の実施
　(d)　物及び場所の見分
　(e)　情報、証拠物及び鑑定の提供
　(f)　関連する文書及び記録（政府、銀行、財務、法人又は業務の記録を含む。）の原本又は証明された謄本の提供
　(g)　証拠のための犯罪収益、財産及び道具その他の物の特定又は追跡
　(h)　要請を行った締約国において人が任意に出頭することの促進
　(i)　その他の種類の援助であって要請を受けた締約国の国内法に違反しないもの

4　締約国の権限のある当局は、刑事問題に関する情報が、他の締約国の権限のある当局が調査及び刑事手続を行い若しくはこれらを成功裡に完了させるための援助となり得るものであると信じ又は当該他の締約国がこの条約に基づいて援助の要請を行うことにつながり得るものであると信ずる場合には、事前の要請がないときでも、自国の国内法の範囲内で当該情報を当該他の締約国の権限のある当局に送付することができる。

5　4の規定に基づく情報の送付は、当該情報を提供する権限のある当局の国における調査及び刑事手続を妨げるものではない。当該情報を受領した権限のある当局は、当該情報を秘密とすること（一時的に秘密とすることを含む。）の要請又はその使用の制限に従う。ただし、このことは、情報を受領した締約国が自国の手続において被告人の無罪の立証に資するような情報を開示することを妨げるものではない。この場合において、情報を受領した締約国は、情報を送付した締約国に対し、その開示に先立って通報し、及び要請があったときは当該情報を送付した締約国と協議する。例外的に事前の通報が不可能であった場合には、情報を受領した締約国は、情報を送付した締約国に対し遅滞なくその開示について通報する。

6　この条の規定は、法律上の相互援助について全面的又は部分的に定める現行の又は将来締結される二国間又は多数国間の他の条約に基づく義務に影響を及ぼすものではない。

7　9から29までの規定は、関係締約国が法律上の相互援助に関する条約によって拘束されていない場合には、この条の規定に従って行われる要請について適用する。当該関係締約国がそのような条約によって拘束されている場合には、そのような条約の対応する規定は、当該関係締約国がこれらの規定に代えて9から29までの規定を適用することに合意する場合を除くほか、適用する。締約国は、9から29までの規定が協力を促進する場合には、これらの規定を適用することを強く奨励される。

8　締約国は、銀行による秘密の保持を理由としては、この条の規定に基づく法律上の相互援助を与えることを拒否することができない。

9　締約国は、双罰性が満たされないことを理由としてこの条の規定に基づく法律上の相互援助を与えることを拒否することができる。ただし、要請を受けた締約国は、適当と認める場合には、当該要請に係る行為が自国の国内法により犯罪を構成するか否かを問わず、その裁量により決定する範囲内で、援助を提供することができる。

10　一の締約国の領域内において拘禁され又は刑に服している者については、当該者が確認、証言その他援助であってこの条約の対象となる犯罪に関する捜査、訴追又は司法手続のための証拠の収集に係るものの提供のために他の締約国において出頭することが要請された場合において、次の条件が満たされるときは、移送することができる。
 (a) 当該者が事情を知らされた上で任意に同意を与えること。
 (b) 双方の締約国の権限のある当局がこれらの締約国の適当と認める条件に従って合意すること。

11　10の規定の適用上、
 (a) 10に規定する者が移送された締約国は、当該者を移送した締約国が別段の要請を行わず又は承認を与えない限り、移送された当該者を抑留する権限を有し及び義務を負う。
 (b) 10に規定する者が移送された締約国は、自国及び当該者を移送した締約国の双方の権限のある当局による事前又は別段の合意に従い、移送された当該者をその移送した締約国による抑留のために送還する義務を遅滞なく履行する。
 (c) 10に規定する者が移送された締約国は、当該者を移送した締約国に対し、当該者の送還のために犯罪人引渡手続を開始するよう要求してはならない。
 (d) 移送された者が移送された締約国において抑留された期間は、当該者を移送した国における当該者の刑期に算入する。

12　移送された者は、10及び11の規定に従って当該者を移送する締約国が同意しない限り、その国籍のいかんを問わず、当該者を移送した国の領域を出発する前の行為、不作為又は有罪判決につき、当該者が移送された国の領域内において、訴追されず、拘禁されず、処罰されず又は身体の自由についての他のいかなる制限も課されない。

13　締約国は、法律上の相互援助の要請を受領し及び当該要請を実施し又は当該要請をその実施のために権限のある当局に送付する責任及び権限を有する中央当局を指定する。締約国は、法律上の相互援助につき別個の制度を有する特別の地域又は領域を有する場合には、当該特別の地域又は領域に関し同じ任務を有する別個の中央当局を指定することができる。中央当局は、受領した要請の迅速かつ適切な実施又は送付を確保する。中央当局は、受領した要請をその実施のために権限のある当局に送付する場合には、その要請が当該権限のある当局によって迅速かつ適切に実施されるよう奨励する。締約国は、この条約の批准書、受諾書、承認書又は加入書を寄託する際に、指定した中央当局を国際連合事務総長に通報する。法律上の相互援助の要請及びこれに関連する連絡は、締約国が指定した中央当局に対して行う。この規定は、このような要請及び連絡が外交上の経路により又は緊急の状況において関係締約国が合意しかつ可能な場合には国際刑事警

察機構を通じて行われることを要求する締約国の権利を害するものではない。
14 要請は、当該要請を受けた締約国が受け入れることができる言語による書面又は可能な場合には文書による記録を作成することのできる手段により、当該締約国がその真正を確認することができる条件の下で行う。締約国は、この条約の批准書、受諾書、承認書又は加入書を寄託する際に、自国が受け入れることができる一又は二以上の言語を国際連合事務総長に通報する。緊急の状況において関係締約国が合意する場合には、要請は、口頭によって行うことができるが、直ちに書面によって確認する。
15 法律上の相互援助の要請には、次の事項を含む。
  (a) 要請を行う当局の特定
  (b) 要請に係る捜査、訴追又は司法手続の対象及びその性質並びにこれらの捜査、訴追又は司法手続を行う当局の名称及び任務
  (c) 関連する事実の概要（裁判上の文書の送達のための要請の場合を除く。）
  (d) 要請する援助についての記載及び要請を行った締約国がとられることを希望する特別の手続の詳細
  (e) 可能な場合には、関係者の特定、居所及び国籍
  (f) 証拠、情報又は措置が求められる目的
16 要請を受けた締約国は、追加の情報が自国の国内法に従って当該要請を実施するために必要と認める場合又は追加の情報が当該要請の実施を容易にすることができる場合には、当該追加の情報を求めることができる。
17 要請は、当該要請を受けた締約国の国内法に従って実施し、並びに当該締約国の国内法に違反しない範囲内で及び可能な場合には当該要請において明示された手続に従って実施する。
18 一の締約国の司法当局が他の締約国の領域内に所在する個人を証人又は専門家として尋問する必要がある場合において、当該個人が当該一の締約国の領域に直接出頭することが不可能であるか又は望ましくないときは、当該個人がその領域内に所在する当該他の締約国は、当該一の締約国の要請により、可能な限り、かつ、自国の国内法の基本原則に従って、ビデオ会議によって尋問を行うことを認めることができる。締約国は、要請を行った締約国の司法当局が尋問を実施し及び要請を受けた締約国の司法当局がこれに立ち会うことを合意することができる。
19 要請を行った締約国は、当該要請を受けた締約国が提供した情報又は証拠を、当該要請を受けた締約国の事前の同意なしに、当該要請において明記された捜査、訴追又は司法手続以外のもののために送付してはならず、又は利用してはならない。この19の規定は、要請を行った締約国が自国の手続において被告人の無罪の立証に資するような情報又は証拠を開示することを妨げるものではない。この場合において、要請を行った締約国は、要請を受けた締約国に対してその開示に先立って通報し、及び要請があったときは当該要請を受けた締約国と協議する。例外的に事前の通報が不可能であった場合には、要請を行った締約国は、要請を受けた締約国に対し遅滞なくその開示について通報する。
20 要請を行った締約国は、当該要請を受けた締約国が当該要請の実施に必要な範囲を除くほか当該要請の事実及び内容を秘密のものとして取り扱うことを求めることができる。当該要請を受けた締約国が秘密のものとして取り扱うことができない場合には、当該要請を受けた締約国は、速やかにその旨を当該要請を行った締約国に通報する。
21 法律上の相互援助については、次の場合には、拒否することができる。
  (a) 要請がこの条の規定に従って行われていない場合
  (b) 要請を受けた締約国が当該要請の実施により自国の主権、安全、公の秩序その他の重要な利益を害されるおそれがあると認める場合

(c) 要請を受けた締約国の当局が、当該要請に係る犯罪と同様の犯罪について捜査、訴追又は司法手続が当該当局の管轄内において行われているとした場合において、要請された措置をとることを自国の国内法により禁止されているとき。
(d) 要請を受け入れることが当該要請を受けた締約国の法律上の相互援助に関する法制に違反することとなる場合

22 締約国は、犯罪が財政上の問題にも関連すると考えられることのみを理由として、法律上の相互援助の要請を拒否することはできない。

23 法律上の相互援助を拒否する場合には、その理由を示さなければならない。

24 法律上の相互援助の要請を受けた締約国は、当該要請を可能な限り速やかに実施し、及び要請を行った締約国が理由を付して示す期限(その理由は当該要請において示されることが望ましい。)について、可能な限り十分に考慮する。要請を受けた締約国は、要請を行った締約国による当該要請の取扱いの進展についての合理的な要望に応ずる。要請された援助が必要でなくなった場合には、要請を行った締約国は、要請を受けた締約国に速やかに通報する。

25 要請を受けた締約国は、進行中の捜査、訴追又は司法手続が法律上の相互援助により妨げられることを理由として、その援助を延期することができる。

26 要請を受けた締約国は、21の規定に基づいて要請を拒否し又は25の規定に基づいて要請の実施を延期する前に、自国が必要と認める条件に従って援助を行うか否かについて検討するために当該要請を行った締約国と協議する。当該要請を行った締約国は、当該条件に従って援助を受ける場合には、その条件に従う。

27 12の規定の適用を妨げることなく、要請を行った締約国の当該要請に基づき当該要請を行った締約国の領域内で司法手続において証言を行い又は捜査、訴追若しくは司法手続に協力することに同意する証人、専門家その他の者は、当該要請を受けた締約国の領域を出発する前の行為、不作為又は有罪判決につき、当該要請を行った締約国の領域において訴追されず、拘禁されず、処罰されず又は身体の自由についての他のいかなる制限も課されない。このような保証措置は、当該証人、専門家その他の者が、当該要請を行った締約国の司法当局により出頭することを要求されなくなったことを公式に伝えられた日から引き続く十五日の期間(当該両締約国が合意する期間がある場合には、その期間)内において当該要請を行った締約国の領域から離れる機会を有していたにもかかわらず当該要請を行った締約国の領域内に任意に滞在していたときにあっては当該期間が満了した時に又は当該領域から離れた後自己の自由意思で当該領域に戻ってきたときにあってはその時に、それぞれ終了する。

28 要請の実施に要する通常の費用は、関係締約国間において別段の合意がある場合を除くほか、当該要請を受けた締約国が負担する。要請を実施するために高額な経費又は特別の性質の経費が必要であり又は必要となる場合には、関係締約国は、当該要請を実施する条件及び費用の負担の方法を決定するために協議する。

29 要請を受けた締約国は、
(a) 自国が保有する政府の記録文書、文書又は情報であって自国の国内法上公衆が入手することができるものの写しを要請を行った締約国に提供する。
(b) 裁量により、自国が保有する政府の記録文書、文書又は情報であって自国の国内法上公衆が入手することができないものの写しの全部又は一部を適当と認める条件に従い要請を行った締約国に提供することができる。

30 締約国は、必要な場合には、この条の規定の目的に寄与し、この条の規定を実際に実施し又はこの条の規定の効果を高めるための二国間又は多数国間の協定又は取極の締結の可能性を考慮する。

第19条 共同捜査

締約国は、一又は二以上の国において捜査、訴追又は司法手続の対象となる事項に関し、関係を有する権限のある当局が共同捜査班を設けることができることを定める二国間又は多数国間の協定又は取極を締結することを考慮する。このような協定又は取極がない場合には、共同捜査は、個々にその事例に応じて合意によって行うことができる。関係締約国は、領域内において共同捜査が行われる締約国の主権が十分に尊重されることを確保する。

第20条 特別な捜査方法

1　締約国は、自国の国内法制の基本原則によって認められる場合には、組織犯罪と効果的に戦うために、自国の権限のある当局による自国の領域内における監視付移転の適当な利用及び適当と認める場合には電子的その他の形態の監視、潜入して行う捜査等の特別な捜査方法の利用ができるように、可能な範囲内で、かつ、自国の国内法により定められる条件の下で、必要な措置をとる。

2　締約国は、この条約の対象となる犯罪を捜査するため、必要な場合には、国際的な協力において1に規定する特別な捜査方法を利用するための適当な二国間又は多数国間の協定又は取極を締結することを奨励される。このような協定又は取極は、国の主権平等の原則を完全に遵守して締結され及び実施されなければならず、かつ、当該協定又は取極に定める条件に厳格に従って実施されなければならない。

3　2に規定する協定又は取極がない場合には、1に規定する特別な捜査方法を国際的に利用することの決定は、個々にその事例に応じて行うものとし、また、必要な場合には、その決定に当たり、財政上の取極及び関係締約国の裁判権の行使に関する了解を考慮することができる。

4　監視付移転を国際的に利用することの決定には、関係締約国の同意の下に、物品を差し止めた上で、当該物品をそのままにして又はその全部若しくは一部を抜き取って若しくは差し換えて、当該物品が引き続き送付されることを認めること等の方法を含めることができる。

第21条 刑事手続の移管

締約国は、裁判の正当な運営の利益になると認める場合、特に二以上の裁判権が関係している場合には、訴追を集中させるために、この条約の対象となる犯罪の訴追のための手続を相互に移管することの可能性を考慮する。

第22条 犯罪記録の作成

締約国は、この条約の対象となる犯罪に関する刑事手続において利用することを目的として、適当と認める条件の下でかつ適当と認める目的のため、他の国における容疑者の過去の有罪判決を考慮するための必要な立法その他の措置をとることができる。

第23条 司法妨害の犯罪化

締約国は、故意に行われた次の行為を犯罪とするため、必要な立法その他の措置をとる。

(a) この条約の対象となる犯罪に関する手続において虚偽の証言をさせるために、又は証言すること若しくは証拠を提出することを妨害するために、暴行を加え、脅迫し若しくは威嚇し又は不当な利益を約束し、申し出若しくは供与すること。

(b) 裁判官又は法執行の職員によるこの条約の対象となる犯罪に関する公務の遂行を妨害するために、暴行を加え、脅迫し又は威嚇すること。前段の規定は、締約国が裁判官及び法執行の職員以外の公務員を保護する法律を定めることを妨げるものではない。

第24条 証人の保護

1　締約国は、その有する手段の範囲内で、この条約の対象となる犯罪に関する刑事手続において証言する証人及び適当な場合にはその親族その他密接な関係を有する者について、生じ得る報復又は威嚇からその者を効果的に保護するため、適当な措置をとる。

2　1に規定する措置には、被告人の権利（適正な手続についての権利を含む。）に影響を及ぼすことなく、特に次のことを含めることができる。
　(a)　1に規定する者の身体の保護のための手続を定めること。例えば、必要かつ実行可能な範囲内で、当該者の居所を移転し、又は適当な場合にはその身元及び所在に関する情報を開示せず若しくは開示を制限することを認めること。
　(b)　証人の安全を確保する方法で証人が証言することを認めるための証拠に関する規則を定めること。例えば、ビデオリンク等の通信技術その他の適当な手段の利用を通じて証言することを認めること。
3　締約国は、1に規定する者の居所の移転に関し、他の国と協定又は取極を締結することを考慮する。
4　この条の規定は、被害者に対しても、当該者が証人である限りにおいて適用する。
　　　　第25条　被害者に対する援助及び保護の提供
1　締約国は、その有する手段の範囲内で、この条約の対象となる犯罪の被害者に対し、特に報復又は威嚇のおそれがある場合には、援助及び保護を与えるための適当な措置をとる。
2　締約国は、この条約の対象となる犯罪の被害者が損害賠償及び原状回復を受けられるよう適当な手続を定める。
3　締約国は、自国の国内法に従うことを条件として、防御の権利を害しない方法で被害者の意見及び懸念が犯人に対する刑事手続の適当な段階において表明され及び考慮されることを可能とする。
　　　　第26条　法執行当局との協力を促進するための措置
1　締約国は、組織的な犯罪集団に参加している者又は参加した者に対して次のことを奨励するための適当な措置をとる。
　(a)　権限のある当局にとって捜査及び立証のために有用な情報で次のような事項に関するものを提供すること。
　　(i)　組織的な犯罪集団の特定、性格、構成、組織、所在地又は活動
　　(ii)　他の組織的な犯罪集団との連携（国際的な連携を含む。）
　　(iii)　組織的な犯罪集団が行った又は行う可能性のある犯罪
　(b)　事実に基づく具体的な援助であって組織的な犯罪集団から資源又は犯罪収益を剥奪することに貢献し得るものを権限のある当局に提供すること。
2　締約国は、適当な場合には、この条約の対象となる犯罪の捜査又は訴追において実質的に協力する被告人の処罰を軽減することを可能とすることについて考慮する。
3　締約国は、自国の国内法の基本原則に従い、この条約の対象となる犯罪の捜査又は訴追において実質的に協力する者の訴追を免除することを可能とすることについて考慮する。
4　2及び3に規定する者の保護については、第24条に定めるところに従う。
5　1に規定する者であって一の締約国に所在するものが他の締約国の権限のある当局に実質的に協力することができる場合には、関係締約国は、自国の国内法に従い、当該他の締約国が当該者について2及び3に規定する取扱いを行うことの可能性に関する協定又は取極を締結することを考慮することができる。
　　　　第27条　法執行のための協力
1　締約国は、自国の法律上及び行政上の制度に従い、この条約の対象となる犯罪と戦うための法執行の活動の実効性を高めるため相互にかつ緊密に協力する。締約国は、特に次のことのための効果的な措置をとる。
　(a)　この条約の対象となる犯罪のすべての部面（自国が適当と認める場合には、他の犯罪活動と

の関連を含む。）に関する情報の確実かつ迅速な交換を促進するため、権限のある当局、機関及び部局の相互間の連絡の経路を強化し、並びに必要なときはこれを設けること。
(b) この条約の対象となる犯罪について次の事項に関して調査するに当たり、他の締約国と協力すること。
  (i) 当該犯罪にかかわっていると疑われる者の特定、所在及び活動又は他の関係者の所在
  (ii) 当該犯罪の実行により生じた犯罪収益又は財産の移動
  (iii) 当該犯罪の実行に用い又は用いようとした財産、装置又は他の道具の移動
(c) 適当な場合には、分析又は捜査のために必要な物品又は必要な量の物質を提供すること。
(d) 権限のある当局、機関及び部局の相互間の効果的な調整を促進し、並びに職員その他の専門家の交換（関係締約国間の二国間の協定又は取極に従うことを条件として、連絡員の配置を含む。）を推進すること。
(e) 組織的な犯罪集団によって使用される特定の手段及び方法（適当な場合には、虚偽の身元関係事項、変造され若しくは偽造された文書又は当該犯罪集団の活動を隠匿する他の手段の利用並びに経路及び輸送手段を含む。）について他の締約国と情報を交換すること。
(f) この条約の対象となる犯罪の早期発見のために情報を交換し、及び適宜とられる行政上その他の措置について調整すること。
2 締約国は、この条約を実施するため、それぞれの法執行機関の間で直接協力することに関する二国間又は多数国間の協定又は取極の締結を考慮し、このような協定又は取極が既に存在する場合には、これらの改正を考慮する。締約国は、関係締約国間にこのような協定又は取極がない場合には、この条約の対象となる犯罪に関し、この条約を法執行に関する相互の協力の根拠とみなすことができる。締約国は、適当な場合には、それぞれの法執行機関の間の協力を促進するため、協定又は取極（国際機関又は地域機関を含む。）を十分に利用する。
3 締約国は、最新の技術を利用して行われる国際的な組織犯罪に対応するため、その有する手段の範囲内で協力するよう努める。

　　　第28条　組織犯罪の性質に関する情報の収集、交換及び分析
1 締約国は、科学界及び学界の協力を得て、自国の領域内における組織犯罪の傾向、組織犯罪が行われる事情並びに組織犯罪に関係する専門的団体及び技術を分析することを考慮する。
2 締約国は、相互に又は国際機関及び地域機関を通じて、組織的な犯罪活動に関する分析についての専門知識を発展させかつ共有することを考慮する。この目的のために、共通の定義、基準及び方法を適宜定め及び適用すべきである。
3 締約国は、組織犯罪と戦うための自国の政策及び実際にとられる措置を監視し並びにこれらの政策及び措置の実効性及び効率性を評価することを考慮する。

　　　第29条　訓練及び技術援助
1 締約国は、必要な範囲内で、自国の法執行の職員（検察官、捜査を行う治安判事及び税関職員を含む。）並びにこの条約の対象となる犯罪の防止、探知及び取締りの任務を課された他の職員のための特別な訓練計画を開始し、発展させ又は改善する。その訓練計画には、職員の派遣及び交流を含めることができる。その訓練計画には、国内法により認められる範囲内で特に次の事項を含む。
(a) この条約の対象となる犯罪の防止、探知及び取締りに用いられる方法
(b) この条約の対象となる犯罪にかかわっていると疑われる者が用いる経路及び技術（通過国におけるものを含む。）並びにこれらへの適当な対策
(c) 禁制品の移動の監視
(d) 犯罪収益、財産、装置又は他の道具の移動の探知及び監視、そのような収益、財産、装置又

は他の道具の移転、隠匿又は偽装に用いられる方法並びに資金洗浄その他金融に係る犯罪と戦うために用いられる方法
 (e) 証拠の収集
 (f) 自由貿易地帯及び自由港における統制の技術
 (g) 法執行の最新の装置及び技術（電子的な監視、監視付移転及び潜入して行う捜査を含む。）
 (h) コンピュータ、電気通信網及びその他の形態の最新の技術を利用して行われる国際的な組織犯罪と戦うために用いられる方法
 (i) 被害者及び証人を保護するために用いられる方法
2　締約国は、1に規定する分野における専門知識を共有するための調査計画及び訓練計画を作成し及び実施するため相互に援助し、このため、適当な場合には、協力を推進し及び相互に関心のある問題（通過国にとっての特殊な問題及び必要な事項を含む。）についての討論を奨励するために地域的及び国際的な会議及びセミナーを利用する。
3　締約国は、犯罪人引渡し及び法律上の相互援助を促進する訓練及び技術援助を推進する。このような訓練及び技術援助には、語学訓練並びに中央当局又は関連する任務を有する機関の間での職員の派遣及び交流を含めることができる。
4　締約国は、二国間及び多数国間の協定又は取極が既に存在する場合には、必要な範囲内で、実務上及び訓練上の活動であって、国際機関及び地域機関におけるもの並びに他の関連する二国間及び多数国間の協定又は取極に基づくものを最大限にするための努力を強化する。

　　　第30条　その他の措置（経済的な発展及び技術援助を通じたこの条約の実施）

1　締約国は、組織犯罪が社会一般、特に持続的な発展に及ぼす悪影響を考慮し、国際協力を通じ、可能な範囲内で、この条約の最も適当な実施に貢献する措置をとる。
2　締約国は、相互に並びに国際機関及び地域機関と調整の上、可能な範囲内で次の事項のために具体的な努力を払う。
 (a) 国際的な組織犯罪を防止し及びこれと戦うための開発途上国の能力を強化するため、様々なレベルにおける開発途上国との間の協力を促進すること。
 (b) 国際的な組織犯罪と効果的に戦うための開発途上国の努力を支援し及び開発途上国がこの条約を成功裡に実施することを援助するため、財政的及び物質的な援助を促進すること。
 (c) 開発途上国及び移行経済国がこの条約を実施する上での必要性を満たすことができるよう援助するため、これらの国に技術援助を与えること。このため、締約国は、国際連合の資金調達の仕組みにおけるこの目的のために特に指定された口座に十分かつ定期的に任意の拠出を行うよう努める。また、締約国は、自国の国内法及びこの条約に従い、この条約に従って没収された金銭又は犯罪収益若しくは財産の価額の一定の割合を当該口座に拠出することを特に考慮することができる。
 (d) 他の国及び金融機関に対し、締約国がこの条の規定の下で行う努力に参加すること（特に、開発途上国がこの条約の目的を達成することを援助するためにより多くの訓練計画及び最新の装置を開発途上国に提供すること）を適宜奨励し及び説得すること。
3　この条に規定する措置は、可能な限り、現行の対外援助の約束及びその他の資金協力に関する二国間の、地域的な又は国際的な取極に影響を及ぼさないようなものとする。
4　締約国は、この条約に定める国際協力の手段を効果的なものとするため並びに国際的な組織犯罪の防止、探知及び取締りのため必要な財政上の取極を考慮に入れて、物的援助及び業務上の援助に関する二国間又は多数国間の協定又は取極を締結することができる。

　　　第31条　防止

1　締約国は、国際的な組織犯罪の防止のため、国内の事業計画を作成し及び評価し並びに最善の

措置及び政策を策定し及び推進するよう努める。
2 締約国は、自国の国内法の基本原則に従い、適当な立法上、行政上その他の措置を通じて、組織的な犯罪集団が犯罪収益を用いて合法的な市場に参加する現在及び将来の機会を減少させるよう努める。これらの措置は、次のものに焦点を合わせるべきである。
  (a) 法執行機関又は検察官と関連する民間の団体(産業界を含む。)との間の協力の強化
  (b) 公的団体及び関連する民間の団体の誠実性を保障するための基準及び手続並びに関連する職業、特に、弁護士、公証人、税理士及び会計士のための行動規範の作成の促進
  (c) 公の当局が行う入札手続並びに公の当局が商業活動のために交付する補助金及び免許を組織的な犯罪集団が悪用することの防止
  (d) 組織的な犯罪集団による法人の悪用の防止。そのための措置には、次のものを含めることができる。
    (i) 法人の設立、管理及び資金調達に関与する法人及び自然人についての公的な記録の作成
    (ii) 裁判所の命令又は適当な手段により、この条約の対象となる犯罪について有罪とされた者から、自国の管轄内に設立された法人の役員として活動する資格を合理的な期間にわたって剥奪することを可能とすること。
    (iii) 法人の役員として活動する資格を剥奪された者に関する国の記録の作成
    (iv) 他の締約国の権限のある当局との間における(i)及び(iii)に規定する記録に含まれる情報の交換
3 締約国は、この条約の対象となる犯罪について有罪とされた者の社会復帰を促進するよう努める。
4 締約国は、組織的な犯罪集団により悪用されやすい点を探知するため、現行の関連する法的文書及び行政措置を定期的に評価するよう努める。
5 締約国は、国際的な組織犯罪の存在、原因及び重大性並びに国際的な組織犯罪によってもたらされる脅威に関する啓発の促進に努める。締約国は、適当な場合には、マスメディアを通じて情報を普及させることができるものとし、当該情報には、国際的な組織犯罪の防止及びこれとの戦いへの公衆の参加を促進するための措置を含むものとする。
6 締約国は、他の締約国が国際的な組織犯罪を防止するための措置を開発するに当たり援助することができる自国の当局の名称及び所在地を国際連合事務総長に通報する。
7 締約国は、適当な場合には、相互に並びに関連する国際機関及び地域機関と協力して、この条に規定する措置を推進し及び開発する。この協力には、国際的な組織犯罪の防止（例えば、社会的に疎外された集団を国際的な組織犯罪の行為の害を受けやすいものとしている状況を改善することによるもの）を目的とする国際的な事業計画への参加を含む。

　　　　第32条　締約国会議
1 この条約により、国際的な組織犯罪と戦う締約国の能力を向上させるため並びにこの条約の実施を促進し及び検討するため締約国会議を設置する。
2 国際連合事務総長は、この条約の効力発生の後一年以内に締約国会議を招集する。締約国会議は、手続規則並びに3及び4に規定する活動を規律するための規則（これらの活動に要する経費の支払に関する規則を含む。）を採択する。
3 締約国会議は、1に規定する目的を達成するための仕組みについて合意する。この仕組みには、次のことを含む。
  (a) 第29条から前条までに規定する締約国の活動を促進すること（任意の拠出の調達を促進することによるものを含む。）。
  (b) 国際的な組織犯罪の形態及び傾向並びに国際的な組織犯罪との戦いにおいて成功した措置に

関する締約国間の情報の交換を促進すること。
 (c) 関連する国際機関、地域機関及び非政府機関と協力すること。
 (d) この条約の実施状況を定期的に検討すること。
 (e) この条約及びその実施の改善のための勧告を行うこと。
4 3(d)及び(e)の規定の適用上、締約国会議は、締約国が提供する情報及び締約国会議が設ける補足的な検討の仕組みを通じて、この条約の実施に当たり締約国がとった措置及びその際に直面した困難に関する必要な知識を得る。
5 締約国は、締約国会議から要請があったときは、この条約を実施するための計画及び実行並びに立法上及び行政上の措置に関する情報を締約国会議に提供する。

第33条 事務局

1 国際連合事務総長は、締約国会議のために必要な事務局の役務を提供する。
2 事務局は、次の任務を遂行する。
 (a) 締約国会議が前条に規定する活動を行うに当たり、締約国会議を補佐し、その会合を準備し、及びこれに必要な役務を提供すること。
 (b) 締約国が前条5に規定する締約国会議への情報の提供を行う際に、要請により、当該締約国を補佐すること。
 (c) 関連する国際機関及び地域機関の事務局と必要な調整を行うこと。

第34条 条約の実施

1 締約国は、この条約に定める義務の履行を確保するため、自国の国内法の基本原則に従って、必要な措置（立法上及び行政上の措置を含む。）をとる。
2 第5条、第6条、第8条及び第23条の規定に従って定められる犯罪については、各締約国の国内法において、第3条1に定める国際的な性質又は組織的な犯罪集団の関与とは関係なく定める。ただし、第5条の規定により組織的な犯罪集団の関与が要求される場合は、この限りでない。
3 締約国は、国際的な組織犯罪を防止し及びこれと戦うため、この条約に定める措置よりも精細な又は厳しい措置をとることができる。

第35条 紛争の解決

1 締約国は、この条約の解釈又は適用に関する紛争を交渉によって解決するよう努める。
2 この条約の解釈又は適用に関する締約国間の紛争で交渉によって合理的な期間内に解決することができないものは、いずれかの紛争当事国の要請により、仲裁に付される。仲裁の要請の日の後六箇月で仲裁の組織について紛争当事国が合意に達しない場合には、いずれの紛争当事国も、国際司法裁判所規程に従って国際司法裁判所に紛争を付託することができる。
3 締約国は、この条約の署名、批准、受諾若しくは承認又はこの条約への加入の際に、2の規定に拘束されない旨を宣言することができる。他の締約国は、そのような留保を付した締約国との関係において2の規定に拘束されない。
4 3の規定に基づいて留保を付した締約国は、国際連合事務総長に対する通告により、いつでもその留保を撤回することができる。

第36条 署名、批准、受諾、承認及び加入

1 この条約は、二千年十二月十二日から十五日まではイタリアのパレルモにおいて、その後は、二千二年十二月十二日までニューヨークにある国際連合本部において、すべての国による署名のために開放しておく。
2 この条約は、また、地域的な経済統合のための機関の構成国のうち少なくとも一の国が1の規定に従ってこの条約に署名していることを条件として、当該機関による署名のために開放してお

く。
3 この条約は、批准され、受諾され又は承認されなければならない。批准書、受諾書又は承認書は、国際連合事務総長に寄託する。地域的な経済統合のための機関は、その構成国のうち少なくとも一の国が批准書、受諾書又は承認書を寄託している場合には、当該機関の批准書、受諾書又は承認書を寄託することができる。当該機関は、当該批准書、受諾書又は承認書において、この条約の規律する事項に関する自己の権限の範囲を宣言する。また、当該機関は、自己の権限の範囲の変更で関連するものを寄託者に通報する。
4 この条約は、すべての国又は地域的な経済統合のための機関であってその構成国のうち少なくとも一の国がこの条約の締約国であるものによる加入のために開放しておく。加入書は、国際連合事務総長に寄託する。地域的な経済統合のための機関は、その加入の際に、この条約の規律する事項に関する自己の権限の範囲を宣言する。また、当該機関は、自己の権限の範囲の変更で関連するものを寄託者に通報する。

第37条 議定書との関係

1 この条約は、一又は二以上の議定書により補足することができる。
2 国又は地域的な経済統合のための機関は、議定書の締約国となるためにこの条約の締約国でなければならない。
3 この条約の締約国は、議定書に従ってその締約国とならない限り、当該議定書によって拘束されない。
4 この条約の議定書は、その目的を考慮しつつ、この条約とともに解釈される。

第38条 効力発生

1 この条約は、四十番目の批准書、受諾書、承認書又は加入書が寄託された日の後九十日目の日に効力を生ずる。この1の規定の適用上、地域的な経済統合のための機関によって寄託される文書は、当該機関の構成国によって寄託されたものに追加して数えてはならない。
2 四十番目の批准書、受諾書、承認書又は加入書が寄託された後にこの条約を批准し、受諾し、承認し又はこれに加入する国又は地域的な経済統合のための機関については、この条約は、当該国又は地域的な経済統合のための機関によりこれらの文書が寄託された日の後三十日目の日に効力を生ずる。

第39条 改正

1 締約国は、この条約の効力発生から五年を経過した後は、改正を提案し及び改正案を国際連合事務総長に提出することができる。同事務総長は、直ちに、締約国及び締約国会議に対し、改正案をその審議及び決定のために送付する。締約国会議は、各改正案につき、コンセンサス方式により合意に達するようあらゆる努力を払う。コンセンサスのためのあらゆる努力にもかかわらず合意に達しない場合には、改正案は、その採択のため、最後の解決手段として、締約国会議の会合に出席しかつ投票する締約国の三分の二以上の多数による議決を必要とする。
2 地域的な経済統合のための機関は、その権限の範囲内の事項について、この条約の締約国であるその構成国の数と同数の票を投票する権利を行使する。当該機関は、その構成国が自国の投票権を行使する場合には、投票権を行使してはならない。その逆の場合も、同様とする。
3 1の規定に従って採択された改正は、締約国によって批准され、受諾され又は承認されなければならない。
4 1の規定に従って採択された改正は、締約国が国際連合事務総長に当該改正の批准書、受諾書又は承認書を寄託した日の後九十日で当該締約国について効力を生ずる。
5 改正は、効力を生じたときは、その改正に拘束されることについての同意を表明した締約国を拘束する。他の締約国は、改正前のこの条約の規定（批准し、受諾し又は承認した従前の改正を

含む。）により引き続き拘束される。
　　　　第40条　廃棄
1　締約国は、国際連合事務総長に対して書面による通告を行うことにより、この条約を廃棄することができる。廃棄は、同事務総長がその通告を受領した日の後一年で効力を生ずる。
2　地域的な経済統合のための機関は、当該機関のすべての構成国がこの条約を廃棄した場合には、この条約の締約国でなくなる。
3　1の規定に従って行われたこの条約の廃棄は、この条約の議定書の廃棄を伴う。
　　　　第41条　寄託者及び言語
1　国際連合事務総長は、この条約の寄託者に指定される。
2　アラビア語、中国語、英語、フランス語、ロシア語及びスペイン語をひとしく正文とするこの条約の原本は、国際連合事務総長に寄託する。

485

【資料】国際的な組織犯罪の防止に関する国際連合条約を補足する人（特に女性及び児童）の取引を防止し、抑止及び処罰するための議定書

(平成29年7月14日条約第22号)

前文

この議定書の締約国は、

人（特に女性及び児童）の取引を防止し、及びこれと戦うための効果的な行動が、そのような取引を防止し、そのような取引を行う者を処罰し、及びそのような取引を被害者を保護するための措置（そのような被害者の国際的に認められた人権を保護することによるものを含む。）を含む包括的かつ国際的な取組を被害者が所在していた国、通過する国及び目的地である国において必要とすることを宣言し、

人、特に女性及び児童に対する搾取と戦うための規則及び実際的な措置を含む種々の国際文書が存在するにもかかわらず、人身取引のあらゆる側面を取り扱う普遍的な文書が存在しないという事実を考慮し、

そのような文書が存在しない場合には、人身取引の被害を受けやすい者が十分に保護されないことを憂慮し、

国際連合総会が、国際的な組織犯罪の防止に関する包括的な国際条約を作成すること並びに特に女性及び児童の取引を取り扱う国際文書の作成について討議することを目的とする政府間特別委員会（すべての国が参加することができるもの）を設置することを決定した千九百九十八年十二月九日の国際連合総会決議第百十一号（第五十三回会期）を想起し、

人（特に女性及び児童）の取引を防止し、抑止し、及び処罰するための国際文書により国際的な組織犯罪の防止に関する国際連合条約を補足することは、そのような犯罪を防止し、及びこれと戦うために有益であると確信して、

次のとおり協定した。

Ⅰ　一般規定

第1条　国際的な組織犯罪の防止に関する国際連合条約との関係

1　この議定書は、国際的な組織犯罪の防止に関する国際連合条約を補足するものであり、同条約とともに解釈される。

2　同条約の規定は、この議定書に別段の定めがある場合を除くほか、この議定書について準用する。

3　第5条の規定に従って定められる犯罪は、同条約に従って定められる犯罪とみなす。

第2条　目的

この議定書は、次のことを目的とする。

(a)　女性及び児童に特別の考慮を払いつつ、人身取引を防止し、及びこれと戦うこと。

(b)　人身取引の被害者の人権を十分に尊重しつつ、これらの者を保護し、及び援助すること。

(c)　(a)及び(b)に規定する目的を実現するため、締約国間の協力を促進すること。

第3条　用語

この議定書の適用上、

(a)　「人身取引」とは、搾取の目的で、暴力その他の形態の強制力による脅迫若しくはその行使、誘拐、詐詐欺、欺もう、権力の濫用若しくはぜい弱な立場に乗ずること又は他の者を支配下に置く者の同意を得る目的で行われる金銭若しくは利益の授受の手段を用いて、人を獲得し、輸送し、引き渡し、蔵匿し、又は収受することをいう。搾取には、少なくとも、他の者を売春させて搾取することその他の形態の性的搾取、強制的な労働若しくは役務の提供、奴隷化

若しくはこれに類する行為、隷属又は臓器の摘出を含める。
(b) (a)に規定する手段が用いられた場合には、人身取引の被害者が(a)に規定する搾取について同意しているか否かを問わない。
(c) 搾取の目的で児童を獲得し、輸送し、引き渡し、蔵匿し、又は収受することは、(a)に規定するいずれの手段が用いられない場合であっても、人身取引とみなされる。
(d) 「児童」とは、十八歳未満のすべての者をいう。

第4条 適用範囲

この議定書は、別段の定めがある場合を除くほか、次条の規定に従って定められる犯罪であって、性質上国際的なものであり、かつ、組織的な犯罪集団が関与するものの防止、捜査及び訴追並びに当該犯罪の被害者の保護について適用する。

第5条 犯罪化

1 締約国は、故意に行われた第三条に規定する行為を犯罪とするため、必要な立法その他の措置をとる。
2 締約国は、更に、次の行為を犯罪とするため、必要な立法その他の措置をとる。
(a) 自国の法制の基本的な概念に従うことを条件として、1の規定に従って定められる犯罪の未遂
(b) 1の規定に従って定められる犯罪に加担する行為
(c) 1の規定に従って定められる犯罪を行わせるために他の者を組織し、又は他の者に指示する行為

Ⅱ 人身取引の被害者の保護

第6条 人身取引の被害者に対する援助及び保護の提供

1 締約国は、適当な場合には、自国の国内法において可能な範囲内で、人身取引の被害者の私生活及び身元関係事項を保護する。この保護には、特に、そのような取引に関連する法的手続を秘密のものとすることを含む。
2 締約国は、適当な場合には、人身取引の被害者に対して次のものを提供する措置を自国の法律上又は行政上の制度に含めることを確保する。
(a) 関連する訴訟上及び行政上の手続に関する情報
(b) 防御の権利を害しない方法で被害者の意見及び懸念が犯人に対する刑事手続の適当な段階において表明され、及び考慮されることを可能にするための援助
3 締約国は、適当な場合には、非政府機関その他の関連機関及び市民社会の他の集団と協力して、人身取引の被害者の身体的、心理的及び社会的な回復のために、特に、次のものの提供を含む措置をとることを考慮する。
(a) 適当な住居
(b) 人身取引の被害者が理解することのできる言語によるカウンセリング及び情報(特にその者の法的な権利に関するもの)
(c) 医学的、心理的及び物的援助
(d) 雇用、教育及び訓練の機会
4 締約国は、この条の規定を適用するに当たり、人身取引の被害者の年齢、性別及び特別の必要性(適当な住居、教育及び保護を含む。)、特に児童の特別の必要性を考慮する。
5 締約国は、人身取引の被害者が当該締約国の領域内にいる間、その身体の安全を確保するよう努める。
6 締約国は、人身取引の被害者に対し、その者が被った損害の賠償を受けることを可能とする措置を自国の国内法制に含めることを確保する。

第7条　受入国における人身取引の被害者の地位
1　締約国は、前条の規定に基づく措置をとることに加え、適当な場合には、人身取引の被害者が一時的又は恒久的に当該締約国の領域内に滞在することを認める立法その他の適当な措置をとることを考慮する。
2　締約国は、1に規定する措置を実施するに当たり、人道上の及び同情すべき要素に適当な考慮を払う。

第8条　人身取引の被害者の送還
1　締約国は、不当に遅滞することなく、人身取引の被害者であって、自国民であるもの又は受入締約国の領域に入った時点で自国に永住する権利を有していたものの送還を、その者の安全に妥当な考慮を払いつつ、容易にし、及び受け入れる。
2　締約国が人身取引の被害者を他の締約国に送還する場合であって、その者が当該他の締約国の国民であるとき、又はその者が受入締約国の領域に入った時点で当該他の締約国に永住する権利を有していたときは、その送還は、その者の安全及びその者が人身取引の被害者であるという事実に関連するあらゆる法的手続の状況に妥当な考慮を払いつつ行われるものとし、かつ、任意で行われることが望ましい。
3　受入締約国の要請がある場合には、要請を受けた締約国は、不当に遅滞することなく、人身取引の被害者が自国民であるか否か又は受入締約国の領域に入った時点で自国に永住する権利を有していたか否かを確認する。
4　締約国は、人身取引の被害者が自国民である場合又はその者が受入締約国の領域に入った時点で自国に永住する権利を有していた場合であって、受入締約国の要請があるときは、その者が適正な文書を所持していなくてもその送還を容易にするため、その者が自国の領域に渡航し、及び再入国することができるようにするために必要な旅行証明書又はその他の許可書をその者に対し発給することに同意する。
5　この条の規定は、受入締約国の国内法により人身取引の被害者に与えられるいかなる権利も害するものではない。
6　この条の規定は、人身取引の被害者の送還を全面的又は部分的に定める適用可能な二国間又は多数国間のいかなる協定又は取極の適用も妨げるものではない。

Ⅲ　防止、協力その他の措置

第9条　人身取引の防止
1　締約国は、次に事項についての包括的な政策、計画その他の措置を定める。
(a)　人身取引を防止し、及びこれと戦うこと。
(b)　人身取引の被害者、特に女性及び児童が再び被害を受けることのないようにすること。
2　締約国は、人身取引を防止し、及びこれと戦うため、調査、情報提供活動、マスメディアを通じての活動、社会上及び経済上の自発的活動等の措置をとるよう努める。
3　この条の規定に従って定める政策、計画その他の措置には、適当な場合には、非政府機関その他の関連機関及び市民社会の他の集団との協力を含む。
4　締約国は、人、特に女性及び児童が人身取引の被害を受けやすい要因（貧困、不十分な開発及び平等な機関の欠如を含む。）を軽減する措置（二国間又は多数国間の協力によるものを含む。）をとり、又は強化する。
5　締約国は、人、特に女性及び児童に対するあらゆる形態の搾取であって人身取引の原因となるものを助長する需要を抑制するため、教育上、社会上又は文化上の立法その他の措置（二国間及び多数国間の協力によるものを含む。）をとり、又は強化する。

第10条　情報交換及び訓練

1　締約国の法執行当局、出入国管理当局その他の関係当局は、適当な場合には、次の事項を判断することを可能とするため、自国の国内法に従って情報を交換することにより相互に協力する。
　(a)　他人の旅行証明書を所持し、又は旅行証明書を所持することなく国境を超え、又は越えようとする者が人身取引の加害者又は被害者であるか否か。
　(b)　ある者が人身取引の目的で国境を越えるために使用し、又は使用しようとした旅行証明書の種類
　(c)　人身取引の目的で組織的な犯罪集団が用いた手段及び方法（被害者の獲得及び輸送、経路並びに人身取引を行う個人及び集団の相互の関係を含む。）並びにこれらを探知するための可能な措置
2　締約国は、人身取引の防止に当たる法執行の職員、出入国管理の職員その他の関係職員を訓練し、又はその訓練を強化する。その訓練においては、人身取引の防止、人身取引を行う者の訴追及び被害者の権利の保護（人身取引を行う者からの保護を含む。）に用いられる方法に焦点を合わせるべきである。また、その訓練においては、人権並びに児童及び性に関する機微な問題に配慮する必要性を考慮すべきであり、非政府機関その他の関連機関及び市民社会の他の集団と協力することを奨励すべきである。
3　情報を受領した締約国は、その情報を提供した締約国がその情報の使用について課した制限に係るいかなる要請にも従う。

第11条　国境措置

1　締約国は、人の移動の自由に関する国際的な約束の適用を妨げることなく、可能な範囲内で、人身取引を防止し、及び探知するために必要な国境管理を強化する。
2　締約国は、商業運送業者によって用いられる輸送手段が第五条の規定に従って定められる犯罪の実行に利用されることを可能な範囲内で防止するため、立法その他の適当な措置をとる。
3　2の措置には、適当な場合には、適用可能な国際条約の適用を妨げることなく、商業運送業者（あらゆる運送業者又は輸送手段の所有者若しくは運航者を含む。）がすべての乗客が受入国への入国に必要な旅行証明書を所持していることを確認する義務を定めることを含む。
4　締約国は、自国の国内法に従い、3に規定する義務についての違反があった場合の制裁を定めるために必要な措置をとる。
5　締約国は、自国の国内法に従い、この議定書に従って定められる犯罪の実行に関係した者の入国を拒否し、又は査証を取り消すことを可能とする措置をとることを考慮する。
6　締約国は、国際的な組織犯罪の防止に関する国際連合条約第27条の規定の適用を妨げることなく、特に、直接の連絡の経路を設け、及び維持することにより、国際管理機関の間の協力を強化することを考慮する。

第12条　文書の安全及び管理

締約国は、利用可能な手段の範囲内で、次の目的のために必要な措置をとる。
　(a)　自国が発給する旅行証明書又は身分証明書が容易に悪用されず、かつ、容易に偽造されない品質又は不法に変造されず、模造されず若しくは発給されない品質であることを確保すること。
　(b)　締約国により又は締約国に代わって発給される旅行証明書又は身分証明書の完全性及び安全を確保し、並びにこれらの証明書の不法な作成、発給及び使用を防止すること。

第13条　文書の正当性及び有効性

締約国は、他の締約国から要請があった場合には、自国の国内法に従い、合理的な期間内に、自国の名において発給され、又は発給されたとされる旅行証明書又は身分証明書であって人身取引において使用されている疑いがあるものについて、その正当性及び有効性を確認する。

Ⅳ 最終規定
第14条 保留条項

1 この議定書のいかなる規定も、国際法(国際人道法並びに国際人権法、特に適用可能な場合には、千九百五十一年の難民の地位に関する条約及び千九百六十七年の難民の地位に関する議定書並びにこれらに含まれるノン・ルフルマン原則を含む。)の下における国家及び個人の権利、義務及び責任に影響を及ぼすものではない。

2 この議定書に規定する措置は、人身取引の被害者であることを理由にその者を差別的に取り扱うことがないように解釈され、かつ、適用される。これらの措置の解釈及び適用は、国際的に認められた無差別の原則に従う。

第15条 紛争の解決

1 締約国は、この議定書の解釈又は適用に関する紛争を交渉によって解決するよう努める。

2 この議定書の解釈又は適用に関する締約国間の紛争で交渉によって合理的な期間内に解決することができないものは、いずれかの紛争当事国の要請により、仲裁に付される。仲裁の要請の日の後六箇月で仲裁の組織について紛争当事国が合意に達しない場合には、いずれの紛争当事国も、国際司法裁判所規定に従って国際司法裁判所に紛争を付託することができる。

3 締約国は、この議定書の署名、批准、受諾若しくは承認又はこの議定書への加入の際に、2の規定に拘束されない旨を宣言することができる。他の締約国は、そのような留保を付した締約国との関係において2の規定に拘束されない。

4 3の規定に基づいて留保を付した締約国は、国際連合事務総長に対する通告により、いつでもその留保を撤回することができる。

第16条 署名、批准、受諾、承認及び加入

1 この議定書は、二千年十二月十二日から十五日まではイタリアのパレルモにおいて、その後は、二千二年十二月十二日までニューヨークにある国際連合本部において、すべての国による署名のために開放しておく。

2 この議定書は、また、地域的な経済統合のための機関の構成国のうち少なくとも一の国が1の規定に従ってこの議定書に署名していることを条件として、当該機関による署名のために開放しておく。

3 この議定書は、批准され、受諾され、又は承認されなければならない。批准書、受諾書又は承認書は、国際連合事務総長に寄託する。地域的な経済統合のための機関は、その構成国のうち少なくとも一の国が批准書、受諾書又は承認書を寄託している場合には、当該機関の批准書、受諾書又は承認書を寄託することができる。当該機関は、当該批准書、受諾書又は承認書において、この議定書の規律する事項に関する自己の権限の範囲を宣言する。また、当該機関は、自己の権限の範囲の変更で関連するものを寄託者に通報する。

4 この議定書は、すべての国又は地域的な経済統合のための機関であってその構成国のうち少なくとも一の国がこの議定書の締約国であるものによる加入のために開放しておく。加入書は、国際連合事務総長に寄託する。地域的な経済統合のための機関は、その加入の際に、この議定書の規律する事項に関する自己の権限の範囲を宣言する。また、当該機関は、自己の権限の範囲の変更で関連するものを寄託者に通報する。

第17条 効力発生

1 この議定書は、四十番目の批准書、受諾書、承認書又は加入書が寄託された日の後九十日目の日に効力を生ずる。ただし、この議定書は、国際的な組織犯罪の防止に関する国際連合条約の効力発生前に効力を生ずることはない。この1の規定の適用上、地域的な経済統合のための機関によって寄託される文書は、当該機関の構成国によって寄託されたものに追加して数えてはならな

い。
2 四十番目の批准書、受諾書、承認書又は加入書が寄託された後にこの議定書を批准し、受諾し、承認し、又はこれに加入する国又は地域的な経済統合のための機関については、この議定書は、当該国又は地域的な経済統合のための機関によりこれらの文書が寄託された日の後三十日目の日又は1の規定によりこの議定書が効力を生ずる日のうちいずれか遅い日に効力を生ずる。

第18条 改正

1 この議定書の締約国は、この議定書の効力発生から五年を経過した後は、改正を提案し、及び改正案を国際連合事務総長に提出することができる。同事務総長は、直ちに、締約国及び締約国会議に対し、改正案をその審議及び決定のために送付する。締約国会議において会合する議定書の締約国は、各改正案につき、コンセンサス方式により合意に達するようあらゆる努力を払う。コンセンサスのためのあらゆる努力にもかかわらず合意に達しない場合には、改正案は、その採択のため、最後の解決手段として、締約国会議の会合に出席し、かつ、投票するこの議定書の締約国の三分の二以上の多数による議決を必要とする。
2 地域的な経済統合のための機関は、その権限の範囲内の事項について、この議定書の締約国であるその構成国の数と同数の票を投票する権利を行使する。当該機関は、その構成国が自国の投票権を行使する場合には、投票権を行使してはならない。その逆の場合も、同様とする。
3 1の規定に従って採択された改正は、締約国によって批准され、受諾され、又は承認されなければならない。
4 1の規定に従って採択された改正は、締約国が国際連合事務総長に当該改正の批准書、受諾書又は承認書を寄託した日の後九十日で当該締約国について効力を生ずる。
5 改正は、効力を生じたときは、その改正に拘束されることについての同意を表明した締約国を拘束する。他の締約国は、改正前のこの議定書の規定（批准し、受諾し、又は承認した従前の改正を含む。）により引き続き拘束される。

第19条 廃棄

1 締約国は、国際連合事務総長に対して書面による通告を行うことにより、この議定書を廃棄することができる。廃棄は、同事務総長がその通告を受領した日の後一年で効力を生ずる。
2 地域的な経済統合のための機関は、当該機関のすべての構成国がこの議定書を廃棄した場合には、この議定書の締約国でなくなる。

第20条 寄託者及び言語

1 国際連合事務総長は、この議定書の寄託者に指定される。
2 アラビア語、中国語、英語、フランス語、ロシア語及びスペイン語をひとしく正文とするこの議定書の原本は、国際連合事務総長に寄託する。

【資料】国際商取引における外国公務員に対する贈賄の防止に関する条約

(平成11年1月22日条約第2号)

前文

締約国は、

贈賄が国際商取引（貿易及び投資を含む。）において広範にみられる現象であり、深刻な道義的及び政治的問題を引き起こし、良い統治及び経済発展を阻害し並びに国際的な競争条件を歪めていることを考慮し、

すべての国が国際商取引における贈賄を防止する責任を共有することを考慮し、

千九百九十七年五月二十三日に経済協力開発機構（OECD）の理事会において採択された「国際商取引における贈賄の防止に関する改訂勧告（C（九七）一二三最終版）」において、国際商取引における外国公務員に対する贈賄を抑止し及び防止するための効果的な手段、特に、当該勧告に掲げる合意された共通の要素及び各国の基本的な法的原則（裁判権に関するものを含む。）に合致した方法により、かつ、効果的で協調された態様により、当該贈賄を速やかに犯罪とすることが求められていることを尊重し、

他の近年の進展（国際連合、世界銀行、国際通貨基金、世界貿易機関、米州機構、欧州評議会及び欧州連合の活動を含む。）により、公務員に対する贈賄の防止に関する国際的な理解及び協力が更に進められていることを歓迎し、

贈賄を防止するための企業、商業団体、労働組合及び他の非政府機関による努力を歓迎し、

国際商取引において個人又は企業に対し賄賂が要求されることを防止する上での政府の役割を認識し、

この分野において進展を図るためには、一国における努力のみならず、多数国間の協力、監視及び事後措置が必要であることを認識し、

締約国においてとられる措置の間の同等性を達成することがこの条約の不可欠の目的であり、このためそのような同等性から逸脱することなしに条約を批准することが必要であることを認識して、

次のとおり協定した。

第1条　外国公務員に対する贈賄

1　締約国は、ある者が故意に、国際商取引において商取引又は他の不当な利益を取得し又は維持するために、外国公務員に対し、当該外国公務員が公務の遂行に関して行動し又は行動を差し控えることを目的として、当該外国公務員又は第三者のために金銭又はその他の不当な利益を直接に又は仲介者を通じて申し出、約束し又は供与することを、自国の法令の下で犯罪とするために必要な措置をとる。

2　締約国は、外国公務員に対する贈賄行為の共犯（教唆、ほう助又は承認を含む。）を犯罪とするために必要な措置をとる。外国公務員に対する贈賄の未遂及び共謀については、自国の公務員に対する贈賄の未遂及び共謀と同一の程度まで、犯罪とする。

3　1及び2に定める犯罪を、以下「外国公務員に対する贈賄」という。

4　この条約の適用上、

(a)　「外国公務員」とは、外国の立法、行政又は司法に属する職にある者（任命されたか選出されたかを問わない。）、外国のために公的な任務を遂行する者（当該外国の公的機関又は公的な企業のために任務を遂行する者を含む。）及び公的国際機関の職員又はその事務受託者をいう。

(b)　「外国」には、国から地方までのすべての段階又は区分の政府を含む。

(c)　「外国公務員が公務の遂行に関して行動し又は行動を差し控える」というときは、当該外国

公務員に認められた権限の範囲内であるかないかを問わず、その地位を利用することを含む。
　　　第2条　法人の責任
　締約国は、自国の法的原則に従って、外国公務員に対する贈賄について法人の責任を確立するために必要な措置をとる。
　　　第3条　制裁
1　外国公務員に対する贈賄には、効果的で、均衡がとれたかつ抑止力のある刑罰を科する。刑罰の範囲は、自国の公務員に対する贈賄に適用されるものと同等のものとし、また、自然人の場合には、効果的な法律上の相互援助及び引渡しを可能とするために十分な自由の剥奪を含むものとする。
2　締約国は、その法制において刑事責任が法人に適用されない場合には、外国公務員に対する贈賄について、刑罰以外の制裁（金銭的制裁を含む。）であって、効果的で、均衡がとれたかつ抑止力のあるものが法人に科されることを確保する。
3　締約国は、賄賂及び外国公務員に対する贈賄を通じて得た収益（又は収益に相当する価値を有する財産）を押収し若しくは没取し又は同等な効果を有する金銭的制裁を適用するために必要な措置をとる。
4　締約国は、外国公務員に対する贈賄について制裁の対象となる者に対し、追加的な民事上又は行政上の制裁を科することについて考慮する。
　　　第4条　裁判権
1　締約国は、自国の領域内において外国公務員に対する贈賄の全部又は一部が行われた場合においてこの犯罪についての自国の裁判権を設定するため、必要な措置をとる。
2　国外において自国の国民によって行われた犯罪について裁判権を設定している締約国は、そのような裁判権の設定に関する原則と同一の原則により、外国公務員に対する贈賄についても、国外において自国の国民によって行われた場合において自国の裁判権を設定するため、必要な措置をとる。
3　この条約に定める犯罪が行われたとされる場合に二以上の国が裁判権を有するときには、関係締約国はそのいずれかの要請により、訴追のために最も適した裁判権を有する国を決定するために協議を行う。
4　締約国は、裁判権の設定に関する現行の基準が、外国公務員に対する贈賄を防止する上で効果的であるかないかを見直し、効果的でない場合には、改善措置をとる。
　　　第5条　執行
　外国公務員に対する贈賄の捜査及び訴追は、締約国において適用される規則及び原則に従う。外国公務員に対する贈賄の捜査及び訴追は、経済上の国家的利益に対する配慮、他国との関係に対する潜在的影響又は関係する自然人若しくは法人がいずれであるかに影響されてはならない。
　　　第6条　出訴期限
　外国公務員に対する贈賄に適用される出訴期限は、この犯罪の捜査及び訴追のために適切な期間を与えるものとする。
　　　第7条　資金洗浄
　資金洗浄に係る法制の適用において自国の公務員に関する贈賄又は収賄を前提犯罪としている締約国は、外国公務員に対する贈賄についても、その行われた場所にかかわらず、同一の条件で資金洗浄に係る法制を適用する。
　　　第8条　会計
1　締約国は、外国公務員に対する贈賄を効果的に防止するために、帳簿及び記録の保持、財務諸表の開示並びに会計及び監査の基準に関する自国の法令の範囲内で、これらの法令に服する企業

が、外国公務員に対して贈賄を行い又はそのような贈賄を隠蔽することを目的として、簿外勘定を設定し、帳簿外での取引若しくは不適切に識別された取引を実施し、架空の支出を記載し、目的が不正確に識別された負債を記入し又は虚偽の書類を使用することを禁止するために必要な措置をとる。

2 締約国は、1の企業の帳簿、記録、勘定又は財務諸表における1に規定する欠落又は虚偽の記載に関し、効果的で、均衡がとれたかつ抑止力のある民事上、行政上又は刑事上の罰則を定める。

第9条 法律上の相互援助

1 締約国は、国内法並びに関連する条約及び取決めに基づき最大限に可能な範囲で、この条約に定める犯罪について他の締約国によって行われる捜査若しくはとられる刑事手続又は法人に対して他の締約国によりこの条約の範囲内でとられる刑事手続以外の手続に関し、迅速かつ効果的な法律上の援助を当該他の締約国に与える。要請を受けた締約国は、要請を行った締約国に対し、当該要請に応じるために必要な追加の情報又は文書について遅滞なく通報し、また、要求がある場合には、当該要請についての検討の状況又は結果を通報する。

2 締約国が双罰性を法律上の相互援助の条件とする場合には、この条件は、援助の要請に係る犯罪がこの条約に定める犯罪であるときは、満たされているものとする。

3 締約国は、銀行による秘密の保持を理由としては、この条約の範囲内の刑事問題について法律上の相互援助を行うことを拒否することができない。

第10条 犯罪人引渡し

1 外国公務員に対する贈賄は、締約国の国内法及び締約国間の犯罪人引渡条約における引渡犯罪とみなされる。

2 犯罪人引渡条約の存在を犯罪人引渡しの条件とする締約国は、自国との間に犯罪人引渡条約を締結していない他の締約国から犯罪人引渡しの請求を受けた場合には、この条約を外国公務員に対する贈賄に関する犯罪人引渡しのための法的根拠とみなすことができる。

3 締約国は、外国公務員に対する贈賄に関し、自国の国民であっても引き渡すことができるか又は訴追することができるよう確保するために必要な措置をとる。外国公務員に対する贈賄に関するある者の犯罪人引渡しの請求を当該者が自国の国民であることのみを理由として拒否した締約国は、訴追のため自国の権限のある当局に事件を付託する。

4 外国公務員に対する贈賄に関する犯罪人引渡しは、締約国の国内法並びに適用される条約及び取決めに定める条件に従う。締約国が双罰性を犯罪人引渡しの条件とする場合には、この条件は、犯罪人引渡しの請求に係る犯罪が第一条に定める犯罪であるときは、満たされているものとする。

第11条 責任のある当局

協議に関する第4条3、法律上の相互援助に関する第9条及び犯罪人引渡しに関する第10条の規定の適用上、締約国は、当該締約国のためにこれらの事項について連絡経路となる当局であって、要請若しくは請求を行い又はこれらを受ける責任を有するものを経済協力開発機構事務総長に通報する。もっとも、その通報は、締約国間の他の取決めの適用を妨げるものではない。

第12条 監視及び事後措置

締約国は、この条約の完全な実施を監視し及び促進するため、組織的な事後措置の計画を実行することに協力する。当該計画は、締約国がコンセンサス方式により別段の決定を行わない限り、経済協力開発機構の国際商取引における贈賄に関する作業部会（又はその役割を継承するもの）の枠組みにおいて、その付託事項に基づき、実行する。締約国は、当該計画の費用を、この作業部会（又はその役割を継承するもの）に適用される規則に従って負担する。

第13条　署名及び加入
1　この条約は、その効力発生の時まで、経済協力開発機構の加盟国による署名及び同機構の国際商取引における贈賄に関する作業部会の完全な参加国となるように招請された非加盟国による署名のために開放しておく。
2　この条約は、その効力発生の後、経済協力開発機構の加盟国である非署名国による加入及び国際商取引における贈賄に関する作業部会（又はその役割を継承するもの）の完全な参加国となった非署名国による加入のために開放しておく。これらの非署名国については、この条約は、その加入書の寄託の日の後六十日目の日に効力を生ずる。

第14条　批准及び寄託者
1　この条約は、署名国により、それぞれ自国の法令に従って受諾され、承認され又は批准されなければならない。
2　受諾書、承認書、批准書又は加入書は、この条約の寄託者を務める経済協力開発機構事務総長に寄託する。

第15条　効力発生
1　この条約は、附属書に掲げる最大の輸出額を有する十の国のうちの五の国であって、その輸出額の総計がこれらの十の国の輸出額の総計の少なくとも六十パーセントを占めるものが受諾書、承認書又は批准書を寄託した日の後六十日目の日に効力を生ずる。この条約は、その効力発生後に受諾書、承認書又は批准書を寄託する署名国については、これらの文書の寄託の後六十日目の日に効力を生ずる。
2　千九百九十八年十二月三十一日後、この条約が1の規定に従って効力を生じない場合には、受諾書、承認書又は批准書を寄託したいかなる署名国も、この2の規定に従ってこの条約が効力を生ずることを受け入れる用意がある旨を寄託者に対し書面によって宣言することができる。この条約は、少なくとも二の署名国がそのような宣言書を寄託した日の後六十日目の日に当該署名国について効力を生ずる。この条約は、そのような効力発生の後に宣言書を寄託する署名国については、寄託の日の後六十日目の日に効力を生ずる。

第16条　改正
いずれの締約国も、この条約の改正を提案することができる。改正案は、寄託者に提出するものとし、寄託者は、改正案をその審議のための締約国の会議の開催の少なくとも六十日前までに他の締約国に送付する。締約国のコンセンサス方式により又は締約国がコンセンサス方式によって決定した他の方法により採択された改正案は、すべての締約国の批准書、受諾書又は承認書の寄託の後六十日で、又は当該改正案の採択の際に締約国が特定した他の状況において、効力を生ずる。

第17条　脱退
締約国は、寄託者に対して書面による通告を行うことにより、この条約から脱退することができる。脱退は、その通告の受領の日の後一年で効力を生ずる。脱退の後、脱退の効力発生の日前に行われたすべての援助の要請又は犯罪人引渡しの請求については、締約国と脱退した締約国との間において協力を継続する。

事項索引

あ
アキレ・ラウロ号事件 … 323
アムステルダム条約 …… 104

い
イスラム国 ………………18
インテグレイション …… 136

う
受入移送 ………………… 131

え
営業上の不正の利益 …… 266

お
欧州刑事司法共助協定 … 105
欧州司法ネットワーク … 121
欧州捜索令状 …………… 119
欧州捜査命令 …………… 124
欧州逮捕令状 …………… 111
欧州逮捕令状及び引渡手続に関する枠組決定 ……… 111
欧州連合条約 …………… 102
欧州連合の機能に関する条約 ………………………… 102
オフショア・バンク …… 142

か
外国公務員贈賄防止条約 253
外国公務員等 …………… 261
外国公務員に対する贈賄罪 ………………………… 259
外国子会社合算税制 …… 183
海上武装強盗 …………… 345
海賊行為 ………… 3, 320, 344
海賊行為の抑止のための協力の義務 ………………… 319
海洋航行の安全に対する不法行為の防止に関する条約 ………………………… 323
海洋航行不法行為防止条約 ………………………… 323
海洋法に関する国際連合条約 ………………………… 315
加入 ……………………… 6
貨物検査制度 …………… 388
貨物の検査 ……………… 382
慣習法 …………………… 2

き
偽装結婚 ………………… 233
規則 ……………………… 123
北朝鮮特定貨物 ………… 411
規程 ……………………… 6
議定書 …………………… 6
キャッシュ・クーリエ … 149
共助 ………………………68
協定 ……………………… 6
共同捜査チーム制度 …… 106
共同の目的 ……………… 207
共謀罪 ……………………34
金融情報機関 …………… 148

け
計画 ……………………… 213
刑事に関する共助に関する日本国とアメリカ合衆国との間の条約 ………………74
刑事に関する共助に関する日本国と欧州連合との間の協定 ………………………77
刑事に関する共助に関する日本国と大韓民国との間の条約 ………………………77
刑事に関する共助に関する日本国と中華人民共和国との間の条約 ………………77
刑事に関する共助に関する日本国と中華人民共和国香港特別行政区との間の協定 ………………………77
刑事に関する共助に関する日本国とロシア連邦との間の条約 ………………………78
刑を言い渡された者の移送及び刑の執行における協力に関する日本国とタイ王国との間の条約 ………… 130
刑を言い渡された者の移送に関する条約 …………… 128
刑を言い渡された者の移送に関する日本国とイラン・イスラム共和国との間の条約 ………………………… 131
刑を言い渡された者の移送に関する日本国とブラジル連邦共和国との間の条約 ………………………… 131
決定 ……………………… 123

こ
国際移住機関 …………… 233
国際海事機関 …………… 332
国際刑事共助 ……………66
国際刑事警察機構 ………24
国際刑事裁判所 ………… 3
国際刑事裁判所に係るローマ規程 ……………………… 3
国際商取引における外国公務員に対する贈賄の防止に関する条約 ……………… 253
国際組織犯罪防止条約 … 81, 195
国際的な商取引 ………… 265
国際的な組織犯罪の防止に関する国際連合条約 …… 146, 195
国際的な組織犯罪の防止に関する国際連合条約を補足する人(特に女性及び児童)の取引を防止し、抑止し及び処罰するための議定書 … 234

495

国連海洋法条約………… 315
国連腐敗防止条約… 81, 253

さ

搾取……………………… 231
搾取の目的……………… 239

し

シェンゲン協定………… 104
自国民不引渡しの原則…… 28
資産及び証拠の凍結命令における執行に関する枠組決定
　…………………………… 117
実行準備行為…………… 215
ジブチ行動指針………… 332
司法共助………………… 66
重大な犯罪……………… 165
集団殺害犯罪…………… 4
受刑者移送条約………… 128
受諾……………………… 6
承認……………………… 6
証人等買収罪…………… 221
条約……………………… 5
条約法…………………… 2
条約法に関するウィーン条約
　…………………………… 5
条約前置主義…………… 26
所得に対する租税に関する二重課税の回避及び脱税の防止のための日本国とアメリカ合衆国政府との間の条約
　…………………………… 185
私掠船…………………… 323
指令……………………… 123
人身取引………………… 235
人身取引等……………… 238
人道に対する犯罪……… 4
真の受益者……………… 149
侵略犯罪………………… 4

せ

請求国…………………… 25
政治犯罪………………… 27
世界主義………………… 9
絶対的政治犯罪………… 41
戦争犯罪………………… 4

そ

前提犯罪………………… 140
船舶検査活動…………… 407
船舶に対する武装強盗… 322

そ

相互主義………………… 26
相互承認原則…………… 105
相互審査………………… 145
捜査共助………………… 66
送出移送………………… 131
相対的政治犯罪………… 41
双罰性…………………… 27
属人主義………………… 9
属地主義………………… 9
組織的犯罪集団………… 204
ソマリア連邦共和国…… 310
ソマリランド共和国…… 310

た

対象犯罪………………… 205
代理処罰………………… 61
代理処罰国……………… 61
代理処罰要請国………… 61
ダイレクト・コンタクト制度等
　…………………………… 105
タジマ号事件…………… 15
多数人の継続的結合体… 208
タックス・ヘイブン…… 142
タックス・ヘイブン対策税制
　…………………………… 183
団体……………………… 207
団体の威力……………… 218

ち

中央当局制度…………… 76

て

テロリズム……………… 207

と

逃亡犯罪人……………… 25
逃亡犯罪人引渡し……… 25
逃亡犯罪人引渡法……… 25
特定違法行為…………… 140
特定事業者……………… 152
特定主義………………… 51

に

日本国外………………… 14
日本航空機……………… 12
日本国とアメリカ合衆国との間の犯罪人引渡しに関する条約
　…………………………… 28
日本国民………………… 14
日本船舶………………… 12

は

ハーバード草案………… 316
罰金刑の相互承認原則適用に関する枠組決定……… 117
パレルモ条約…………… 196
犯罪収益………………… 140
犯罪収益等の仮装・隠匿の罪
　…………………………… 169
犯罪収益等を収受する罪
　…………………………… 172
犯罪人引渡しに関する日本国と大韓民国との間の条約
　…………………………… 30

ひ

引渡し…………………… 25
引渡拒否事由…………… 26
引渡しの請求に係る犯罪… 49
引渡犯罪………………… 25
引渡犯罪に係る行為…… 49
批准……………………… 6
非条約前置主義………… 52

ふ

不起訴宣明書…………… 85
不正権益………………… 218
不正送金………………… 414
不正な行為……………… 219
腐敗の防止に関する国際連合条約……………………… 253
普遍的管轄権…………… 316
不法収益等による事業経営支配罪…………………… 167
プレイスメント………… 136
プントランド自治政府… 310

へ

便宜地籍船……………… 340

ほ

保護主義……………… 9
没収命令への相互承認原則適
　用に関する枠組決定　117

ま

マーストリヒト条約…… 102
マネー・ローンダリング及び
　テロ・大量破壊兵器拡散へ
　の資金供与との戦いに関す
　る国際標準：FATF勧告
　……………………… 156
麻薬及び向精神薬の不正取引
　の防止に関する国際連合条
　約……………………… 143

み

未承認輸出……………… 425
未承認輸入……………… 419

む

無許可輸出……………… 415

も

目的犯罪………………… 211

ゆ

ユーロジャスト………… 105

よ

40の勧告………………… 144

り

リスク・ベースド・アプロー
　チ……………………… 157
リスボン条約…………… 123

れ

レイヤリング…………… 136

わ

枠組決定………………… 103

欧文

EU刑事司法共助協定… 106
EU条約………………… 102
FATF …………………… 143
F指標受刑者 ………… 127
RICO法………………… 138

判例索引

東京高決昭和55・12・15判時987号26頁 ……51
最（一小）決昭和58・10・26刑集37巻8号1228頁………………………………………………13
東京高判昭和58・10・28判時1107号42頁……84
東京高決昭和59・3・6刑月16巻5〜6号511頁………………………………………………37
東京高決昭和60・2・6東高刑時報36巻1〜2号6頁 …………………………………………51
東京高決昭和63・12・1判時1298号151頁 …51
東京高決平成元・3・30判時1305号150頁 …35
東京高決平成2・4・20刑集44巻3号321頁
　………………………………………………41
最（一小）決平成2・4・24刑集44巻3号301頁………………………………………………42
仙台地判平成3・7・25判夕789号275頁……11
最（一小）決平成6・7・18裁判集刑263号891頁………………………………………………42
最大判平成7・2・22刑集49巻2号1頁……85
東京高決平成9・12・16東高刑時報48巻1〜12号86頁 ……………………………………45
大阪地判平成11・3・19判夕1034号283頁……11
最（二小）決平成12・10・31刑集54巻8号735頁………………………………………………89
東京高決平成14・8・15東高刑時報53巻1〜12号81頁 ……………………………………51
最（二小）判平成15・4・11刑集57巻4号403頁 ……………………………………………166
最（一小）決平成15・11・26刑集57巻10号1057頁 ……………………………………………92
東京地判平成15・1・20判夕1119号267頁
　……………………………………………168
東京高決平成16・3・29判時1854号35頁……47
横浜地判平成16・5・10公刊物等未登載… 417
最大判平成17・1・26民集59巻1号128頁…16
大阪地判平成17・2・7公刊物等未登載… 172
東京地判平成17・2・9公刊物等未登載… 172
福岡地判平成17・5・19判時1903号3頁……94

福岡高判平成19・3・8高刑速（平19年）443頁………………………………………………97
福岡簡略平成19・3・16公刊物等未登載 …274
東京地判平成19・10・25判時1990号158頁 …90
東京高判平成20・3・18判時2001号160頁 …43
東京地判平成20・3・28公刊物未登載…… 421
最（三小）判平成20・11・4刑集62巻10号2811頁 ……………………………………………166
東京地判平成21・1・29判時2046号159頁
　……………………………………………274
千葉地判平成21・4・30公刊物等未登載… 247
東京地判平成21・7・16公刊物等未登載… 417
東京高判平成22・7・13公刊物等未登載… 247
東京地判平成23・9・28公刊物等未登載…57
最（一小）判平成23・10・20刑集65巻7号999頁………………………………………………97
千葉地判平成24・9・14公刊物等未登載… 122
東京地判平成25・2・1公刊物等未登載… 353
東京地判平成25・2・25公刊物等未登載… 353
東京地判平成25・4・12公刊物等未登載… 352
津地判平成25・4・30公刊物等未登載…… 430
名古屋簡略平成25・10・3公刊物等未登載
　……………………………………………277
東京高判平成25・12・18判夕1407号234頁
　……………………………………………353
東京高判平成26・1・15判夕1422号142頁
　……………………………………………362
東京地判平成26・3・20公刊物等未登載… 429
福岡地判平成26・5・12公刊物等未登載… 428
東京高決平成26・7・16研修802号15頁 …38
東京地判平成26・10・17公刊物等未登載… 249
最（三小）決平成26・11・25刑集68巻9号1053頁 ……………………………………………11
東京地判平成26・12・11公刊物等未登載… 10
東京地判平成27・2・4公刊物等未登載… 278
東京地判平成27・12・16公刊物等未登載… 250
東京地判平成28・2・10公刊物等未登載… 249

著者紹介
城　祐一郎（たち・ゆういちろう）
1957年10月　愛知県生まれ。
1980年10月　司法試験合格。
1983年４月　東京地方検察庁検事任官。
　以後、大阪地方検察庁特捜部副部長、同交通部長、同公安部長、法務省法務総合研究所研究部長、大阪高等検察庁公安部長、大阪地方検察庁堺支部長、最高検察庁刑事部検事、同公安部検事等を歴任。
2015年４月　慶應義塾大学法科大学院非常勤講師（国際刑事法担当）
2016年４月　明治大学法科大学院特任教授・最高検察庁検事。
現　　在　　最高検察庁刑事部検事・慶應義塾大学法科大学院非常勤講師。

〔主要著書〕
『マネー・ローンダリング罪の理論と捜査』（2007年、立花書房）
『海事犯罪―理論と捜査―』（2010年、共著、立花書房）
『〈実践志向の捜査実務講座〉特別刑事法犯の理論と捜査［１］知能犯　労働災害』（2011年、立花書房）
『Q&A 実例取調べの実際』（2011年、共著、立花書房）
『「逃げ得」を許さない交通事件捜査―新しい角度からのアプローチ―［第２版］』（2011年、立花書房）
『〈実践志向の捜査実務講座〉特別刑事法犯の理論と捜査［２］証券犯罪　選挙犯罪　環境犯罪　知能犯Ⅱ』（2014年、立花書房）
『マネー・ローンダリング罪―捜査のすべて―』（2014年、立花書房）
『盗犯捜査全書―理論と実務の詳解―』（2016年、立花書房）
『ケーススタディ危険運転致死傷罪』（2016年、東京法令出版）
『Q&A 実例交通事件捜査における現場の疑問［第２版］』（2017年、立花書房）

現代国際刑事法
―国内刑事法との協働を中心として―

2018年３月10日　初版第１刷発行

著　者　　城　　祐一郎
発行者　　阿　部　成　一
〒162-0041 東京都新宿区早稲田鶴巻町514
発行所　　株式会社　成　文　堂
電話 03(3203)9201(代)　FAX 03(3203)9206
http://www.seibundoh.co.jp

製版・印刷・製本　藤原印刷　　　　　　　　　　　検印省略
© 2018 Y. Tachi Printed in Japan
☆乱丁・落丁本はおとりかえいたします☆
ISBN 978-4-7923-5236-3　C 3032

定価（本体4500円＋税）